上帝的家書

從創世到啟示的二十堂課

楊詠嫦 著

上帝的家書 —— 從創世到啟示的二十堂課
作者／楊詠嫦、梁美心
總編輯／黃幗坤
編委／突破生命操練小組
執行編輯／余滿華
攝影／朱國志、余滿華
謄錄／林岡衛
美術設計／濛一設計坊
出版發行／突破出版社
香港沙田亞公角山路33號突破青年村
電話：26320000 傳真：26320388
電郵：breakthrough@breakthrough.org.hk
網址：http://www.breakthrough.org.hk
http://www.btproduct.com
承印／陽光（彩美）印刷有限公司
2014年4月初版1刷
2023年11月初版6刷

Twenty Letters from God — from Genesis to Revelation
By Dr. Maureen Yeung & Dr. Mavis M. Leung
First Printing, First Edition, April 2014
Sixth Printing, First Edition, November 2023

Printed in Hong Kong
ISBN 978-988-8246-01-4

誠邀閣下就突破出版社的書籍發表意見
歡迎加入突破書籍Facebook page — http://www.facebook.com/btbooks.page
本書採用環保油墨印刷

在「**想**」和「**faith**」相會之處，開拓前行的方向……

2010年至2012年間，突破董事、播道神學院院長楊詠嫦博士，和新約科副教授梁美心博士在突破同工早禱會，用20堂課跟同工綜覽《聖經》一遍。她們清晰地陳明了神愛的呼喚，開啟同工閱讀《聖經》的視野與動力，並踐信於行，應用於「突破」整體或個別同工的生活與事奉中。

適逢「突破運動」40周年，承蒙同行者的支持，現將課堂上的內容輯錄成書，深願神藉本書祝福更多華人信徒，觸摸和體會到神對人的心思意念，整合及踐行信仰。

突破生命操練小組

目錄

導讀 生命地圖

楊詠嫦院長的睿智，隱藏在她的謙和之中。她對《聖經》的深層掌握，蘊含在輕描淡寫的分享之內，令人驚喜又折服。我願衷心感謝楊院長作為「突破」董事，願意犧牲擺上一切，她對同工的眷愛，捨命相伴，我十分感動。

楊院長提起她在中學時信主，當時我在她就讀的中學教化學，無論是高年級或低年級，我都先教化學元素週期表（Periodic Table），因為如果透徹了掌握化學的元素性能，就能夠融會貫通此學問。楊院長的《上帝的家書——從創世到啟示的二十堂課》有如化學元素週期表，將《聖經》的歷史，上帝的心意，啟示的開展，神人的關係，像剝洋蔥般一層一層解開，讓我們先明白《聖經》的深層梗概，來龍去脈，其他內容便一目了然，進而能夠從神的視野看創造，神人之約，救贖計劃，和天國的盼望，從而建立自己的世界觀。

日本動畫大師宮崎駿認為，今天日本青年普遍缺乏分析和綜合事物的能力，對歷史和現今社會的架構缺乏整全認識，對將來沒有盼望，尤其不能盛載任何知識，左耳入右耳出，無法積累知識。今天華人信徒亦然，我們或許對聖經金句能朗朗上口，卻缺乏對神全盤計劃的認知，對真理一知半解，所以，我們——尤其青年人正處於個性、人生觀、價值觀與世界觀的建立期，處處充滿人生抉擇和挑戰——十分需要像《上帝的家書》這樣的綜合性書籍，啟迪我們建立健康的基督徒世界觀。這世界觀不是靜止的，乃是與神起舞弄清影，在有血有肉的處境中，人對神的回應，對人生每一件大事小事所作的抉擇決定。

今天我們重視敘事教育(Narrative Education),《上帝的家書》既是最佳的敘事神學教材和讀本,引導我們進入歷史現場,明白當其時神和人的心情與抉擇,它是一本生命地圖,讓人從中看到與神共舞的生命選擇和生命軌跡。

神的創造史十分有趣,它好像一齣電影,使用交錯剪接技巧,靈活地穿梭於兩個層面之中,交錯互動,其一,屬靈和永恆的層面,其二,道成肉身的歷史層面:今天的事蘊含永恆價值,它有過去的因由,亦有對未來的影響;而永恆的屬靈力量又灌注於今天,給予人生活的力量和創意,以及未來的盼望。

神創造所用的手法是共創(co-create):地要長出花草樹木,海裏的魚,空中的鳥,地上的獸,都生生不息,人從塵土而來,夏娃從亞當的肋骨而來。神的救贖也是共創:獨生子的道成肉身,聖靈的印證,使徒的傳揚,以生命故事來見證神的救恩。《聖經》亦是神人共同的創造:神的默示,先知使徒援筆記錄,寫下神的救恩史,人的天路歷程,天上人間存於一書。在神人共創的過程中,人有幸獲邀成為歷史舞台的主角,而非觀眾。

本書亦有梁美心博士的共創部分。梁博士的新約選讀,帶領我們認識新約書卷如何承傳舊約,開啟新天新地。她是一位學養精湛的《聖經》學者,剖析真理的結構與精意,深入淺出,使聽者一下子就明白前文後理,來龍去脈,輕易掌握到《聖經》的精髓和脈絡。

此外,值得一提的是本書最後的〈另一課:踐信於行篇〉。梁博士向我們熱情介紹美國一代屬靈鬥士卡爾·亨利,他彷彿是現代阿摩司,大聲疾呼,喚醒美國信徒,以及我們,對社會使命的承擔。為此,我衷心感謝二位老師。

梁永泰

突破機構總幹事

2013年11月,寫於香港突破青年村

自序 首尾呼應，生生不息

1973年，「突破機構」成立，這年也是我人生的轉捩點，基督徒團契辦了一場佈道會，母校伊利沙伯中學梁永泰老師邀得蔡元雲醫生主講，蔡醫生講完一個既簡潔又清晰的十字架福音信息後，向我們一羣中學生發出呼召，我心深受感動，立刻舉手決志信主！從此我的生命不再一樣，我也和「突破」結下不解之緣！

三十多年後，我不但有幸蒙「突破」邀請加入董事會，更獲邀在每月一次的同工早會中分享聖經信息。我「膽粗粗」，拍拍心口，一口答應下來，自願用約兩年時間和全體同工綜覽《聖經》全書。

2010年4月開始教第一課，才發覺不是容易的事，要在一個多小時之內濃縮很多章（甚至很多卷）經文的精華以饗同工，需要預備的功夫實在很多，這才發現自己「眼高手低」！幸好我得到蔡醫生和蔡太太、永泰老師、伍李秀麗女士（Joanna）、徐玉琼牧師、周思藝（Jeffrey）、Stanley、Joyce，眾領袖不斷鼓勵支持，於是，鼓勇繼續前行。

漸漸的，我被同工的熱情深深感動。每次早會，二百位同工安靜留心聆聽，我耳中聽著自己的聲音講解，重溫父神從創世到永遠對人類的愛情，心靈沐浴於父神廣大無邊的慈愛中，感受到祂對我，對這羣同工疼愛有加。當知道有同工因我的課而增添閱讀及實踐《聖經》教導的興趣，我就更加感恩雀躍。

2011年，我有數月逗留英國，心中作難，這系列應該暫停抑或由別人繼續？感謝父神的豐富預備，播道神學院同工梁美心老師樂意在百忙之中，代我主講三次早會，為這系列增添色彩，非常感謝她「拔刀相助」。

父神恩典不止於此，秀麗提議把這二十次早會的信息化成文字，結集成書，一方面記念「突破運動」四十周年，另一方面也藉這系列信息服侍更多華人信徒，我自是樂見其成，也非常感謝她和同工不辭勞苦，主動承擔這件工作。

我願衷心感激林岡衛把信息錄音逐字逐句筆錄下來，他的忠心、愛心、耐心和毅力，令人佩服。非常多謝編輯余滿華細心整理稿件，經她生花妙筆潤飾後，文字生動活潑起來；又配上攝影師朱國志的精心傑作，令此書圖文並茂。又謝謝羅慧玉的聯絡功夫，及出版部眾同工幕後的勞苦，他們實在是默默耕耘的好同工。播道神學院的院董和同工們不時替我在「突破」的服侍加油打氣，十分欣賞他們廣闊的胸襟。

本書最後得以面世，見證了「突破運動」的影響力。四十年來，「突破運動」靠著神的恩典，不知道幫助了多少青年，我就是其中有福的一員。四十年前一個少不更事的中學生，因著「突破運動」而生命改變。我現今成了何等樣的人，能夠參與《聖經》教導及神學教育，完全是神的恩典，也有賴「突破運動」的撒種和澆灌。我讚嘆父神在我生命中「首尾呼應」的計劃，祂的的確確視我如珠如寶，如掌上明珠：祂藉「突破運動」生我，也讓我多年後有機會回饋她！

「突破運動」肯定每位青年的寶貴價值，願意與他們同行，鼓勵他們發掘上帝創造他們的目的，活出潛能，造福社鄰。我祝願「突破運動」在未來的日子，堅持信念，繼續服侍這個世代，讓更多青年能夠積極回應主耶穌的呼召：「來跟從我！」

楊詠嫦

播道神學院前院長

2013年11月，寫於蘇格蘭亞巴甸

緣起　一席心靈盛宴

楊詠嫦院長曾說《聖經》是天地的主寫給世人的情書，我深有同感。

然而，這情書不易讀，信中固然有海枯石爛的盟言，卻也有嚴詞指摘；有守約施慈愛的似水柔情，卻也有鐵面無私的審判懲罰。對於初信者，尤其年青信徒來說，有時免不了會按個人喜好和需要，偏讀部分書卷，片面理解經文內容，因而影響了生命的全面成長。

2009年秋，一次午餐桌上，我、梁永泰及周思藝同工，與楊院長談及「突破」需要不斷在聖經真理上扎根和更新，不少同工信仰閱歷較淺，需要教導栽培。當時楊院長任「突破」董事，她深表同感，認為帶領新一代讀《聖經》，首先要幫助他們認識《聖經》是神對人發出的愛的呼召，祂道成肉身，以生死相許，為要挽回世人。當同工看到這是有血有肉的真實故事，自然而然會激發起渴慕神話語的心。

我們看到楊院長有神賜予的講道與教導恩賜，能夠有層次，清晰地陳明聖經真理，帶出神的愛的呼喚。我們相信楊院長是神差遣來「突破」，使用她的寶貴恩賜，大大地祝福我們。於是，我們懇請楊院長助我們一臂之力。

感謝神，經禱告後，楊院長答應了。從2010年4月起，及隨後兩年，院長每月一次來到我們的週二早會，向全體同工講解《聖經》，帶領大家一起上《上帝的家書——從創世到啟示的二十堂課》。休假期間，她請了梁美心博士代課。二位老師帶領我們學習提綱挈領，鳥瞰式閱讀《聖經》。二位老師清楚闡明每卷書的重點信息，書卷之間如何互相呼應，活潑有力地呈現了《聖經》整體信息。每次授課後，同工分組，討論預設問題，思考如何在事奉及生活中實踐神的道。

楊院長工作繁重，卻仍為「突破」慷然作出如此承擔，我們感動不已。她的課不只是知識的傳遞，更是以生命來宣講、教導和見證神的道。她的課帶著聖靈的能力，讓神的話震撼我們的心，激勵我們的靈，常讓我想起昔日在以馬忤斯路上，復活的主教導兩個門徒明白《聖經》，令他們心中火熱。這歷程讓我們深深領略到神的話就是生命之道，是要叫屬祂的人得以完全，預備行各樣善事。我願再次感謝主，也向楊院長和梁博士致以深深敬意！

如此上好的恩典，「突破」領受了，大大蒙受祝福，我們希望更多主內肢體也得著這福氣。承蒙楊院長與梁博士同意，我們將二位老師的講課編輯成書，《上帝的家書》適用於個人閱讀，以及教會團契小組，或作主日學的學習課本。

伍李秀麗

突破機構前副總幹事

2013年12月，寫於香港

推薦 生命與事奉的挑戰

「突破」是一個全人福音運動，蒙上帝呼召，差遣進入青少年當中，成為基督的見證，與青少年一同尋求生命與文化的更新。我們學習扎根於神的話，並且倚靠聖靈，將信仰與生命、生活和事奉結合，榮耀三一真神，成為青少年的祝福。

若要透徹明白全人福音運動，我們需要從一個宏觀的角度，觀看三一真神在全本《聖經》中全面展示，解說祂是誰；觀看祂在歷史中的作為，及領受祂交託給天國子民的使命。

近年來，我常常緬懷已安息主懷的恩師Rev. John Stott，他的最後著作是*The Radical Disciple*。我不斷思想他說的一句話"Growth Without Depth"——欠缺深度的成長；Rev. Stott認為，這是因為信徒未能明白，未能徹底跟隨基督，以及活出神的話，活出基督。

楊詠嫦院長不但擔任「突破」董事，更在任內花了近二年時間，每月親身到「突破青年村」與同工們一同敬拜，並帶領我們同心閱讀上帝的家書——《聖經》，將舊約和新約每卷書的精義陳列在我們面前，有系統，有深度地講解神的話；更難能可貴的是，她將「突破」的使命，與時代的處境結合，向每位同工發出反省生命與事奉的挑戰。

我有幸有機會在現場聆聽楊院長的教導，並兩次以「突破」同工身分回應聖經真理如何指引「突破運動」的路向，為此我要多次重溫楊院長的筆記和問題，深刻反省我的生命和事奉，這是神賜給我的特別祝福！

深願每一位「突破」同工、義工、同行者，都細細閱讀、深深思考《上帝的家書》，讓神的話，神的靈啟動我們：每天回歸寧靜、細思默想《聖經》，倚靠神的靈——活出基督生命、承傳祂交託給我們的使命。

但願這本書不單單成為「突破運動」中每一位主內肢體的祝福，也能夠在教會眾聖徒中啟發一個扎根《聖經》的行動，踐信於行。

衷心感謝楊詠嫦和梁美心兩位老師的辛勞付出！

蔡元雲

突破機構榮譽總幹事

2013年12月，寫於香港

推薦　一葉輕舟，共渡社會的紅海

作為基督徒，我們需要在每天繁忙生活中，騰出空間時間靈修，親近上帝，以從中得力。我們可以在寧靜的環境中漫步，思潮疊起；或聆聽詩歌、聖樂，滋養靈命；或閱讀《聖經》，思想上帝的話語，靜候祂的信息。

記得讀書時代，聖經科老師解釋《聖經》，謂這是上帝的話語。這句神聖權威的講解，讓我明白《聖經》是一部不同凡響的書，當中蘊含的義理，既是基督教信仰的核心，也是指導我們在紛擾的世代中，按主旨意而行的重要教導。

過去四十年，香港，乃至世界許多國家和地區，物質主義氾濫，強調「貪婪就是好」，為利是圖的經濟倫理掛帥，「突破」這一個回應上主呼召，為年輕人吶喊的生命羣體，與這社會風氣爭持，培養年輕人在主愛中成長，具有慎思明辨和抗逆的能力。因此，「突破」許多產品，不論是影音作品、精品或書籍，都努力展現基督教信仰信、望、愛的要義。

明乎此，也就很容易明白為何「突破」同工早會中有《聖經》教導的環節。上主透過「突破」董事，播道神學院楊詠嫦院長和梁美心博士的教導，讓同工肢體再次深入認識《聖經》的主要內容。在二十次講解中，每次思考一個神學主題，激勵同工整合自己的信仰、生活和事奉，觸動心靈，在上帝的恩典中得力前行（Forward in Grace），我們願為此向上主，向楊教授和梁教授獻上衷心感謝。

現在幸見楊院長詠嫦姊妹整理好在同工早會的《聖經》教導，付梓出版，著實欣喜萬千。願天父上帝好好使用是書，讓更多人，尤其為主作工的僕人信徒，從中得到安慰及鼓舞，從中得力，且力上加力，與所服侍的對象，共渡社會的紅海。

楊清

突破機構前董事會主席

2014年1月，寫於香港

推薦　打通經脈，釋放生命活力

以斯拉定志考究遵行耶和華的律法，又將律例典章教訓以色列人。(拉 7:10)

近年一些「糾正聖經金句常見的錯誤、詮釋」、「反思聖經正意」、或尋找「聖經本釋」的書籍頗受信徒歡迎，反映出信徒雖然常常有機會接觸神的話語，卻因種種原因仍然帶著一些錯誤的理解。當中一個主要的挑戰，是信徒閱讀《聖經》時「只見樹木，不見森林」。無論是「選擇性閱讀」——信主多年而仍沒有讀畢全本《聖經》；或是「金句式理解」——不理會經文的上文下理，全書卷的主題訊息，以及全本《聖經》的脈絡——只單看只言片語的字面，望文生義，斷章取義，都很容易造成偏差理解《聖經》。

楊詠嫦院長和梁美心博士合共用了兩年時間，引導「突破」同工「聖經走一回」，作一個「聖經鳥瞰」，既涉及《聖經》世界的「恩怨情仇」，亦就其歷史、文學、神學重點，「談情說理」，讓同工有一種打通經脈的感覺，減低了對《聖經》偏差理解的可能性。每次她們講課，都能深入淺出，將繁複的經文，先勾劃出一個參照輪廓，然後貫穿主題，道出其重點所在，最後更挑戰同工反省當下的處境，以及日常生活應用，可說是一種聽道與行道並重的裝備。

最讓同工深刻感動的，更是兩位學者既嚴謹慎密，又謙卑誠懇的態度。不但每次材料準備充足，對經文提出細緻的詮釋，更因應同工的情況，甘心樂意不斷作出調整遷就，好讓同工更能掌握進入《聖經》的竅門，明白經文的精髓。二位老師誨人不倦，以自己的生命來演繹如何考究和遵行神的話語，並教導別人遵守。

謹對兩位老師再說一聲「感謝」。

周思藝
突破機構副總幹事
2014年1月，寫於香港

開宗明義

使徒保羅用一句話概括了《聖經》的主旋律：

「聖經都是神所默示的，於教訓、督責、使人歸正，教導人學義，都是有益的，叫屬神的人得以完全，預備行各樣的善事。」（提後3：16）

我嘗試按主題將《聖經》66書卷分為20課，並據主題反思其生活應用：

	類別	書卷	神學主題	信徒的生活應用
1	摩西五經（一）	創世記1至11章	創造、工作和安息	認識作為「人」的基本意義
2	摩西五經（二）	創世記12至50章	揀選、試煉與見證	反省信徒、教會作見證的意義
3	摩西五經（三）	出埃及記	拯救與神同在	反省福音預工、傳福音與栽培的目標
4	摩西五經（四）	利未記	親近神之路	認識祭司式事奉的要訣
5	摩西五經（五）	民數記、申命記	愛的跟隨	反省信徒對神的愛及跟隨
6	王國前	約書亞記、士師記、路得記、撒母耳記上1至8章	亂世需要神的話	認清信徒和教會在社會中傳遞聖經標準的重要性
7	王國史（一）	撒母耳記上9章至撒母耳記下、歷代志上	合神心意的王	蒙神使用的生命，靈性操練
8	王國史（二）	列王紀上下、歷代志下	榮耀與失敗	回顧歷史，前瞻未來
9	回歸史	以斯拉記、尼希米記、以斯帖記	重尋榮耀	從軟弱到再次剛強的道路
10	詩歌書	詩篇、雅歌	讚美神的力量	更新信徒、教會的敬拜生活

	類別	書卷	神學主題	信徒的生活應用
11	智慧書	約伯記、箴言、傳道書	智慧人生	反省信徒如何在生活及事奉中活出智慧
12	被擄前先知書 (一)	賽、何、珥、俄、拿、鴻、哈、番	有何神像神?	思考信徒、教會在各種競爭勢力之下的定位
13	被擄前先知書 (二)	摩、彌	行公義、好憐憫、與神同行	思考信徒、教會的社會責任
14	被擄時先知書	耶、哀、結、但	審判與拯救	反省信徒、教會在社會中之先知角色
15	回歸後先知書	該、亞、瑪	人生的優先次序	反省信徒、教會的優先次序
16	福音書	太、可、路、約	耶穌是誰?	反省基督在信徒,及教會中的地位
17	教會史	使徒行傳	教會的建立	反省信徒的人際關係、及聖靈的引導
18	保羅書信	羅馬書至腓利門書	教會的挑戰	反省教會的意義
19	大公書信	希伯來書至猶大書	謹防異端及變節	反省個人、教會在信仰上的堅持
20	啟示	啟示錄	主必快來	釐清個人、教會的終極向度

希伯來《聖經》,即舊約《聖經》,分「妥拉」(*Torah*, Law)、「先知」(Prophets,分前先知及後先知),和「書卷」(Writings)三大部分。「妥拉」即摩西五經,中文通常譯作「律法(書)」,為「訓誨、教導、指引」之意。

在書卷先後次序的編排上,中文《聖經》和希伯來《聖經》略有出入,見於下表:

中文聖經舊約

創世記 出埃及記 利未記 民數記 申命記	**摩西五經**
約書亞記 士師記 路得記 撒母耳記上、下 列王紀上、下 歷代志上、下 以斯拉記 尼希米記 以斯帖記	**歷史書**
約伯記 詩篇 箴言 傳道書 雅歌	**詩歌智慧書**
以賽亞書 耶利米書 耶利米哀歌 以西結書 但以理書	**大先知書**
何西阿書 約珥書 阿摩司書 俄巴底亞書 約拿書 彌迦書 那鴻書 哈巴谷書 西番雅書 哈該書 撒迦利亞書 瑪拉基書	**小先知書**

希伯來聖經

	創世記 出埃及記 利未記 民數記 申命記	**律法**
前先知	約書亞記 士師記 撒母耳記 列王紀	**先知**
後先知	以賽亞書 耶利米書 以西結書 何西阿書 約珥書 阿摩司書 俄巴底亞書 約拿書 彌迦書 那鴻書 哈巴谷書 西番雅書 哈該書 撒迦利亞書 瑪拉基書	**先知**
	詩篇 約伯記 箴言 * 路得記 * 雅歌 * 傳道書 * 耶利米哀歌 * 以斯帖記 但以理書 以斯拉記 尼希米記 歷代志	**書卷**

* 節期書卷 The Scrolls

摩西五經

創世記・出埃及記・利未記・
民數記・申命記

第一課

創世記（上）

摩西五經雖然分作五卷書，其思路是一氣呵成的：

<table>
<tr><td>1</td><td>〈創世記〉</td><td colspan="2">世界起源</td><td>創1-11章</td></tr>
<tr><td>2</td><td>〈創世記〉</td><td colspan="2">以色列民族起源</td><td>創12-50章</td></tr>
<tr><td rowspan="2">3</td><td rowspan="2">以色列人出埃及
〈出埃及記〉1-18章</td><td colspan="2">以色列人在埃及</td><td>出1-12章</td></tr>
<tr><td colspan="2">以色列人在曠野</td><td>出13-18章</td></tr>
<tr><td rowspan="4">4</td><td rowspan="4">以色列人在西乃山
〈出埃及記〉19-40章
〈利未記〉</td><td rowspan="2">天人之際重建</td><td>神的律法</td><td>出19-24章</td></tr>
<tr><td>建立會幕</td><td>出25-40章</td></tr>
<tr><td rowspan="2">如何敬拜神，
與神維持良好
關係</td><td>與神和好</td><td>利1-16章</td></tr>
<tr><td>與神相交</td><td>利17-27章</td></tr>
<tr><td rowspan="3">5</td><td rowspan="3">以色列人曠野飄流
〈民數記〉</td><td colspan="2">離西乃山</td><td>民1-10章</td></tr>
<tr><td colspan="2">曠野歲月</td><td>民11-21章</td></tr>
<tr><td colspan="2">預備進迦南</td><td>民22-36章</td></tr>
<tr><td rowspan="4">6</td><td rowspan="4">摩西遺言〈申命記〉</td><td>回顧（歷史）</td><td>摩西第一講</td><td>申1-4章</td></tr>
<tr><td>教訓（現在）</td><td>摩西第二講</td><td>申5-26章</td></tr>
<tr><td>前瞻（將來）</td><td>摩西第三講</td><td>申27-30章</td></tr>
<tr><td>約的延續</td><td>生死禍福的抉擇</td><td>申31-34章</td></tr>
</table>

上帝的自我啟示

創造主藉《聖經》向世人啟示祂自己，**祂以愛創造世界和人類，其最終目的是要和人建立親密的關係，彼此享受甜蜜的相交。**〈創世記〉1至2章記載這件事情：第1章從宏觀角度敘述神的創造；第2章4節開始，從微觀角度細述神創造人類的經過。

「起初神創造天地」(創1:1)。這「起初」指神創造宇宙的初頭，也是人類之始，神沒有告訴我們很多創造世界之前發生的事情(其中一項是神在創世以先已經在基督裏揀選信徒！參：弗1:4)。《聖經》的故事，乃是從創世開始。

神藉著祂的話創造世界，「神說：『要有光』，就有了光」(創1:3)；也藉著祂的靈創造世界，「地是空虛混沌，淵面黑暗；神的靈運行在水面上」(創1:2)。這些描述暗示了神是三位一體的，一位神卻同時擁有三個位格：神（聖父）、神的道（聖子基督）與及神的靈（聖靈）一同參與創造。神透過創造，顯示其超越性(transcendence)和內存性(immanence)。

神是超乎一切的神，萬物是被造的，只有祂是創造者，化無為有，祂超乎萬物之上，也掌管萬物；另一方面，祂亦是一位積極介入受造世界中的神，祂看護、供應及維繫這個世界。

創造的高峯

神創造天地共七日，我們可以看到兩個平行的循環：第一至第三日神造基本架構，第四至六日則充實這個架構：第四日呼應第一日，第五日呼應第二日，第六日呼應第三日。頭六日都是「好」或「甚好」，而第七日則是獨特的日子，是「聖」的，是創造的高峯！

第七日 安息日！

第六日 造地上生物及人

第五日 造空中飛鳥與海裏生物

第四日 造天上光體、擺列日月、分晝夜

第三日 分開水與地、造植物

第二日 分開上與下的水

第一日 造光、分開光與暗

何以見得安息日是創造的高峯呢？因為安息日說明神創造的目的。原來神不是漫無目的地創造世界，乃是深思熟慮，計劃好人類居住的環境，一步步預備妥當，然後創造人類，目的是讓人類享受創造，享受神的安息，即享受神自己，能夠像朋友和祂有所交流，享受祂的愛，也回應祂的愛。

這個目的關乎神的本質，創造主是一位有位格的神，祂不只是一股能量，乃是有思想、意志和感情的、獨一無二的神，但是，祂同時擁有三個位格，祂創造人類時這樣說：「我們要照著我們的形像、按著我們的樣式造人」（創1：26），顯示祂的位格中有互相交流契合的本質。換句話說，神的位格中有愛的互相交流，可見祂是自給自足的神，祂並不缺乏愛，也不需要靠創造人去赢得多一點愛。祂創造人乃是出於祂愛的湧流，以致祂按自己的形象造人，讓人像祂一樣，有思想、意志和感情，能夠感受和回應祂的愛。神造男和女，同樣反映神的愛，因為有男有女，人就有愛的交流，像神自己一樣，正如約翰所說：「神就是愛」（約壹4：8）！第六日創造了男人和女人之後，神創造的目的仍未達成，到第七日，安息日，神歇了祂創造之工，這時，祂就安息了，和人享受永遠相交之樂，所以第七日蒙神特別賜福，「神賜福給第七日，定為聖日」（創2：3上）。由此可見，**創造的目的，並不限於創造一些物質的東西，乃是創造天人之際——神與人的關係。安息的意義，在於神人彼此享受：神接受人的敬拜，人則享受與神的同在。**安息日之後，再沒有另一個創造循環，意味安息日不斷延續下去。

可惜始祖犯罪，破壞了安息日的意義，神需要拯救人類，重建神人的關係，故此，當耶和華救贖以色列，歸屬祂之後，摩西吩咐百姓守安息日，原因不但是要記念七日創造（出20：8-11），也要記念出埃及的拯救（申5：12-15）。**而最終最圓滿的安息，乃是「安息日」所預表，基督救恩所帶來的安息，**如〈希伯來書〉所說：「為了神的子民，必定另外有一個『安息日』的安息保留下來。因為那進入神安息的人，就歇了自己的工作，好像神歇了自己的工作一樣……（基督）既然順從到底，就成了所有順從祂的人得到永遠救恩的根源」（來4：9-10；5：9新譯本）

若果我們跳到《聖經》的大結局，看看神達成計劃時所說的話：「看哪，神的帳幕在人間……成了！」（啟21：3, 6）就知道神創造人類最終的目的是要居住在人類當中，神和人深深契合。因此，**人最深的滿足在於能配合神創造的目的，與神與人建立合一相愛的關係。**教父奧古士丁說得好：「主啊，我們的心不能享受安息，除非安息於你！」（Our hearts are at unrest, O Lord, until they rest in You!）

安息與工作

在神的創造計劃中，工作是充滿意義的。神賜人類管理大地的使命：「治理這地，也要管理海裏的魚、空中的鳥，和地上各樣行動的活物」（創1：28）。神給人「修理」和「看守」伊甸園的工作（創2：15），乃是讓人透過工作敬拜祂。

創造第六日之後，安息日的安息本應延續下去，即是說，在神的心意中，工作和安息本應並存的。**工作本身是祝福，因為人透過工作履行神所託的使命，這是向神的敬拜，是安息的真義，也是一種享受。**這是為什麼主耶穌在安息日也「工作」——醫病趕鬼，祂不但沒有違背安息日的精神，反而透過安息日把神的恩典賜給困苦的人，叫困苦人享受神的豐富，從而達到安息日的真正目的（路13：15-16；約5：16-17）。

人犯罪後，要「汗流滿面才得糊口」（創3：19），工作由祝福變成了咒詛，往往令人疲於奔命。今天不少年青人嚮往提早退休，情有可原。那麼，基督徒的工作觀又如何呢？若果基督徒也像一些世人那樣營營役役，那就太可惜了。

工作和安息是可以結合的：**我們享受神所賜的工作，用敬拜的態度盡忠職**

守，雖然不一定常常做到「100分」，卻能問心無愧。我們不靠自己的才智，專心倚靠神，完成祂的託付，在工作中常常經歷主的同在，這樣，我們就能在工作中享受安息，透過工作與神同行！

始祖犯罪

「耶和華神用土所造成的野地各樣走獸和空中各樣飛鳥都帶到那人面前，看他叫什麼。那人怎樣叫各樣的活物，那就是牠的名字。」(創2:19)

神與人在伊甸園中本來有美好相處的生活，他們一同為各樣活物起名字，神彷彿享受人命名動物的樂趣！

「耶和華神使他沉睡，他就睡了；於是取下他一條肋骨，又把肉合起來。耶和華神就用那人身上所取的肋骨造成一個女人，領她到那人跟前。」(創2:21-22)

神又造女人作男人的配偶，可以想像當那人看見女人時一定十分驚喜，神也一定十分喜悅！這一切一切是何等美好。

「耶和華神便打發他出伊甸園去，耕種他所自出之土。於是把他趕出去了；又在伊甸園的東邊安設基路伯和四面轉動發火焰的劍，要把守生命樹的道路。」(創3:23-24)

可惜不久始祖犯罪，結果被逐出伊甸園，晴天霹靂，亞當和夏娃頓失溫暖家園，神似乎很絕情，斷絕他們回家的道路！

始祖的問題出於哪裏？何以偷吃一個禁果就弄到萬劫不復，不可收拾的地步？亞當夏娃的失敗從不肯信任神開始。**人始終是受造的，不是創造主，不可能明白神的一切作為，人需要尊重神和人之間的界線，信任神的智慧和好意，服從祂的命令。**

「耶和華神吩咐他說：『園中各樣樹的果子，你可以隨意吃，只是分別善惡樹上的果子，你不可吃，因為你吃的日子必定死！』」(創2:16-17)

神的指引是十分清晰的，神給予亞當夏娃極大的自由，可以隨心所欲吃園中任何樹上的果子，只有一顆樹是例外。亞當夏娃或許不明白箇中原因，也未能想像死是什麼一回事，但是神既然是創造他們的，又一直以愛供應他們，他們就應該信任神，按著祂的吩咐而生活。

「蛇對女人說：『你們不一定死；因為神知道，你們吃的日子眼睛就明亮了，你們便如神能知道善惡。』」（創3：4-5）

可惜，他們上了蛇的當！蛇的引誘很厲害，牠很狡猾地撒下不信任神的種子，夏娃沒有提防，竟然順著蛇的唆擺，對神的動機起了疑心，懷疑神是自私的，竟然留下好東西不給他們，甚至用死嚇唬他們。當夏娃不信任神，她就掉入驕傲的陷阱，當她聽到吃的日子就能得到智慧，變成造物主神一樣，她就摘下果子來吃，也叫亞當吃了。

亞當夏娃不信任神，墮入魔鬼圈套，僭越神和人之間的界線，傷透神的心。試問，為人父母的，含辛茹苦養育兒女，換來的是兒女的不信任，父母好言相勸，兒女卻認為父母是害他們的，那傷痛是何等的大！

「耶和華神說：『那人已經與我們相似，能知道善惡；現在恐怕他伸手又摘生命樹的果子吃，就永遠活著。』」（創3：22）

神雖然疼愛亞當夏娃，但祂不得不驅逐他們離開伊甸園，因為人有知識，卻沒有敬畏神的心是一件壞事，倘若這樣的人永遠活著，那就十分可怕了，神必須加以阻止，免得破壞神創造的和諧。

今天有什麼事情令父神痛心呢？就是祂的兒女不願意信任祂，甚至懷疑祂。有些信徒禱告未蒙應允就認為神不愛他們；有些遇到人生挫折就怪責神給他們苦頭難處；有些妒忌別人的才華或順境就認為神是偏心的；也有人認為《聖經》的教訓強人所難，要剝奪人的快樂。凡此種種，都叫愛我們的神十分難過。神是全心全意的愛我們，我們能完全信任祂嗎？**只有信而順服的人，才能令神喜悅，和得著豐盛的人生！**

愛的追隨

正如神所警告，亞當夏娃偷吃禁果的那一天就死了！先是靈性上的死亡，當他們違背神的吩咐之後，罪就產生滲透作用，他們開始為自己赤身露體而感羞恥，繼而害怕見神。

聖潔的神需要維持聖潔的標準，所以必須驅逐亞當夏娃，離開祂的面前。但是，祂的心其實戀戀不捨。祂給了人有自由意志，也預備了拯救方案，萬一人行差踏錯，擇惡而行，如何扭轉整個局面。

神對蛇說：「我又要叫你和女人彼此為仇；你的後裔和女人的後裔也彼此為仇。女人的後裔要傷你的頭；你要傷他的腳跟。」（創3：15）

當神宣告懲罰時，祂同時預告「反敗為勝」的福音。有一天女人的後裔耶穌基督要被掛在十字架上，表面上，撒但把耶穌置於死地，傷祂腳跟；實際上，耶穌基督卻在十字架上向撒但迎頭一擊，敗壞這個掌死權的魔鬼，釋放神的兒女。雖然這是一條漫漫長路，要經過很多世代才見到應許的實現，但是人掙脱罪的奴役，重獲自由，已見一線曙光！

神忍痛驅逐亞當夏娃離開伊甸園，但是，他們臨走之前，「耶和華神為亞當和他妻子用皮子做衣服給他們穿。」（創3：21）皮衣保暖耐用，遠勝過他們自己所編、不中用的無花果葉裙子，可見神仍以無微不至的愛保護他們。

人類始祖離開神的面後，就在地上過著汗流滿面的生活。人類不斷繁殖，出現兩大支流，一方面，不愛神的人犯罪愈來愈嚴重；另一方面，愛神的人在困難中敬拜神，為神作公義的見證。

漸漸遠離神的支流有：該隱（創4：1-16）、拉麥及其眾子（創4：17-24）、挪亞的同代人（創6：5）等。從人的角度而言，他們頗有成就，有「住帳棚、牧養牲畜之人的祖師」、「一切彈琴吹簫之人的祖師」和「打造各樣銅鐵利器的」（創4：20-22），可惜他們並不求告神。

敬畏神的支流有：亞伯（創4：2-8；比較：太23：35）、塞特、以挪士（創4：25, 26）、以諾（創5：21-24）、挪亞（創6：9）等。以挪士的時候，「人才求告耶和華的名」（創4：26），意味當人類鋭意發展農業、工業，開拓文明之際，有些敬畏神的人也開始恆常公開敬拜神，向祂獻祭。

「罪是從一人入了世界」（羅5：12），亞當的後裔犯罪愈來愈嚴重，先是亞當的兒子該隱因妒忌弟弟亞伯而殺死手足（創4：3-8），繼而拉麥殺了人還自誇（創4：23），到後來整個大地充滿暴力，神的心傷透了！

神在世上尋找敬畏祂、行公義的人，可惜當時只有挪亞是個義人。神是公平的，祂以洪水審判那世代的惡人，也以方舟保存敬畏祂的人（創7-8章）。災難過去後，神以虹為記，不再以洪水審判世界（創9：12-16）。

今天，**當我們看見雨後彩虹時，我們當感恩，知道神是有憐憫的，祂答應了不會再以洪水毀滅世界。**不過，我們也要記得，使徒彼得警告我們，將來有一天神會以烈火審判世界，我們要常常儆醒（彼後3：8-13）！

洪水過後，神賜下新的機會。可惜人類再一次令神失望。不久，挪亞醉酒，也暴露了小兒子不尊重父親的態度（創9：22-26）。

漸漸地，人類愈來愈偏離神。「他們說：『來吧！我們要建造一座城和一座塔，塔頂通天，為要傳揚我們的名，免得我們分散在全地上。』」（創11：4）人建巴別塔，展示力量，以為人定勝天，不需要神。他們如同始祖一樣驕傲，僭越神和人之間的界線，神推翻他們的工程，變亂他們的口音，叫他們無法成事。

始祖被逐離開伊甸園後，神的愛仍然緊緊追隨人，盼望從人類中找到愛祂、信任祂、敬畏祂、求告祂、順服祂的人。神找到了嗎？祂找到了，可惜是很少數，這不能滿足祂的心，祂深願全地的人都認識和愛祂。可以怎樣做呢？神決定先從敬畏祂的人中揀選一人，由這人興起一個民族，再由這個民族興起一國，叫這國作仲介國，作為神與全世界民族的橋樑，向全世界見證創造主是何等值得敬拜的神，然後把全世界的人帶到神面前。這個蒙神揀選、賦予重任的人是誰呢？就是亞伯拉罕！欲知後事如何，且看下回分解。

第二課

創世記（下）

從第12章開始，〈創世記〉進入另一個階段。它好像從很闊的全景突然轉成特寫，聚焦於一個人、一個家庭、一個家族、一個民族。**神透過揀選一個人，建立一個民族；這個民族先認識真神，經歷神的賜福；然後，這個民族見證神何等慈愛、何等偉大，因而吸引全人類來認識真神。**

神揀選個人和羣體的目的不是讓小撮人成為特權階級，乃是為了要透過他們賜福給萬民（比較：創1：28；12：3）。換句話說，揀選是為了為神作見證，和服侍神及萬民。

人蒙神揀選不是因為他的好行為，乃是出於神的旨意及憐憫。他們並非完美的人，不能誇口，說自己是一百分。他們的生活行為或許仍有瑕疵，但透過在試煉之中信而順服（trust and obey），就能夠成功見證獨一真神乃是一位可信可靠、充滿智慧、能力和慈愛的主宰。神所揀選的人雖不是完全人，神卻在他們身上成就祂的應許。《聖經》讓我們看到神的成功，神的信實，神所答應的事一定做到！

亞伯拉罕

「耶和華對亞伯蘭說：『你要離開本地、本族、父家，往我所要指示你的地去。我必叫你成為大國。我必賜福給你，叫你的名為大；你也要叫別人得福。為你祝福的，我必賜福與他；那咒詛你的，我必咒詛他。地上的萬族都要因你得福。』」（創12：1-3）

神揀選亞伯蘭，賜給他一個很重要的祝福，含三項要素：

1. **土地（land）。**神答應：「我要把這地賜給你的後裔。」（創12：7）
2. **後裔（seed）。**神答應：「我必叫你成為大國。」（創12：2）一個國家有很多人，即是說亞伯蘭將來有後，且人數眾多。
3. **成為祝福（blessing）。**神答應：「你也要叫別人得福。……地上的萬族都要因你得福。」（創12：2-3）

這個應許在〈創世記〉不斷重複，神在這個基礎上不斷發揮，令應許的內容更加豐富。第12章，神首次提出應許，然後，在第15章重複，神應許他的後裔會像天上的星那樣多；第17章又重複，這時應許又提高一層：「我必使你的後裔極其繁多；國度從你而立，君王從你而出。」（創17：6）然後，第22章又重複，亞伯拉罕獻以撒之後，神應許：「你子孫必得著仇敵的城門」（創22：17），**地上萬族不但因「你」（亞伯拉罕／亞伯蘭）而得福，神更應許萬族也要因「你的後裔」而得福（創22：18）。當我們看完整本《聖經》，便知道這後裔就是耶穌基督——應許最終的應驗（參：加3：16）。**

應許之一：地

「耶和華向亞伯蘭顯現，說：『我要把這地賜給你的後裔。』」（創12：7）

神答應賜給亞伯拉罕這塊地，完全不是因為亞伯拉罕有什麼好行為，以至神說：「好罷，讓我報答你」，完全不是！乃是因為亞伯拉罕用順服的態度回應神，神要他離開本地，他就真的離開了，也不知道要在哪裏落腳，他是跟著神的指示走，一路飄流，最後到了迦南。

第13章，亞伯蘭和姪兒羅得的牛羊都多起來，「亞伯蘭的牧人，和羅得的牧人相爭。」（創13：5-7）

「亞伯蘭就對羅得說：『你我不可相爭，你的牧人和我的牧人也不可相爭，因為我們是骨肉（原文作弟兄）。遍地不都在你眼前嗎？請你離開我：你向左，我就向右；

你向右，我就向左。』」(創13：8-9)

亞伯蘭是長輩，本有權先選，但他有一顆敬畏神的心，便謙讓，讓羅得先揀。

「羅得舉目看見約旦河的全平原，直到瑣珥，都是滋潤的，那地在耶和華未滅所多瑪、蛾摩拉以先，如同耶和華的園子，也像埃及地。」(創13：10)

羅得的眼光並不高超，他只著眼財富，而沒有看到那地罪惡充斥，他甚至愈來愈往罪惡之地靠近，自投羅網，往死裏送。「羅得住在平原的城邑，漸漸挪移帳棚，直到所多瑪。所多瑪人在耶和華面前罪大惡極。」(創13：12-13)

羅得選了居住之地後，神對亞伯蘭說：「從你所在的地方，你舉目向東西南北觀看；凡你所看見的一切地，我都要賜給你和你的後裔，直到永遠。」(創13：14-15)

如果一個人敬畏神，遵行神的標準，不與自己的弟兄相爭，是不會吃虧的，神會在「冥冥中」管理。正如《聖經》說：「溫柔的人有福了！因為他們必承受地土。」(太5：5) 神應許給他迦南，神就會保守這塊地，無條件地履行責任。

第15章，立約儀式。亞伯蘭說：「主耶和華阿，我既無子，你還賜我什麼呢？」神就領他走到外邊，說：「你向天觀看，數算眾星，能數得過來嗎？」又對他說：「你的後裔將要如此。」亞伯蘭信耶和華，耶和華就以此為他的義。(創15：2, 5-6)

「耶和華又對他說：『我是耶和華，曾領你出了迦勒底的吾珥，為要將這地賜你為業。』」(創15：7) 亞伯蘭便問，說：「主耶和華啊，我怎能知道必得這地為業呢？」(創15：8) 意思是：「我能有什麼憑據，知道你會將這塊地賜給我呢？」

於是，神就和他做一件事：立約。神吩咐亞伯蘭取一些祭牲，「亞伯蘭就取了這些來，每樣劈開，分成兩半，一半對著一半的擺列，只有鳥沒有劈開。」(創15：10) 之後有很奇怪的事發生：「日頭正落的時候，亞伯蘭沉沉地睡了」(創15：12)，即是說：立約的時候，亞伯蘭是睡著了的。

「日落天黑，不料有冒煙的爐並燒著的火把從那些肉塊中經過。」(創15：17-20)

古代西亞地區的人立約，立約者手拖手，在斬開的祭牲肉塊中間經過，表示：我們立約之後，若不履行這約，就會像這些祭牲死翹翹；很像我們中國人「滴血為盟」，是很慎重地答應別人，也提醒自己一定要守約。

神與亞伯蘭立約，誰在這些祭牲中間行過呢？只有代表耶和華的「冒煙的火把」行過，而**亞伯蘭睡著了，根本不用他在祭牲中間行過，是耶和華獨自行過，即是說：這個約是耶和華親自負責，獨力承擔的。**換言之，神說：「是我答應將迦南賜給你們，如果我不如此行，是我違約，我不得好死，而亞伯蘭不用負上任何責任。」

今日主耶穌為了拯救我們所立的約也是這樣，主耶穌說：「這是我立約的血，你們去喝。」十字架完全不用我們受釘，**耶穌基督為我們釘上十字架，完成了救恩。**

結果，亞伯拉罕有沒有得到土地呢？「撒拉享壽一百二十七歲，這是撒拉一生的歲數。撒拉死在迦南地的基列亞巴，就是希伯崙。亞伯拉罕為她哀慟哭號。」（創23：1-2）亞伯拉罕的妻子撒拉死了，他需要一塊墓地，他與赫人議價購地，價錢並不便宜，要四百舍客勒。（創23：16）

《聖經》用了整整第23章全章講述這宗「生意交易」，此章見證了亞伯拉罕用「黃金白銀」買下這塊地，不是赫人、迦南人給他土地，乃是耶和華神自己的恩典，讓亞伯拉罕正正式式買到這塊田地。

第23章結束時：「此後，亞伯拉罕把他妻子撒拉埋葬在迦南地幔利前的麥比拉田間的洞裏，幔利就是希伯崙。從此，那塊田和田間的洞就藉著赫人定準歸與亞伯拉罕作墳地。」（創23：19-20）

後來，以撒妻子利百加葬在這裏，雅各和妻子利亞也葬於此（創49：30-31）。

論到亞伯拉罕，〈希伯來書〉說：「這些人都是存著信心死的，並沒有得著所應許的；卻從遠處望見，且歡喜迎接，又承認自己在世上是客旅，是寄居的。說這樣話的人是表明自己要找一個家鄉。」（來11：13-14）

亞伯拉罕死去時，仍未得到整塊應許之地，他就像客旅等候去天家，不過，他買到了「首期」，表明耶和華是信實的，祂對亞伯拉罕的應許正一步一步實現！

今日神對我們的應許有很多也是「將來進行式」，神答應將來我們的身體會「得贖」，不再像現今會受罪的試探；神又應許將來我們會與祂一同作王……很多應許都未實現，**但是，今日神給了我們「首期」：聖靈住在我們心裏，讓我們知道有這個把握。**

應許之二：後裔

「亞伯蘭說：『主耶和華啊，我既無子，你還賜我什麼呢？並且要承受我家業的是大馬色人以利以謝。』……耶和華又有話對他說：『這人必不成為你的後嗣；你本身所生的才成為你的後嗣。』」(創15：2, 4)

神要在亞伯蘭身上成就一件奇蹟，祂要亞伯蘭和撒拉(原名撒萊)兩個人所生的兒子才是祂所揀選的後裔。事情並不一帆風順，危機出現了。埃及法老想娶撒萊為妻(12章)；之後，基拉耳王亞比米勒也想娶撒拉為妻(20章)。

亞伯拉罕自己怕死，害怕別人因他漂亮的妻子而殺他，就說謊，叫妻子說：「你是我的妹子，使我因你得平安，我的命也因你存活。」(創12：13)亞伯蘭也不是完全說謊，撒萊本是他同父異母的妹妹(創20：12)。不過，亞伯拉罕只說了一半事實，而隱瞞了另一半：撒拉亦是他的妻子。

亞比米勒是外族義人，他不會胡亂搶別人的妻子，他不知撒拉是亞伯拉罕的妻子才把她取來(創20：3-7)，他是無辜的。發現真相之後，「亞比米勒召了亞伯拉罕來，對他說：『你怎麼向我這樣行呢？我在什麼事上得罪了你，你竟使我和我國裏的人陷在大罪裏？你向我行不當行的事了！』」(創20：9)然後，「亞伯拉罕說：『我以為這地方的人總不懼怕神，必為我妻子的緣故殺我。』」(創20：11)

這二件事讓我們看到亞伯拉罕也有軟弱的時候，他的信心很小，以為全人類都不敬畏神。不過，在他的軟弱當中有神保守，在兩次緊要關頭時神都出手，介入阻止別人取撒拉，如果其他人取了撒拉，他們兩老還怎可以生以撒呢？

後來亞伯拉罕的兒子以撒做類似的事，我們看到父母是會影響下一代的，爸爸在這方面的懼怕軟弱會影響兒子。另一方面，重複也讓我們看到神是何等的信實，神與亞伯拉罕同在，賜福給他，保守他的妻子不被別人搶去；神也照樣與以撒同在，神的應許一代一代與他們同在。

亞伯蘭和撒萊遲遲無子，撒萊想出了一個主意，叫亞伯蘭娶使女夏甲。神答應了亞伯蘭：「你本身所生的，才成為你的後嗣。」（創15：4）按照當時世人的習俗，自然就是：如果主母無出，就找婢女生子，把婢女的兒子當作自己的兒子。於是，亞伯蘭就與婢女夏甲同房，想都沒想過這是一個錯誤的決定。就算一個得神嘉許的人、對神信而順服的人，也不等於他做的所有事情都「一百分」。

亞伯蘭九十九歲的時候，神應許他下年（一百歲）就會生子，當時撒萊已經89歲，早已過了生育年齡，神卻說她90歲就會生以撒。

神又對亞伯蘭說：「從此以後，你的名不再叫亞伯蘭，要叫亞伯拉罕，因為我已立你作多國的父。」（創17：5）

這時連亞伯拉罕也認為怎可能呢，**不過雖然他不完全明白，心裏也有點懷疑，但當神講清楚之後，他就願意相信神。信而順服的意思是：我們不是時時都感覺「好high」——站在信心的高原上，我們有時會有困惑，但是，我們願意繼續信靠神**。

就這樣，以撒出生了，「他兒子以撒生的時候，亞伯拉罕年一百歲。」（創21：5）

經過這件事之後，亞伯拉罕的信心向前躍進一大步。第22章，耶和華要求他獻以撒，而且是在沒有任何解釋的情況下，要求他獻上自己的兒子。（創22：2）

想來當時亞伯拉罕的心裏必大受衝擊，因為之前神說：「從以撒生的，才要稱為你的後裔」（創21：12），撒拉生的兒子以撒才算數，其他兒子都不算數，都不能稱為亞伯拉罕的後裔。現在好不容易才得此子，神竟要求亞伯拉罕將以撒獻上，那神的應許：「國度從你而立」怎麼能成就呢？

但是，亞伯拉罕想不通的時候，他仍然順服，獻上以撒，他說了一句很好的話，當以撒問：「請看，火與柴都有了，但燔祭的羊羔在哪裏呢？」亞伯拉罕說：「我兒，神必自己預備作燔祭的羊羔。」（創22：7-8）**亞伯拉罕顯然相信：「就算我將兒子獻上，神也會負責。」亞伯拉罕對復活的了解可能很少，但是，他知道神一定會讓他有後裔，這真是到了信心的極限、信心的高峯！**

感謝神，在亞伯拉罕未宰殺他的兒子之前，神果真為他預備了。我們看到神對亞伯拉罕會有後裔的應許是何等信實！

應許之三：成為別人的祝福

第14章，四王與五王的爭戰本與亞伯蘭無關，但因姪兒羅得住在所多瑪，被四王俘擄，亞伯蘭居然憑著家裏318個壯丁，「便在夜間，自己同僕人分隊殺敗敵人，又追到大馬士革左邊的何把，將被擄掠的一切財物奪回來，連他姪兒羅得和他的財物，以及婦女、人民也都奪回來。」(創14：15-16) 亞伯蘭成為姪兒的祝福。

第18章，這是很著名的一章，耶和華說：「……所多瑪和蛾摩拉的罪惡甚重，聲聞於我。我現在要下去，察看他們所行的，果然盡像那達到我耳中的聲音一樣嗎？若是不然，我也必知道。」(創18：20-21)

所多瑪和蛾摩拉罪大惡極，耶和華要懲罰和毀滅兩城。**亞伯拉罕就很勇敢地祈禱，他向耶和華懇求是基於神的屬性，**他如是說：「將義人與惡人同殺，將義人與惡人一樣看待，這斷不是你所行的。審判全地的主豈不行公義嗎？」(創18：25)

亞伯拉罕繼續「抓住」耶和華的屬性不放，說：「假若那城裏有五十個義人，你還剿滅那地方嗎？不為城裏這五十個義人饒恕其中的人嗎？」(創18：24) 意思是說「你是公義的，你不會連無辜的義人也一併殺掉。」然後，降至「四十五個」、四十、三十、二十，甚至減至十個 (創18：32)。

可惜所多瑪、蛾摩拉連十個義人也沒有，最後耶和華神毀滅了他們。「亞伯拉罕清早起來，到了他從前站在耶和華面前的地方，向所多瑪和蛾摩拉與平原的全地觀看，不料，那地方煙氣上騰，如同燒窰一般。」(創19：27-28) 那個地方全沒了，但是，**耶和華聽了亞伯拉罕的祈禱，也應允了他的祈禱，沒有毀滅義人，而將羅得從毀滅中拯救出來。亞伯拉罕的禱告成為了別人的祝福。**

在第21章，亞比米勒看到神賜福給亞伯拉罕，就說：「凡你所行的事都有神的保佑。」(創21：22) **神的賜福是「有目共睹」的，連不信的人也看見。**

「亞伯拉罕一生的年日是一百七十五歲。亞伯拉罕壽高年邁，氣絕而死，歸到他列祖那裏。」(創25：7-8) 亞伯拉罕的一生，讓我們看到一件事：神是何等的信實！神應許亞伯拉罕三件事：土地、後裔和成為別人的祝福，祂的應許全實現了。

以撒

耶和華揀選了亞伯拉罕，祂信實地逐步應驗祂的應許，到了亞伯拉罕的兒子以撒，神在他身上同樣信實：土地的應許，以撒繼續擁有他們的墓地。至於後裔的應許，〈創世記〉用了整整第24章，記載亞伯拉罕差遣僕人為兒子尋妻。

為什麼亞伯拉罕為兒子娶妻這件事如此重要呢？在第9章，挪亞醉酒之後，他的小兒子「含」做了不道德的事情，於是挪亞就咒詛迦南（迦南是含的兒子）。

亞伯拉罕是「閃」的後代，既然迦南族是受咒詛的，而閃族是神所揀選的，所以，閃族人不與迦南族混雜通婚。因此，亞伯拉罕要為兒子找本族的女子。亞伯拉罕千叮萬囑他的老僕人說：「不要為我兒子娶這迦南地中的女子為妻。你要往我本地本族去，為我的兒子以撒娶一個妻子。」（創24：3-4）

老僕人為以撒找妻子，整個過程很奇妙，**不但亞伯拉罕敬畏神，連這個老僕人也很敬畏神，未尋找女子之前，他就預先祈禱，又要有印證：**「她若說：『請喝！我也給你的駱駝喝。』願那女子就作你所預定給你僕人以撒的妻。這樣，我便知道你施恩給我主人了。」（創24：14）

老僕人「話還沒有說完，不料，利百加肩頭上扛著水瓶出來。」（創24：15）利百加果真給了僕人和駱駝水喝（創24：15-20）。

接著，僕人看到利百加的哥哥拉班，又將自己的經歷重新講一次。（創24：34-48）

在舊約裏，尤其是敘事文體，重複是表達肯定，強調神真的如此奇妙！**因神的保守，以撒能夠找到本族的女子利百加為妻，以致這個神所揀選、敬畏神的家族可以一代一代傳下去，有關後裔的應許能夠繼續成就。**

那麼，以撒能否成為別人的祝福呢？

第26章講述水井的故事。水對於遊牧民族很重要，以撒的水井被非利士人奪去。以撒的僕人挖了另一口井，非利士人又搶奪（創26：18-20）。「以撒離開那裏，又挖了一口井，他們不為這井爭競了，他就給那井起名叫利河伯（就是寬闊的意思）。他說：『耶和華現在給我們寬闊之地，我們必在這地昌盛。』」（創26：22）

一個謙和的人，他不必與人爭奪，神自會親自保護他，令他不會有損失。

後來，非利士人的王「亞比米勒，同他的朋友亞户撒和他的軍長非各，從基拉耳來見以撒。以撒對他們說：『你們既然恨我，打發我走了，為什麼到我這裏來呢？』」「他們說：『我們明明地看見耶和華與你同在，便說，不如我們兩下彼此起誓，彼此立約，使你不害我們，正如我們未曾害你，一味地厚待你，並且打發你平平安安地走。你是蒙耶和華賜福的了。』」（創26：26-29）

我們可以從亞比米勒等人的回答，看到**以撒成了別人的祝福，我們也可以從中看到揀選的意義：當一個人蒙神揀選，神就會不斷賜福給他；而當一個人敬畏神，神就為他作主，連不信神的人也「有目共睹」，也能看出他是蒙神賜福的，以致會投靠他。**本來是以撒的敵人，現在也與他立約，變成朋友了！

這就是神的心意，神要藉著祂揀選的人去成就〈創世記〉1章28節的應許。

雅各

到了下一代，以撒的兒子雅各又怎樣呢？雅各的出生記載在第25章，**他的出生讓我們看到神的主權完全勝過人的主意。**利百加懷雙胞胎很辛苦，就去問耶和華為何會這樣？耶和華便對她說：「兩國在你腹內；兩族要從你身上出來。這族必強於那族；將來大的要服侍小的。」（創25：23）意思是：神的揀選在人尚未出世就已經決定了，不是因為雅各表現好，乃完全是神自己的旨意。

在〈創世記〉裏，神往往揀選幼小的，例如：約瑟是幼子，雅各也是幼子，神主權的彰顯往往出乎人意料之外。**神的主權與人的自由意志，**這個神學問題，神學家為之爭論了兩千多年，難分難解。在**《聖經》中，兩者有如一個銀幣的兩面，神的主權與人的自由意志相互配合，**神揀選了雅各，但以掃也怨不得神。

「兩個孩子漸漸長大，以掃善於打獵，常在田野；雅各為人安靜，常住在帳棚裏。」「有一天，雅各熬湯，以掃從田野回來累昏了。以掃對雅各說：『我累昏了，求你

把這紅湯給我喝。』因此以掃又叫以東（以東就是紅的意思）。」（創25：27, 29-30）

雅各很詭詐，他說：「『你今日把長子的名分賣給我吧。』以掃說：『我將要死，這長子的名分於我有什麼益處呢？』」於是，「以掃就對他起了誓，把長子的名分賣給雅各。……這就是以掃輕看了他長子的名分。」（創25：31-34）

在舊約時代，長子可以得到爸爸雙倍祝福，但是以掃一點都不著緊，他輕看了自己的長子名分，輕看了神的祝福。

以撒老了，眼睛都快瞎了，他知道自己時日無多，就叫了以掃來，吩咐他去獵野味，然後他就給以掃臨終祝福。（創27：1-4）

很多時候父母的偏心會製造很多兄弟之間的矛盾不和。媽媽利百加偏愛雅各。她聽見了以撒對以掃說的話，就吩咐雅各「給我拿兩隻肥山羊羔來，我便照你父親所愛的給他做成美味。」（創27：9）

「他便去拿來，交給他母親；他母親就照他父親所愛的，做成美味。利百加又把家裏所存大兒子以掃上好的衣服給她小兒子雅各穿上，又用山羊羔皮包在雅各的手上和頸項的光滑處，就把所做的美味和餅交在她兒子雅各的手裏。」（創27：14-17）

以撒吃完了野味之後，祝福之前，他也有點懷疑，摸著雅各說：「聲音是雅各的聲音，手卻是以掃的手。」於是，以撒說：「我兒，你上前來與我親嘴。」雅各便上前親吻父親。以掃聞到他衣服上的香氣，就給他祝福。（創27：22-27）

留意以撒怎樣祝福：「我兒的香氣如同耶和華賜福之田地的香氣一樣。願神賜你天上的甘露，地上的肥土，並許多五穀新酒。願多民事奉你，多國跪拜你。願你作你弟兄的主；你母親的兒子向你跪拜。凡咒詛你的，願他受咒詛；為你祝福的，願他蒙福。」（創27：27-29）

這祝福明明是將幼子雅各立於以掃之上，以撒原本希望為大兒子以掃祝福，但是，「冥冥之中」雅各得到了長子的福氣。不過，**雅各雖然得到了福氣，但並不等於神讚許、同意雅各使用詭詐的手段，神管理著這件事。**

以掃打獵回來，真相大白。以掃就哭著求父親說：「父阿，你只有一樣可祝的福嗎？我父阿，求你也為我祝福！」（創27：38）

以撒遂說：「地上的肥土必為你所住；天上的甘露必為你所得。」（創27：39）

《和合本聖經》的翻譯並不準確，原文應為：「地上的肥土必遠離你所住；天上的甘露必不為你所得」（參：當代譯本）。然後，「你必倚靠刀劍度日，又必事奉你的兄弟；到你強盛的時候，必從你頸項上掙開他的軛。」（創27：40）

一切祝福以掃都得不到了，「肥土」、「天上甘露」都遠離他，都沒有了！〈希伯來書〉說，以掃「後來想要承受父所祝的福，竟被棄絕，雖然號哭切求，卻得不著門路使他父親的心意回轉。這是你們知道的。」（來12：17）

耶和華雖然使用雅各，仍要管教他。詭詐的雅各遇見了詭詐的拉班，耶和華透過一系列雅各受騙的事管教他，讓他知道要倚靠神，而不是靠自己去抓搶。

話說雅各逃到舅父拉班那裏，他愛上拉班的小女兒拉結，想娶她為妻（創29：18）。拉班便開價，要雅各為他打工七年作為娶拉結的價錢。結婚之日，拉班卻欺騙雅各，將大女兒利亞給他為妻，雅各發現受騙上當時，拉班就說如果他要娶拉結就再服侍多七年（創29：27）。此外，拉班又十次改了雅各的工資（創31：7, 41）。

當雅各要回父家時，他對拉班說，他應該得回自己應得的。雅各要求把有斑點的、黑色的、不好的羊給自己作工價。（創30：32）

拉班很奸詐，他說「好阿！我情願照著你的話行。」但是，一轉身「當日，拉班把有紋的、有斑的公山羊，有點的、有斑的、有雜白紋的母山羊，並黑色的綿羊，都挑出來，交在他兒子們的手下。」沒有斑點的羊卻留給雅各（創30：34-36）。

然後，雅各「拿楊樹、杏樹、楓樹的嫩枝，將皮剝成白紋，使枝子露出白的來，將剝了皮的枝子，對著羊羣，插在飲羊的水溝裏和水槽裏，羊來喝的時候，牝牡配合。羊對著枝子配合，就生下有紋的、有點的、有斑的來。」（創30：37-39）

這方法沒有什麼科學根據，但是為什麼雅各會成功呢？是由於耶和華的幫助，耶和華令那些原本雪白、好的羊可以生下有斑的羊，神管理和賜福給他。

雅各起程返鄉，但他害怕哥哥以掃會殺死他，就想出很多計謀，吩咐僕人先把一批批禮物送去討好哥哥。然後，他將妻子孩子也分批而行，「叫兩個使女和她們的孩子在前頭，利亞和她的孩子在後頭，拉結（他的最愛）和約瑟在儘後頭。」（創33：2）而他自己就留在最最最後頭。

當兩個妻子過了雅博渡口之後，神的使者就和雅各摔跤，神要迫雅各學習全然倚靠神，神的使者「將他的大腿窩摸了一把，雅各的大腿窩正在摔跤的時候就扭了。」（創32：25）以掃正帶著四百人前來（創33：1），雅各卻在這緊要關頭瘸了腿，他再也不能靠自己，惟有倚靠耶和華。

怎知道「以掃跑來迎接他，將他抱住，又摟著他的頸項，與他親嘴，兩個人就哭了。」（創33：4）〈俄巴底亞書〉最後有一句：「必有拯救者上到錫安山，審判以掃山；國度就歸耶和華了。」（俄21節）《和合本聖經》譯為「審判以掃山」，另一譯法為「統治以掃山」（參：當代譯本）。最終以掃的後裔都要臣服以色列，歸服耶和華。

約瑟

雅各之後是他的兒子約瑟。父母偏愛孩子造成兄弟不和的問題重演。

「以色列（雅各）原來愛約瑟過於愛他的眾子，因為約瑟是他年老生的；他給約瑟作了一件彩衣。約瑟的哥哥們見父親愛約瑟過於愛他們，就恨約瑟，不與他說和睦的話。」（創37：3-4）

後來，「約瑟到了他哥哥們那裏，他們就剝了他的外衣，就是他穿的那件彩衣，把他丟在坑裏；那坑是空的，裏頭沒有水。」（創37：23-24）

後來，「有些米甸的商人，從那裏經過，哥哥們就把約瑟從坑裏拉上來，講定二十舍客勒銀子，把約瑟賣給以實瑪利人。他們就把約瑟帶到埃及去了。」（創37：28）

約瑟極其痛苦悲慘的經歷深具象徵意義：約瑟幫助兄長認識自己在神面前所犯的罪（創42：21；44：16），並寬恕謀害他的兄長，成就和睦（創50：17-21）；耶穌基督也寬恕殺害祂的人，成就神與人之間、及人與人之間的和睦。約瑟的苦難，間接保存多人的性命；基督的苦難，也使多人得生命。

〈創世記〉最後一章是很好的結論。雖然之前約瑟已原諒了哥哥們，但當雅各死了，哥哥們惟恐約瑟仍懷恨在心，老父還在時，看老父的情面上沒有動手，現在老父不在，就以其人之道還治其人之身。他們就打發人去見約瑟，說：「你父親未死以先，吩咐說：『你們要對約瑟這樣說：從前你哥哥們惡待你，求你饒恕他們

的過犯和罪惡。』如今求你饒恕你父親神之僕人的過犯。」(創50:16-17)

約瑟一聽到這話,就哭了,對他們說:「不要害怕,我豈能代替神呢?從前你們的意思是要害我,但神的意思原是好的,要保全許多人的性命,成就今日的光景。」(創50:19-20)

「你們的意思是要害我,但神的意思原是好的」,英譯是:"You intended EVIL against me, but God intended it for GOOD"——你們本心存惡意(evil),但神定意化惡為善(good)。約瑟這番話令人想起「分別善惡樹」,夏娃以為自己的選擇甚「善」,實際上卻選了「惡」;惟有神才知道何為「善」,何為「惡」。約瑟被哥哥們賣到埃及、護衛長波提乏的妻子又陷害他、酒政又忘記了他,**在人看來全部是"evil"的事,神卻能夠扭轉乾坤,化惡為善,都變成good,變成祝福,且要帶給多人祝福!**若沒有約瑟在埃及任宰相,雅各和十二子(將來的十二支派)很可能已經在大饑荒中餓死了,神透過約瑟的不幸遭遇,保存了雅各和十二子(包括約瑟自己)的性命,成就了神對亞伯拉罕的應許。

當初約瑟終於苦盡甘來,他當了宰相,又娶妻生子,長子取名瑪拿西,說「神使我忘了一切困苦和我父的全家。」(創41:51)當時約瑟對哥哥們若不是心中有恨,至少有怨,耿耿於懷,所以巴不得忘了我父的全家。然而,二十餘年後,我們看到約瑟已經化解了心中的苦毒,他坦然接受已發生的事,為人豁達,心胸寬大。(創45:8)約瑟的祕訣想必是時時刻刻與神同行,漸漸的,能以神的心為心,從神的角度來看待一切成敗得失。

〈創世記〉結束在約瑟之死。「約瑟死了,正一百一十歲。人用香料將他薰了,把他收殮在棺材裏,停在埃及。」(創50:26)

臨終之前,「約瑟對他弟兄們說:『我要死了,但神必定看顧你們,領你們從這地上去,到他起誓所應許給亞伯拉罕、以撒、雅各之地。』約瑟叫以色列的子孫起誓說:『神必定看顧你們;你們要把我的骸骨從這裏搬上去。』」(創50:24-25)

約瑟是憑著信心死的,他不再忘了我父的全家,卻堅持:「我的骸骨要葬在應許之地,這地是神所賜的!」約瑟交出一張亮麗的生命成績單,回他的列祖那裏。

後來，以色列人匆匆忙忙出埃及之際，悄悄的，有這麼一句：「摩西把約瑟的骸骨一同帶去。」（出13：19）

曠野漂流了四十年後，「以色列人從埃及所帶來約瑟的骸骨，葬埋在示劍，就是在雅各從前用一百塊銀子向示劍的父親、哈抹的子孫所買的那塊地裏。這就作了約瑟子孫的產業。」（書24：32）

一代一代先祖敬畏耶和華神，神的應許也信實地與他們同在，一代又一代！

祈禱

天父，我們看到你愛全世界的人，你揀選我們，是要祝福所有人。我們都很願意將自己擺上，讓你陶造我們的生命，可以成為別人的祝福！我們將今日所思想的經文交在你的手中，願主幫助我們放在心中反覆思量，融會貫通，踐信於行。

我們的禱告、感恩，奉主耶穌基督的名，阿們。

生活應用

1. 神按祂的旨意揀選你作祂的兒女（弗1：4），目的是要透過你賜福給別人。讀了〈創世記〉12章至50章，你認為神可以怎樣使用你成為家人、教會、機構及社區的祝福？
2. 神所使用的見證人，在經歷生活的考驗和信仰的試煉時，對神抱著信而順服的態度，見證神是可信可靠的。你曾經歷試煉嗎？你如何以信而順服的態度來回應神呢？
3. 始祖的失敗在於不信任神，今天父神正不斷尋找信而順服的人。細心反思，你對神的信任程度有多少？在哪方面可改進？

第三課

出埃及記

在〈創世記〉神向亞伯拉罕應許：1. 土地、2. 後裔、3. 成為世界的祝福。〈出埃及記〉講述神繼續成就祂的應許。很多學者將〈出埃及記〉全書分成三大部分：第1章至18章——「拯救」，耶和華神怎樣拯救以色列人出埃及為奴之地；第19章至24章——「立約」，神與以色列人立約，頒佈律法；第25章至40章——「敬拜」，人到神的聖所敬拜神。

第15章〈摩西之歌〉道出全書的中心思想，是至為關鍵的一章。有人形容第15章好像門扣，扣起兩扇門，連接起「出埃及」，以及「帶領以色列人到聖所，與神同在」這二件重大事件。

你憑慈愛領了你所贖的百姓——耶和華神偉大和奇妙的拯救；

你憑能力引他們到了你的聖所——帶領以色列人到聖所，與神同在。（出15：13）

「出埃及」只是故事的開始，耶和華的最終目的是要帶領以色列人到聖所——神居住的地方，神的「家裏」，也就是最親密無間的地方，與神同在。詩歌結束時，這主題噴湧而出，激情澎湃：「你要將他們領進去，栽於你產業的山上——耶和華啊，就是你為自己所造的住處；主啊，就是你手所建立的聖所。耶和華必作王，直到永永遠遠！」（出15：17-18）

在耶和華的聖所、祂的居所、祂的「家裏」，也就是耶和華作主，作王的地方，神照顧人、與人同在；這也是人敬拜、讚美和服侍神的地方，一切返回〈創世記〉最初神創造人類的目的。當我們有了這樣一幅完整的圖畫，就明白為何會有「出埃及」。

拯救

他們的名字……

〈出埃及記〉是希臘文譯本的翻譯，原文是用希伯來文書卷中頭兩字，英文譯作“These are the names of”，中文意為「這些是……的名字」。誰的名字呢？就是前去埃及的以色列（雅各）之子孫的名字。〈創世記〉46章8節說：「來到埃及的以色列人名字記在下面」，〈出埃及記〉1章開頭就說：「以色列的眾子，……他們的名字記在下面」，由此可見，〈出埃及記〉是〈創世記〉的續集，兩者前後連貫。

〈出埃及記〉1章5節說，以色列的眾子已經有七十人，至7節更說：「以色列人生養眾多，並且繁茂，極其強盛，滿了那地」，神繼續成就祂對亞伯拉罕所承諾的應許。正當一切看來如意順遂時，神的應許遇到了巨大的攔阻，埃及興起新王，他妒忌以色列人，不想以色列人成為強大的勢力，於是強迫他們做苦工。法老命令收生婆，如果生下來的以色列人是男孩，就要殺死，女孩才可保留，但收生婆敬畏神，沒有殺死男嬰，神就因此賜福她們。

在這件事上，有些人有疑惑，這些收生婆好像說謊，所說的話並不忠實，為什麼神會賜福給她們？神賜福給收生婆，是因為她們敬畏神，沒有殺害生命。**當人的命令和神的律法有抵觸時，當遵守神的律法。**

〈出埃及記〉1章結束時，出現了一個很大的諷刺，人愈想殘害神的百姓，神便將計就計，用相同的方法拯救祂的百姓。法老下令凡以色列人的男孩都要丟到河裏。摩西的父母就把他放在一個蒲草箱裏，置於河邊。然後，神竟然使用法老的女兒去拯救摩西。這條河流本來是消滅以色列人男孩的，神卻透過這條河流去拯救自己的子民，摩西名字的意思是：從水裏被救出來（「摩西」的發音像希伯來文「拉出」）。

「蒲草箱」，這個「箱」在原文與〈創世記〉中的「方舟」是同一個字（方舟也很像一個「箱」），神藉著這個箱，彷彿是另外一艘方舟，去保存祂子民的生命。結果不但法老女兒救了摩西，當她要找奶媽時，「竟然」找回摩西的母親當奶媽，以致摩西年幼時有機會從母親那裏學到有關耶和華，以及敬拜耶和華的事。神保存了亞伯拉罕的百姓，祂的權柄勝過一切，祂的應許永不落空。

然後，「以色列人因做苦工，就歎息哀求，他們的哀聲達於神。神聽見他們的哀聲，就記念他與亞伯拉罕、以撒、雅各所立的約。神看顧以色列人，也知道他們的苦情。」（出2：23-25）

以色列人能夠出埃及，完全是出於神的主動，因神與亞伯拉罕所立的約，而且，神記得祂的約，祂主動憐憫以色列人。

我是……

神揀選以色列人是要他們將神介紹給普天之下的百姓認識祂，歸向祂，因此，神要讓以色列人先清清楚楚認識祂是誰。在這之前，祂先讓摩西認識祂是誰。

耶和華以荊棘叢中一團烈火的形象，在何烈山上向摩西顯現，烈火象徵祂的威嚴和聖潔。

摩西表示，他不知道神尊姓大名，如何對百姓說起？其實摩西大可以對百姓說：「就是你們祖宗的神打發我來的。」因為以色列人都知道這位真神。為什麼需要問神的名字呢？原來以色列人的名字代表一個人的本性、屬性或素質等等。就像我們中國人那樣，名字往往表達了父母對孩子的期望：其性情、為人、抱負等。請問神大名，就是想知道祂是怎樣的神？以色列人知道神就是他們列祖的神，摩西卻想尋根究底，要一清二楚知道祂是怎樣的神。

耶和華回答："I am that I am."（出3：14），亦可譯為"I will be who I will be."原文直譯「我就是我」，《和合本聖經》採用了意譯：「我是自有永有的」（出3：14），**表示真神的自存性、自主性、自足性。神不是人「製造」出來的，乃是自己獨立存在的，神是自有永有的。**

神這個名字很重要，當耶和華要拯救以色列人的時候，並不是人吩咐神去施行拯救，救恩不是由人主動，乃是耶和華主動，是耶和華記念祂與亞伯拉罕所立的約（出2：24），自行決定行動的，祂有足夠的能力自行決定。

「自有永有」，"I am that I am"也表達了一種關係。摩西說：「我是什麼人，竟能去見法老」，神說：「我必與你同在」，英文是"*I am* with you"，或"*I will* be with you"（出3：11-12），這裏的"*I am*"或"*I will*"就是14節神的名字："I am that I am"。摩西表示自己沒有能力去，神卻說：「**我是**會與你在一起的」（直譯），這就足夠了，強調神與人同在的關係。

從上下文來看，**神名字的表達，是特別強調這位神（"I am"）與摩西同在，也就是與以色列人同在。**因此，有些學者認為，這個"I am"有一重意義："It is I who am with you."意思就是：是我（自有永有的「我」）與你同在。

既然神自稱「我是」（I am），人便稱神為「祂是」（He is），希伯來文是YHWH，音譯為「雅威」，亦今天常用的「耶和華」。猶太人和中國古人一樣，由於對神的敬畏，不直呼神的名字，他們稱神為："Adonai"，就是「上主」（The LORD）的意思，頗近中文的「上帝」之意。

神對摩西說：「並要叫你將我向埃及人所做的事，和在他們中間所行的神蹟，傳於你兒子和你孫子的耳中，好叫你們知道我是耶和華。」（出10：2）

出埃及的重要意義，其主旋律不僅僅在於神要拯救以色列人掙脱埃及的奴役，不再受法老欺壓，更要讓**以色列人世世代代認識耶和華神。**

十災

初讀〈出埃及記〉往往令人瞠目結舌，我們會認為神的審判太嚴厲，太可怕了，埃及人的長子，甚至所有牲畜頭生的，全部被殺死。但是，如果我們認真思想，若耶和華要懲罰敵擋祂的法老，只需要一次就足以搞定，神卻分成十個災。在猶太人的文化中，很多數字是有象徵意義的，「十」代表多，「十災」代表多個災，神降下多災，由輕至重。**十災的意思是，神讓法老有機會悔改。神不只是要審判，神給了法老和埃及人一次又一次悔改的機會。**

可能仍然有人認為神很「專制」，因為《聖經》描述「神使法老的心剛硬」，這樣法老還有什麼話可說呢？如果我們仔細看一看十災，有關「法老的心」的經文共出現了二十次，其中十次是耶和華使法老的心剛硬，十次是法老自己的心剛硬，一半一半，很平均。神的主權與人的自由意志好像銀幣的兩面，是相輔相成的。一方面，神的確知道法老的心會剛硬，但另一方面，也是法老鐵石心腸，讓自己的心剛硬。

有學者認為，神降的十災是要打擊埃及所拜的偶像，例如：第九災黑暗之災，神叫埃及全地黑暗（出10：22-23），是要打擊埃及人的眾偶像中至高的太陽神，向埃及人顯明太陽神不能保佑他們。在第十災，也是最可怕的災難中，神擊殺埃及所有長子（出12：29），連埃及王的長子（王子：王位繼承人）也被擊殺。從這十個災，我們看到，當人敵擋神時，神的審判是絕對嚴厲的。

神說：「我伸手攻擊埃及，將以色列人從他們中間領出來的時候，埃及人就要知道我是耶和華。」（出7：5）

神拯救以色列人出埃及另有一個目的，**神的心意是叫埃及人也認識和相信祂。**雖然〈出埃及記〉沒有講得很清楚，但是，當十災一一降下時，有些埃及人很害怕，就聽摩西的吩咐去做（出9：20），甚至當以色列人出埃及時，也有很多閒雜人跟著走（出12：38）。雖然埃及全國沒有因此回歸真神，但是，說不定有一些埃及人得救。**有時神降災是希望人悔改，因而得救，這才是耶和華的最終目的。**

站在出埃及三千四百年後的高地上，我們有足夠的證據，充份相信神的目的最終會成功。星移月換，至以賽亞的年代，先知如是說：

「耶和華必被埃及人所認識。在那日，埃及人必認識耶和華，也要獻祭物和供物敬拜祂。」（賽19：21）

先知更進一步指出，「當那日（「那日」通常指末日、末世，神工作的時候），以色列必與埃及、亞述三國一律，使地上的人得福；因為萬軍之耶和華賜福給他們，說：『埃及，我的百姓，亞述——我手的工作，以色列——我的產業，都有福了！』」（賽19：24-25）

埃及、亞述都是以色列的宿敵，將來這些敵人居然會與以色列人一起敬拜神！這就是耶和華最終的目的，這也是神拯救人的目的。雖然神要施行審判，不過神仍然給人很多悔改的機會。

曠野路，律法路

以色列人出埃及之後，如果沿地中海前行，應該可以很快到達迦南地，但是，耶和華不想他們遇到非利士人，就帶領他們走一條比較遠的路，就是紅海之路（出13：17-18）。這時法老不甘心，就帶領軍隊去追趕他們。以色列人前有紅海，後有追兵，正驚慌之際，摩西對他們說：「不要懼怕，只管站住！看耶和華今天向你們所要施行的救恩。……你們只管靜默，不要作聲。」（出14：13-14）

於是，神行了大神蹟，令海水分開，「水在他們的左右作了牆垣」（出14：21-22）他們就安全地過了海。

出埃及，過紅海，一路行來，還有神的使者相助，「在以色列營前行走神的使者，轉到他們後邊去；雲柱也從他們前邊轉到他們後邊立住。在埃及營和以色列營中間有雲柱，一邊黑暗，一邊發光，終夜兩下不得相近。」（出14：19-20）這條雲柱後來也帶領以色列人行走曠野的路，神實踐了祂的應許「我必與你同在」、拯救他們、陪伴他們行走全程。

以色列人脫險之後，就唱了著名的〈摩西之歌〉，歌頌神拯救了他們，然後他們踏上了曠野路。**在這段路程中，以色列人沒有水喝，沒有食物，但是，神賜給他們鵪鶉和嗎哪，足顯神的供應。**

以色列人走了三天路到達瑪拉，因為那裏的水苦，不能喝，「摩西呼求耶和華，耶和華指示他一棵樹。他把樹丟在水裏，水就變甜了。耶和華在那裏為他們定了律例、典章，在那裏試驗他們。」（出15：25）

在這節經文中，出現了幾個「律法」（torah）的同義詞。雖然，要到〈出埃及記〉20章，神才正式頒佈十誡，但是，神的律法並不只有十誡，還包含了生活的智慧，這些都是"torah"的一部分。

神賜下律例，是要考驗和鍛鍊他們的信心。**神的"torah"**不僅僅是消極的律法，例如「不可殺人」、「不可偷盜」，**更表達了神的心意、訓誨、旨意，即神教導子民如何行事為人，如果聽從神的話，信任神，就會行得通。**神教導以色列人怎樣把苦水變為甜，他們按照神的說話去做，苦水就會變為甜水，這些就是神的律例，神的方法就是"torah"。

此外，神又以嗎哪這件事情考驗以色列人是否信任神，鍛鍊他們的信心。神應許以色列人，一天的嗎哪一天賜下，一定足夠他們吃，不多也不少，不必存起；

安息日前夕，以色列人會收到雙倍食物，讓他們可以在安息日休息，不拾也有足夠食物（出16：21-22）。這一切神說得很清楚了，但是，這些人不信任神，他們害怕今天有嗎哪吃，明天沒有，所以他們多拾一些，怎知翌日食物就生蟲變臭了。有趣的是，按神的吩咐，安息日前夕拾的卻可以存留至翌日而不會變壞。

立約

以色列人來到西乃山（出19章），耶和華清楚告訴他們，祂帶領以色列人出埃及的目的乃是：「『我向埃及人所行的事，你們都看見了，且看見我如鷹將你們背在翅膀上，帶來歸我。如今你們若實在聽從我的話，遵守我的約，就要在萬民中作屬我的子民，因為全地都是我的。你們要歸我作祭司的國度，為聖潔的國民。』這些話你要告訴以色列人。」（出19：4-6）

成為「祭司的國度，聖潔的國民」，進而祝福全人類。這是以色列人最重要的使命，神揀選以色列人是要他們作祭司，作神與人之間的仲介。祭司代表人來到神面前，向神祈禱，求神憐憫施恩赦罪；祭司也代表神，向百姓講解神的律例，讓人明白了，可以遵守神的旨意而活。

當然，以色列不是一人，乃是一國，故此，**以色列亦是一個「仲介國」。如果這個「仲介國」能夠活出神的心意，滿有人生的智慧，彰顯了神的榮耀，就能夠帶領萬國萬民認識神。**

因此，第20章神頒佈十誡，就是要講明神的心意，說明神是怎樣的一位神，祂對人有何要求？例如：在十誡中，神說：「恨我的，我必追討他的罪，自父及子，直到三四代；愛我、守我誡命的，我必向他們發慈愛，直到千代。」（出20：5-6）

有人會說，這樣很不公平，神為什麼要追討人的罪直到三四代？這段經文不是說父親的罪要由兒子承擔，乃是：如果父母不愛神，不按神的心意生活，上樑不正下樑歪，會不知不覺對子女造成壞的影響。

〈以西結書〉18章講得很清楚，我們不可以說，「父親吃了酸葡萄，兒子的牙酸倒了」（結18：1-2）。如果父親犯罪，兒子是不用承擔父親的責任。

〈出埃及記〉21章之後的幾章，神用了不同的律例，很多生活上的案例，來進一步解釋十誡的意思。例如：第九誡，「不可作假見證陷害人」(出20：16)，神的子民就不應該四處講是非，蜚短流長。第十誡，「不可貪戀……」(出20：17)，如果神的子民不貪圖別人的東西，就應該如何如何。

接著，**神與以色列全民正式立約(出24章)。現在以色列人都明白了神的律法，而如果要成為神的子民，就得守約，聽從神的話。**

摩西問百姓是否願意聽從神，百姓都說：「耶和華所吩咐的，我們都必遵行。」(出24：3)

「摩西將血一半盛在盆中，一半灑在壇上；又將約書念給百姓聽。他們說：『耶和華所吩咐的，我們都必遵行。』摩西將血灑在百姓身上，說：『你看！這是立約的血，是耶和華按這一切話與你們立約的憑據。』」(出24：6-8)

立約儀式莊嚴隆重，場面非常震撼！亞伯拉罕與神立約時，他相當被動——睡著了，但是，這一次，以色列人清清醒醒，積極投身參予。這是一幅何等美的圖畫！

天上人間

立約儀式結束之後，就進入第25章。出埃及的主旋律再次出現：耶和華最重要的目的，並不僅僅只是拯救以色列百姓掙脫奴隸身分，更要百姓享受神的同在。如果百姓未預備好，耶和華是不會住在他們中間的，甚至會擊殺他們。但是，如果百姓遵守神的律法，循規蹈矩，神就會住在他們中間，神最終的希望是人與祂有親密無間的聯繫。

「又當為我(神)造聖所，使我可以住在他們(以色列人)中間。製造帳幕和其中的一切器具都要照我所指示你的樣式。」(出25：8-9)

地上會幕是天上真聖幕的「仿製品」，而建造會幕的目的是讓耶和華可以住在以色列百姓中間，所以，以色列人萬萬不能隨便製造會幕，他們一定要按照神的指示建造。

建造會幕含兩項重要的神學思想：

1. **神的同在(The presence of God)**：創造的神渴望住在人中間。據〈民數記〉所記，會幕是置於以色列全民營區中間，表示聖潔公義的真神在他們中間，讓他們有機會親近神。〈創世記〉3章，始祖亞當和夏娃犯罪後，神把他們趕出伊甸園，又在伊甸園四周安設發火焰的劍，不讓他們回去。現在，在〈出埃及記〉，神吩咐人建造會幕，即是讓人回去，再次貼近神，與神同在。

2. **神的聖潔（The holiness of God）**：神是聖潔的，人不能隨便接近神，所以，神設立很多界限，目的是保障人的安全，讓人在安全界線下親近祂，不致冒犯祂，所以會幕附有很多條例。神特別揀選利未人、潔淨他們，他們才可以事奉神，利未人可以進入院子；而亞倫的兒子們才可進入聖所。亞倫的長子嫡孫，即是大祭司，才可進入至聖所，且是一年一次（利16：29, 34）。

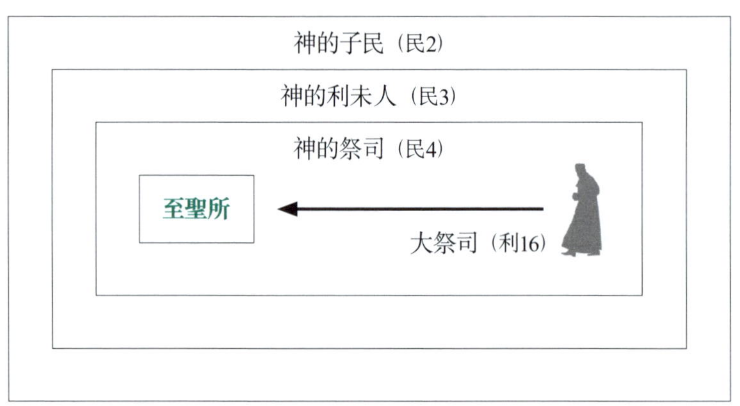

第25章至31章記錄神吩咐摩西怎樣製造會幕，及會幕裏面的器具，燈臺、燈等等。事情很多，摩西在山上留了好些日子。百姓見摩西遲遲沒下山，就鼓躁起來，對亞倫說：「起來！為我們做神像，可以在我們前面引路；因為領我們出埃及地的那個摩西，我們不知道他遭了什麼事。」（出32：1）

亞倫對百姓說：「你們去摘下你們妻子、兒女耳上的金環，拿來給我。」（出32：2）

於是，亞倫鑄造了一隻金牛犢，百姓見了便歡呼：「以色列啊，這是領你出埃及地的神。」

這句話裏的「神」，可譯作眾數「諸神」(gods)，但也可譯作單數「神」(god)。從上下文來看，解作單數的「神」比較合適，原因是：亞倫說：「明日要向耶和華守節。」(出32：5) 當亞倫鑄造這隻金牛犢時，他可能並不認為自己是鑄造其他的神，他認為這隻牛犢就是「耶和華」，或「耶和華」的腳凳。耶和華神原是看不見的，現在耶和華「看得見」了，能夠帶領他們。亞倫萬萬沒有想到，他這樣做實質上是鑄造偶像，是犯了拜偶像的罪。

結果神大大震怒，摩西下山見到，也一怒之下把法版摔碎了(出32：19)，利未人站在神的一邊，殺死了一些拜偶像的百姓。然後，摩西為以色列人哀求神，甚至說，如果神不赦免百姓的罪，就求神從冊上塗抹他的名，可見摩西對百姓深切的愛，他見百姓拜偶像的怒是恨鐵不成鋼之怒。因為摩西的代求，神就憐憫百姓，饒恕了他們。

神赦免了百姓的罪，吩咐摩西又上西乃山，祂要再頒十誡。摩西剛到山上，神在雲中降臨，宣告說：**「耶和華，耶和華，是有憐憫有恩典的神不輕易發怒，並有豐富的慈愛和誠實，為千萬人存留慈愛，赦免罪孽、過犯，和罪惡，萬不以有罪的為無罪，必追討他的罪，自父及子，直到三四代。」(出34：6-7)**

這是舊約裏最美的經句，也是在舊約被最多人引用的經句。如果說，神宣告 "I am who I am" 還有點含糊的話，這句話就一清二楚地宣明了耶和華是一位怎樣的神。

接著，神表示祂要與百姓重新立約(出34章)。

由第35章至39章，我們看到以色列人一絲不苟，認真遵照神的吩付，落實製造會幕和其中器具，直到會幕完工(出39：32)。

接著，神吩咐摩西「要立起帳幕(會幕)」(出40：1-2)，並將所有器具放入會幕裏。〈出埃及記〉結束之際：「雲彩遮蓋會幕，耶和華的榮光就充滿了帳幕。摩西不能進會幕；因為雲彩停在其上，並且耶和華的榮光充滿了帳幕。」(出40：34-35)

因著人的順服，按神的指示建造了會幕，神就心意滿足，祂的榮耀充滿了帳

幕，高天上的神爾今住在人間。

至新約時代，使徒約翰說：「道成了肉身，住在我們中間。」（約1：14）「住」原文直譯為「築會幕」，耶穌基督（道）降生成為人（肉身），在世人中間築起會幕，祂要住在世人中間。

「看哪，神的帳幕在人間。」（啟21：3）將來新天新地降臨，神與人之間不會再有罪的隔絕，我們在新耶路撒冷與神完全合而為一，這就是神的目的，神的心意。

祈禱

天父，你很愛我們！你拯救我們、帶領我們貼近你。我們願意成為祭司的國度，聖潔的國民，將你這位如此良善的神介紹給身邊的人認識。我們為你的慈愛獻上感恩！因為你尋找我們，又尋得著。

我們的祈禱、感恩，是奉主耶穌基督的名求，阿們。

生活應用

1. 神主動吩咐以色列人建造會幕，表示祂樂意住在人中間。基督已經完成救恩，讓神（透過聖靈）可以住在我們心中。既然祂已住在我們心裏，你享受祂的同在嗎？我們如何能享受祂的同在？
2. 〈出埃及記〉教導我們有關拯救的意義及目的。你認為哪一點對你的事奉最有啟發？為什麼？在你的生活中，如何能讓人體驗到「神在他們中間」？就整個羣體，教會或基督教機構而言，又如何能夠更加彰顯「神的同在」（the presence of God）？

第四課

利未記

〈利未記〉寫作地點是在西乃山的會幕裏，其書沿襲〈創世記〉和〈出埃及記〉的信息，教導以色列人蒙救贖後如何與神同行，一起生活，以致能成為祭司的國度，帶領全世界認識神（參：出19：5-6）。

祭司是神與人的仲介，其工作和責任有二：1. 代表人來到神面前；2. 代表神教導百姓有關神的律法。

「祭司的國度」是神與全世界未認識神的人之間的仲介國，其責任有二：1. 為未認識神的人祈禱，將他們帶到神的面前；2. 將神的標準活出來，介紹給所有人認識。

三大主題

〈出埃及記〉結束之際，雲彩遮蓋會幕，表示神住在會幕裏。然後，在〈利未記〉，神從會幕裏「呼喚」摩西，吩咐他要這樣曉諭百姓：

1. **宣告：神是聖潔的**（利11：44-45；19：2）。「聖潔」這詞組在全書出現了123次之多，其字根含有「分別」的意思。「聖潔」是神的屬性，祂的完美內涵及其超越性，與一切受造之物有所「分別」。
2. **要求：神的子民也要聖潔**（利11：44-45；19：2）。由於神是聖潔的，所以，屬於神的子民也要聖潔，也必須從世俗中分別出來，專歸於神、專為神所使用。因此，聖潔有「分別」和「歸屬」二個向度。

3. 應許：神使祂的子民成為聖潔

（利20：8；21：8）。不是神的子民靠一己之力成為聖潔，乃是神使他們成為聖潔。以色列人出埃及後已蒙神拯救，與神立約了，故此，〈利未記〉不是討論人如何與神建立關係，乃是談論人如何維持與神的關係。

「但你們是蒙揀選的族羣，是君尊的祭司，是聖潔的國度，是上帝的子民，因此你們可以宣揚上帝的美德。祂曾呼召你們離開黑暗，進入祂奇妙的光明。」
（彼前2：9，當代譯本）

「與神和好」及「與神同行」

〈利未記〉的主題是「聖潔」，講述神的子民怎樣可以到神那裏，或者，怎樣可以與神同行，此書不是單為利未人而寫的，更是給神子民的聖潔手冊。全書可分成二大部分：

第一部分，第1章至15章，中心思想是如何透過贖罪「與神和好」，英文可以這樣表達："The way to holiness"，即「往聖潔神去的道路」，經常出現的字是「贖罪」，神講到很多有關贖罪的事務。

第二部分，第17章至27章，中心思想是「與神同行」，英文可以這樣表達："The way of holiness"，即「聖潔之道」，經常出現的字是「聖潔」。〈利未記〉前半部，「聖潔」一詞也有出現，但下半部出現特別多。

第16章講述贖罪日，這是聖潔的基礎。它位於兩大部分之間，為全書最核心的一章。

第一部，與神和好

五祭

第1章一開始，神呼喚摩西，吩咐以色列人要獻祭。共有五個重要的祭：

	燔祭	素祭	平安祭（交通祭）	贖罪祭	贖愆祭
特點	祭牲全燒獻給神	不流血的祭	獻祭者可吃	祭牲的代贖	獻祭和賠償
意義	完全的奉獻	每天生活的完全獻上	與神和諧及相交	無辜者犧牲，承擔刑罰	贖罪和賠償
預表	基督完全順服	基督完美的生命	基督使神人和好	基督承擔罪的刑罰為人贖罪	

1. 燔祭

「但燔祭的臟腑與腿要用水洗。祭司就要把一切全燒在壇上，當作燔祭，獻與耶和華為馨香的火祭。」（利1:9）。

燔祭為眾祭之首，是其他四祭的基礎，最大的特色是「全部獻上」，以色列人不可留下祭牲的內臟或皮，也不可吃，要全部燒在祭壇上。有一句經文重複出現，就是「獻與耶和華為馨香的火祭。」（利1:9, 13, 17，第2章也有出現），意指神聞到香味，就悅納人的獻祭。

燔祭代表完全獻上，再沒有自己的意思。耶穌基督降生來到世上，祂所做所為都遵行神的旨意，將自己完全奉獻給神，以至於死。所以，**燔祭指向耶穌基督的犧牲奉獻，為人贖罪，使人蒙神悅納**（比較：利1:4）。

「燔祭要放在壇的柴上，從晚上到天亮，壇上的火要常常燒著。……壇上的火要在其上常常燒著，不可熄滅。」（利6:9, 12）

燔祭的祭壇置在院子中（聖所裏面沒有祭壇，只有香壇）。祭司傍晚時燒祭牲，直燒到翌日早上。祭司有一個責任，就是防止燔祭的火熄滅，要不斷地燒。

燔祭的火由晚上到早上一直燒著，象徵耶穌基督所做的沒有一刻是按照自己的意思，乃是照神旨意而行。〈約翰福音〉8章28節，耶穌便說：「我沒有一件事是憑著自己做的。」

2. 素祭

素祭的特徵是不流血，以色列人將穀物磨成粉，然後獻給神。當以色列人收了初熟的農產，他們就拿去奉獻給神。

素祭預表耶穌基督哪方面呢？耶穌基督不只是在十字架上才奉獻，祂的一生都奉獻給神。**素祭象徵耶穌基督的生活、生命完全奉獻給神，沒有任何保留，象徵耶穌的人生是美麗的，美好的。**

3. 平安祭

平安，是指人與神的交往，含有和好的意思。**平安祭代表交往，意即神和人可以交往。**通常人向神感恩的時候，就會獻平安祭。「為感謝獻平安祭牲的肉，要在獻的日子吃，一點不可留到早晨。」(利7:15)

平安祭與燔祭不同之處，就是**平安祭是可以吃的**，如果人為了感謝神而獻上平安祭，他們可以在當天吃，但不可留到明天。「若所獻的是為還願，或是甘心獻的，必在獻祭的日子吃，所剩下的第二天也可以吃。但所剩下的祭肉，到第三天要用火焚燒；」(利7:16-17)

「甘心獻的」意思是：你是甘心奉獻的，不一定神為你做了很多事情，你才與神交往，你才奉獻，如果你自己很愛神，你想奉獻，也可以的。

如果人甘心獻上平安祭，除了獻祭當日可以吃，餘下的翌日也可以吃。這點很有意思，如果你是甘心樂意奉獻，不是有條件地奉獻，不是因為神幫了你才獻祭，你就可以享受得更多，翌日還可以吃餘下的。

當然，平安祭最終也預表耶穌基督，平安祭也是流血的，預表耶穌基督在十字架上受死，耶穌除了對神完全順服（燔祭的預表），更使神與人和好如初，恢復交往，所以，平安祭也預表了耶穌。

4. 贖罪祭

大家看一看贖罪祭要求獻上什麼，就會看到神的要求。

「或是受膏的祭司犯罪，使百姓陷在罪裏，就當為他所犯的罪把沒有殘疾的公牛犢獻給耶和華為贖罪祭。……受膏的祭司要取些公牛的血帶到會幕，把指頭蘸於血中，在耶和華面前對著聖所的幔子彈血七次，又要把些血抹在會幕內、耶和華面前香壇的四角上。」(利4:3, 5-7)

贖罪祭是十分重價的。**公牛犢是很值錢的，很昂貴的，如果祭司犯了罪，就要獻上公牛犢，**而且還要把牛血帶到聖所，可見這個罪是很重的，因此要獻牛來贖罪。

「會眾一知道所犯的罪就要獻一隻公牛犢為贖罪祭。」(利4:14)

如果以色列全會眾犯了罪，這也是很嚴重的，也要這樣獻上公牛。

「官長若行了耶和華——他神所吩咐不可行的什麼事，誤犯了罪，所犯的罪自己知道了，就要牽一隻沒有殘疾的公山羊為供物。」(利4:22-23)

如果官長犯了罪，所獻的祭牲就沒有那麼昂貴，官長要獻公山羊為贖罪祭，祭司不會將羊血帶到會幕，只將羊血抹在院子裏的祭壇四角上。

「民中若有人行了耶和華所吩咐不可行的什麼事，誤犯了罪，所犯的罪自己知道了，就要為所犯的罪牽一隻沒有殘疾的母山羊為供物。」(利4:27-28)

如果百姓當中任何一個人犯罪，程度又會再輕一點，因為他是百姓，不是官長，他只要帶一隻更便宜的、沒有殘疾的母山羊，獻為贖罪祭。祭司也不會將羊血帶到會幕，只將羊血抹在祭壇的四角上。

以上不同的「程度」告訴我們：如果你的身分愈高、責任愈大，犯罪時其嚴重性就愈高，也要付出更高的代價——要用公牛去贖罪，與全體會眾犯罪時一樣。

正如我們初信主時，很多真理原則還不明白，犯罪犯錯，可能沒有那麼嚴重。但是，當我們信了主很久，認識神很深，又在神的家(教會)擔當要職，若我們犯罪，後果就會很嚴重，影響會很深遠。

5. 贖愆祭

「耶和華曉諭摩西說：『人若在耶和華的聖物上誤犯了罪，有了過犯，就要照你所估的，按聖所的舍客勒拿銀子，將贖愆祭牲——就是羊羣中一隻沒有殘疾的公綿羊——牽到耶和華面前為贖愆祭；並且他因在聖物上的差錯要償還，另外加五分之一，都給祭司。祭司要用贖愆祭的公綿羊為他贖罪，他必蒙赦免。』」(利5：14-16)

贖愆祭和贖罪祭相仿，都是因為人犯了罪而獻上。不過，贖愆祭的條例比較具體，而且，在某些情況下是要賠償的。

在新約《聖經》，撒該不但接待耶穌到他的家裏，他更把所有財產的一半分給窮人，若他訛詐了誰，就償還四倍(參：路19：1-10)。可見**贖愆祭是因為人犯了罪而要獻祭，且有賠償的成份。**

當祭司獻贖罪祭和贖愆祭時，不同的人負責不同的事項，以〈利未記〉4章27節為例，民中若有一個人犯了罪，當他知道自己犯了罪，就帶一隻母山羊到祭司那裏，按手在贖罪祭牲的頭上(利4：29)，這動作象徵那隻羊代替了那人的罪。因母山羊承擔了他的罪，所以，那人要親自宰羊。接著，祭司把羊血抹在祭壇四角上(利4：30)，然後，把祭牲放在壇上焚燒(31節)，為那人贖罪。我們看到，雖然是由祭司獻祭，但是犯罪的人需要做這個動作(按手在羊頭上，又要宰殺羊)，這是他的罪惡，他要承擔自己的罪惡。

〈利未記〉是「行動式比喻」(acted parable)，即透過一些動作，向我們表達一些意思、事情。我們必須注意一件事：不是因為人獻了這幾個祭，人就有了功勞，可以與神相交。〈出埃及記〉12章記錄以色列人宰殺逾越節的羊羔，即是說，人能夠來到神面前，與神相交，是靠逾越節的羊羔。〈利未記〉講述的這五祭是「維持」與神的相交。

至新約時代，我們便很清楚看到，此五祭都預表，指向耶穌基督。今天我們能夠與神相交，靠的是耶穌基督的犧牲奉獻，正如〈哥林多前書〉1章30節所說：「神又使祂(基督)成為我們的智慧、公義、聖潔、救贖。」

〈希伯來書〉更進一步指出：「並且不用山羊和牛犢的血，乃用自己(基督)的血，只一次進入聖所，成了永遠贖罪的事。」(來9：12；參：來10：4，

11-12, 14）。

不但如此，當耶穌為我們獻上自己後，保羅在〈羅馬書〉12章1節教導我們：「我以神的慈悲勸你們，將身體獻上，當作活祭」。

今天，我們都好像祭牲一樣被獻上，不過我們是「活祭」，是活的，舊約時代的牛羊等祭牲是被宰殺的，是死的。神不是叫我們宰殺自己，乃是叫我們好像祭牲一樣全然獻上，所以，獻祭也說明了我們信徒應該怎樣生活。

祭司就職

在〈出埃及記〉，以色列人建造了會幕，在〈利未記〉，亞倫和兒子正式就職祭司。就職之時，亞倫和兒子要獻上兩類祭：

1. 自己的祭

「摩西對亞倫說：『你就近壇前，獻你的贖罪祭和燔祭，為自己與百姓贖罪，又獻上百姓的供物，為他們贖罪，都照耶和華所吩咐的。』於是，亞倫就近壇前，宰了為自己作贖罪祭的牛犢。」（利9：7-8）

2. 百姓的祭

「他（亞倫）奉上百姓的供物，把那給百姓作贖罪祭的公山羊宰了，為罪獻上。」（利9：15）

祭司要為自己獻祭贖罪，然後才能服侍神，可見祭司自己並不完美。

「他又奉上第二隻公綿羊，就是承接聖職之禮的羊；亞倫和他兒子按手在羊的頭上，就宰了羊。摩西把些血抹在亞倫的右耳垂上和右手的大拇指上，並右腳的大拇指上。」（利8：22-23）

除了贖罪祭之外，又有祭司就職儀式所獻的祭，摩西把羊血抹在亞倫的右耳垂、右手大拇指，並右腳大拇指上，代表祭司整個人都要服從耶和華神：「耳朵」要聽從神、「手」要服侍神、「腳」要跟從神。

亞倫和兒子們就職祭司後，他們獻祭，「亞倫向百姓舉手，為他們祝福。……摩西、亞倫進入會幕，又出來為百姓祝福，耶和華的榮光就向眾民顯現。有火從耶和華

面前出來，在壇上燒盡燔祭和脂油；眾民一見，就都歡呼，俯伏在地。」(利9：22-24)

接著，**神的榮光向百姓顯現。**當時祭壇和燔祭已經在院子裏擺放好了，但沒有用木柴燒，也沒有「打火機」點火，卻突然有火從神面前出來，燒盡燔祭，表示神悅納人所獻的祭，祭司和百姓齊聲歡呼，都很興奮。

正當眾人都興高采烈之時，很不幸，亞倫的兩個兒子拿答和亞比戶，不知道是否興奮過頭(我們不知道他們有什麼動機)，竟「在耶和華面前獻上凡火，是耶和華沒有吩咐他們的，就有火從耶和華面前出來，把他們燒滅。」(利10：1-2)

這是一個很大的悲劇。原本眾民高高興興，卻目睹兩個祭司因犯罪而被燒死。

「於是摩西對亞倫說：這就是耶和華所說：『我在親近我的人中要顯為聖；在眾民面前，我要得榮耀。』」(利10：3)

「我在親近我的人中要顯為聖」的意思是：**拿答和亞比戶是祭司，是將來要承接大祭司之職的，除了亞倫之外，他們應該是最認識神的。最認識神、卻沒有按照神的吩咐去做，所以神沒有手下留情，立即擊殺他們。**

神是十分嚴厲的，甚至透過摩西告訴亞倫，說：「不可蓬頭散髮，也不可撕裂衣裳」(利10：6)，雖然亞倫的兩個兒子死了，但亞倫要站在神的那一邊。

後來，亞倫不敢吃那贖罪祭，摩西問他為何不吃那獻為贖罪祭的公山羊？亞倫說：「『我又遇見這樣的災，若今天吃了贖罪祭，耶和華豈能看為美呢？』摩西聽見這話，便以為美。」(利10：19-20)

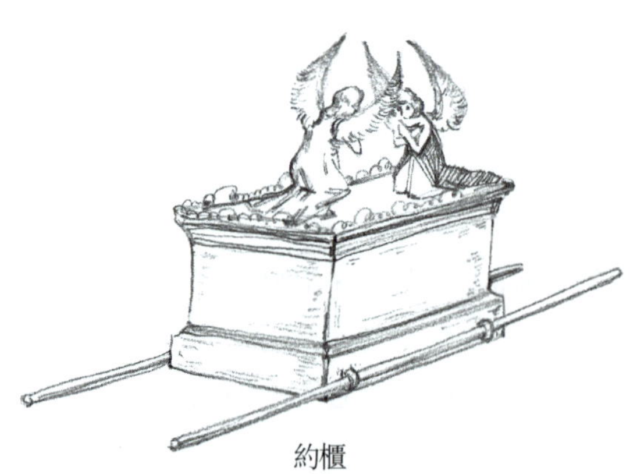
約櫃

可能我們會覺得神很可怕，而神真的是很可怕的！**舊約經常出現一個詞：敬畏，以色列人知道，神是萬萬輕慢不得的。如果我們不尊重神，沒有按照神的意思隨便行事，神是會十分憤怒的。**

當然，神在這件事情上格外嚴厲，自有原因：神剛剛立他們為祭司，是祭司制伊始，所以，神一定要將祂的標準訂立好。

正如在新約時代，教會剛剛建立時，亞拿尼亞和撒非喇夫妻賣了田產，奉獻了大部分錢財，留下一小部分，他們卻說謊，告訴使徒說，奉獻了全部財產，神就立即擊殺他們。當時是教會建立初期，所以神一定要清楚制定祂的標準。

聖與俗

「耶和華曉諭亞倫說：『你和你兒子進會幕的時候，清酒、濃酒都不可喝，免得你們死亡；這要作你們世世代代永遠的定例。』」（利10：8-9）

以色列人可以煉酒，也可以在歡樂的節日喝酒；不過，神說，大祭司、祭司與普通百姓不同，是不可喝酒的，**可見神對事奉祂的祭司有更高的標準和要求。**

神又說了一句很重要的話：「使你們可以將聖的、俗的，潔淨的、不潔淨的，分別出來；又使你們可以將耶和華藉摩西曉諭以色列人的一切律例教訓他們。」（利10：10-11）

神要求祭司懂得分別聖的俗的；又要求祭司教訓百姓分別聖的和俗的。

潔淨和不潔淨之分，比較容易明白。聖與俗之分，比潔淨與不潔淨之分，更上一層樓。「俗」的意思是世俗的，英文《聖經》譯作"common"，意指：沒有特別分別出來歸給神，是「一般」的，只能作一般的用途。

「聖潔」則有「分別出來」的意思。「聖潔」不但指神完全沒有罪惡，更表示真神是絕對超越的、高於一切的！真神是絕對良善的、美好的！與所有受造之物有所「分別」，與眾不同。

如果一個人，或一件物件被稱為「聖潔」，他就不只是沒有罪惡。「沒有罪惡」最多只可以稱為「俗」，表示他沒有「分別出來」。**「聖潔」是「分別出來」，是特別歸給神的，是要「分別為聖」的。**

〈利未記〉以眾多例子作行動式比喻，向我們解釋「聖潔」。例如：承接聖職禮上，摩西把羊血抹在亞倫和他兒子的耳朵、手大拇指和腳大拇指上，表示要把他們分別出來、成為祭司。從此之後，大祭司亞倫不能說：現在我想「轉行」，不再擔任大祭司，我返回家鄉種田。亞倫已經不能再做其他事情，只能擔任服侍神的祭司，因為他已經「分別為聖」歸給神，他是屬於神的。

又如百姓家中的器皿是「俗」的，即使按照〈利未記〉的條例和規則，家中的器皿已經清潔得很乾淨，但那件器皿仍然是一件「俗」的器皿，仍未分別為聖，因此不能放入聖所。當然，百姓也不能借用聖所的器皿。「摩西用膏油抹帳幕（會幕）和其中所有的，使它成聖；……又抹了壇和壇的一切器皿，並洗濯盆和盆座，使它成聖。」（利8：10-11）聖所內所有器皿都是用膏油抹過的，分別為聖歸給耶和華神，是屬於神，是專歸神所使用。「聖、俗之別」，乃是指一個人是否完全屬神，其一言一行，所思所想，是否完全榮耀神？昔日祭司要分辨聖與俗，今天，我們信徒也必須學曉分辨聖與俗，從「世俗」中分別出來，我們不再是為了自己而活，乃是單單為神而活，這就是聖潔。

潔淨與不潔淨

第11章至15章，耶和華神列了一連串例子，說明什麼是潔淨的和不潔淨的，哪些食物是以色列人可以吃的、哪些是他們不可吃的。

第11章，食物潔淨條例。有些動物是潔淨的，有些是不潔淨的，例如：「凡蹄分兩瓣、倒嚼的」動物是潔淨的（11：3），因此，牛肉、羊肉是潔淨的，以色列人可以吃；豬肉是不潔淨的，他們不可吃。

第12章，婦女產後潔淨條例。有人認為第12章這些條例是男女不平等。這點我們比較難明白，也難以清楚解釋。男孩出生後七天要行割禮，可能因為這樣而導致生男孩或是生女孩後，婦女居家的日數會有所差別。

第13章，有關皮膚病的條例。第13章不只是解釋現在我們所定義的大痲瘋，還包括了傳染病、發霉、污穢。

第14章，解釋若有人長大痲瘋之後，如何潔淨。

第15章，有關各種漏症。怎樣是潔淨的、怎樣是不潔淨的。

神頒佈這些有關食物和潔淨的條例，有點類似今天的公共衛生法例。舉例說，現在我們知道豬肉一定要煮得很熟才可以吃，因為豬很容易有寄生蟲，牛肉未完全煮熟也可以吃。還有，經過禽流感，非典型肺炎等等疫症之後，大家都很清楚知道，生病，或病死的家禽不宜吃，野生動物也不宜亂吃。

再者，「或是有人摸了不潔的物，無論是不潔的死獸，是不潔的死畜，是不潔的死蟲，他卻不知道，因此成了不潔，就有了罪。」(利5：2) 不潔的觀念與死亡有關。死是罪所帶來的結果，所以「死」是神的咒詛。死是不潔，接觸死亡之物也是不潔。

至新約時代，神潔淨了這些動物。彼得看見異象，天上有一物降下，好像一塊大布，裏面有潔淨和不潔淨的各種生物，「又有聲音向他說：『彼得，起來，宰了吃。』彼得大吃一驚，說：『主啊，這是不可的！凡俗物和不潔淨的物，我從來沒有吃過。』第二次有聲音向他說：『神所潔淨的，你不可當作俗物。』」(徒10：13-15)

由此可見，**〈利未記〉有關潔淨或食物的條例，是一些過渡性的「實物教材」，用來教導神的子民，要在生活的方方面面，無論是道德，乃至一言一行，起居飲食，都要「聖潔」——完完全全歸屬於神。**

贖罪日

第16章講述贖罪日，是全書的核心，是最重要的一章。**大祭司一年一度在贖罪日進入至聖所，獻上最重要的祭，就是贖罪祭。**神吩咐大祭司亞倫平時「不可隨時進聖所的幔子內、到櫃上的施恩座前，免得他死亡。」到了贖罪日，大祭司才可以進入聖所。亞倫「也要取些公牛的血，用指頭彈在施恩座的東面，又在施恩座的前面彈血七次。」(利16：2, 14)

大祭司要獻上兩隻公山羊，「亞倫要把那拈鬮歸與耶和華的羊獻為贖罪祭，但那拈鬮歸與阿撒瀉勒的羊要活著安置在耶和華面前，用以贖罪，打發人送到曠野去，歸與阿撒瀉勒。」(利16：9-10)

「阿撒瀉勒」意思不大清晰，希伯來文是*azāzēl*，英文《聖經》譯作“scapegoat”、“escape goat”（「逃脫的羊」），中文則意譯為「代罪羔羊」。如果從動作來看，或許可以這樣理解，這兩隻羊分別代表贖罪的兩方面：一隻羊要歸與耶和華神，這是向神獻上的。獻祭的對象一定是神，所有的祭都是獻給神的，所以，祭司宰殺一隻羊，把它獻給神，作為贖罪祭。另外一隻羊要送到曠野，到很遠的地方,好像放生一樣,意思是:把人的罪帶到很遠的地方,神就不再追究;另一個解釋是:這隻羊代替了百姓,將罪從營中送走,讓神的營地和百姓,得以潔淨,成為聖潔。

雙羊禮完成後,七月初十日,是猶太人曆法中最重要的一日,就是贖罪日,祭司「要宰那為百姓作贖罪祭的公山羊,把羊的血帶入幔子內,彈在施恩座的上面和前面。」(15節)施恩座之下是約櫃,裏面放著法版,就是神的律法,表示原本神要按著祂的律法審判我們,但是血彈在施恩座前面,於是神看在血的份上,向我們施恩,不再按照律法的標準刑罰我們,這是贖罪日的重要意義。

一年之後,大祭司又在贖罪日,為自己和百姓獻上贖罪祭,年復一年。

不過,到了新約時代,〈希伯來書〉告訴我們,不再需要每年都為我們的罪獻上贖罪祭,因為耶穌基督「乃用自己的血,只一次進入聖所,成了永遠贖罪的事。」(來9:12)耶穌基督已經為我們的罪被釘死在十字架上,耶穌基督將自己的血帶入至聖所施恩寶座那裏。

耶穌的救贖是我們蒙恩的基礎,以致我們能夠來到神的面前,能夠與神相交,那麼,我們應該怎樣生活呢?

「我是耶和華——你們的神;所以你們要成為聖潔,因為我是聖潔的。你們也不可在地上的爬物污穢自己。我是把你們從埃及地領出來的耶和華,要作你們的神;所以你們要聖潔,因為我是聖潔的。」(利11:44-45)

這就是今天我們要聖潔的惟一一個、最重要的原因:耶和華自己是聖潔的,而我們本是照著神的形象造的,耶和華是怎樣,我們也要怎樣。

第二部,與神同行

信仰與生活

從第17章至27章,當中有些是「宗教禮儀」,有些是「生活行為」,不過,這些律例並沒有明顯劃分二者,乃是並放在一起的。例如:第19章5至8節講述有關獻平安祭的律例，接著，第19章9至10節講述有關生活行為的律例：「在你們的地收割莊稼，不可割盡田角，也不可拾取所遺落的。不可摘盡葡萄園的果子，也不可拾取葡萄園所掉的果子；要留給窮人和寄居的。我是耶和華你們的神。」

神認為，聖潔涉及我們生活的每一層面，我們一舉一動，一言一行都應該是聖潔的。所以，神沒有明顯地劃分宗教律例和生活律例，「宗教條例」——獻平安祭，以及「生活條例」——照顧窮人和寄居的，乃是放在一起，最重要的一點的是，我們不但要敬愛神，也要愛人如同自己。

第21章，祭司聖潔的條例。耶和華對摩西說：「你告訴亞倫說：你世世代代的後裔，凡有殘疾的，都不可近前來獻他神的食物。因為凡有殘疾的，無論是瞎眼的、瘸腿的、塌鼻子的、肢體有餘的、…… 都不可近前來。」（利21：16-20）

雖然殘疾的人不能成為祭司，不可獻祭，但是，他們可以吃食物，神沒有虧待他們：「神的食物，無論是聖的，至聖的，他都可以吃。」（利21：22）聖潔有「完全」的意思，若不完全，就不是聖潔，所以，祭牲要無殘疾的，祭司也要無殘疾的。

〈羅馬書〉說：「世人都犯了罪，虧缺了神的榮耀。」（羅3：23）神起初創造的世界，包括人在內，想必是完美無瑕的，但由於人違背神的緣故，全世界都活在神的咒詛之下（創3：14-19），於是出現「缺陷、殘疾」——失去了神創造之初所具有的榮耀、榮美。

我們要記得，這個條例只是過渡性的實物教材，是要教導我們：神只想要完全的，因為耶和華自己是完全的，所以，蒙耶和華悅納的也必須是完全的，因此，神不會揀選有任何缺陷或殘疾的人擔任祭司。

至新約時代，我們便很清楚看到神絕無歧視之意。「耶穌過去的時候，看見一個人生來是瞎眼的。門徒問耶穌說：『拉比，這人生來是瞎眼的，是誰犯了罪？是這人呢？是他父母呢？』耶穌回答說：『也不是這人犯了罪，也不是他父母犯了罪，是要在他身上顯出神的作為來。』」（約9：1-3）

在瞎子身上顯出神的作為、榮耀，可見神是不偏待人的，神絕對不會歧視身體有殘疾的人。不過，在舊約時代，神要透過這些過渡性的實物教材教導我們：

最好的、完全的——象徵無罪——才可以獻給神，所以，**今天我們也要完完全全地獻給神。**雖然我們不是完全的，但是耶穌基督就是我們的完全（林前1：30）。

第23章，**以色列人三個主要節期：逾越節、五旬節和住棚節，**及其他的律例，從略，不作詳解。

生死禍福的抉擇

第26章有點類似古西亞地區宗主國和臣屬國所締結的條約，其中有關守約和違約之條款。在這之前的25章，神已經把祂的誡命、律例和典章講明了，現在神說明守約和違約的後果：

若神的子民守約，遵從神的律法，就會得到神各方面賜福：

「你們若遵行我（神）的律例，謹守我的誡命，我就給你們降下時雨，叫地生出土產，田野的樹木結果子。……並且要吃得飽足，在你們的地上安然居住。……你們五個人要追趕一百人，一百人要追趕一萬人；仇敵必倒在你們刀下。」（利26：3-5, 8）

若神的子民違約，不守神的律法，神就會降下災禍：

「你們若不聽從我，不遵行我的誡命，…… 你們就要敗在仇敵面前。恨惡你們的，必轄管你們；無人追趕，你們卻要逃跑。」（利26：14-17）。

神將生死禍福兩條路明明白白擺在子民面前，讓他們自行揀選。

今天，這生死禍福兩條路也擺在我們的面前，由得我們自行揀選——神很「民主」。如果我們跟隨神，自會蒙神賜福，這並不意味我們一定凡事順利，但是，我們一定會籠罩在神的福氣之中，有智慧和力量處逆境順境。

完全屬於耶和華

第27章是有關許願的條例，有點類似條約的附例，不過，此章超越了附例，可以說是〈利未記〉的完滿大結局。第27章強調許願背後的重要原則，就是獻祭者本是屬於神的，必須先「分別為聖」：

「惟獨牲畜中頭生的，無論是牛是羊，既歸耶和華，誰也不可再分別為聖，因為這是耶和華的。」(利27:26)

人將供物獻給神後，就是屬於神的，不可贖回：

「但一切永獻的，就是人從他所有永獻給耶和華的，無論是人，是牲畜，是他承受為業的地，都不可賣，也不可贖。凡永獻的是歸給耶和華為至聖。」(利27:28)

在獻給神的一切事物之上，最重要的是：屬神。頭生的是屬於神的，而頭生的代表了其餘所有的，例如：有人獻上第一隻羊給神，這第一隻羊代表了第二以至第十隻羊也屬於神，只不過其餘的羊可以歸由人使用。

第27章的總結是：在獻上一切之前，你這個人本身要先獻給神，當你這個人獻給神後，你就是完全屬於神的，就不可贖回。當你完全屬於神之後，你就能夠與神同行，這樣你才能夠成為祭司的國度。

今天，我們常常問：要怎樣才會有事奉神的能力？怎樣才能改變世界呢？從何開始呢？從「贖罪日」開始，即是從領受神的救恩開始，然後我們要從世界中分別出來。

從世界中「分別為聖」，和「道成肉身」認同世界，兩者之間有矛盾嗎？**在《聖經》中，這兩者是同時並存的。耶穌基督是神的兒子，是全然聖潔的，但祂沒有叫罪人遠離祂，耶穌基督「道成肉身」，與罪人一起吃飯，拯救罪人。**

保羅說：「你們和不信的原不相配，不要同負一軛。義和不義有什麼相交呢？光明和黑暗有什麼相通呢？」(林後6:14)這是從世界中「分別為聖」。我們基督徒要和世人有分別，在日常生活中，有些事我們堅持不做，不是不能，乃是不為，因為我們要將自己「分別出來」，專一完成神要我們完成的事。有些「異象」是神特別對我們說的，或者，是神特別要求我們做的，我們從神領受「異象」，然後「投身」在這個罪惡的世界，按耶穌的「道成肉身」方式，「認同」世人，接納世人，影響世界。

當我們能夠將「分別」和「認同」兩者整合，融會貫通，我們的生命就帶有基督的馨香，神的榮耀榮美。我們就能夠成為「君尊的祭司，聖潔的國度」(彼前2:9)，可以事奉神，服侍人，宣揚神的美德，改變世界。

祈禱

天父，我們知道你的心意，不是叫我們獨善其身，乃是叫我們成為世界的光，與你一起去改變世界。你的心意，是要我們將你是怎樣的一位神介紹給全人類認識。

主阿，多謝你！今天你叫我們知道這個祕訣，我們自己要先分別為聖，單單屬你，這樣我們的生活就會有力量，求主幫助我們進入這個真理，活出這個真理，幫助我們有能力將這個世代帶到你的面前，因為這就是今天你仍在這世代工作的目的。

我們獻上衷心的感恩，奉主耶穌基督的名求，阿們。

生活應用

1. 聖潔具有「完全分別為聖、歸於神、歸神使用」的意義，影響信徒生活每一個層面。在家庭生活、工作、事奉崗位、承擔公民責任方面，甚至作為全球的消費者，你可以怎樣活出「聖潔」？
2. 你個人認為，在生活和事奉中，什麼事情 / 時候要將自己從世界「分別」出來？什麼事情 / 時候又要「認同」這世界呢？你如何平衡「分別」和「認同」二者之間的張力？

第五課（一）

民數記

以色列民出埃及，過紅海，到達西乃山，停留了約一年，其間他們建造會幕（〈出埃及記〉），和學習神的律法（〈利未記〉）。〈民數記〉接敘以色列民從西乃曠野起行，最後來到約旦河東的摩押平原，共三十八年多曠野飄流的路程。

「你也要記念耶和華——你的神在曠野引導你這四十年，是要苦煉你，試驗你，要知道你心內如何，肯守他的誡命不肯。」（申8：2）

「曠野」有一重神學意義，它不只是一個地點，乃是神鍛鍊以色列人的信心，考驗他們對神的忠誠之處。以色列人在曠野考驗中失敗了，他們每次遇到困難就就不信神，怨神尤人。但是，在新約時代，**神的兒子耶穌基督在曠野中一次又一次勝過試探，成功通過了考驗。神藉著耶穌基督所成就的救恩，使我們這班不可靠的罪人，可以因著主耶穌而能夠成為聖潔，在將來進入永遠的「應許之地」——新天新地。**

若以地理分段，〈民數記〉可分成三大部分：

1. 第1章至10章上，西乃山曠野，駐留一年；
2. 第10章下至21章，西乃山至加低斯，後在西乃半島曠野飄流達三十八年；
3. 第22章至36章，約旦河東摩押平原，結束飄流，準備進入迦南。

西乃山曠野

「你要按以色列全會眾的家室、宗族、人名的數目計算所有的男丁。凡以色列中，

從二十歲以外，能出去打仗的，你和亞倫要照他們的軍隊數點。」(民1:2-3)

這節經文用了「打仗」一詞，**神要把以色列人組織成一支軍隊。**以色列人當了一輩子奴隸，從未打過仗，出埃及時仍未懂打仗，也不需要打仗，神用奇異的方法擊殺埃及人的長子，和消滅埃及的軍隊。不過，當以色列人屬於神之後，神就把他們組織成軍。

人口普查完畢，這支軍隊「能出去打仗、被數的，共有六十萬零三千五百五十名。」(民1:45-46) 如果連老人婦孺也計算在內，以色列人口總數應該超過二百萬人。

「耶和華曉諭摩西、亞倫說：『以色列人要各歸自己的纛下，在本族的旗號那裏，對著會幕的四圍安營。」(民2:1-2) 營地的東、南、西、北，各有三個支派紮營，行軍時就按照安營的位置一一起行前進。

第1章至10章，神提出了很多規則，百姓在最外圍的地方紮營，利未人和祭司在核心位置，會幕和約櫃居中。神將會幕置於營區中心，表明了**以色列民一切活動的中心都在神那裏，他們要以神為中心。**

接著，神又吩咐摩西數點利未人的數目，亞倫有幾個家族：哥轄人、革順人和米拉利人。神對利未人的要求：「看守會幕的器具，並守所吩咐以色列人的，辦理帳幕的事。」(民3:8)

以色列人組織起來之後，還要在各方面預備好自己是聖潔的，然後才可以行軍。也是先從外圍的百姓講起：「耶和華曉諭摩西說：『你吩咐以色列人，使一切長大痲瘋的，患漏症的，並因死屍不潔淨的，都出營外去。無論男女都要使他們出到營外，免得污穢他們的營；這營是我所住的。』」(民5:1-3)

神並不歧視痲瘋病人，只不過當時神透過這條例作為「實物教材」，教導以色列人要保持與神相交時的清潔、聖潔。此外，道德方面，以色列人也要聖潔：

「耶和華又對摩西說：『你曉諭以色列人說：無論男女，若犯了人所常犯的罪，以致干犯耶和華，那人就有了罪。他要承認所犯的罪，將所虧負人的，如數賠還，另外加上五分之一，也歸與所虧負的人。』」(民5:5-7)

第5章有一條驗妻貞節條例：如果丈夫懷疑妻子不忠，就把妻子帶到祭司那裏，「祭司要叫那婦人蓬頭散髮，站在耶和華面前，把思念的素祭，就是疑恨的素祭，放在她手中，祭司手裏拿著致咒詛的苦水，要叫婦人起誓，對她說：『若沒有人與你行淫，也未曾背著丈夫做污穢的事，你就免受這致咒詛苦水的災。』」(民5：18-19)

如果那婦人確實對丈夫不忠，紅杏出牆，「這致咒詛的水必進入她裏面變苦了，她的肚腹就要發脹，大腿就要消瘦，那婦人便要在他民中被人咒詛。」(民5：27)；如果那婦人是清潔的，沒有對丈夫不忠，就不會受咒詛，神還會賜福給她，「就要免受這災，且要懷孕。」(民5：28)

為什麼會有這條奇怪的條例呢？這當然不是什麼「符水」，**神設立這個條例，是提醒以色列人要保持婚姻上的聖潔。**有時丈夫不能確定妻子是否有外遇，疑神疑鬼，所以神指定用這個方法，確保妻子是貞潔的，另一方面，也讓無辜的妻子有一條出路，如果她們被丈夫懷疑，可以獻上這個「思念的素祭」，證明清白。

第6章是有關拿細耳人的條例。這條條例讓我們知道神是公平的，**神悅納任何人前來服侍神，只要人願意，就可服侍神。**利未人很有福氣，神揀選了他們事奉祂，他們可以親近神。其他支派可能有人很羨慕利未人，就可以選擇自願成為拿細耳人，將自己奉獻給神一段時日，如：一年或幾年。他們辦一些手續，便可以服侍神。

拿細耳人要謹守一些條例，例如：任何酒都不可喝，甚至不可喝葡萄汁，鮮葡萄和乾葡萄都不可吃(民6：3-4)。在拿細耳人「許願離俗的日子」，如果父母或弟兄姊妹死了，他們都不可因此令自己不潔淨，因為他們已經特別分別出來(民6：7)，所以如果有人想成為拿細耳人，一定要考慮清楚。

第7章，以色列人開始立起會幕。會幕材料來自各支派奉獻的禮物。會幕很重，會幕柱子要用牛拉篷車運送。以色列的族長奉獻「六輛篷子車」和「十二隻公牛」(民7：2-3)；各支派又奉獻了很多會幕裏的器皿：銀盤子、銀碗及金盂(民7：13-14)。

第7章12至17節記載猶大支派奉獻的禮物：「頭一日獻供物的是猶大支派的亞米拿達的兒子拿順。他的供物是：一個銀盤子，重一百三十舍客勒，一個銀碗，重七十舍客勒，都是按聖所的平，也都盛滿了調油的細麵作素祭；……兩隻公牛，五隻公綿羊，五隻公山羊，五隻一歲的公羊羔作平安祭。這是亞米拿達兒子拿順的供物。」

接著，第7章18至23節記載，第二日以薩加支派前來奉獻，所獻上供物相同，第三日西布倫支派前來，供物也相同。

透過《聖經》的記載，我們知道耶和華神是公平的，**雖然每支派奉獻的供物一模一樣，但每次神都一一記錄在案，神是不偏心的，是絕對公平對待他們的。**

我們也看到以色列人對神的忠心，他們沒有因為支派人多人少而爭吵，沒有人說我的支派人少，應該按比例少奉獻。**每個支派都愛神，都支持建會幕，他們同心合意，甘心樂意奉獻，都得到神悅納。**

第9章講述以色列人敬拜神兩個很重要的元素：1. 逾越節（民9：1-14），這是眾節之首；2. 會幕（民9：15-23）。

接著，神指示以色列人何時起行，何時休息，場面十分華麗壯觀：

「從晚上到早晨，雲彩在其上，形狀如火。常是這樣，雲彩遮蓋帳幕，夜間形狀如火。雲彩幾時從帳幕收上去，以色列人就幾時起行；雲彩在哪裏停住，以色列人就在那裏安營。」（民9：15-17）。

神又吩咐摩西：「你要用銀子做兩枝號，都要錘出來的，用以招聚會眾，並叫眾營起行。」（民10：2）以色列人透過不同的吹號方式，告訴眾人要採取什麼行動，神組織了以色列人，令他們有紀律、有系統。

至此，一切十分美好，以色列人都遵守耶和華的吩咐而行（民9：23）。

西乃半島曠野飄流

一切準備就緒，第10章11節，以色列人開始起行，「約櫃往前行」（民10：35），**約櫃在最前面，所以，是神帶領以色列人前行，**會幕物件則在隊伍中心，無論以色列人行軍或駐留，會幕都在他們的中央位置。

然而，很不幸，第11章開始，以色列人就向神發怨言，由此至第21章，記載以色列人一連串失敗、埋怨以及不信。有聖經學者看到一個交叉平行的結構。

A 第11章，以色列人對食物的埋怨——沒有肉吃

B 第12章，對領袖的埋怨——亞倫和米利暗挑戰摩西的領袖地位，神確定是神揀選摩西作領袖

C 第13章至15章，以色列人對神的埋怨、不信，不肯進入迦南地

B' 第16章，對領袖的埋怨——可拉黨叛變、挑戰摩西和亞倫的領袖地位；第17章，神確定是神揀選亞倫成為祭司；第18章至19章，神重述祭司和利未人的職責，以及一些潔淨的條例

A' 第20章，以色列人對食物的埋怨——沒有水喝

透過交叉平衡結構，我們看到當中的**第13章至15章是最重要的部分，反映了以色列百姓最大的罪惡是不信神，背逆，不肯進入迦南地。**

十二個探子回來，都異口同聲說迦南是「流奶與蜜之地」(民13：27)，但是，當中有十個人對神沒有信心：「探子中有人論到所窺探之地，向以色列人報惡信，說：『我們所窺探、經過之地是吞吃居民之地，我們在那裏所看見的人民都身量高大。我們在那裏看見亞衲族人，就是偉人；他們是偉人的後裔。據我們看，自己就如蚱蜢一樣；據他們看，我們也是如此。』」(民13：32-33)

以色列百姓聽了就「大聲喧嚷」、「哭號」和「發怨言」，說：「巴不得我們早死在埃及地，或是死在這曠野。耶和華為什麼把我們領到那地，使我們倒在刀下呢？我們的妻子和孩子必被擄掠。我們回埃及去豈不好嗎？」(民14：2-3)

人最可惡的是：把神想得很壞、抹黑神，他們竟然誹謗，把神說成是一個「壞蛋」，想陷害他們，把他們往死裏送。他們忘記了當初可是自己求神救他們出埃及的，他們不明白神，沒有看到神的心是好的，是愛他們的，卻把神說得很壞。

另外兩個探子約書亞和迦勒對神有很大的信心，他們「撕裂衣服，對以色列全會眾說：『我們所窺探、經過之地是極美之地。耶和華若喜悅我們，就必將我們領進那地，把地賜給我們；那地原是流奶與蜜之地。但你們不可背叛耶和華，也不要怕那地的居民；因為他們是我們的食物，並且蔭庇他們的已經離開他們。有耶和華與

我們同在，不要怕他們！』」(民14：6-9)

可惜，絕大部分以色列人都存不信的惡心，附和那些報惡信的探子。

結果，神懲罰他們，說：「你們的屍首必倒在這曠野，並且你們中間凡被數點、從二十歲以外、向我發怨言的，必不得進我起誓應許叫你們住的那地；惟有耶孚尼的兒子迦勒和嫩的兒子約書亞才能進去。但你們的婦人孩子，就是你們所說、要被擄掠的，我必把他們領進去，他們就得知你們所厭棄的那地。」(民14：29-31)

雖然神宣佈了刑罰，但是，緊接著神又說：「你曉諭以色列人說：你們到了我所賜給你們居住的地，」(民15：2)，**神要讓以色列人看到這件事情並非完全絕望，雖然現在失敗了，但是，終有一日以色列人會到達神所賜予的迦南地。**

今天，當我們遇到事奉或生活上的艱難，也是視乎我們持什麼態度。如果我們從不信的角度去看，就會覺得沒有辦法得勝；但是，如果我們對神有信心，就能夠像約書亞和迦勒那樣說：「耶和華若喜悅我們，就必將我們領進那地，把地賜給我們」(民14：8)，我們就會倚靠神，勝過逆境！

第20章，以色列人埋怨沒有水喝，「就聚集攻擊摩西、亞倫。」(民20：2)「神便吩咐摩西，說：『你拿著杖去，和你的哥哥亞倫招聚會眾，在他們眼前吩咐磐石發出水來，水就從磐石流出，給會眾和他們的牲畜喝。』」(民20：8)

神是叫摩西**「吩咐」**磐石出水，摩西卻**「用杖擊打」**磐石兩下(民20：11)。因為摩西沒有完全按照神的吩咐去做，所以「耶和華對摩西、亞倫說：『因為你們不信我，不在以色列人眼前尊我為聖，所以你們必不得領這會眾進我所賜給他們的地去。』」(民20：12)從這件事中，**我們看到神對領袖的要求是非常嚴格的，不論你是誰，即使是摩西，如果沒有按照神的吩咐做事，都會受到神的刑罰。**

第21章可說是全書最大高潮。當時「百姓因這路難行，心中甚是煩躁」(民21：4)，又怨聲四起。神就「使火蛇進入百姓中間，蛇就咬他們。」(民21：6)

摩西為百姓祈求。神用一個很特別的方法醫治他們：「耶和華對摩西說：『你製造一條火蛇，掛在杆子上；凡被咬的，一望這蛇，就必得活。』」(民21：8)

後來，耶穌基督引用這件事作為對自己的預表，他說：「摩西在曠野怎樣舉蛇，人子（耶穌）也必照樣被舉起來，叫一切信他的都得永生。」（約3：14-15）

耶穌基督將咒詛變了祝福。正如以色列人一望銅蛇，就必得存活，當我們相信耶穌基督，接納祂為我們生命的主宰，我們的罪就得赦免，得到新的屬天生命。

約旦河東摩押平原

第22章至25章出現了另一個「高潮」。第一代以色列人不能進入迦南地，他們逐漸在曠野死去，當以色列人到達約旦河東的摩押平原時，第一代人已全去世。不料，此時出現了新的外在危機。摩押王巴勒聘請會行法術的先知巴蘭咒詛以色列人（民22：3-8）。

摩押王遣使對巴蘭說：「有一宗民從埃及出來，遮滿地面，與我對居。這民比我強盛，現在求你來為我咒詛他們，或者我能得勝，攻打他們，趕出此地。因為我知道，你為誰祝福，誰就得福；你咒詛誰，誰就受咒詛。」（民22：5-6）

這句話似曾相識，與哪一節經文相似呢？就是〈創世記〉12章3節，神呼召亞伯蘭，對他說：「為你祝福的，我必賜福與他；那咒詛你的，我必咒詛他。」

摩押王竟想挑戰耶和華神的權柄，「咒詛」神定意要「賜福」的民族。**巴蘭受了摩押王的金錢，要咒詛以色列人，怎知神管理他，當他第一次說話時，不但不能咒詛以色列人，反而唱起詩歌，祝福以色列人：**「誰能數點雅各的塵土？誰能計算以色列的四分之一？我願如義人之死而死；我願如義人之終而終。」（民23：10）

第21章描述了以色列人種種罪惡，為何第23章神卻把以色列人說得很好呢？因為神以救恩的眼光來看，便見到以色列人是好的，是完美的「義人」。

巴蘭第一次說話，不能咒詛以色列人。當他第二次唱起詩歌，神透過巴蘭的口將以色列人讚得更加好：「神領他們出埃及；他們似乎有野牛之力。斷沒有法術可以害雅各，也沒有占卜可以害以色列。」（民23：22-23）

巴蘭發覺不成功，就到另一個地方，當他第三次說話時，對以色列人的祝

福、稱讚竟又提高一層次：「神領他出埃及；他似乎有野牛之力。他要吞吃敵國，折斷他們的骨頭。」(民24：8)

巴蘭愈想咒詛以色列人，神就把咒詛變為祝福，將福氣賜給以色列人。他最後一次說話，對以色列人的祝福達至前所未有的高峯，遙遙指向了彌賽亞基督。

「我看他卻不在現時；我望他卻不在近日。有星要出於雅各，有杖要興於以色列。」(民24：17)

巴蘭後來下場悲慘，他被以色列人在戰爭中殺死(民31：8)。「巴蘭事件」讓我們可以很放心，我們人很軟弱，很容易信心動搖，外面又會有仇敵的勢力想害我們。不過，神會把一切咒詛變為祝福，化險為夷。

第26章，數點第二代以色列人。此次數點是預備將來分地業的，具有前瞻性，「你要按著人名的數目將地分給這些人為業。」(民26：53) 利未人也在數點之內(57節)，因為雖然利未人沒有產業，但他們散居在以色列人當中，每個支派都有幾座城供他們居住(民35章)。

第27章至36章，好像是附錄，其實並不是。第27章敘述屬瑪拿西支派的西羅非哈的女兒們表示，他們的父親沒有兒子，這樣有沒有地業分給她們呢？

她們說：「為什麼因我們的父親沒有兒子就把他的名從他族中除掉呢？求你們在我們父親的弟兄中分給我們產業。」(民27：4)

神就說：「西羅非哈的女兒說得有理，你定要在她們父親的弟兄中，把地分給她們為業；要將她們父親的產業歸給她們。」(民27：7)

〈民數記〉最後一章第36章，再次講述西羅非哈的女兒們。西羅非哈家族的兄弟問道，西羅非哈的女兒可以分得產業，不過如果她們嫁給其他支派的人，這些產業就會漸漸歸給其他支派，瑪拿西支派的產業就會減少(民36：2-4)。

神便吩咐：「她們(西羅非哈的女兒)可以隨意嫁人，只是要嫁同宗支派的人。這樣，以色列人的產業就不從這支派歸到那支派，因為以色列人要各守各祖宗支派的產

業。凡在以色列支派中得了產業的女子必作同宗支派人的妻，好叫以色列人各自承受他祖宗的產業。」（民36：6-8）

由此可見，〈民數記〉27章至36章是一個首尾呼應，表示**神再次應許以色列人一定會得到迦南地作為他們的產業，將來一定有土地分給他們。**

〈民數記〉全卷書讓我們看到，神是何等的信實，無論我們人怎樣軟弱，無論我們的敵人怎樣可怕，最終神會確保我們得到祂的應許。

今天，我們的事奉和人生目標是什麼呢？如果是神帶領我們，我們就不用害怕，因為神能夠完成祂所託付給我們的使命，不是我們自己有多少力量，乃是神大有力量帶領我們踐信於行。

祈禱

天父，感謝你！昔日你如何保護以色列人，今天你也照樣保護每一個屬你的兒女。求主幫助我們，以相信你的態度，支取你的應許，享受你為我們所預備的產業！

奉主耶穌基督名字祈禱，阿們。

生活應用

神的信實，是以色列人最終能經過曠野、進入迦南地的原因。從巴蘭事件，可見神以大能保護祂的百姓，化險為夷。在你個人信仰和事奉的曠野歷程中，你面對過哪些困難和挑戰？在這過程中，你有否經歷到神的帶領？

第五課(二)

申命記

〈申命記〉有如神寫給祂子民的一封情書,**「愛」這個字在書中出現多次,充分表達了神對子民的深情厚愛,這是一卷愛的書信、愛的條約。**

〈申命記〉的文學體裁很有趣,它跟古西亞地區宗主國和臣屬國簽訂的條約十分相似。考古學家發現了這些條約文獻,如赫人(Hittites)的條約,就與〈申命記〉的結構類似。條約基本內容含四大部分:1. 歷史序言;2. 條約基要條款;3. 條約的確立;4. 條約的執行。

現在我們就依這樣的結構來讀〈申命記〉。

第一篇　歷史序言

曠野飄流了三十九年後,現在,以色列人來到迦南邊陲(申1:1)。在這裏,耶和華神透過摩西向他們說話。摩西提到一件事,神吩咐他立各支派首領為官長、審判官,管理以色列人(申1:15)。因為,「耶和華——你們的神使你們多起來。看哪,你們今日像天上的星那樣多。」(申1:10)

一段似曾相識的經文,令人馬上想起神對亞伯拉罕的應許:「我必叫你的子孫多起來,如同天上的星,海邊的沙。」(創22:17)

耶和華神賜給亞伯拉罕的應許含三方面:1. 後裔;2. 福氣;3. 土地。現在,亞伯拉罕的子孫「像天上的星那樣多」,以致摩西已無法有效管理,要設立百夫長、五十夫長等領袖。**神的應許正逐步應驗,祂是信實守約的。**

接著，摩西敘述以色列人對神的不信（申1：19-40）。三十九年前，以色列人從何烈山（即西乃山）起行，抵達加低斯巴尼亞，但是，他們對神發怨言，對神沒有信心，不肯進入應許之地，結果神懲罰他們，第一代以色列男丁都不得進入迦南地，他們要在曠野飄流四十年，死在曠野。

第2章，摩西敘述以色列人的曠野飄流記（申2：1-15），其間神帶領以色列人擊敗了希實本王西宏（申2：24-37），和擊殺了巴珊王噩（申3：1-11）。至第4章，第二代以色列人終於準備進入應許之地。

在講述神的約和誡命之前，摩西先介紹這位立約的神：

「那時你們近前來，站在山下；山上有火焰沖天，並有昏黑、密雲、幽暗。耶和華從火焰中對你們說話，你們只聽見聲音，卻沒有看見形象。他將所吩咐你們當守的約指示你們，就是十條誡，並將這誡寫在兩塊石版上。」（申4：11-13）

這件事是四十年前，在西乃山發生的，明明是對第一代以色列人說話，為何摩西會說「對你們（第二代人）說」呢？**這裏蘊含一個重要的神學意義：神的約是有延續性、前瞻性的。**神在西乃山與第一代以色列人立約，他們代表了所有以色列人，換言之，神對第一代以色列人說話和立約，等於對第二代以色列人說話和立約，也等於對第三代人說話和立約，如此代代延續，連綿不斷。神的話語乃是超越時空，對每一個時代的人說的，神說的話一直有力量，從古到今。

真神是人的肉眼看不見的，真神不是一個偶像，因此，摩西吩咐第二代以色列人不可雕刻偶像，「所以，你們要分外謹慎；因為耶和華在何烈山、從火中對你們說話的那日，你們沒有看見什麼形象。惟恐你們敗壞自己，雕刻偶像，彷彿什麼男像女像，或地上走獸的像，或空中飛鳥的像。」（申4：15-17）

第二篇之一　條約基要條款

第5章至11章相等於條約的基要條款，**是神的約最重要的部分。**

首先，**神透過摩西重申十誡。**如果拿〈申命記〉5章1至22節與〈出埃及記〉20章1至17節比較，就會發現兩者內容大致相同，除了第四誡有關以色列人要守安息日的原因。

在〈出埃及記〉，神的吩咐是：「因為六日之內，耶和華造天、地、海，和其中的萬物，第七日便安息，所以耶和華賜福與安息日，定為聖日。」(出20：11)

〈申命記〉出現了新原因：「你也要記念你在埃及地作過奴僕；耶和華——你神用大能的手和伸出來的膀臂，將你從那裏領出來。」(申5：15)

戴在額上的經文
攝影 / 朱國志

以此觀之，**守安息日含雙重意義：其一，記念耶和華創造天地，其二，記念神的救贖。**安息日的最終意義是與神相交，不但因為神創造了我們，也因為神救贖了我們，我們才有可能與祂相交。

第6章，**神陳明祂的愛，以及祂最希望以色列人做的事，就是愛神。**今天，很多敬虔的猶太人仍常常誦讀和背誦這段經文：

「以色列啊，你要聽！耶和華——我們神是獨一的主。你要盡心、盡性、盡力愛耶和華——你的神。我今日所吩咐你的話都要記在心上，也要殷勤教訓你的兒女。無論你坐在家裏，行在路上，躺下，起來，都要談論。也要繫在手上為記號，戴在額上為經文；又要寫在你房屋的門框上，並你的城門上。」(申6：4-9)

「聽」在希伯來文是“Shema”，這是猶太人的信仰宣告，表示有很重要的話要宣告，而**世上最重要的事情，莫過於知道耶和華是獨一的神。**後來猶太人不肯相信耶穌，正正就因為：「耶和華——我們神是獨一的主」，而主耶穌自稱是神，猶太人當然無法接受，認為他褻瀆神，搞「多神主義」。這是為何四福音書作者，尤其馬太不斷引用《聖經》證明「耶穌就是神」這個真理。

第7章，耶和華神說明祂揀選以色列民，與他們立約，是因為祂是守約施慈愛的神，祂愛他們，堅守祂與以色列民列祖所立的約(申7：7-8)。

第8章，神以史為鑑以知今：「他苦煉你，任你飢餓，將你和你列祖所不認識的嗎哪賜給你吃，使你知道，人活著不是單靠食物，乃是靠耶和華口裏所出的一切話。這四十年，你的衣服沒有穿破，你的腳也沒有腫。」（申8：3-4）

「曠野」的神學意義代表考驗，以及耶和華的幫助和供應。雖然以色列人遇到很多難處，但是，神從來沒有虧待他們，四十年來，他們有吃有穿，甚至「腳也沒有腫」，神一直帶領和供應以色列人，保存他們的性命直到如今，證明耶和華神絕對愛他們；另一方面，在「苦煉」當中，以色列人學習如何愛神。

神重申祂的豐富供應：「耶和華——你神領你進入美地，那地有河，有泉，有源，從山谷中流出水來。那地有小麥、大麥、葡萄樹、無花果樹、石榴樹、橄欖樹，和蜜。你在那地不缺食物，一無所缺。」（申8：7-9）

第9章，神提醒以色列人：「耶和華——你的神將這些國民（迦南七族）從你面前攆出以後，你心裏不可說：『耶和華將我領進來得這地是因我的義。』其實，耶和華將他們從你面前趕出去是因他們的惡。你進去得他們的地，並不是因你的義，也不是因你心裏正直，乃是因這些國民的惡。」（申9：4-5）

神揀選和使用以色列人，並非因為他們完美無瑕。神把迦南七族趕出去，是因為他們的「惡」，神要懲罰和滅絕這班拜偶像和淫亂得很厲害的迦南人。**神再次強調，要求以色列人要盡心、盡性地愛神。**

第11章，神表示，如果以色列人真的愛神、謹守神的誡命和律法，他們必定會在應許之地經歷神的豐盛：「並使你們的日子在耶和華向你們列祖起誓、應許給他們和他們後裔的地上得以長久；那是流奶與蜜之地。」（申11：9）

「流奶」的意思是牛隻會多到一個地步牛奶會不斷流出來；「蜜」，表示蜜蜂經常來到，釀製很多蜜糖，意即：「應許之地的豐富」與「尼羅河的豐富」有別。

埃及與迦南很不同。埃及尼羅河每年定期上漲，把上游沃土沖到下游兩岸，埃及人只用腳踩，把水運送到田地，撒種便有收成了。埃及人相信，靠人的力量可以得到豐富收穫。

以色列人將要進入的迦南地，沒有尼羅河「每年定期」灌溉，卻要靠「不定期」的春霖秋雨，**以色列人就要憑信心仰望上主，相信只要他們盡心愛神、謹守神的誡命，就會風調雨順：**「你們若留意聽從我今日所吩咐的誡命，愛耶和華——你們的神，盡心盡性事奉他，他必按時降秋雨春雨在你們的地上，使你們可以收藏五穀、新酒，和油。」（申11：13-14）

今天，你和我也如此，**我們享用神的豐富與普通世人的「享受」是有分別的，我們不是靠看得見的物質，乃是倚靠神的供應。**

第二篇之二　條約附屬條款

第12章至26章是「條約附屬條款」，諸如：神規定一個敬拜場所，以色列人必須在神指定的地方敬拜神，以免跟隨迦南人的惡俗拜偶像（12章）；耶和華提醒以色列人要小心，要學曉分辨真假先知（13章）；有關立王的條例（17章）等等。

我想指出**第18章一段非常重要的經文，耶和華神應許了一件事：**

「耶和華——你的神要從你們弟兄中間給你興起一位先知，像我（摩西），你們要聽從他。……我必在他們弟兄中間給他們興起一位先知，像你。我要將當說的話傳給他；他要將我一切所吩咐的都傳給他們。誰不聽他奉我名所說的話，我必討誰的罪。」（申18：15, 18-19）

究竟這位先知是指誰呢？摩西將要死了，以色列人擔心羣龍無首：「沒有人領導我們了。」摩西叫他們不要害怕，因為**神必會興起一位先知像摩西那樣大有能力，而以色列人一定要聽從他，因為他要將神的說話傳給以色列人。**

〈申命記〉結束時留下伏筆：「以後以色列中再沒有興起先知像摩西的。他是耶和華面對面所認識的。」（申34：10）

在耶穌降生之前，以色列再沒有任何先知像摩西那樣施行那麼多神蹟，沒有先知像他那樣大有能力，所以這位將要來到，像摩西的先知就是耶穌基督。

第三篇　條約的確立

第27章至30章是條約的確立，以祝福與咒詛的形式表達。摩西吩咐以色列人一旦過了約旦河，踏足迦南地之後，六個支派，如：西緬、猶大等，要站在基利心山上為百姓祝福；另外六個支派，如：迦得、亞設等，則站在以巴路山上宣佈咒詛（申27：11-13）；而百姓要同聲說：阿們——誠心所願。想來當時情景必定很震撼！

結束之時，摩西呼籲以色列民「揀選生命」，他語重心長提醒百姓，要揀選聽從耶和華神的話，跟從祂，這樣耶和華神就必賜福給他們：

「我今日呼天喚地向你作見證；我將生死禍福陳明在你面前，所以你要揀選生命，使你和你的後裔都得存活；且愛耶和華——你的神，聽從他的話，專靠他；因為他是你的生命，你的日子長久也在乎他。這樣，你就可以在耶和華向你列祖亞伯拉罕、以撒、雅各起誓應許所賜的地上居住。」（申30：19-20）

第四篇　條約的執行

第31章至34章，是摩西遺訓，是他臨終前的心聲、見證。摩西用詩歌預告神會怎樣賜福給以色列十二個支派。他為流便支派祝福時，說：

「願呂便存活，不致死亡；願他人數不致稀少。」（申33：6）

可能我們會感到奇怪，這樣的話也算祝福？原來呂便犯了罪（創35：22；49：4），本來他的支派會滅亡，但是神保守呂便支派「不致死亡」，所以，這是恩典。

摩西為所有支派祝福之後，說：「耶書崙哪（以色列另一個名稱），沒有能比神的。他為幫助你，乘在天空，顯其威榮，駕行穹蒼。永生的神是你的居所；他永久的膀臂在你以下。他在你前面攆出仇敵，說：毀滅吧。以色列安然居住；雅各的本源獨居五穀新酒之地。他的天也滴甘露。以色列啊，你是有福的！誰像你這蒙耶和華所拯救的百姓呢？他是你的盾牌，幫助你，是你威榮的刀劍。你的仇敵必投降你；你必踏在他們的高處。」（申33：26-29）

雖然摩西不能進入迦南地，但是，他心懷盼望，從遠處觀望迦南，深信神必定會帶領以色列人進入應許之地。

「嫩的兒子約書亞；因為摩西曾按手在他頭上，就被智慧的靈充滿，以色列人便聽從他，照著耶和華吩咐摩西的行了。」(申34：9)

神的僕人摩西死了(申34：5-8)，神興起約書亞繼續帶領以色列人。這就是神的約之福氣，一代領袖會離去，但神會興起新的領袖，延續祂的領導，神必不會撇下祂的子民如孤兒。

今天，神也對我們說：「我愛你們，我揀選了你們，又將生死禍福陳明在你們面前，今天，請你們也揀選我，來服侍我吧！」

祈禱

親愛的主，我們看到你是何等的信實，你從沒有改變對我們的愛！千萬人當中，不知你為何會揀選了我們，惟願神叫我們能夠體會你愛我們的心腸，體會你期望我們愛你，以致我們今天所作的，不只是一些事工，不只是一些外表的事情，乃是用我們的心和愛作工，願你滿意我們所作的。

我們恭敬將今天所查考的《聖經》交託，求主將你的說話藏在我們心裏，落實在我們的一言一行當中。

我們的祈禱、感恩和仰望，奉主耶穌基督的名，阿們。

生活應用

請想一想你和神在什麼時候、什麼地點、什麼情況下，立過什麼約？神有守約嗎？你又有守約嗎？神寫了〈申命記〉這封「情書」給你，你對神的愛情又如何呢？

士師秉政

約書亞記・士師記・路得記

第六課（一）

約書亞記

戰爭、和平

〈約書亞記〉講述神透過約書亞，帶領以色列人征服迦南，當中有多場戰爭，《聖經》是否贊成戰爭呢？我們需要認真思考〈約書亞記〉想表達什麼。

在希伯來《聖經》正典中，〈約書亞記〉、〈士師記〉、〈撒母耳記上下〉、〈列王紀上下〉，四卷書列為「先知書」，意指書中所記並不是普通的「歷史」，乃是從神的角度透視歷史，從中傳達出神的心意。所以，雖然這些書卷記載了很多歷史，不過，它們並非講述人間領袖，也不是討論道德問題，乃是講述神自己，表達神的作為、心意以及神的救恩計劃。既然如此，有關戰爭的問題就需要從先知的角度去看，從神的角度去分析戰爭。

今天考古學家發現了當時的迦南人是非常淫亂而殘暴的。神容許迦南戰爭，乃是因為祂是一位公義的神，祂透過以色列人，用戰爭審判迦南人，滅絕他們，這是一場鐵面無私的審判，是神的救恩計劃中一部分，是歷史的一個過程。

在救恩史大背景的襯托之下，我們很容易就明白了〈約書亞記〉的位置和意義。它講述神一方面要審判迦南人，另一方面神要帶領以色列人進入安息。**〈約書亞記〉強調神絕對是信實的、守約的，神答應將迦南賜給以色列人，結果神真的將應許之地賜給他們；而神最終的心意是透過以色列人將安息帶給全人類，令全人類認識神。**

至新約時代，耶穌基督教導我們不要使用武力。當祭司長等人捉拿耶穌時，一個門徒用刀砍掉祭司長僕人的耳朵，耶穌說：「收刀入鞘吧！凡動刀的，必死在刀下。你想，我不能求我父現在為我差遣十二營多天使來嗎？若是這樣，經上所說，事情必須如此的話怎麼應驗呢？」（太26：52-54）

如果耶穌要使用武力，祂大可以求天父派遣天使來對付仇敵，但祂沒有，反而醫好那個僕人的耳朵。**耶穌是用受苦和愛，成就神的救恩計劃。**

所以，今天基督徒不可用武力或戰爭強迫別人信主，我們要尊重別人，基督徒焚燒回教徒的《可蘭經》是絕對錯誤的。**我們要用和平的方法傳揚天國的福音，帶人信主，我們能夠絕對肯定：今天神不會叫我們信徒發動聖戰。神的救恩史是持續向前邁進的，我們不要走回頭路，發動戰爭，卻要在與神的關係上不斷進深。**

大將風範

〈申命記〉結束之時，摩西死了，神應摩西臨終前要求，揀選約書亞成為以色列人的領袖。現在，讓我們看一看神怎樣揀選領袖，神對約書亞有何要求？

「你當剛強壯膽！因為你必使這百姓承受那地為業，就是我向他們列祖起誓應許賜給他們的地。只要剛強，大大壯膽，謹守遵行我僕人摩西所吩咐你的一切律法，不可偏離左右，使你無論往那裏去，都可以順利。這律法書不可離開你的口，總要晝夜思想，好使你謹守遵行這書上所寫的一切話。如此，你的道路就可以亨通，凡事順利。」（書1：6-8）

神對約書亞的要求有二：1.「剛強壯膽」；2.「晝夜思想，謹守遵行律法。」

約書亞是一個軍人，他曾與亞瑪力人爭戰，現在他要帶領以色列人打仗，佔領迦南，而且當時以色列人的武器遠遜於迦南人，所以，他必須「**剛強壯膽**」，當年以色列人就因「**膽小害怕**」，而與應許之地失之交臂的。

但是，為何神會要求一個軍人「晝夜思想，謹守遵行律法」呢？**這段經文昭示了一個很重要的原則和觀念：神要求人熟悉祂的律法，在日常生活中，按照祂的標準和價值觀待人接物，行事為人，這樣，人才能成功配合神的計劃；**而神就會保守他「可以亨通，凡事順利」(書1:8)。

今天，如果你和我要能夠得到神好好使用，就不只要熟悉《聖經》(這只是起碼要求)，**我們的心思意念更要被《聖經》陶冶模造，我們要有一個"biblical mind"，要用《聖經》的價值觀來思想，來待人接物，行事為人。**

順服，勝利

由第1章至5章，約書亞和以色列人籌備進入迦南地。約書亞先派兩個探子到耶利哥城探路，然後，安排渡約旦河事宜(書2-3章)。

神使約旦河斷流，以色列人輕易過了河。誰知剛踏足河西岸上，神便吩咐他們行割禮(書5:2-3)。**行割禮代表以色列人是屬神的子民，若他們不是屬於神的，就不能進入應許之地。**

以色列人受了割禮手術，十分疼痛，無法作戰，而且還背對約旦河——別無退路！可幸第二代以色列人沒有鼓躁，罵富有作戰經驗的約書亞怎麼出此下策，他們都順服約書亞、仰望倚靠神，相信神會保守。

然後，以色列人守逾越節，回顧神當初怎樣帶領他們出埃及，過紅海(書5:10)。

第6章至12章是一連串爭戰。以色列人第一場勝利就是著名的耶利哥之戰。

神吩咐約書亞說：「看哪，我已經把耶利哥和耶利哥的王，並大能的勇士，都交在你手中。你們的一切兵丁要圍繞這城，一日圍繞一次，六日都要這樣行。七個祭司要拿七個羊角走在約櫃前。到第七日，你們要繞城七次，祭司也要吹角。他們吹的角聲拖長，你們聽見角聲，眾百姓要大聲呼喊，城牆就必塌陷，各人都要往前直上。」(書6:2-5)

結果，當以色列人按照神的吩咐「大聲呼喊」，耶利哥城牆立時塌陷，以色列人不動一兵一卒就奪取了耶利哥城。

以色列人攻打耶利哥之前，神提出一項重要要求：「這城和其中所有的都要在耶和華面前毀滅；只有妓女喇合與她家中所有的可以存活，因為她隱藏了我們所打發

的使者。至於你們，務要謹慎，不可取那當滅的物。」(書6:17-18)

神要求以色列人毀滅城中所有，**一方面他們要按照神的意思對迦南人施行審判；另一方面，攻打耶利哥是他們進入迦南的一場決定性戰爭，一切必須歸於神，所以，他們不可取任何物件。**以色列人順服神，他們成功了。

但是，不多久，有人違背了神的指示。以色列人在艾城之役戰敗，艾城是座小城，實力與耶利哥城相差很遠，為何會打敗仗？查問之下，原來亞干抵擋不住物質的試探，取了「當滅的物」(書7:21)。

一個人行差踏錯，連累整個民族。再一次，我們看到神是輕慢不得的。神將迦南賜給以色列人，是要以色列成為祭司的國度，人人按照神的標準——也就是律法——生活。現在他們要把這功課學好。

以色列人處理了罪惡之後，神就幫助他們打下艾城(8章)。

接著，以色列人開始攻打迦南南部(9章)。本來神吩咐以色列人要滅絕所有的迦南人，除了妓女喇合一家之外，但是，基遍人欺騙以色列人，他們假扮是從老遠地方來的。《聖經》清楚記載約書亞和以色列人沒有求問神，以色列人一時疏忽，就未能執行神的心意。

不過，雖然基遍人用欺騙的方法，手段不正確，但是，**基遍人是敬畏神的，**他們說：「僕人從極遠之地而來，是因聽見耶和華——你神的名聲和祂在埃及所行的一切事。」(書9:9) 也許神看在基遍人這份心意上，而沒有懲罰以色列人的疏忽。

三天後，以色列人發現基遍人住在近鄰，是迦南人之一。**以色列人不可毀約，**惟有存留基遍人的性命，讓他們當奴工、奴僕(書9:18-20, 23)。**這件事反映了立約的重要性，人的約尚如此，何況神的約，神是絕不會毀約的。**

已然，未然

「約書亞奪了那全地，就是山地、一帶南地……和山下的高原。」(書11:16)

至此，以色列人攻取了整個迦南地，神的應許全面實現了。可是，過了一些時日，「約書亞年紀老邁，耶和華對他說：『你年紀老邁了，還有許多未得之地』」(書13:1)

這豈不是前後矛盾，究竟以色列人得到，或未得到應許之地呢？**這是神學上「already, but not yet——已然，未然」的觀念。**以色列人**「已經」**攻取了迦南所有戰略要點，他們**「已經」**得到了應許之地，神將迦南賜給以色列人永遠為業的應許**「已經」**應驗了！但是，敵人**「尚未」**全殲，尚有仗要打，祭司的國度也**「尚未」**建立。若借國父孫中山先生的話來演繹，就是**「征戰已分勝負，大局已經落定，敵人尚未全殲，國度尚未建立，以色列民仍須努力」。**

今天，對我們而言，「已然，未然」是一個「屬靈的預表」。〈約翰壹書〉3章9節說：「凡從神生的，就不犯罪。」但是，**我們的肉體仍然存在，我們仍然會有軟弱，所以在見主面之前，我們在世上仍有犯罪的可能性，我們會「經歷」這些挑戰。不過，我們「已經」戰勝了，只要我們憑信心依靠神，就一定可以勝過這些挑戰。**

由第13章至21章，以色列人憑信心，在神面前拈鬮（抽簽）分地。他們仍未取得迦南某些土地，仍然要去打仗，所以，他們是憑信心分地的。

第14章特別提到對神有信心的迦勒，他對約書亞說：

「看哪，現今我八十五歲了，我還是強壯，像摩西打發我去的那天一樣；無論是爭戰，是出入，我的力量那時如何，現在還是如何。求你將耶和華那日應許我的這山地給我；那裏有亞衲族人，並寬大堅固的城，你也曾聽見了。或者耶和華照他所應許的與我同在，我就把他們趕出去。」（書14：10-12）第12節的「或者」並非「不知能否成功」的意思，乃是指：當我去攻打那地，神就會照祂的應許與我同在，我就能夠把亞衲族人趕走了。結果，迦勒真的成功了，他取得希伯崙為產業（書14：13-14；15：13-15）。

第22章，以色列人出現了內部矛盾。早在〈民數記〉32章，呂便、迦得和瑪拿西半個支派已經得到了約旦河東部的土地，但是，河東地區是否屬於應許之地呢？兩個半支派的人恐怕河西的人日後「不認帳」，就建了一座壇。

河西的人以為他們拜偶像，遂派遣一位敬畏神的祭司非尼哈前往調查，才知道他們並非拜偶像，乃是希望後代子孫知道河東支派也是神的子民，也屬於應許之地（書22：24-31）。於是非尼哈和河西的人都接納了他們。

約書亞回歸列祖的日子快到了，他像摩西那樣，把以色列全民召來，陳明生死禍福，讓他們自行抉擇。他堅定不移地表白：「至於我和我家，我們必定事奉耶和華。」在這位很有屬靈氣質的領袖影響下，以色列全民再次在神面前立約（書24：15, 21-25）

「約書亞在世和約書亞死後，那些知道耶和華為以色列人所行諸事的長老還在的時候，以色列人事奉耶和華。」（書24：31）

約書亞忠心跟隨耶和華，他常有聖靈充滿，行事為人都以神的話語，和神的標準為依據，他深刻地影響了他那一代的人。約書亞死後，很難再找到像他這樣既有才華，又一生無重大過失的政治軍事領袖。

祈禱

天父，我們承認，當我們來到你的話語面前，我們有很多不明白的地方，特別要怎樣跨越二三千年前的《聖經》世界來到今日的世界？我們不明白如何跨越這鴻溝。願聖靈此時此刻教導我們，叫我們明白你在這個世代的計劃，以及你在過去的歷史中的計劃，以致我們能夠與你同心同行。

祈禱是奉主耶穌基督的名，阿們。

生活應用

你認為自己是屬靈領袖嗎？若要在家庭、工作、教會、社會等方面發揮更積極的影響力，你認為你需要在哪一方面多下一點功夫？

第六課（二）

士師記

約主前1380年，以色列人進入迦南地，他們能否成功征服迦南？能否在這片應許之地建立一個「模範國」？能否成就神最初給他們的使命：成為一個祭司的國度？〈士師記〉就是上述這些問題的答案。

〈士師記〉結構

〈士師記〉全書的結構很有意思，可分為三大段，序言與結語互相呼應：

1. 序言，1章1節至3章6節，第二代領袖離世，以色列人離棄神；
2. 中段，3章7節至16章31節，時局混亂，士師秉政；
3. 結語，第17章至21章，以色列人沒有王，各人任意而行。

〈士師記〉記載了眾多士師，有些聖經學者發現，每個士師呈現一個「循環」：1. 以色列人拜偶像、離開神；2. 神透過仇敵壓迫、懲罰以色列人；3. 以色列人痛苦不堪，就呼求神；4. 神興起士師拯救他們；5. 以色列人得享太平若干年。

也有些聖經學者認為，士師，尤其比較著名的士師，呈現一個三重交叉平行：位於中間的核心士師是基甸；稍外圍的是女先知底波拉，呼應耶弗他；再外圍的是以笏，呼應參孫。

基甸要對付拜巴力的人，這是一場重大的「文化抗爭」。迦南地的罪惡文化就是拜偶像巴力。巴力掌管農業，迦南人奉為「主」（lord）。基甸要帶領以色列人明白究竟誰是主？巴力，或耶和華？基甸成功摧毀了巴力的敬拜，又帶領以色列人擊敗米甸人，因此，基甸是最核心的士師。（士6-8章）

以笏
底波拉
基甸
耶弗他
參孫

基甸之子亞比米勒與父親正好相反（士9章），亞比米勒完全不倚靠神，自立為王，甚至殺死了他所有同父異母的兄弟。

基甸故事前後，是兩個「邊緣人士」。基甸之前，神使用一位女士師底波拉，她倚靠神，戰勝了迦南王耶賓的軍隊（士4-5章）。基甸之後，是耶弗他的故事，他是「妓女的兒子」（士11：1-2），邊緣得很，他帶領百姓擊敗亞捫人。

再外圍的士師是獨行俠以笏，他在底波拉之前，他帶領以色列人擊敗了摩押人（3章）。呼應以笏的士師是耶弗他之後的參孫（士13-16章）。

前車之鑑

以色列人繼續進攻迦南尚未得之地。猶大和西緬支派戰勝了迦南人及比利洗人（士1：3-5），但是，很多支派卻不能趕出別的地區迦南人（士1：21, 27-35）。為什麼呢？實際的問題是什麼呢？原來以色列人失敗的原因與律法有關。

耶和華的使者從吉甲上到波金，對以色列人說：「我使你們從埃及上來，領你們到我向你們列祖起誓應許之地。我又說：『我永不廢棄與你們所立的約。你們也不可與這地的居民（迦南人）立約，要拆毀他們的祭壇。你們竟沒有聽從我的話！為何這樣行呢？』因此我又說：『我必不將他們從你們面前趕出；他們必作你們肋下的荊棘他們的神必作你們的網羅。』」（士2：1-3）

以色列人不能完全征服迦南地，最核心的原因是：以色列人被迦南人同化。這是至為可惜的事。**神給以色列人的使命和責任是成為祭司的國度，見證天國的模範國。**神要以色列人消滅迦南人，不與迦南人結婚、結盟，主要原因是：以色列人不要被迦南人的價值觀同化，相反，他們應該影響迦南人，乃至所有外邦人。

約書亞及那些曾看見神為以色列人行大事的長老還在的時候，以色列人事奉耶和華。可是，很可惜，隨著第二代以色列人一一離世，第三代很快就將耶和華拋諸腦後，竟然去拜巴力和亞斯他錄，被迦南人拜偶像的習俗同化。(士2：7-15)

今天，我們也要提醒自己，如果我們想成功服侍神，就萬萬不可被世界的罪惡和文化同化，這是一個很重要的原則。何時我們被世界的罪惡同化，何時我們就無法為神作見證！就會走上〈士師記〉那慘敗的道路！

〈士師記〉給我們的提醒

士師都是蒙神揀選使用，被神的靈大大感動的，如：「耶和華的靈降在基甸身上」(士6：34)；「耶和華的靈降在耶弗他身上」(士11：29)；還有，「耶和華的靈大大感動參孫」(士14：19)。

當神透過某些領袖幫助有需要的人，是出於神對受欺壓者的憐憫。很多時候，即使神使用的領袖，還會有很多軟弱，有時軟弱多一點，有時少一點。即使一個人能夠成功，達成很高業績、成就，卻不等於他/她所做的一切事情，尤其是屬靈品格，一定是神所喜悅的。

基甸成功摧毀了假神巴力，解決了這個問題，但是基甸有他的弱點，就是他對神沒有足夠的信心。本來神已經清楚表示要差遣他去拯救以色列人：

「耶和華的使者向基甸顯現，對他說：『大能的勇士啊，耶和華與你同在！』」(士6：12)，又說：「你靠著你這能力去從米甸人手裏拯救以色列人，不是我差遣你去的嗎？」(士6：14)

但是，基甸顯然對神認識不足，以至對神沒有信心，他說：「求你給我一個證據，使我知道與我說話的就是主。」(士6：17) 神就吩咐他把肉和無酵餅放在一塊磐石上，然後，神令「火從磐石中出來，燒盡了肉和無酵餅。」(士6：21) 基甸這才信了，知道是神差遣他。接著，神就吩咐基甸去拆毀假神巴力的壇。

不過，基甸要帶領以色列人與米甸人打仗之前，他仍然信心不足，又要求神行神蹟作為印證，基甸求神令羊毛有露水，四圍卻是乾的；當神行了神蹟之後，他又要求羊毛是乾的，其他地方有露水。

神一而再，再而三應允了基甸的要求（士6：38-40）。不過，**神很有幽默感，當基甸召集了至少三萬二千多人——基甸很有號召力——浩浩蕩蕩要出發打仗時，神卻一而再，再而三要求基甸裁軍，最後僅餘三百個「像狗一樣舔水喝的」！**

基甸帶領三百人大破米甸和亞瑪力軍之後（士7-8章），以色列人就想擁立他作王（士8：22）。基甸很清楚這場仗是誰打贏的，他知道是耶和華神拯救了他們，所以神才是王，才可以管理他們。所以，他說：「我不管理你們，我的兒子也不管理你們，惟有耶和華管理你們。」（士8：23）

可是，基甸旋即暴露出他的軟弱，他要求百姓將他們各人將所奪的耳環給他。「基甸以此製造了一個以弗得，設立在本城俄弗拉。後來以色列人拜那以弗得行了邪淫；這就作了基甸和他全家的網羅。」（士8：24, 27）

基甸製造以弗得，可能想作為紀念，或者，用來代表神作王，殊不知那個以弗得竟然成為以色列人的網羅，他們把那個以弗得當作偶像來拜。領袖重要的職責是：1. 身體力行神的律法；2. 教導百姓明白和遵行神的律法。當百姓不知神的律法，任何人或物都可以變成頂禮膜拜的偶像，包括摩西遵照神的吩咐所造的銅蛇！（王下18：4）基甸顯然沒有將神的律法教導百姓。事實上，整卷〈士師記〉裏未見一個士師「晝夜思想，謹守遵行律法」，遑論教導百姓遵守。

基甸也不算太差，他是稍為好的一個士師，在他之後作士師的耶弗他，他的發誓絕對是非常愚昧的行徑，違反了神的標準。雖然耶弗他也是蒙神使用的士師，帶領百姓打敗了仇敵亞捫人，但是，他飽受迦南人的邪惡思想影響，並非以神的心為心。

「耶弗他就向耶和華許願，說：『你若將亞捫人交在我手中，我從亞捫人那裏平平安安回來的時候，無論什麼人，先從我家門出來迎接我，就必歸你，我也必將他獻上為燔祭。』」（士11：30-31）

他這樣的發誓充滿了迦南人的想法（mind set）：迦南人與神明的關係是一種「功利主義」。每逢戰爭到了危急關頭，不能取勝，就作出最大的立願，對神明說：「上天啊，如果你幫助我們打勝仗，我們就會作出最大的奉獻，無論什麼人首先走出來，我們就會把他獻為燔祭。」(參：王下3：21-27，摩押王在戰爭的危急關頭時，竟然殺死自己的兒子，獻給偶像作為燔祭。)

當時外邦人，包括迦南人在內，其燔祭所獻的祭牲，與以色列人的燔祭祭牲不同，外邦人是殺死他們的嬰兒來獻祭，這就是殘酷、血腥的「人牲祭」。根據考古學的發現，「摩洛」是外邦人所拜其中一個最邪惡的神明，外邦人用銅造摩洛神像，銅像中空，裏面燒火。當銅像燒得通紅滾燙之際，拜摩洛的人就把嬰兒放在銅像前伸展的手上，把嬰兒活活燒死，獻給摩洛！

耶弗他一開始就不應該許這個願，因為「燔祭」的意思是全然獻上，雖然耶弗他敬拜耶和華真神，但他被迦南人、外邦人同化，感染了他們的思想，用他們拜偶像的方式來許願。耶弗他說無論什麼「人」首先出來迎接他，他就把那個「人」獻為燔祭，可見耶弗他愚昧到了極點！如果他「晝夜思想，謹守遵行律法」，就會明白用這種方法來換取成功是大錯特錯。

當耶弗他帶領以色列人戰勝亞捫人之後，回到家時，他的女兒首先出來，歡天喜地迎接他。(士11：34)

「耶弗他看見她，就撕裂衣服，說：『哀哉！我的女兒啊，你使我甚是愁苦，叫我作難了；因為我已經向耶和華開口許願，不能挽回。』」(士11：35)耶弗他認為自己已經起誓，所以他要把女兒獻祭，結果女兒就成了他愚昧起誓之下的犧牲品。耶弗他果真殺死自己的女兒獻祭，這樣他是錯上加錯！

可能會有人反駁說：「如果人已經向神起誓或立約，就一定要實行，因為誓言是很重要的。」講解〈約書亞記〉時，我豈不是說：「雖然基遍人欺騙了約書亞和以色列人，但是，由於他們已經立了約，所以，以色列人一定要守約，他們不可毀約，不可殺死基遍人」嗎？所以，耶弗他也要守約。

但是，我要問：「究竟是你這個許願、立約緊要？抑或是人的生命更為緊要呢？」**律法清楚規定：「不可殺人。」(出20：13)又如〈利未記〉有關許願的律例，所以，耶弗他是錯上加錯！是對神的話語一知半解而犯下的嚴重錯誤！**

〈士師記〉讓我們看到，如果人按照神的心意生活時，就會得到神的賜福。〈士師記〉開頭第1章至3章，好些婦女都很優秀，例如：俄陀聶的妻子押撒，她很勇敢地請求父親迦勒賜水泉給她作嫁妝，迦勒就賜了水泉給她（士1：13-15）。另外，女先知底波拉是一位很好的女士師。可見，**當人倚靠神，按照神的心意生活時，男女平等，女性也會得到榮耀。**

當人離開神的時候，婦女就會成為犧牲品。耶弗他的女兒成為了犧牲品，「她便和同伴去了，在山上為她終為處女哀哭。兩月已滿，她回到父親（耶弗他）那裏，父親就照所許的願向她行了。女兒終身沒有親近男子。」（士11：38-39）

耶弗他的女兒年紀輕輕就被父親殺死，她連當時女子的心願：出嫁、生兒育女，都沒有了，很可憐！

不過，更可憐、更恐怖的事件出現在第17章至21章，以色列人沒有以神為王的時候，任意而行，犯罪的離譜程度更甚！

第17章，米迦自己鑄造了一個偶像（士17：4），後來這個偶像被但支派的人搶走了（士18：1-17）。當那個利未人被基比亞匪徒圍困時，他為了保護自己，居然把自己的妾推出房屋外，結果他的妾被那些匪徒強姦至死。然後，利未人把妾侍的屍體碎屍，切成十二塊，傳到以色列地的四境（士19章）。結果，以色列人都很憤怒，認為要追討基比亞匪徒的罪惡，而基比亞是在便雅憫支派的境內，可是便雅憫支派不肯交出那些基比亞匪徒。

於是，以色列十一支派出兵四十萬，討伐便雅憫人，以色列人爆發內戰。便雅憫人寡不敵眾，約二萬五千人被殺，只剩下很少人，面臨滅族危機！以色列人恐怕整個民族缺少了一個支派，就想辦法為便雅憫人娶妻，延續後代。他們竟然吩咐便雅憫剩下的男子說：「你們去，在葡萄園中埋伏。若看見示羅的女子出來跳舞，就從葡萄園出來，在示羅的女子中各搶一個為妻，回便雅憫地去。……於是便雅憫人照樣而行，按著他們的數目從跳舞的女子中搶去為妻，就回自己的地業去，又重修城邑居住。」（士21：20-23）

便雅憫人竟然搶奪示羅的女子作為妻子，女性再次變成了犧牲品！真是愈來愈悲慘！和〈約書亞記〉22章「釋疑修睦」和平處理矛盾的手法簡直天壤之別。以色列人沒有尊耶和華為王，把神的律法忘得一干二淨，陷入一個完全混亂，「任意而行」的情況！

〈士師記〉出現了很多可怕的事情，為何神不攔阻人犯罪？〈羅馬書〉提到神的懲罰，當人執意違反神的心意時，神就「任憑」人去犯罪：「他們既然故意不認識神，神就任憑他們存邪僻的心，行那些不合理的事。」（羅1：28）

神暫時容許，「任憑」我們做不合理的事，「由得你橫行霸道」，可是，我們最終可要為自己的罪惡負上責任，這是最可怕的事情！還有，**神沒有立即對付人的罪、沒有立即出手制止人行惡，但這絕對不代表神贊成這些傷天害理的事情，當人罪惡滿貫時，神仍會懲奸罰惡的，**這是我們需要認真思想的一點。

祈禱

天父，你阻擋驕傲的人，賜恩給謙卑的人，所以我們願意虛懷若谷，放下一切自以為是的知識，來到你的面前。懇求你教導我們，特別求主幫助我們不要只停留在知識層面，更要叫我們在生活上經歷到你的同在，能夠活出你的教導，以致能夠吸引更多未信主的朋友渴望認識你，因為這本是你的心意！求神裝備我們，以至我們配得服侍你！

祈禱、感恩，奉主耶穌基督的名求，阿們。

生活應用

香港社會在哪方面像〈士師記〉17章至21章所描述的情況？像〈約書亞記〉所記載的爭戰？在這亂世中，教會和基督教機構，乃至我們個人，可以怎樣傳遞《聖經》的標準？請分享具體例子。

第六課（三）

路得記

從〈士師記〉烏煙瘴氣的叢林，來到〈路得記〉金黃的麥田畔，空氣清新，微風過處，送來陣陣麥穗清香，令人精神為之一振。〈路得記〉是濁世中的清流，是那個黑暗時代的一線光芒。

話說士師秉政時期，以色列人拿俄米離開家鄉，去到外邦人的地方摩押，媳婦俄珥巴和路得都是摩押女子。本來按照律法，以色列人不可與摩押人結盟，摩押人也不可進入耶和華的會（申23:3），這意味他們不能成為神的子民。

但是，拿俄米能夠帶路得認識耶和華，而路得又能按照耶和華神的標準生活，後來，這位摩押女子不但得到耶和華神賜福，獲得美滿婚姻，她更成為大衛王的曾祖母，耶穌的先祖，可見神並不種族歧視。

拿俄米和路得婆媳倆一窮二白，丈夫又死了，沒有男人幫助和保護她們，**她們是「邊緣人士」，十分無助。但是，她們擁有一件「寶貝」：實行《聖經》的立約之愛！**

「愛」在希伯來文是“*hesed*”，英文《聖經》譯為“kindness”或“loving kindness”，或“loyal love”、“commitment”。**這是一種立約之愛、忠誠之愛，表達神對人的愛，是忠誠不變、犧牲的愛。這種愛不求自己的利益，只為對方的好處著想，願意為對方付出。**

〈路得記〉裏的這幾個小人物都實行了這立約之愛。

路得不求自己的好處，堅持離開自己的民族，願意跟隨婆婆回以色列國，照顧她。她已經預期自己的前途並不光明燦爛，可能一生都要做窮寡婦。她對拿俄米說的一席話慷慨激昂，**充份表達出她對耶和華的忠心，和對婆婆犧牲的愛：**「不要催我回去不跟隨你。你往哪裏去，我也往那裏去；你在哪裏住宿，我也在那裏住宿；你的國就是我的國，你的神就是我的神。你在哪裏死，我也在那裏死，也葬在那裏。除非死能使你我相離！不然，願耶和華重重地降罰與我。」（得1：16-17）

拿俄米也處處為媳婦的好處著想。最初她叫兩個媳婦不要跟隨自己，擔心她們一生都要做窮寡婦，俄珥巴就依依不捨地離開，但路得堅持跟隨。回到以色列國後，**拿俄米仍然處處為路得著想，關心媳婦的將來，希望路得有機會嫁個好人。**

波阿斯也是很為他人設想的人，沒有因為自己是大財主就欺負窮寡婦路得。相反，**他完全謹守神的旨意和神的律法（利23：22），保護、善待路得，**他說：「我的僕人在那塊田收割，你（路得）就跟著他們去。我已經吩咐僕人不可欺負你；你若渴了，就可以到器皿那裏喝僕人打來的水。」（得2：9）

拿俄米的丈夫以利米勒已經在摩押地死了，兒子基連和瑪倫也都死了（得1：3-5）。回國後，拿俄米的生活十分窮困窘迫，她想將丈夫的田地賣掉，不過，她不急著賣，她耐心等待一個好人出現。

當拿俄米從路得口中得知她「恰巧」去了波阿斯的田地拾麥穗，波阿斯照顧她之事時。拿俄米不動聲色，繼續觀察。

忙碌的收割過了，拿俄米這才巧設妙計，讓路得接近波阿斯，要求他作為「至近的親屬」（得3：9, 12），能夠買贖以利米勒那塊地。拿俄米鼓勵媳婦在晚上獨自接觸波阿斯，顯然對波阿斯的高尚人格很有信心，認為波阿斯不會欺負路得。

波阿斯顯然十分欣賞路得（得2：11-12），不過當路得請求他買贖那塊地時，他沒有立即答應。波阿斯說：「現在不要懼怕，凡你所說的，我必照著行；我本城的人都知道你是個賢德的女子。我實在是你一個至近的親屬，只是還有一個人比我更近。」（得3：11-12）

路得見了波阿斯，回到家中，將事情一五一十告知婆婆。拿俄米十分篤定，說：「女兒啊，你只管安坐等候，看這事怎樣成就，因為那人今日不辦成這事必不休息。」（得3：18）

果然，一大早，波阿斯便到城門口，「恰巧」那位更近的親屬經過，波阿斯立刻留下那人，又請了十位長老來，當眾詢問那人肯不肯買贖以利米勒那塊地？起初那人表示肯買，但當波阿斯說：「你從拿俄米手中買這地的時候，也當娶死人的妻摩押女子路得，使死人在產業上存留他的名。」（得4：5）那人立刻打退堂鼓，說：「這樣我就不能贖了，恐怕於我的產業有礙。你可以贖我所當贖的，我不能贖了。」（得4：6）

根據耶和華神的律法，如果有人因窮困賣掉土地，其至近親屬有責任買贖（參：利25：23-25）。律法又規定，如果兄長死了，沒有兒子繼承，弟弟就得娶其兄嫂為妻，所生的長子要歸於死兄名下（參：申25：5-10）。

如果那人贖了那塊地，又娶路得為妻，他們所生的第一個兒子（長子）就會屬於瑪倫（路得是瑪倫的妻子）；如果日後他們再生兒子，那塊地就要分出一部分給屬於瑪倫的兒子；萬一他們只生一個兒子，之後不再生育，那塊地就不能歸於那人，他的所有（長子和土地）都會歸於瑪倫。花錢贖一塊地，而結果可能一無所有。那個更近的親屬精打細算，方方面面都為自己的利益計算，機關算盡，自然就不肯贖那塊地，也不願意娶路得了。

伯利恆是耶穌誕生地，時至今日，它依然是一座小城。三千多年前，在這小城發生了路得和波阿斯溫馨感人的愛情故事。
攝影／朱國志

波阿斯娶路得，條件相同，但是，**他願意實行神的吩咐，為他的親屬瑪倫立後，好讓瑪倫在以色列家族中後繼有人。這就是「立約之愛」。**

「波阿斯對長老和眾民說：『你們今日作見證，凡屬以利米勒和基連、瑪倫的，我都從拿俄米手中置買了；又娶了瑪倫的妻摩押女子路得為妻，好在死人的產業上存留他的名，免得他的名在本族本鄉滅沒。你們今日可以作見證。』」（得4：9-10）

波阿斯沒有計較自己的利益，願意娶路得為妻，令瑪倫在「產業上存留他的名」，可見波阿斯對路得的愛，以及願意付出的代價。從這件事，我們看到波阿斯的無私和偉大。

後來，波阿斯和路得生了兒子，稱為俄備得，「波阿斯生俄備得；俄備得生耶西；耶西生大衛。」（得4：21-22）

路得本來是外邦人，現在她不但成為了以色列王大衛的曾祖母，其芳名更記載入耶穌的家譜（太1：5），成為耶穌基督的先祖，流芳百世！

〈路得記〉這個溫暖的家庭故事傳達了一個重要信息：**當人投靠神，按照神的標準生活，又愛神、又愛人，神就會賜福給這人，即使是小人物，神也一定會賜福，而最終，神會透過這些忠心的「小人物」來成就大事。**

今天，如果我們要成為神的見證，其中一個很重要的條件，就是我們整個心思意念一定要被《聖經》的價值觀所模造，以致我們的一言一行都符合《聖經》的標準，這樣，我們才有可能成為「君尊的祭司，聖潔的國度」，我們才有能力影響未認識神的人。

相反，何時我們為了討好其他人，被他們的世俗價值觀同化，就是我們失敗，「自釘棺材，自掘墳墓」之時，我們就無法為神作見證。求主憐憫幫助我們。

祈禱

親愛的主，我們知道你愛全世界的人，你的愛不分國籍、不分性別。求主幫助我們能夠在你的話語下功夫，幫助我們不只熟讀《聖經》，更重要的是，能夠整合，內化《聖經》的價值觀。當我們懂了《聖經》的標準，幫助我們活出《聖經》的價值觀，並將這個價值觀傳遞給整個社會。

求主使我們的生活見證如明燈照亮社會，令我們能夠成為你施恩的渠道。因你與亞伯拉罕所立的約，是要他成為萬人的祝福，我們也願意成為別人的祝福，我們多謝你！

祈禱、感恩，奉主耶穌基督的名，阿們。

生活應用

透過〈約書亞記〉、〈士師記〉及〈路得記〉三卷書，我們可以見到屬靈領袖需要具有什麼質素？屬靈領袖如何在家庭、工作、教會、社會等領域發揮影響力？

王國史

撒母耳記 • 歷代志 • 列王紀

第七課（一）

撒母耳記

讀〈撒母耳記〉會遇到一個神學難題：「究竟以色列立王是好事或壞事？」

有些內容似乎對立王的評價很負面。例如：當以色列人求先知撒母耳為他們立王，撒母耳很不高興，「耶和華對撒母耳說：『百姓向你說的一切話，你只管依從；因為他們不是厭棄你，乃是厭棄我，不要我作他們的王。』」（撒上8：7）

但是，有時對立王的評價卻似乎是正面的。第9章，屬便雅憫支派的掃羅聽從父親吩咐，出外找尋幾隻丢失了的驢，神就很奇妙地安排掃羅遇到撒母耳（撒上9：14-21），結果撒母耳膏立掃羅作王。（撒上10：1）

由於〈撒母耳記〉對立王似乎同時存在負面和正面的評價，遂引很多爭論。

如前所述，神拯救人類的方法是：興起一個對神信而順服的人亞伯拉罕（亞伯蘭），再從亞伯拉罕興起一個民族、繼而一個國家，這個國家要成為一個「祭司國」、「模範國」。

神要透過一個「模範國」影響全世界，**這個國家應該有一位合神心意的好君王，代表神治理百姓，使國泰民安。他滿有智慧，遵行神的旨意、律法和訓誨，秉公行事，帶領國民成為全世界的見證，最終令全世界都得福。當然，現在我們都知道這位君王是遙遙指向基督，他是「受膏者」，是這位最偉大的君王。**

由此可見，在神的計劃裏，神本是要設立君王的，所以立王本是一件好事。那麼，神要揀選誰作王呢？以色列人如何從「士師時期」過渡至「王國時期」？這就是〈撒母耳記〉要回答的問題，其主題是「王國的建立」。

撒母耳

〈撒母耳記上〉頭七章是一篇很好的「序言」，敘述神透過祂的先知撒母耳立王，這件事告訴我們立王是神的決定，惟有神才知道誰最適合任君王，不是人的投票選舉，決定誰作王，也不是人自己想當王，必須經由服從神的先知膏立君王。

撒母耳是一位士師，也是先知。在非常混亂的士師時期，神從一個卑微的婦人開始，她就是哈拿（撒上1：2），是以利加拿的妻子之一，另一人是毗尼拿。他們是一個平凡的家庭，遇到一個常見的家庭問題，「以利加拿每逢獻祭的日子，將祭肉分給他的妻毗尼拿和毗尼拿所生的兒女；給哈拿的卻是雙分，因為他愛哈拿。無奈耶和華不使哈拿生育。毗尼拿見耶和華不使哈拿生育，就作她的對頭，大大激動她，要使她生氣。每年上到耶和華殿的時候，以利加拿都以雙分給哈拿；毗尼拿仍是激動她，以致她哭泣不吃飯。」（撒上1：4-7）

哈拿也是一個屬靈的人，當她感到痛苦時，就全心祈禱，也憑信心去祈求。神應允了哈拿的祈禱，使她懷孕，她就生了撒母耳。哈拿說：「我祈求為要得這孩子；耶和華已將我所求的賜給我了。所以，我將這孩子歸與耶和華，使他終身歸與耶和華。」（撒上1：27-28）

哈拿認識到一件事，當她很痛苦，被對頭輕視，是神使她有兒子，因此，她的兒子也將被神大大使用，這經歷令她體會到耶和華擁有掌管一切的權柄：「他（神）使人貧窮，也使人富足，使人卑微，也使人高貴。他從灰塵裏抬舉貧寒人，從糞堆中提拔窮乏人，使他們與王子同坐，得著榮耀的座位。地的柱子屬於耶和華；他將世界立在其上。」（撒上2：7-8）

哈拿這首詩歌表達出**整卷〈撒母耳記〉最重要的神學思想：神興起卑微的人，抬舉倚靠祂的人。**

撒母耳逐漸長大，當時以利是大祭司，撒母耳和以利形成了強烈的對比，原來神不一定使用權重位高的人。如果論宗教權位，當時最有影響力的人應是大祭司以利，可惜以利很軟弱，他知道神的要求，但沒有執行。他的兩個兒子是祭司，卻嚴重藐視神，百姓的祭肉還未獻給神，他們就搶了去（撒上2：12-17），他們甚至「與會幕門前伺候的婦人苟合」！（撒上2：22）

以利只輕飄飄地對兩個兒子說了一句話：「你們為何行這樣的事呢？我從這眾百姓聽見你們的惡行。我兒啊，不可這樣！我聽見你們的風聲不好，你們使耶和華的百姓犯了罪。」（撒上2：23-24）

以利沒有紀律處分兒子，他縱容罪惡，縱容兒子犯罪。結果，神懲罰以利一家，使他們敗落，本來他們有權繼續擔任祭司的，但現在神不再使用他們。

相反，撒母耳年紀還很小時（我們不知道當時他的實際年齡），仍未清楚認識神，神就已經三次呼喚他，起初撒母耳以為以利呼喚他。不過，當他第三次跑到以利那裏時，「以利才明白是耶和華呼喚童子。因此以利對撒母耳說：你仍去睡吧；若再呼喚你，你就說：『耶和華啊，請說，僕人敬聽！』」（撒上3：8-9）

當神第四次呼喚撒母耳時，撒母耳回答了。神就對撒母耳說話，他尚年幼，竟然要傳達神審判以利家的信息！（撒上3：10-14）

「撒母耳長大了，耶和華與他同在，使他所說的話一句都不落空。從但到別是巴所有的以色列人都知道耶和華立撒母耳為先知。耶和華又在示羅顯現；因為耶和華將自己的話默示撒母耳，撒母耳就把這話傳遍以色列地。」（撒上3：19-21）撒母耳有神同在，他傳達神的話語，滿有能力。

第7章我們再次看到撒母耳和以利兩子的強烈對比。撒母耳不會以為有約櫃就能得到神的賜福，他明白人若要歸向神，就一定要除掉偶像：

「撒母耳對以色列全家說：『你們若一心歸順耶和華，就要把外邦的神和亞斯她錄從你們中間除掉，專心歸向耶和華，單單地事奉他，他必救你們脫離非利士人的手。』」（撒上7：3）

於是，以色列人除掉所有偶像，單單事奉獨一真神。

正當撒母耳和以色列人在米斯巴聚集時，他們的敵人非利士人又來攻擊，以色列人仍未進入作戰狀態，撒母耳為以色列人祈求，神就恩待倚靠祂的以色列人，「撒母耳正獻燔祭的時候，非利士人前來要與以色列人爭戰。當日，耶和華大發雷聲，驚亂非利士人，他們就敗在以色列人面前。」（撒上7：10）

以色列人不需要自己打仗，神用雷聲為他們打仗。今天，如果我們敬畏神、倚靠神，神同樣會為我們爭戰。

撒母耳就是這樣一位蒙神興起，成為神代言人的先知，然後，他為以色列人設立王國的制度。

掃羅王

God's work should be done in God's way and in God's time. 神的時間和方法很重要，**按神的時間和方法做事，好事自然來，**然而，強摘的瓜不甜，一件本是上好的事，如果拔苗助長，就會變成次好，甚至不好。

本來，神是要賜給以色列人一位君王的，但是，以色列人急於立王，走在神的前頭，不願等候神的時間。讓我們溫習一句經文，以色列人對撒母耳說：

「你年紀老邁了，你兒子不行你的道。現在求你為我們立一個王治理我們，像列國一樣。」(撒上8：5)

當神透過撒母耳警告他們，將來君王會怎樣管轄他們，他們仍堅持己見，說：「不然！我們定要一個王治理我們，使我們像列國一樣，有王治理我們，統領我們，為我們爭戰。」(撒上8：19-20)

一言道出問題所在。原來對百姓來說，立王是「安全感」的問題。四周列國有**「看得見」**的君王，統領百姓，組織國家。以色列百姓遂認為：如果有王就很有「安全感」，雖然耶和華神是以色列人的王，但是神是**「看不見」**的，他們就感到沒有把握。

神就對撒母耳說：「百姓向你說的一切話，你只管依從；因為他們不是厭棄你，乃是厭棄我，不要我作他們的王。自從我領他們出埃及到如今，他們常常離棄我，事奉別神。現在他們向你所行的，是照他們素來所行的。故此你要依從他們的話，只是當警戒他們，告訴他們將來那王怎樣管轄他們。」(撒上8：7-9)

神叫撒母耳依從百姓的話。雖然百姓不肯等候神的時間，神仍憐憫他們，吩咐撒母耳膏立掃羅成為以色列王。可是，掃羅是一個失敗的王，最後被神丟棄。

這裏出現了另一個神學難題：掃羅明明是神所揀選的，神安排先知撒母耳遇到掃羅，膏立他作王：「撒母耳拿瓶膏油倒在掃羅的頭上。」（撒上10：1）但是為什麼後來掃羅會失敗呢？究竟是神的主權，或是人的責任？

其實兩者都存在，如一個錢幣的兩面。**我們人生中的每一件事、每一個決定，都有神的主權參予其中，但同時也有人的責任，是兩者並行，互相配合的。**

《聖經》細膩地刻劃了掃羅和大衛，生動而立體，指出神的主權與人的責任交織成領袖失敗或成功。掃羅和大衛二人並不是「非黑即白」的平面人物，〈撒母耳記〉沒有描寫大衛是「全白」（好），掃羅是「全黑」（壞）。是神揀選掃羅，是神揀選大衛，掃羅和大衛二人各有所長、亦各有所短，但是，**最後掃羅失敗了，而大衛卻能夠成功，這就在乎人的責任了，**二人面對自己的過失時，採取了完全不同的態度和行動。

重要際遇	掃羅	大衛
長處和成功	曾被神的靈感動，救了基列雅比人（撒上11章）。	救了基伊拉（撒上23章）。
面對試探——名、利、色	沒有服從神的吩咐，不殺亞甲，捨不得上好牛羊（撒上15：9），為自己立碑（撒上15：12）。	借刀殺人、奪人妻子、虛假（撒下11章），教子無方（撒下13章），驕傲——數點民數（撒下24章）
受責備，面臨失去王朝的危機	撒母耳警告（撒上13：14）	拿單宣告神的責罰（撒下12：10-12）
	不肯悔改，把責任推卸到先知（遲到）和百姓身上（撒上15：15），只著意面子，人對他的看法（撒上15：30）。	知錯，真誠認罪，懺悔，求神憐憫，接受神的管教（撒下12，16章；詩51篇）。

起初，撒母耳在以色列人面前抽籤，看看哪人蒙神揀選做王，結果找出掃羅。接著，撒母耳對眾民說：「你們看耶和華所揀選的人，眾民中有可比他的嗎？」眾民就大聲歡呼說：「願王萬歲！」（撒上10：24）

撒母耳清楚表示掃羅是蒙神揀選的。當掃羅知道自己要做王時，就躲藏起來，可見他有點自卑，不是一開始就很有自信心承擔做王的責任。這無可厚非，摩西、耶利米，乃至許多屬靈偉人蒙神呼召時，也感膽怯，但是，他們將自己的軟弱轉為對神的仰望和依靠。如果一個人不好好處理自卑的問題，沒有轉化自己的軟弱，就會成為可怕的致命傷。

掃羅很快就暴露出他的弱點。「非利士人聚集，要與以色列人爭戰，有車三萬輛，馬兵六千，步兵像海邊的沙那樣多，就上來在伯．亞文東邊的密抹安營。」(撒上13：5)

相形之下，「到了爭戰的日子，跟隨掃羅和約拿單的人沒有一個手裏有刀有槍的，惟獨掃羅和他兒子約拿單有。」(撒上13：22)

「掃羅照著撒母耳所定的日期等了七日。撒母耳還沒有來到吉甲，百姓也離開掃羅散去了。」(撒上13：8) 以色列軍備非常落後，遠遠不及非利士人，以色列人都很害怕，四處躲藏。非利士軍隊既將發動攻擊，而自己的百姓鳥獸散，掃羅感到害怕，方寸大亂，說：「『把燔祭和平安祭帶到我這裏來。』掃羅就獻上燔祭，剛獻完燔祭，撒母耳就到了。」(撒上13：9-10)

撒母耳批評掃羅，因為獻祭應該由祭司負責。掃羅強詞奪理，解釋：「所以我心裏說：恐怕我沒有禱告耶和華。非利士人下到吉甲攻擊我，我就勉強獻上燔祭。」(撒上13：12)

撒母耳便警告掃羅：「你做了糊塗事了，沒有遵守耶和華——你神所吩咐你的命令。若遵守，耶和華必在以色列中堅立你的王位，直到永遠。現在你的王位必不長久。耶和華已經尋著一個合他心意的人，立他作百姓的君，因為你沒有遵守耶和華所吩咐你的。」(撒上13：13-14)

危機之中，最能看出一個人的本質。危機，處理得好，就是轉機，是一個人面對自己的軟弱，靈命成長的大好機會。一個領袖，那怕貴為君王，若不肯順服神，就會被神丟棄。

不久，掃羅在另一件事上更嚴重地違背了神的心意，當時神吩咐掃羅要滅盡亞瑪力人，包括亞瑪力王和他們的牛羊：「萬軍之耶和華如此說：『以色列人出埃及的時候，在路上亞瑪力人怎樣待他們，怎樣抵擋他們，我都沒忘。現在你要去擊打亞瑪力人，滅盡他們所有的，不可憐惜他們，將男女、孩童、吃奶的，並牛、羊、駱駝，

和驢盡行殺死。』」(撒上15:2-3)

掃羅卻違背神的吩咐,存留了亞瑪力王亞甲的性命,又愛惜上好的牛羊,不肯滅絕(撒上15:8-9)。當撒母耳前來責備掃羅時,他說:「這是百姓從亞瑪力人那裏帶來的;因為他們愛惜上好的牛羊,要獻與耶和華——你的神;其餘的,我們都滅盡了。」(撒上15:15)

一個不負責任的領袖一出問題就推卸責任。掃羅將責任推卸在百姓身上,說是百姓存留牛羊的,他更用了屬靈的藉口,振振有辭,說:「是獻給神的」!人如果不敬畏神,就會用很多「屬靈理由」給自己解脫。還有,他說「你」的神——耶和華是撒母耳的神,而不是他自己的神。

撒母耳叫掃羅「住口」。掃羅竟繼續狡辯一番。最後,撒母耳宣佈神的刑罰:「悖逆的罪與行邪術的罪相等;頑梗的罪與拜虛神和偶像的罪相同。你既厭棄耶和華的命令,耶和華也厭棄你作王。」(撒上15:23)

由於掃羅違背神的命令,而且死不悔改,所以,他被神厭棄、丟棄,神不願他再作王。

大衛與掃羅都犯了罪。大衛犯罪之後,初時也被罪惡蒙蔽了心,但是,當神差遣先知拿單前來責備他,大衛就立即認罪,說:「我得罪耶和華了!」(撒下12:13)掃羅卻不肯認罪,一路頑抗到底。先知宣告了他的結局之後,掃羅說:「我有罪了,我因懼怕百姓,聽從他們的話,就違背了耶和華的命令和你的言語。」(撒上15:24)他表面「認罪」,實質上仍然把責任推卸在百姓身上。

不但如此,掃羅又說:「我有罪了,雖然如此,求你在我百姓的長老和以色列人面前抬舉我,同我回去。」(撒上15:30)悲哉,掃羅求撒母耳不要離開,同他一起回去,為的是在百姓面前抬舉他,顧全他的「面子」。掃羅的「自卑」再次現形,以致他只顧人怎樣看他,而不是神怎樣看他。

今天,我們每一位基督徒都要留意,如果我們沒有好好面對自己生命中的破口,無論是自卑,或自大,或任何傷口,我們就千方百計顧全自己的面子,就會一敗塗地。**惟有當我們願意面對自己生命的黑暗面,勇於自卑,求神憐憫和醫治,我們才會有屬靈的前途,好像大衛一樣。**

大衛王

少年英雄

大衛同樣是神藉著先知撒母耳膏立作王的。在〈撒母耳記上〉16章12至13節，撒母耳膏立耶西的兒子大衛，但是到了〈撒母耳記下〉，大衛才正式成為以色列國的君王，大衛總共等候了多少年呢？

大衛三十歲時正式作王（撒下5：4）。大衛擊殺非利士人歌利亞時，《聖經》沒有清楚記載他有多大，只說掃羅認為大衛「年紀太輕」（撒上17：33）。如果我們估計大衛約十七、十八歲時被膏立，那他就等了十多年才登基作王。

這是很長時間！為何神要大衛等候這麼長呢？**原來神可以在一個人很年輕時就呼召他，接著，神要用很多年日預備他、裝備他，琢磨他的生命。**

神主要透過一個人，就是掃羅，來磨練大衛。

大衛戰勝了歌利亞之後（撒上17：41-50），聲名大噪，卻成了他的負累，掃羅看到大衛受臣僕和百姓歡迎，就開始嫉妒，害怕大衛會威脅自己的王位。

「大衛打死了那非利士人（歌利亞），同眾人回來的時候，婦女們從以色列各城裏出來，歡歡喜喜，打鼓擊磬，歌唱跳舞，迎接掃羅王。眾婦女舞蹈唱和，說：『掃羅殺死千千，大衛殺死萬萬。』」（撒上18：6-7）

希伯來文詩歌常用平衡句。「掃羅殺死千千」，掃羅打仗很厲害，他帶領以色列人與仇敵爭戰，除了最後一場戰打輸之外，都是打勝仗的。但是，「大衛殺死萬萬」，大衛比掃羅更厲害。掃羅聽到之後就很不高興，「掃羅甚發怒，不喜悅這話，就說：『將萬萬歸大衛，千千歸我，只剩下王位沒有給他了。』」（撒上18：8）

我認為〈撒母耳記上〉18章9至10節是掃羅「自尋絕路」的開始：「從這日起，掃羅就怒視大衛。次日，從神那裏來的惡魔大大降在掃羅身上，他就在家中胡言亂語。」第11章描述神的靈感動掃羅，帶領他戰勝亞捫人，但是在第18章，神的靈就離開了掃羅。掃羅從妒忌，不接受一個人才開始，走上了英雄末路，令人扼腕嘆息。

〈以弗所書〉4章27節提醒信徒：「不可給魔鬼留地步。」如果我們給魔鬼留地步，讓罪惡、怨恨留在我們的心中，就會被魔鬼控制。所以，我們要經常檢視自己的生命，不要讓苦毒、怨恨留在心中，例如：對神的埋怨、對上司的不滿意、或對同工的妒忌，我們要清理這些內心的毒素，愈快愈好，否則，很容易就會步掃羅的後塵。

接下來，掃羅經常顯得有點失常，胡言亂語，他甚至想用槍殺死大衛，「掃羅懼怕大衛；因為耶和華離開自己，與大衛同在。」(撒上18：11-12)

撒母耳膏立掃羅時，他是有點自卑的人，現在變本加厲，缺乏安全感，害怕自己的王位被大衛搶走，如果用今天的話來講：他擔心同工是否尊重自己，又害怕其他人怎樣看他！

掃羅的心態是很矛盾的：掃羅是君王，大衛是他的手下，但是，掃羅很清楚，神離開自己，與大衛同在(撒上18：12)，他沒有了屬靈的能力，就害怕當時地位仍微小的大衛。掃羅開始經常逼迫、甚至追殺大衛。神就藉著這些逼迫來磨鍊大衛，透過這些很大的難處雕琢他。

在大衛與歌利亞的戰鬥中，他已經顯出對神很有信心，明白擊敗敵人並不在乎軍力，乃是倚靠神才能得勝。他對歌利亞說：「你來攻擊我，是靠著刀槍和銅戟；我來攻擊你，是靠著萬軍之耶和華的名，……又使這眾人知道耶和華使人得勝，不是用刀用槍，因為爭戰的勝敗全在乎耶和華。祂必將你們交在我們手裏。」(撒上17：45, 47)

神不單訓練大衛對祂的信心，更要訓練大衛只可以做神准許的事情，當神仍未准許大衛正式登基做王時，他就要耐心等待。為了逃避掃羅的追殺，要不斷出走。不過，神也沒有讓大衛孤軍作戰，祂藉著約拿單與大衛同心幫助他。

掃羅想盡方法追殺大衛，甚至殺害無辜的人，〈撒母耳記上〉22章，掃羅下令殺死挪伯城的八十五個祭司，屠殺挪伯全城！但是**大衛所到之處，他將恩情、恩典帶給那裏的人，大衛拯救了基伊拉的人，幫助他們擊敗了非利士人**(撒上23：1-5)。

「大衛住在曠野的山寨裏，常在西弗曠野的山地。掃羅天天尋索大衛，神卻不將大衛交在他手裏。」(撒上23：14)

有幾次掃羅十分接近，差點抓到大衛，神卻為大衛解圍(撒上23：25-28)。

不過，有兩次神深刻地考驗大衛，其中一次在〈撒母耳記上〉24章，當時大衛和隨從躲藏在一個山洞深處，那麼多山洞，掃羅卻「恰巧」也進入那個山洞裏大解，這「恰巧」是神的安排，要考驗和磨練大衛。「跟隨的人對大衛說：耶和華曾應許你說：『我要將你的仇敵交在你手裏，你可以任意待他。』如今時候到了！」（撒上24：4）他們的話並非完全沒有道理，因為神也曾經應許大衛，要剪除他的仇敵。

大衛就「悄悄地割下掃羅外袍的衣襟。」（撒上24：4）但是，「隨後大衛心中自責」（撒上24：5），因為大衛認為掃羅是蒙神膏立作王的，必須由神來處置他，大衛沒有權力加害受膏者。大衛沒有殺掃羅，也阻止手下殺害掃羅，「大衛用這話攔住跟隨他的人，不容他們起來害掃羅。掃羅起來，從洞裏出去行路。」（撒上24：7）

大衛也離開山洞，問掃羅為什麼要追殺他呢，又說自己是無用的人。**神藉著這件事考驗大衛：當神仍然未准許大衛正式作王時，他就一直不可作王，也不可擅自殺死掃羅。結果，大衛成功了，通過了這次考驗。**

另外一次考驗在26章，掃羅在曠野安營，大衛和手下亞比篩來到那地方，發現掃羅正在呼呼大睡，他的部下和士兵也全睡了。大衛可以輕易殺死掃羅，亞比篩也請求大衛容許他用槍刺死掃羅，但大衛說：「不可害死他（掃羅），有誰伸手害耶和華的受膏者而無罪呢？」（撒上26：9）大衛沒有殺害掃羅，他只是拿走了掃羅的槍和水瓶。

由於大衛每次遇見掃羅，都沒有以惡報惡，掃羅感到很慚愧，問道：「我兒大衛，這是你的聲音嗎？」大衛便請求掃羅不要殺害他（撒上26：17-20）。掃羅也認為自己不對，他知道神最終會把他的王位賜給大衛，遂說：「我兒大衛，願你得福！你必做大事，也必得勝。」（撒上26：25）大衛又通過了一次考驗。

大衛的生命經過神的雕琢，愈來愈靠近神。掃羅卻離神愈來愈遠。〈撒母耳記上〉28章，掃羅走投無路，竟去求問一個交鬼的婦人。〈撒母耳記上〉最後一章，非利士人打敗以色列人，掃羅伏刀自盡，非利士人割下他的首級，把他的屍體釘在伯·珊城牆上，盔甲放在亞斯她錄神廟裏。掃羅死後仍受盡羞辱（撒上31：3-5, 9-10）。

登基作王

〈撒母耳記下〉2章，大衛來到希伯崙，在希伯崙作猶大王。接著，神用了不同方法，使大衛成為以色列全國的君王：

「於是以色列的長老都來到希伯崙見大衛王，大衛在希伯崙耶和華面前與他們立約，他們就膏大衛作以色列的王。大衛登基的時候年三十歲，在位四十年；在希伯崙作猶大王七年零六個月，在耶路撒冷作以色列和猶大王三十三年。」（撒下5：3-5）

大衛做王之後，想到的第一件事就是運約櫃回耶路撒冷。當大衛率領眾人將約櫃從亞比拿達的家中運回耶路撒冷的路上，「牛失前蹄」，烏撒用手扶約櫃，神就擊殺了烏撒。（撒下6：6-7）

根據神的律法和規則，約櫃不可用車搬運，約櫃旁邊有四個金環，利未人「把槓穿在櫃旁的環內，以便抬櫃。這槓要常在櫃的環內，不可抽出來。」（出25：14-15）大衛沒有遵守神的要求，遂發生了這件不幸的事。

第二次運約櫃，大衛不敢造次，照足規定慎重行事，順利將約櫃運到耶路撒冷（撒下6：11-15）。

〈撒母耳記下〉7章和〈歷代志上〉17章記錄了**一個重要的應許，「大衛之約」，講述神的計劃將如何成就。這是非常重要，甚至可以說影響全本舊約《聖經》的一章。**

「那時，王對先知拿單說：『看哪，我住在香柏木的宮中，神的約櫃反在幔子裏。』」（撒下7：2）大衛認為自己住在用香柏木建造，富麗堂皇的王宮，神的約櫃反而在一個臨時性的幔子（帳幕）裏，對神十分失敬。於是，他很想為神建造殿宇。可是，耶和華神透過先知拿單，告知大衛不用為神建造「殿宇」（House），相反，神應許要為大衛王建立「家室」（House），因而一語雙關指出：神要為大衛建立一個「朝代」（House）。

神如是應許大衛：「我必使你安靖，不被一切仇敵擾亂，並且我——耶和華應許你，必為你建立家室，你壽數滿足、與你列祖同睡的時候，我必使你的後裔接續你的位；我也必堅定他的國。」（撒下7：11-12）

這段神的應許，是典型的先知預言，當中含「多重應驗」，有如電影那樣，「近鏡」、「遠鏡」交叉使用：近的應驗是所羅門以及他的子孫；遠的應驗是彌賽亞——耶穌基督。

「我必使你的後裔接續你的位」，這是耶和華的主權，也因大衛愛神的心，所以耶和華神應許大衛的兒子所羅門及其後裔可以作王（近的應驗）；但是，「我也必堅定他的國」，只要讀一讀〈列王紀〉，就知道完全不是這樣，北國和南國相繼滅亡，所以，此句是**指向最終、最遠的成就，就是基督、彌賽亞的國度（遠的應驗）。**

然後，「他必為我的名建造殿宇」（撒下7：13），鏡頭又拉近一點，此句預言所羅門王，因為後來所羅門的確為神建造殿宇，但是，所羅門為神建造的殿宇只是物質的殿宇，建造「屬靈的宮殿」是大衛永遠的子孫耶穌基督。

「我必堅定他的國位，直到永遠」（撒下7：13），鏡頭又拉至遠處，所羅門死後，王國就分裂，故此句應當**指向大衛最終的後裔，就是彌賽亞（耶穌基督）。**

「我要作他的父，他要作我的子；他若犯了罪，我必用人的杖責打他，用人的鞭責罰他。」（撒下7：14）此句是指大衛和所羅門以後，北國和南國諸王，當他們拜偶像、不敬畏神時，神就管教和責罰他們。「人的杖」包括了：亞述、巴比倫等，神透過這些外敵管教以色列眾王和百姓。

「但我的慈愛仍不離開他，像離開在你面前所廢棄的掃羅一樣。」（撒下7：15）雖然神管教以色列人，但神不會永遠離開他們，神仍賜下慈愛和憐憫。

「你的家和你的國必在我面前永遠堅立。你的國位也必堅定，直到永遠。」（撒下7：16），鏡頭又再次拉至遠處，**預言將來耶穌基督的國度是直到永遠。**

「亞伯拉罕的後裔，大衛的子孫，耶穌基督的家譜。」〈馬太福音〉1章1節遙遙呼應「大衛之約」，人間的王朝失敗了，但是，**大衛子孫當中，會有一個是成功的，那就是耶穌基督，祂是「大衛的子孫」（Son of David），也是「亞伯拉罕的後裔」。**神在〈創世記〉17章6節答允亞伯拉罕：「國度從你而立，君王從你而出。」神對亞伯拉罕這個有關君王的應許，**最終實現在耶穌基督這位完美的君王身上。**

雖然大衛是合神心意的王，不過，這並不表示大衛沒有軟弱過失，他也有剛愎自用的時候，大衛更不是一位完美無瑕的理想君王。

〈撒母耳記上〉25章記載了一個富戶，名叫拿八，是一個「剛愎凶惡」的人，不但不肯給大衛一點小小的恩情，還用無禮的話回覆大衛的僕人，辜負了大衛和他的僕人曾經保護拿八的羊羣（撒上25:7）。大衛很憤怒，打算帶同手下去殺拿八。幸好拿八的妻子亞比該是一個聰明人，她急忙帶著很多食物，前去阻止大衛。亞比該聰明在哪裏呢？她提醒大衛安然在神的手裏、安然在神的時間裏，不要自己去報仇，不要自己去作主。

大衛聽了亞比該的話，沒有殺死拿八，他認為這是神的憐憫，透過亞比該攔阻他殺人犯罪，「大衛對亞比該說：『耶和華——以色列的神是應當稱頌的，因為祂今日使你來迎接我。你和你的見識也當稱讚；因為你今日攔阻我親手報仇、流人的血。』」（撒上25:32-33）

〈撒母耳記下〉11章，**大衛生命中的黑暗面再次浮現。我認為此章十分「精彩」，大衛的狡猾與部屬赫人（外邦人）烏利亞的正直形成了強烈的對比。**大衛奪烏利亞之妻拔士巴，與她發生性關係。當大衛得知拔士巴懷孕之後，就將烏利亞從戰場調回耶路撒冷「休假」，想藉此掩飾自己的罪行。

誰知烏利亞回到耶路撒冷，以國事為重，不回家與妻子見面，甚至被大衛灌醉仍如此。烏利亞說：「約櫃和以色列與猶大兵都住在棚裏，我主約押和我主的僕人都在田野安營，我豈可回家吃喝、與妻子同寢呢？我敢在王面前起誓：我決不行這事！」（撒下11:11）

大衛此計不成，一不做，二不休，竟吩咐元帥約押，故意派烏利亞「到陣勢極險之處，你們便退後，使他被殺。」（撒下11:15）約押心領神會，立刻依最高指示作戰，結果烏利亞被敵軍殺死。大衛便「名正言順」娶拔示巴為妻，把她接到王宮。

大衛借刀殺人，奪人之妻。神大怒，要懲罰大衛。現在，讓我們看一看神的恩典憐憫與公義如何同時彰顯。

〈撒母耳記下〉12章，神差遣先知拿單去斥責大衛，大衛對拿單說：「我得罪耶和華了！」(撒下12：13) **大衛與掃羅的認罪有很大分別。從上文下理，以及〈詩篇〉51篇來看，我們可以肯定大衛是真心悔改。**

於是，拿單說：「耶和華已經除掉你的罪，你必不至於死。只是你行這事，叫耶和華的仇敵大得褻瀆的機會，故此，你所得的孩子必定要死。」(撒下12：13-14)

神又說：「我將你主人的家業賜給你，將你主人的妻交在你懷裏，又將以色列和猶大家賜給你；你若還以為不足，我早就加倍地賜給你。你為什麼藐視耶和華的命令，行他眼中看為惡的事呢？你借亞捫人的刀殺害赫人烏利亞，又娶了他的妻為妻。你既藐視我，娶了赫人烏利亞的妻為妻，所以刀劍必永不離開你的家。耶和華如此說：『我必從你家中興起禍患攻擊你；我必在你眼前把你的妃嬪賜給別人，他在日光之下就與她們同寢。你在暗中行這事，我卻要在以色列眾人面前，日光之下，報應你。』」(撒下12：8-12)

既然神已經赦免了大衛的罪，為何仍然要懲罰他呢？

我想用一個現代例子來說明：假設一個女子經常吸食毒品、酗酒，濫交，犯下很多罪，她懷孕，生下一個嬰兒。這位女子後來悔改信主，主耶穌會否赦免她的罪呢？主耶穌肯定會赦免她的罪，但是，因為她所犯的罪：吸毒、酗酒，可能她的身體會有很多毛病，她生的嬰兒可能有缺陷，這就是她要因自己的罪而要承受的懲罰。**所以，神肯寬恕一個人的罪，並不等於人不用負上任何責任，罪惡會帶來很多可怕的後果，會對人造成不良影響。**

後來大衛的兒子暗嫩強姦同父異母妹妹她瑪(撒下13：1-14)。他「有樣學樣」，父親大衛犯了淫亂的罪，暗嫩更離譜，犯下了亂倫和強姦罪，而且始亂終棄。大衛知道此事後，竟然沒有管教暗嫩，只暗中生氣，不知道是不是大衛心中有鬼，害怕暗嫩反唇相譏？

大衛所犯的罪帶來很多壞影響(我再一次強調，神已經赦免了大衛的罪)，給子女樹立了一個壞榜樣，結果他的家庭發生很多慘劇。後來押沙龍起兵，把大衛「借刀殺人」的罪再推前一步，想謀朝篡位。(撒下15：1-23) 他攻入耶路撒冷之後，當眾與大衛的妃嬪同寢，應驗了神公義的管教。

不過，我們也看到大衛的謙卑，神藉著押沙龍叛亂去管教他，大衛很謙卑接受神的管教。當他逃難到一個地方，掃羅家族的示每咒罵他說：「你這流人血的壞人哪，去吧去吧！你流掃羅全家的血，接續他作王；耶和華把這罪歸在你身上，將這國交給你兒子押沙龍。現在你自取其禍，因為你是流人血的人。」(撒下16：7-8)

示每的話是錯的，掃羅不是大衛害死的，大衛的部下亞比篩很憤怒，想殺死示每，但大衛阻止他。大衛為到自己的罪感到非常難過，他明白，雖然是示每咒罵他，實質上是神在管教他。大衛說：「我親生的兒子尚且尋索我的性命，何況這便雅憫人呢？由他咒罵吧！因為這是耶和華吩咐他的。或者耶和華見我遭難，為我今日被這人咒罵，就施恩與我。」(撒下16：11-12)

〈撒母耳記下〉15章，大衛逃離耶路撒冷時，祭司撒督和抬約櫃的利未人跟隨他，大衛叫他們回去，說：「你將神的約櫃抬回城去，我若在耶和華眼前蒙恩，他必使我回來，再見約櫃和他的居所。」(撒下15：25)

這點大衛與以利的兩個兒子有很大的分別，大衛不要神的約櫃跟著自己，保佑自己；相反，大衛要順服神的安排，如果神憐憫他，他就有機會回來。事實確實如此，大衛受了神的管教，神就幫助大衛擊敗押沙龍的叛軍(撒下18：1-8)。叛亂平息之後，大衛重返耶路撒冷，繼續做王。

〈撒母耳記下〉21章至24章總結大衛作王的事跡，從大衛讚美神的詩歌，可見大衛完全敬畏神，因而得到神大大賜福；另一方面，大衛有他的限制和軟弱，神的確揀選了大衛作以色列國的君王，但是，他並不是完美的，因而遙遙指向另一位完美的君王：「以色列的神、以色列的磐石曉諭我(大衛)說：那以公義治理人民的，敬畏神執掌權柄，他必像日出的晨光，如無雲的清晨，雨後的晴光，使地發生嫩草。我家在神面前並非如此；神卻與我立永遠的約。這約凡事堅穩，關乎我的一切救恩和我一切所想望的。」(撒下23：3-5)

這段經文是指將來那位完美的王，就是大衛的子孫耶穌基督，連大衛也比不上；「立永遠的約」亦指彌賽亞。所以，**大衛這位合神心意的王是一個展望，讓我們看到將來有一位完完全全合神心意的王，就是神的兒子耶穌基督。**

第七課（二）

歷代志上

在希伯來《聖經》裏，〈撒母耳記〉稱為「先知書」，即從先知的角度來看歷史。作者細膩地刻劃掃羅與大衛的人品，指出神的主權與人的責任兩者交織成為失敗或成功的領袖。

〈列王紀〉記載了南、北兩國列王的事跡。據猶太史所記，此書作者是耶利米，故亦是從先知角度修史。作者對大衛王的是非功過秉筆直書。

〈歷代志〉為希伯來《聖經》最後一卷，〈歷代志上〉記載了以色列聯合王國的事跡，與〈撒母耳記〉並行，〈歷代志下〉則集中記載南國猶大的歷史，無北國史。有《聖經》學者認為〈歷代志〉是從祭司的角度修史，故只集中於聖殿所在之地——南國。此書強調大衛王對神的忠心及聖殿的興建，對大衛的過失著墨較少。

當《聖經》不同書卷記錄同一件事件，往往是從不同的角度分析該事件。例如：〈撒母耳記〉裏大衛王的勇士榜最後一人是赫人烏利亞（撒下23：39），具畫龍點睛作用；〈歷代志〉的名單中，烏利亞卻不佔凸顯位置（代上11：41）。〈列王紀〉裏，所羅門是在一場宮廷政變中登上王位的，〈歷代志〉卻是順利過渡，這一切再再透露了作者獨特的觀點與角度。

撒、王、代三書所述之史

<table>
<tr><td rowspan="2">書卷</td><td>撒上</td><td>撒下</td><td>王上（南北國）</td><td>王下（南北國）</td></tr>
<tr><td colspan="2">代上</td><td colspan="2">代下（南國）</td></tr>
<tr><td>人物</td><td>撒母耳、掃羅</td><td>大衛</td><td colspan="2">所羅門及南、北國諸王</td></tr>
</table>

神沒有丟棄我們

以色列聯合王國歷三代君王後，分裂為南北二國，北國先亡於亞述（歷210春秋），十支派被擄；南國稍後亡於巴比倫（歷346春秋），猶大和便雅憫二支派被俘擄至巴比倫，後得波斯恩准歸回故鄉。

〈歷代志〉是猶大人歸回後才寫的，作者痛定思痛，撫古思今，反省這段歷史，深刻地思考：「為何我們會亡國，民族被擄？為何神施恩讓我們返鄉？」

〈歷代志上〉共二十九章，開頭一口氣用了九章記錄以色列人的族譜，從人類的始祖亞當開始數算，**作者告訴百姓：神沒有忘記我們，沒有丟棄我們，神拯救和揀選以色列人的恩典是從始祖亞當開始的，這是神的計劃！我們是神所揀選的，從開始到現在，一直在這裏，有族譜為證！**

族譜特別著重幾個人物：猶大的家譜（2章），因為君王是出自猶大支派；其次是利未支派（6章），〈歷代志〉十分著重聖殿的敬拜，這些利未人後裔被擄歸回後，仍負責聖殿的工作；還有，掃羅的家譜（8-9章），因為掃羅是以色列王國首任君王。

第10章，蓋棺論定掃羅：「這樣，掃羅死了。因為他干犯耶和華，沒有遵守耶和華的命；又因他求問交鬼的婦人，沒有求問耶和華，所以耶和華使他被殺，把國歸於耶西的兒子大衛。」（代上10：13-14）

合神心意的君王

以色列民族經過千錘百煉，終於出了一位合神心意的君王。**〈歷代志〉強調神必不廢止祂與大衛家所立的約，並應許從大衛的後裔中，神要興起彌賽亞，即受膏者之意，也就是一位完美的君王，〈歷代志〉很少提及大衛的失敗，差不多全講大衛的成功和優點，形容大衛作王何等美好，以此作為這位將來君王的預表。**

大衛正式成為以色列王，很多勇士投奔支持他，這是預表四海歸心，會有很多人跟隨和支持這位將來合神心意的君王。

第12章繼續講述支持大衛王的勇士。第13章，大衛王看重神的約櫃，將約櫃運回耶路撒冷。第16章，利未人鄭重其事，將約櫃抬到耶路撒冷。第17章是重要的「大衛之約」，詳細分析見於〈撒母耳記下〉7章。第18章至20章講述大衛王帶領以色列人與外敵打仗，神幫助大衛戰無不勝。

第21章，特別敘述了大衛核數以色列人口之事。**此章重點不是強調大衛的失敗，乃是為何神選擇這地點來建造聖殿。**祭司修史的觀點和角度再次躍然紙上。

大衛命令元帥約押核民之數，可能有點耀武揚威之意，連約押也反對，說：「願耶和華使他的百姓比現在加增百倍。我主我王啊，他們不都是你的僕人嗎？我主為何吩咐行這事，為何使以色列人陷在罪裏呢？」(代上21：3)

大衛充耳不聞，一意孤行。約押無奈，惟有執行王的命令，因心中不滿，故意沒有數利未人和便雅憫人。

神對此事甚不悅，便降災給以色列民。一國之君的錯誤是可以禍國殃民的。大衛幡然醒悟，說：「我行這事大有罪了！現在求你除掉僕人的罪孽，因我行的甚是愚昧。」(代上21：8) 神就吩咐他：「在耶布斯人阿珥楠的禾場上為耶和華築一座壇。」(代上21：18) 大衛依言而行，向阿珥楠買下他的禾場，然後築了一座壇，「大衛見耶和華在耶布斯人阿珥楠的禾場上應允了他，就在那裏獻祭。」(代上21：28)

後來，這地方成了聖殿的基址。由此觀之，**聖殿的意義是：人犯罪之後，神會因人的罪而施行懲罰——神的公義，但是，如果人真心悔改，懇求神的憐憫，神亦赦免人的罪——神的恩典。**

第22章，大衛王為建造聖殿作準備，因他一生戎馬，流了人血，神不讓他興建聖殿。於是，大衛積極預備了很多建造聖殿的材料，編排好聖殿事奉人員，讓兒子所羅門可以順利為神建造聖殿。大衛對所羅門說：「我在困難之中為耶和華的殿預備了金子十萬他連得，銀子一百萬他連得，銅和鐵多得無法可稱；我也預備了木頭、石頭，你還可以增添。」(代上22：14)。

〈歷代志上〉結束時，萬事皆備，大衛王準備好了所有建造聖殿需要的材料。

祈禱

天父，我們感謝你，你讓我們看到你揀選了敬畏你的大衛作王。我們知道大衛與我們一模一樣，我們也有犯罪的意念，會行差踏錯。我們要多謝你，因為當我們願意來到你面前，坦白承認我們的罪惡和軟弱，就可以得到你徹底的赦免。

我們看到大衛很看重神的事，看重聖殿，也看重你的約櫃，但是，大衛不會狐假虎威，利用約櫃為自己爭權奪利。他順服你的主權，願意按照你的時間，你的方法行事。求主幫助我們效法大衛，對你赤膽忠心，又勇於面對自己的黑暗面，以致你能夠大大使用我們，服侍現今受傷的世代，服侍眾青年人，因為有很多人，或是有意，或是無意，都落在很多罪惡和痛苦之中。

主啊，求你讓很多青年人得聞你的信息，以致他們的生命重現光輝，因為我們的王主耶穌基督，就是「日出的晨光」，能夠照亮我們的生命。

我們獻上衷心的感恩，奉主耶穌基督的名，阿們。

生活應用

1. 從以利、撒母耳、掃羅以及大衛的成敗，可以看見神的揀選與人的責任同時影響一個人的前途。回想你過去或目前的成功，神給予你什麼機會？你又盡上了那些責任？你有那些神的恩典可以數算呢？
2. 掃羅非常看重別人對他的看法，他妒忌大衛，缺乏安全感，因此他無法接納大衛這位「同工」的成就，甚至要逼害大衛。你認為信徒之間有這種情況嗎？參考大衛生平，你認為怎樣可以培養安全感？
3. 合神心意的大衛並不是完美的人，但是，他知錯能改，並且倚靠神重新站起來。神在大衛的軟弱失敗中彰顯了公義與慈愛。年青人常被冠以「問題」二字，我們如何與年青人同行，以生命影響生命，肯定和建立年青人，幫助他們從錯誤中成長、體會神的公義與慈愛？

第八課（一）

列王紀

讀史有方

〈列王紀〉同時講述猶大（南）國史和以色列（北）國史，記了一段南國事跡後，又記一段北國事跡，如此交叉進行。初讀〈列王紀〉可能會覺得很亂。

有一個讀史好方法。我們可以把南國君王按不同年代分組，一組一組記憶。主前900年代做王的有三（羅波安、亞比央、亞撒）；主前800年代（約沙法、約蘭、亞哈謝、亞他利雅、約阿施），700年代（亞瑪謝、烏西雅、約坦、亞哈斯、希西家），600年代（瑪拿西、亞們、約西亞、約哈斯、約雅敬），每百年各有五王；500年代則有二王（約雅斤、西底家）。南國比較重要，所以，每個君王都要記得，當中有一些敬畏神的善王，也有一些遠離神的惡王。北國君王很多，不必全記。北國有九個朝代，朝代是以世襲王位計算，一旦換了不同家族就算新朝代。

此外，我們也可以選幾個重要的王來記；或者，選歷史大事來記。當我們記住了南、北國君王在位的年代，當時有何外敵，何年亡國，就能輕易看清整幅圖畫，將主要歷史發展記得一清二楚。記住先知在哪個時代工作稍有困難，有些先知處於什麼年代很清楚，有些不是很清楚。

如此分組記憶，讀〈列王紀〉就不會頭暈目眩。

另一個讀史好方法是使用圖表。這一幅「先知及列國圖」呈樓梯形，表示以色列人每況愈下，愈來愈走下坡。圖表將王國分為五個重要時期：

第一期，「聯合王國黃金時期」。由大衛及所羅門任王，王國一統，繁榮昌盛。

第二期，「亞蘭時期」。主前931年，以色列南、北兩分國。北國首任君王是耶羅波安；南國首任君王是羅波安，主要外敵是亞蘭國。亞蘭京都大馬色（今敘利亞首都大馬士革），主前732年，亞蘭亡於亞述（今伊拉克東北地區）。

第三期，「亞述時期」。主前722年，北國（以色列）京都撒瑪利亞被亞述國攻陷，北國滅亡，共歷210春秋。沒有了北國作屏障，現在南國要面對強大好戰的亞述國。主前612年，巴比倫／米底亞聯軍攻陷亞述京城尼尼微，亞述亡國。

第四期，「被擄時期」。新巴比倫帝國（今伊拉克西南地區）崛起。主前586年，南國京都耶路撒冷被巴比倫攻陷，南國（猶大）滅亡，共歷346春秋。公元前539年，巴比倫亡於波斯（今伊朗）。

第五期，「波斯時期」。波斯／瑪代帝國統治西亞地區，猶大人得波斯王古列恩准歸回故土。公元前331年，波斯帝國被馬其頓（今希臘）的亞歷山大將軍所滅。

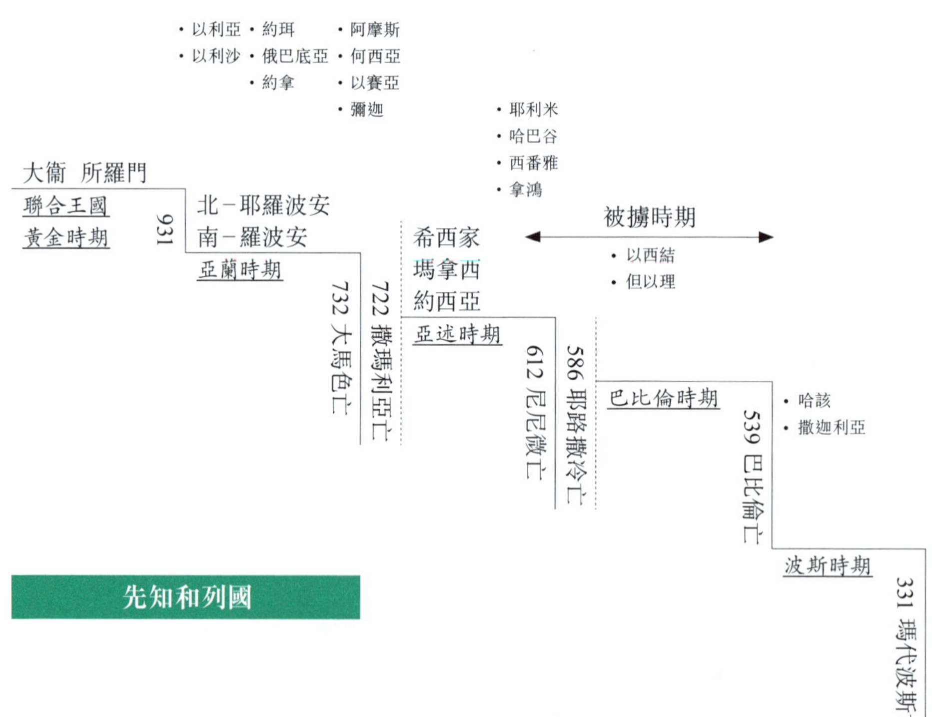

審判與恩典

耶和華是一位守約施恩的神，雖然以色列人離棄祂，有些國王十分惡劣，犯罪犯得十分「離譜」，但是，當他們肯向神悔改，神就延遲懲罰。以色列和猶大最終分別被亞述和巴比倫所滅，乃是因為兩國離棄神敬拜偶像，不能逃避神的審判（王下17：7-23）。

王或領袖對國家命脈影響深遠，國家興亡全繫於王是一個怎樣的人，如果是敬畏神的好王，就蒙神賜福，國家興盛；相反，如果是拜偶像的惡王，國家就衰弱，例如：北國亞哈王娶了西頓女子耶洗別為妻，亞哈為假神巴力建造廟宇，陷全國於拜假神巴力的沼澤。南國希西家和約西亞是比較好的君王，他們敬畏耶和華神，「行耶和華眼中看為正的事」（王下18：3；22：2），就為整個國家帶來更新和復興。**〈列王紀〉讓我們看到，不要輕看作為領袖對他人，對社會的影響。**

神是信實守約的神，無論如何，神必定會成就和實現大衛的約，就算北國、南國先後滅亡了，神仍然有恩典，祂仍存留以色列人的性命，不會全部消滅他們。所羅門拜偶像，離棄神，雖然神宣佈懲罰，但神又說：「只是我不將全國奪回，要因我僕人大衛和我所選擇的耶路撒冷，還留一支派給你的兒子。」（王上11：13）〈列王紀〉和〈歷代志〉兩卷書結束時，神施恩給大衛的後裔，讓以色列人有歸回的盼望。

神會彰顯自己聖潔的名字。〈列王紀〉提及兩位很重要的先知：以利亞和以利沙，當時是以色列國最黑暗的時期，但是，往往在最黑暗的時代，先知的聲音最清晰響亮。亞哈帶領以色列國百姓對巴力頂禮膜拜，神就在迦密山上彰顯祂的大能和榮耀，讓以色列人看到耶和華神才是獨一真神。

〈列王紀〉遙遙指向大衛之約，暗示所羅門王朝是失敗的。神與亞伯拉罕所立的約，以及神與大衛所立的約，都不能在所羅門王朝應驗，可見**必須另有一位「大衛的子孫」出現，才能實現神的應許。〈列王紀〉遙遙指向耶穌基督，只有祂才是大衛最完美的後裔，才能應驗神與亞伯拉罕和大衛所立的約。**

所羅門王（聯合王國）

宮廷政變

〈列王紀上〉一開始講述大衛王將王位傳給兒子所羅門之事。第1章，大衛王老了，臣僕就為他找了一個女子亞比煞陪伴和伺候他（王上1：1-4），亞比煞身分可以算是大衛的妃嬪，雖然大衛沒有與亞比煞親近。

大衛有很多兒子，其中暗嫩和押沙龍已經死了，亞多尼雅是大衛的第四子，可能是當時最大的兒子，他想趁父王大衛未死時搶奪王位。大衛的軟弱是沒有好好管教兒子，前有暗嫩，導致押沙龍叛變，現在又出了亞多尼雅。

我們從上下文看到，大衛可能曾經向妻子拔示巴承諾，傳王位給他與拔示巴所生的兒子所羅門（王上1：17, 28-31），也有可能神讓大衛知道祂的心意是將王位傳給所羅門，因為所羅門另有一個名字，叫耶底底亞，是「耶和華愛他」之意（撒下12：24-25）。

亞多尼雅密謀奪取王位。他知道父王大衛早已立了所羅門為王位繼承人，也知道先知拿單和比拿雅與所羅門同一陣線，所以他邀請了眾兄弟（王子）和臣僕赴宴，「惟獨先知拿單和比拿雅並勇士，與他的兄弟所羅門，他都沒有請」（王上1：10）。

先知拿單（神曾透過拿單宣告大衛之約）知道了亞多尼雅的陰謀之後，就勸拔示巴要儘快向大衛王講清楚，如果大衛不想亞多尼雅做王，就要膏立所羅門做王。於是，拔示巴去見大衛王，大衛答應所羅門繼承他作王。

「大衛王又吩咐說：『將祭司撒督、先知拿單、耶何耶大的兒子比拿雅召來！』他們就都來到王面前。王對他們說：『要帶領你們主的僕人，使我兒子所羅門騎我的騾子，送他下到基訓；在那裏，祭司撒督和先知拿單要膏他（所羅門）作以色列的王；你們也要吹角，說：『願所羅門王萬歲！』然後要跟隨他上來，使他坐在我的位上，接續我作王。我已立他作以色列和猶大的君。』」（王上1：32-35）

如此，所羅門獲膏立為以色列國君王。亞多尼雅懼怕，就逃「去抓住祭壇的角」（王上1：50），因為祭壇是神施憐憫的地方，所羅門暫時放他一馬。

初試啼聲

第2章，大衛臨終前教導兒子所羅門如何作王。（王上2：4）大衛明白，神與以色列人無條件立約，不過，人也有責任，**不敬畏神的王是不能坐穩江山的。**

但是，另一方面，大衛王也有不足之處。他教所羅門一些政治手段，奠定自己的國位，包括：其一，殺死便雅憫人示每，因為示每曾經「用狠毒的言語咒罵」大衛（王上2：8），大衛曾經起誓說不會殺死他，當時他認為神容許示每批評他，但是，現在大衛卻教所羅門作王後要殺死示每（王上2：9），可能大衛知道示每的認錯不是真心的；其二，殺死元帥約押，因為他並非在戰爭，乃是太平盛世之時，殺死押尼珥和亞瑪撒兩個元帥，大衛應該一早有勇氣懲罰約押，不是等他死後才由所羅門處理。但大衛很有可能要倚重約押為他作戰，所以不殺約押，有時政治與敬畏神的心會有一種張力，在當時的政治文化，做王的當然要維穩，鞏固自己的國位。

父王大衛死後，亞多尼雅去見拔示巴，求她請所羅門王將書念女子亞比煞賜給他為妻。這個請求表面上好像很單純，但是，當拔示巴把亞多尼雅的請求轉告所羅門，所羅門就指出亞多尼雅的狡猾、奸詐。

「『為何單替他（亞多尼雅）求書念的女子亞比煞呢？也可以為他求國吧！他是我的哥哥，他有祭司亞比亞他和洗魯雅的兒子約押為輔佐。』所羅門王就指著耶和華起誓說：『亞多尼雅這話是自己送命，不然，願神重重地降罰與我。』」（王上2：22-23）

於是，所羅門派比拿雅處死亞多尼雅（王上2：25）。之後，所羅門又處死了約押。三年之後，示每違反了所羅門的命令，私自離開耶路撒冷（王上2：39-43），於是示每被處死，所羅門的王位得以奠定和堅固。

所羅門作王初期十分敬畏神：「所羅門愛耶和華，遵行他父親大衛的律例。」（王上3：3）雖然如此，他仍然有軟弱的地方。迦南人在「邱壇」，一些比較高的地方，拜偶像，以為在高地就能夠接觸到偶像。神不喜歡以色列人用迦南人的邱壇獻祭，而所羅門沒有完全消除這些陋習，「只是還在邱壇獻祭燒香。」（王上3：3）

不過，所羅門的心仍然比較單純，一心只想治理好國家，所以，當神在所羅門的夢中顯現，問他希望得到什麼時，他說：「求你賜我智慧，可以判斷你的民，能辨

別是非。」（王上3：9）

神很欣賞他的祈求（王上3：10-12），於是，神賜給所羅門前所未有的智慧。所羅門有一個良好開始，之後凡事亨通。所羅門曾審一宗棘手案件，要判斷活的孩子屬哪個妓女，反映出他是很有智慧的君王。

第4章繼續講述以色列王國的繁榮富強，所羅門的智慧，及他的臣僕。

建造聖殿

第5章，所羅門繼承父王大衛的心願，準備為神建造聖殿。他與泰爾王希蘭合作，泰爾位於以色列國北方，有黑門山盛產上等木材：香柏木、松木（王上5：8）。所羅門與希蘭進行貿易，希蘭將香柏木和松木運給所羅門，作建造聖殿之用，所羅門則提供食物給希蘭（王上5：1-12）。

第6章，所羅門開始建殿。聖殿面積是會幕的兩倍，用金包裹，非常壯觀華麗。

「所羅門為自己建造宮室，（有聖經譯本在這裏有"however"一詞），十三年方才造成。」（王上7：1）

此句為第7章之始，但我們應該一口氣讀6至7二章，當中有一項重要細節：所羅門為神建造的聖殿很宏偉，用了七年；但是，所羅門為自己建的宮室更宏偉，用了十三年，差不多兩倍時間。這是一個伏筆：所羅門很愛神，但並不完全純潔。

為什麼大衛是合神心意的人呢？大衛私生活相當失敗：他借刀殺人，奪人之妻（拔示巴），教子無方，等等，不過，大衛知錯肯改，而且**大衛對神的心更為純潔，他會想到：沒理由神的殿會比自己的住所差（撒下7：2），可見他們父子倆對神的心並不一樣，大衛對神全心全意，所羅門就只有半條心。**

第7章13節，繼續描述聖殿何等宏偉華麗，有很多不同器皿。第7章結束時，聖殿竣工。

第8章，獻殿儀式極為壯觀：「甚至祭司不能站立供職，因為耶和華的榮光充滿了殿。」（王上8：11）

所羅門王做了一個獻殿祈禱，祈禱充滿了先知意味：「神果真住在地上嗎？看哪，天和天上的天尚且不足你居住的，何況我所建的這殿呢？」（王上8：27）

聖殿只是象徵神在人間居住，耶和華神並不局限於殿宇之中，所以所羅門求耶和華神憐憫和看顧這個殿宇。所羅門說：「你的民以色列若得罪你，敗在仇敵面前，又歸向你，承認你的名，在這殿裏祈求禱告，求你在天上垂聽，赦免你民以色列的罪。」（王上8：33-34）

第8章41節，再提到聖殿的性質，後來在新約時代，耶穌基督也提到這一點：「論到不屬你民以色列的外邦人，為你名從遠方而來，（他們聽人論說你的大名和大能的手，並伸出來的膀臂）向這殿禱告，求你在天上你的居所垂聽，照著外邦人所祈求的而行，使天下萬民都認識你的名。」（王上8：41-43）

原來早在所羅門時期，神已讓人看到神的心意：建造聖殿並不只是為了以色列人，雖然聖殿位於耶路撒冷，是屬於以色列人的地方，但是**聖殿是萬民禱告的殿，也是為了外邦人而建造的**。耶穌基督也說：「經上不是記著說：我的殿必稱為萬國禱告的殿嗎？你們倒使它成為賊窩了。」（可11：17）

神從來不是心胸狹窄之輩，**舊約已經出現「宣教」這個觀念，耶和華神一早就想「宣教」——傳福音給外邦人，希望外邦人認識祂，萬民都被吸引到聖殿來。**

在所羅門的祈禱中，也有關於以色列民，先知式的預言：「你的民若得罪你（世上沒有不犯罪的人），你向他們發怒，將他們交給仇敵擄到仇敵之地，或遠或近，他們（以色列民）若在擄到之地想起罪來，回心轉意，懇求你說：『我們有罪了，我們悖逆了，我們作惡了』；他們若在擄到之地盡心盡性歸服你，又向自己的地，就是你賜給他們列祖之地和你所選擇的城，並我為你名所建造的殿禱告，求你在天上你的居所垂聽他們的禱告祈求，……饒恕得罪你的民。」（王上8：46-50）

後來果真發生了上述所預言的事。以色列人和猶大人先後亡國，被俘擄到巴比倫之後，當中有敬畏神的人祈禱，包括但以理（他向神祈禱時，窗戶是開向耶路撒冷的，就是向著神的名曾經在的聖殿），尼希米等人，他們為以色列人向神認罪、祈禱，神就應允他們的祈禱，以色列人就得以歸回耶路撒冷。

第9章，神第二次向所羅門顯現（王上9：2），神悅納他的祈禱，神也肯定祂的應許。

移情別戀

所羅門富強之後，他對神的不忠就慢慢浮現。參照〈申命記〉17章，我們就會看見所羅門王嚴重違反了神的律法。當時神透過摩西預告，將來以色列人會有君王：

「到了耶和華——你神所賜你的地，得了那地居住的時候，若說：『我要立王治理我，像四圍的國一樣。』你總要立耶和華——你神所揀選的人為王。必從你弟兄中立一人；不可立你弟兄以外的人為王。」（申17：14-15）

君王一定要遵守神所訂的律法：

第一，「只是王不可為自己加添馬匹，也不可使百姓回埃及去，為要加添他的馬匹，因耶和華曾吩咐你們說：『不可再回那條路去。』」（申17：16）神要求王不可倚靠軍力（騎兵、戰馬），所以不可加添馬匹，特別埃及的馬匹，神不希望以色列人走回頭路。所羅門明顯違反了這條條例，他的馬匹是從埃及買來的。

第二：「他也不可為自己多立妃嬪，恐怕他的心偏邪。」（申17：17）所羅門又違反了這條條例，他總共立了一千個妃嬪，結果晚節不保，被外邦妃嬪牽著鼻子走去拜偶像。

第三：「也不可為自己多積金銀。」（申17：17）所羅門卻累積了很多金子和銀子，「王在耶路撒冷使銀子多如石頭」（王上10：27），也違反了這條條例。

此外，神也要求王：「他登了國位，就要將祭司利未人面前的這律法書，為自己抄錄一本。」（申17：18）君王要抄寫律法書，這不是一件容易的事，就算不全抄摩西五經，只抄〈申命記〉，也需要很長時間。

神吩咐王抄寫《聖經》，是要求王牢記神的律法。我認為如果所羅門認真抄寫〈申命記〉，抄到第17章時，就會明白神對王的要求，就不會違反這些誡命。

如果我們前後呼應地讀《聖經》，就會看到神要求王所謹守的誡命，所羅門都沒有持守，他甚至拜偶像、公然藐視神的律法，結果神興起仇敵作對（王上11：14-25）。所羅門死後，國家開始不穩。

羅波安／耶羅波安（南北二分國）

第12章，羅波安繼承父親所羅門作王。由於所羅門留下的「後遺症」：建造王宮，又建造利巴嫩林宮，大興土木，要百姓做苦工，百姓心懷不滿（王上12：1-5）。一位民間領袖以法蓮人耶羅波安，替百姓抱不平，說：「你父親使我們負重軛，做苦工，現在求你使我們做的苦工、負的重軛輕鬆些，我們就事奉你。」（王上12：4）

羅波安叫他們三日之後再來。他年少氣盛，聽了一些同輩少年人的建議（王上12：8-11），絕情地對百姓說：「我父親使你們負重軛，我必使你們負更重的軛！我父親用鞭子責打你們，我要用蠍子鞭責打你們！」（王上12：14）

羅波安完全沒有政治智慧，民間已經蘊釀不平，他還說狠話，結果引起百姓反抗，擁立耶羅波安做北國的王。以色列王國分裂。南國稱猶大，主要由猶大支派領導，京都耶路撒冷；北國稱以色列，有十個支派，京都撒瑪利亞。

早在第11章，神已經預知將要發生的事，讓我們看到神的主權與人的自由意志同時並存。神派先知亞希雅對耶羅波安說話：「一日，耶羅波安出了耶路撒冷，示羅人先知亞希雅在路上遇見他；亞希雅身上穿著一件新衣。他們二人在田野，以外並無別人。亞希雅將自己穿的那件新衣撕成十二片，對耶羅波安說：『你可以拿十片，』耶和華——以色列的神如此說：『我必將國從所羅門手裏奪回，將十個支派賜給你。（我因僕人大衛和我在以色列眾支派中所選擇的耶路撒冷城的緣故，仍給所羅門留一個支派。）』」（王上11：29-32）

本來以色列有十二個支派，神將其中十個支派賜給耶羅波安，這樣所羅門的兒子羅波安應該有兩個支派，但為何經文說「仍給所羅門留一個支派」呢？究竟這「一個支派」應作何解呢？

不同解經家有不同解釋，大部分解經家認為這「一個支派」是指猶大支派，因為在南國，猶大支派是最完整的，西緬支派好像慢慢被吸納了，沒有獨成自己一個支派的產業；間中也有一些便雅憫人來到其中，因此，經文就說「仍給所羅門留一個支派」(王上11:32)。

先知亞希雅已經向耶羅波安說明，神的心意是立他為王，領導十個支派，只要他敬畏神，神就一定會賜福給他。可惜耶羅波安犯了一件非常嚴重的罪，以後一直對北國產生極壞影響：

「耶羅波安心裏說：『恐怕這國仍歸大衛家；這民若上(南國京都)耶路撒冷去，在耶和華的殿裏獻祭，他們的心必歸向他們的主——猶大王羅波安，就把我殺了，仍歸猶大王羅波安。』」(王上12:26-27)

耶羅波安擔心以色列人歸順南國，「就籌劃定妥，鑄造了兩個金牛犢，對眾民說：『以色列人哪，你們上耶路撒冷去實在是難；這就是領你們出埃及地的神。』他就把牛犢一隻安在伯特利，一隻安在但。這事叫百姓陷在罪裏，因為他們往但去拜那牛犢。」(王上12:28-30)

「伯特利」是北國最南的城市，「但城」則位於最北，耶羅波安一南一北置兩隻金牛犢偶像，叫百姓不用到耶路撒冷聖殿敬拜神，王一開始就離棄神，從無悔意，之後的經文經常提及耶羅波安鑄造金牛犢這件事。耶羅波安不信任神，缺乏安全感，他鑄造偶像的罪行遺害北國，北國較強大，卻先南國淪亡。

亞哈王(北國)

北國亞哈王的父親是暗利，其他史書也有記載暗利王的事跡，從世人的角度來看，暗利時期以色列是強盛的，但是，《聖經》對他的興趣並不大，沒有詳細記載，只形容他是一個惡王(王上16:25)。

「暗利的兒子亞哈行耶和華眼中看為惡的事，比他以前的列王更甚，犯了尼八的兒子耶羅波安所犯的罪。」(王上16:30-31)

在〈列王紀〉中，每當敘述一些拜偶像的惡王時，就說他們犯了「耶羅波安所犯的罪」——拜金牛犢。不但如此，「他還以為輕，又娶了西頓王謁巴力的女兒耶洗別為妻，去事奉敬拜巴力，在撒馬利亞建造巴力的廟，在廟裏為巴力築壇。亞哈又做亞舍拉，他所行的惹耶和華——以色列神的怒氣，比他以前的以色列諸王更甚。」（王上16：31-33）

婚姻可以對一個人的靈性有很大影響。亞哈最大問題是娶了一個很壞的妻子。亞哈的妻子耶洗別是外邦人，她把西頓的巴力宗教帶到北國，成為國教（state religion）。亞哈在京都撒瑪利亞不但為巴力，也為亞舍拉建造廟宇和築壇。巴力是男神，管理天氣、農作物和雨水，亞舍拉是女神，為巴力的「妻妾」。他們認為巴力和亞舍拉交合，可以令風調雨順，所以，其拜祭儀式是男女在其廟宇中交合，十分邪惡和淫亂。亞哈是北國最惡的王，他的罪惡「比他以前的列王更甚。」（王上16：30）

先知以利亞（北國）

在亞哈王統治下，**以色列國陷入屬靈光景最黑暗的時期，然而，這也是北國經歷神的恩典最多時期。**神賜給以色列國兩位大有能力的先知——以利亞和以利沙，神透過他們行了很多神蹟。

今天，如果有人追求神蹟，未必是好事。在救恩史中，只有一些特別時期，神才施行特別多的神蹟，諸如：出埃及、亞哈的黑暗時期、耶穌基督在人類最黑暗的時期降生，祂施行了很多神蹟、教會建立初期。所以，神蹟多的時期，並不代表這個時期的屬靈光景是最好的。

先知以利亞的出現，讓我們看到神所關心的是整個以色列民族走向拜巴力的問題，《聖經》詳細記載神藉著祂的僕人以利亞抗衡拜巴力：「基列寄居的提斯比人以利亞對亞哈說：『我指著所事奉永生耶和華——以色列的神起誓，這幾年我若不禱告，必不降露，不下雨。』」（王上17：1）

迦南人相信巴力是賜給人雨水、豐收的神明，現在，耶和華自顯為聖，祂要宣告說：「你們以為巴力可以影響雨水嗎？究竟是誰掌管下雨或不下雨呢？是耶和華神！」

所以，以利亞一出現，就宣告以色列國會有旱災，幾年不下雨，巴力無法使雨降下，不能賜給以色列人雨水和豐收，完全無能為力，可見巴力根本不是神，**真神是耶和華，祂掌管著雨水和天氣！**

以色列國真的出現大旱災，以利亞也沒水喝，「耶和華的話臨到以利亞說：『你離開這裏往東去，藏在約旦河東邊的基立溪旁。你要喝那溪裏的水，我已吩咐烏鴉在那裏供養你。』」(王上17：2-4)

接著，以利亞又要前往西頓的撒勒法，接受一個寡婦的供應(王上17：8-10)。以利亞在寡婦家中行了一個神蹟，當時寡婦的兒子病死了，以利亞向耶和華祈禱，神就令寡婦的兒子復活，「耶和華應允以利亞的話，孩子的靈魂仍入他的身體，他就活了。」(王上17：22)

死人復活的神蹟其目的是什麼呢？「婦人對以利亞說：『現在我知道你是神人，耶和華藉你口所說的話是真的。』」(王上17：24) 我們要留意，**這位婦人不是以色列人，她是一位外邦人——西頓撒勒法的婦人，而西頓是敬拜巴力的中心！**耶和華神要親自堅立祂的先知，又顯明哪些才是祂的話語，而且，神的憐憫並不局限於以色列人，**神同樣憐憫外邦人，賜給他們恩典。**以色列人拜偶像、很失敗，不能成為萬國的見證，神就差派先知去到外邦人當中，宣揚福音。

第18章，記載了一件很著名的事跡。迦密山上，耶和華的先知以利亞與巴力的眾先知「鬥法」，要看看哪位神是真神？巴力和亞舍拉的眾先知總共八百五十人。以利亞表示：「當給我們兩隻牛犢，巴力的先知可以挑選一隻，切成塊子，放在柴上，不要點火；我也預備一隻牛犢放在柴上，也不點火。你們求告你們神的名，我也求告耶和華的名。那降火顯應的神，就是神。」(王上18：23-24)

巴力的眾先知先祈求，巴力沒有應允，理會那些先知，因為巴力是假神。他們就「大聲求告，按著他們的規矩，用刀槍自割、自刺，直到身體流血。從午後直到獻晚祭的時候，他們狂呼亂叫，卻沒有聲音，沒有應允的，也沒有理會的。」(王上18：28-29) 漫長而且非常可怕，非常殘忍的儀式。

然後，輪到先知以利亞，他「照雅各子孫支派的數目，取了十二塊石頭，用這些石頭為耶和華的名築一座壇。」(王上18：31-32) 這表明了如果以色列十二個支派肯團結一致，歸向真神，就大有盼望。

以利亞在祭壇上擺放了柴和牛犢之後，竟然吩咐人在柴和燔祭上面倒水三次，比賽規則本是：有火降下燒掉燔祭就算贏。以利亞卻增加難度，木柴盡濕時仍然著火，**以利亞定意要顯明他所事奉的神是真神，祂能夠行偉大的神蹟。**

獻晚祭的時候，以利亞走近祭壇，他獻祭時沒有大聲呼叫，也沒有用刀槍自刺，他只是輕聲向神說話，安安靜靜地祈禱：「亞伯拉罕、以撒、以色列的神，耶和華啊，求你今日使人知道你是以色列的神，也知道我是你的僕人，又是奉你的命行這一切事。耶和華啊，求你應允我，應允我！使這民知道你——耶和華是神，又知道是你叫這民的心回轉。」「於是，耶和華降下火來，燒盡燔祭、木柴、石頭、塵土，又燒乾溝裏的水。眾民看見了，就俯伏在地，說：『耶和華是神！耶和華是神！』」（王上18：36-39）

迦密山上，耶和華戰勝了巴力，令以色列人知道惟有耶和華才是真神。以利亞就下令以色列人拿住那些巴力的假先知，把他們殺死。

然後，「以利亞對亞哈說：『你現在可以上去吃喝，因為有多雨的響聲了。』」（王上18：41）耶和華勝過了假神巴力，彰顯了自己的榮耀。三年旱災即將結束，當以利亞再向神祈禱，「霎時間，天因風雲黑暗，降下大雨。」（王上18：45）

亞哈王將以利亞殺死巴力先知的事告訴王后耶洗別，耶洗別大怒，追殺以利亞。以利亞灰心起來，坐在一棵樹下向耶和華求死（王上19：4）。神向先知顯現，先有烈風和崩山碎石，「耶和華卻不在風中；風後地震，耶和華卻不在其中；地震後有火，耶和華也不在火中；火後有微小的聲音。」（王上19：11-12）

並非轟轟烈烈的大神蹟中才能看到耶和華，在微風細雨中，在平靜、微小的工作中，耶和華也在其中。

以利亞說：「我為耶和華萬軍之神大發熱心；因為以色列人背棄了你的約，毀壞了你的壇，用刀殺了你的先知，只剩下我一個人，他們還要尋索我的命。」（王下19：14）

神安慰以利亞，叫他不要這樣想，神表示，以利亞的任務是消滅對巴力的敬拜，但未必只他一個人做，他未能完成的任務，神會差派其他人去做。

接著，神委派給先知新任務：「你回去，從曠野往大馬士革去。到了那裏，就要膏哈薛作亞蘭王，又膏寧示的孫子耶戶作以色列王，並膏亞伯．米何拉人沙法的兒子以

利沙作先知接續你。」(王上19：15-16)

於是，以利亞呼召了以利沙。之後的歷史讓我們知道，以利亞只膏立了以利沙成為先知，繼承他的工作，再由以利沙膏立哈薛做亞蘭王，亞蘭則成為以色列國的敵國。後來，以利沙又膏立耶戶，耶戶殺死所有巴力的先知、消滅了巴力宗教。**神的事工代代有人承擔，前人的棒子後人接。**

第21章，亞哈繼續敵擋神。亞哈和王后耶洗別用詭計殺死了敬畏神的拿伯，奪取了拿伯的祖業葡萄園，《聖經》形容：「從來沒有人像亞哈那樣受妻子耶洗別唆使，一心行耶和華視為惡的事。」(王上21：25，當代譯本)

神透過以利亞宣布刑罰，「亞哈聽見這話，就撕裂衣服，禁食，身穿麻布。」神就延遲刑罰，「耶和華的話臨到提斯比人以利亞說：『亞哈在我面前這樣自卑，你看見了嗎？因他在我面前自卑，他還在世的時候，我不降這禍；到他兒子的時候，我必降這禍與他的家。』」(王上21：27-29) **耶和華是有恩典有憐憫的神，何時人願意回轉、悔改，神都會悅納。**

〈列王紀下〉1章，繼續講以利亞的事跡。亞哈死後，兒子亞哈謝繼承做以色列王。亞哈謝王派五十個士兵捉拿先知以利亞，「五十夫長對他(以利亞)說：『神人哪，王吩咐你下來！』以利亞回答說：『我若是神人，願火從天上降下來，燒滅你和你那五十人！』於是有火從天上降下來，燒滅五十夫長和他那五十人。」(王下1：9-10)

亞哈謝兩次派遣的士兵都被燒滅之後，第三次所派遣的五十夫長再也不敢狐假虎威，發號施令，他低聲下氣，哀求以利亞，請求以利亞同去(王下1：13-15)。**以利亞在黑暗時代作神的先知，肩負非常任務，得到神賜給非常權柄。**

以利沙(北國)

第2章，先知以利亞被神接去的日子快到了，他對徒弟以利沙說：「『我未曾被接去離開你，你要我為你做什麼，只管求我。』以利沙說：『願感動你的靈加倍地感動

我。』」(王下2:9)

在以色列人的傳統中，長子可以「繼承」雙倍的產業。**以利沙明白自己將要「繼承」以利亞的先知工作，他願意被神的靈感動，神怎樣使用以利亞，將來也怎樣使用以利沙。**

以利亞就說：「我被接去離開你的時候，你若看見我，就必得著；不然，必得不著了。」(王下2:10)

以利沙果真親眼目睹神用火車火馬接以利亞升天(王下2:11)，這意味著神的靈也會感動以利沙。

當我們看先知以利沙的事跡時，會發覺以利沙很多的神蹟好像是「重複」師父以利亞的神蹟，例如：以利亞曾經令死去的孩子復活，以利沙也行同樣的神蹟，這是因為他們二人是「繼承」的關係，正如摩西未完成的工作，由約書亞去完成。以利亞的任務是消滅巴力宗教，他未完成的工作就由以利沙去完成。

神透過以利沙行了很多神蹟，表面上，有些神蹟好像是很微小的神蹟，但是，如果我們一路看以利沙所行的神蹟，就會發現**這些神蹟圍繞一個主題：生與死的問題，恩典的問題。**以利沙行的神蹟很多是將生命帶給人，例如：耶利哥城水質惡劣，以利沙吩咐將鹽倒在水中，就治好了水質(王下2:19-22)。

第4章，書念的婦人本來無子，以利沙就預告她將會生一個兒子，當她的孩子死了，以利沙為他祈禱，伏在他身上，孩子就活過來。

有次以利沙的門徒吃了有毒的野瓜，「以利沙說：『拿點麵來』，就把麵撒在鍋中，說：『倒出來，給眾人吃吧！』鍋中就沒有毒了。」(王下4:41)

另一次，門徒眾多，而餅只有二十個，「僕人說：『這一點豈可擺給一百人吃呢？』以利沙說：『你只管給眾人吃吧！因為耶和華如此說，眾人必吃了，還剩下。』僕人就擺在眾人面前，他們吃了，果然還剩下，正如耶和華所說的。」(王下4:43-44)

第5章，記載了一件很著名的事，就是以色列國的宿敵亞蘭國，其元帥乃縵得醫治。他患了大痲瘋，無法痊癒。「先前亞蘭人成羣地出去，從以色列國擄了一個小女子，這女子就服侍乃縵的妻。她對主母說：『巴不得我主人（乃縵）去見撒馬利亞的先知（以利沙），必能治好他的大痲瘋。』」（王下5：2-3）

於是，乃縵就去找先知以利沙，不料以利沙沒有像乃縵所預期那樣前去給他「搖手醫治」，只是「打發一個使者，對乃縵說：『你去在約旦河中沐浴七回，你的肉就必復原，而得潔淨。』」（王下5：10）乃縵大怒，說：「我想他必定出來見我，站著求告耶和華——他神的名，在患處以上搖手，治好這大痲瘋。大馬士革的河亞罷拿和法珥法豈不比以色列的一切水更好嗎？我在那裏沐浴不得潔淨嗎？」（王下5：11-12）

幸好乃縵的僕人甚有智慧，勸說：「我父啊，先知若吩咐你做一件大事，你豈不做嗎？何況說你去沐浴而得潔淨呢？」乃縵就到約旦河沐浴七次，結果，「他的肉復原，好像小孩子的肉，他就潔淨了。」

這個神蹟的重點是：「乃縵帶著一切跟隨他的人，回到神人那裏，站在他面前，說：『如今我知道，除了以色列之外，普天下沒有神。』」（王下5：13-15）

神的本意是要興起以色列成為仲介國、祭司國，向全人類介紹這位真神。雖然，就整體國家而言，以色列尚未成功，**神一方面繼續雕琢以色列，另一方面，神仍不斷從以色人當中揀選忠心順服祂的人任先知，向外邦人傳講神的話語，認識萬軍之耶和華真神。**

值得一提的還有那位無名的以色列小女子，她被亞蘭人擄離家鄉，本來處境淒涼，竟然能夠化咒詛為祝福，從中穿針引線，與偉大的先知以利沙裏應外合，成為最佳拍擋，為神贏得了敵國的最高軍事將領乃縵，堪稱「最佳臥底」！

長遠而言，先知以利沙的神蹟是預表耶穌基督的，例如：在〈路加福音〉，當耶穌基督行了很多神蹟之後，大家就說祂是先知，是另一位「以利沙」，因為耶穌也是將生命和醫治帶給人。**每一個來到耶穌前面的人，包括外邦人，都一定會得到生命和醫治。**

耶戶王（北國）

北國的王盡都是遠離神的惡王，〈列王紀下〉9章，難得出現了一個王耶戶，他為人奸詐，但至少做了一件正確的事：執行了神對拜巴力者的審判。耶戶故意對眾民說：「『亞哈事奉巴力還冷淡，耶戶卻更熱心。現在我要給巴力獻大祭。應當叫巴力的眾先知和一切拜巴力的人，並巴力的眾祭司，都到我這裏來，不可缺少一個；凡不來的必不得活。』耶戶這樣行，是用詭計要殺盡拜巴力的人。耶戶說：『要為巴力宣告嚴肅會！』於是宣告了。耶戶差人走遍以色列地；凡拜巴力的人都來齊了，沒有一個不來的。他們進了巴力廟，巴力廟中從前邊直到後邊都滿了人。」(王下10：18-21)

接著，耶戶又吩咐：「拿出禮服來，給一切拜巴力的人穿。」(王下10：22) 這樣，耶戶手下軍長就能夠分辨哪些是拜巴力的人和祭司，他又安排了八十人在巴力廟外。當耶戶獻完祭，眾軍長就把假神巴力的眾祭司、先知和拜巴力的人全部殺死，又「毀壞了巴力柱像，拆毀了巴力廟作為廁所，直到今日。這樣，耶户在以色列中滅了巴力。」(王下10：27-28)

耶戶消滅影響了北國多年的假神巴力敬拜，但是「耶户不離開尼八的兒子耶羅波安使以色列人陷在罪裏的那罪，就是拜伯特利和但的金牛犢。」(王下10：29) 耶戶由始至終還是拜偶像的人，並不敬畏真神。

不久之後，亞述軍隊攻陷北國京都撒瑪利亞城，北國滅亡。

第17章是〈列王紀下〉一段很重要的經文，解釋為何北、南國會滅亡：「這是因以色列人得罪那領他們出埃及地、脫離埃及王法老手的耶和華——他們的神，去敬畏別神。……所以耶和華向以色列人大大發怒，在自己面前趕出他們，只剩下猶大一個支派。」(王下17：7, 18)

前車可鑑，可惜「猶大人也不遵守耶和華——他們神的誡命，隨從以色列人所立的條規。耶和華就厭棄以色列全族，使他們受苦，把他們交在搶奪他們的人手中，以致趕出他們離開自己面前。」(王下17：19-20)

北國、南國都違背了耶和華神的誡命，但北國比南國更差，所以耶和華神先施行懲罰，北國首先亡國。

希西家（南國）

第18章，亞述國消滅了北國，本想長驅直進，併吞南國猶大，但是，當時的猶大國王希西家是好王，神就救他脫離敵人的手。

話說亞述王西拿基立派遣拉伯沙基將軍到耶路撒冷城外，對猶大國官員口出狂言，說：「列國的神有哪一個救他本國脫離亞述王的手呢？」（王下18：33）拉伯沙基耀武揚威，把猶大人大大侮辱一番。

第19章，猶大王希西家的優點是什麼呢？就是他會去求真神，「希西家王聽見，就撕裂衣服，披上麻布，進了耶和華的殿。」（王下19：1）

希西家向耶和華神祈禱，「如此說：『今日是急難、責罰、凌辱的日子，就如婦人將要生產嬰孩，卻沒有力量生產。或者耶和華——你的神聽見拉伯沙基的一切話，就是他主人亞述王打發他來辱罵永生神的話，耶和華——你的神聽見這話，就發斥責。故此，求你為餘剩的民揚聲禱告。』」（王下19：3-4）

希西家王懇切祈求真神憐憫，神就幫助他，「當夜，耶和華的使者出去，在亞述營中殺了十八萬五千人。清早有人起來，一看，都是死屍了。亞述王西拿基立就拔營回去，住在尼尼微。」（王下19：35-36）不用一兵一卒，敵人就全軍覆沒，可見神會憐憫敬畏神的人，親自救他們脫離敵人的網羅。後來西拿基立王被自己的兒子殺死。

可惜，敬畏神的希西家王也有缺點。第20章，希西家的病好之後，巴比倫國遣使前來恭賀他康復。當時巴比倫剛復興，亞述仍然是強國。希西家竟然「聽從（巴比倫）使者的話，就把他寶庫的金子、銀子、香料、貴重的膏油，和他武庫的一切軍器，並他所有的財寶，都給他們看。」（王下20：13）

以賽亞便說：「你要聽耶和華的話，日子必到，凡你家裏所有的，並你列祖積蓄到如今的，都要被擄到巴比倫去，不留下一樣，這是耶和華說的。」（王下20：16-17）

希西家的驕傲，最終帶來國家的失敗。不過，整體而言，希西家仍然不失一個好王，所以他在世時沒有發生亡國慘事。

希西家死後，兒子瑪拿西繼承他做王，瑪拿西是很壞的惡王（王下21章）。

約西亞（南國）

南國滅亡之前，又出現了一位敬畏神的好王，就是約西亞（王下22章）。約西亞著名的地方是：他一登基，就修葺聖殿，期間大祭司「不經意」在聖殿裏發現了封塵的律法書。

約西亞聽見大祭司宣讀律法書上的話，大驚，立刻明白自己的國家得罪了神。他下令拆毀偶像，更「吩咐眾民說：『你們當照這約書上所寫的，向耶和華你們的神守逾越節。』自從士師治理以色列人和以色列王，猶大王的時候，直到如今，實在沒有守過這樣的逾越節；」（王下23：21-22）

約西亞帶領全國人民守逾越節的場面非常令人感動，他為猶大國帶來了靈命大復興，如果君王是敬畏神的好王，就能令全國都得到神賜福。可惜，約西亞早死，埃及王前去攻擊亞述，約西亞迎戰埃及，戰死沙場。

猶大國末日

約西亞死後，繼位的猶大王一代不如一代，約哈斯、約雅敬、約雅斤和西底家都是拜偶像的惡王。西底家是末代猶大王，第25章，巴比倫軍隊攻陷京都耶路撒冷城，「迦勒底人（巴比倫人）就拿住王，……審判他。在西底家眼前殺了他的眾子，並且剜了西底家的眼睛，用銅鍊鎖著他，帶到巴比倫去。」（王下25：6-7）

西底家飽受凌辱，下場十分淒慘。南國從大衛、所羅門時期的榮耀走向亡國的羞辱，巴比倫軍隊「拆毀耶路撒冷四圍的城牆」（王下25：10），焚燒聖殿，又搶走聖殿裏的貴重物件，這一切應驗了神所說的話：雖然神的名在聖殿裏，但如果以色列人不敬畏神，神也不會愛惜祂的殿宇（王上9：7-9）。

當南國也徹底失敗時，還有什麼希望呢？〈列王紀下〉最後露出一線曙光，

「巴比倫王以未·米羅達元年十二月二十七日，使猶大王約雅斤抬頭，提他出監；又對他說恩言，使他的位高過與他一同在巴比倫眾王的位，給他脫了囚服，他終身常在巴比倫王面前吃飯。王賜他所需用的食物，日日賜他一分，終身都是這樣。」(王下25:27-30)

約雅斤是西底家之前被擄的王，他也是大衛的後裔，耶和華神仍然賜恩典給大衛的後裔，神可以掌管巴比倫王的心，使他恩待大衛的後裔，**大衛之約仍然有效，神的子民仍然有盼望。**

祈禱

親愛的主，你是有恩典，有憐憫的神，但是，你也施行公義的審判。求主幫助我們跨越歷史的鴻溝，幫助我們明白這些歷史對現今世代的意義。希望我們也因敬畏你的名，能夠像以利亞和以利沙那樣將生命帶給周圍的人。求你使用我們，幫助我們能夠在社會中成為一個強有力的見證，因為從起初你的心意就是要萬民歸向你，幫助我們能夠肩負起這個責任，並從中體驗到你的祝福。

祈禱、感恩，奉主耶穌基督的名，阿們。

生活應用

神透過先知以利亞和以利沙彰顯祂的主權、能力、醫治、恩慈和審判。你認為教會和基督教機構的事工如何彰顯神各方面的屬性？在社會各界別中的基督徒領袖對香港具怎樣的影響力？你個人能夠又扮演什麼角色？

第八課（二）

歷代志下

神的恩典和憐憫何等廣大

〈歷代志下〉只記南國史，作者每寫一王開頭或結束時，都有一句蓋棺論定的話：「某某王行耶和華眼中看為善的事」，「某某王行耶和華眼中看為惡的事」，善惡忠奸，一目了然。

作者欲以史為鑑，詳細解釋猶大亡國，聖殿被毀的原因，講述哪些王是善的，那些是惡的，以何為判斷善惡的準繩呢？敬畏神，建造聖殿，修葺聖殿，尋回律法書，公開誦讀，教導百姓有關神的律法書，依律法治國，做這一切的君王，就是好的君王，反之，則是惡王。

知道了何處出錯，就有希望歸回正途。作者認為，**以色列國的成功之道是要得到神的悅納，因此，以色列人一定要歸向神、敬拜神。**在當時來說，敬拜神一個最明顯表示，就是：愛聖殿、愛神的家，愛神的工作，愛神所立的王，這樣就能夠表達人對神的愛；相反，如果他們拜偶像，不敬拜真神，就會導致真神的管教——亡國。

〈列王記〉結束時，南國為巴比倫所滅，耶路撒冷遭屠城，聖殿被毀，前途看來十分絕望。〈歷代志〉卻一步跨七十年：「波斯王古列元年，耶和華為要應驗藉耶利米口所說的話，就激動波斯王古列的心，使他下詔通告全國，說：『波斯王古列如此說：耶和華天上的神已將天下萬國賜給我，又囑咐我在猶大的耶路撒冷為祂建造殿

宇。你們中間凡作祂子民的，可以上去，願耶和華——他的神與他同在。』」（代下36：22-23）

不可思議！一個外邦的王——波斯國的王——竟然下詔，官方支持猶大人歸回耶路撒冷，和重建聖殿！由是，作者清楚地告訴讀者，**神降災為的是要淬煉祂的子民，使他們成為「祭司國」的精兵。神是信實的！聖殿雖然被毀，猶大人雖然亡國被擄，但是，神沒有丟棄他們，神的恩典和憐憫是黑暗中的曙光。**

讀史以知今，〈撒母耳記〉、〈列王紀〉、〈歷代志〉，三卷書讓我們看到神的恩典與慈愛永遠長存，**神有主權揀選我們，但是，我們也有責任配合神的計劃。當我們順服在神的手中，配合神的計劃時，我們就會按照神的時間和心意行事為人。**

掃羅的失敗提醒我們要學習與同工／同事相處，不要嫉妒他人。大衛的成功則提醒雖然我們自己並不完美，但是，神願意無條件接納我們，所以我們要將這個寬恕，「人生有take 2」的信息帶給我們所接觸到的每一個人。

祈禱

親愛的主，以色列王國史帶給我們很多提醒。原來我們的心怎樣對你，不但影響我們個人，還影響我們所能夠領導的範圍。主阿，求你賜給我們像大衛那樣的清心，看重你的事多過自己的事。

祈禱、感恩，奉主耶穌基督的名，阿們。

生活應用

連敬畏神的人也有不少瑕疵和受時代影響的盲點，只有耶穌基督才是唯一完美的君王。你認為信徒個人及羣體應該如何平衡「追求完美」與「接受限制」？

先知之聲

阿摩司書・彌迦書・
以賽亞書・以西結書

第九課（一）

阿摩司書

〈阿摩司書〉和〈彌迦書〉兩卷書有一些共通點：約同一時期寫成，其中〈阿摩司書〉可能稍早；均提及**神要求人不但要用口敬拜神，更要在社會上活出神的公義。**

二書的影響大不相同：〈阿摩司書〉的信息似乎沒有在社會造成正向影響，北國以色列不久就滅亡了；而據先知耶利米所記，先知彌迦傳講信息，得到南國猶大希西家王接納，為南國帶來了大復興，因而暫時逃過亡國的厄運（耶26：18-19）。

二書讓我們看到無論我們的信息是即時有效，抑或好像沒有效果，我們都要好像先知那樣，忠心地宣講神的話語。

山雨欲來風滿樓

「當猶大王烏西雅，以色列王約阿施的兒子耶羅波安在位的時候，大地震前二年，提哥亞牧人中的阿摩司得默示論以色列。」（摩1：1）

猶大烏西雅王，以色列王耶羅波安二世統治時期，南北二國皆政治穩定，經濟繁榮，是最強盛和最安逸的時期之一，就在這兩位強大君王掌權之時，可能在主前760年，即以色列亡國前約四十年，神差遣阿摩司前往北國宣告審判信息。

阿摩司本為牧人，是南國耶路撒冷附近小鎮提哥亞人，他傳道之地包括北國的宗教中心伯特利、撒瑪利亞京城，和吉甲。他的信息同時適用於南國猶大。

阿摩司提到「大地震前二年」(摩1:1)。這場大地震相信十分轟動。今天我們對地震並不陌生,2004年南亞大海嘯,2008年四川大地震、2011年日本福島9級大地震,2012年海地王子港地震,無不震驚全球!**當先知阿摩司宣告神的信息,兩年後就發生了大地震,然後,阿摩司寫下神的宣告,並有關大地震的記錄,強調他所宣告神要審判的事,不是假的,乃是一定會發生的。**

今天雖然我們不敢說每次地震的意義都一樣,但是,當我們經歷這些事情,看到世界上巨大天災愈來愈頻密,我們就應該被「震醒」,不要再沉睡,要明白神的審判近了。

阿摩司指出,北國以色列原本是屬神的子民,現在國內卻充滿拜偶像、享樂、貪污、欺壓等。阿摩司宣告耶和華即將審判以色列,像審判列國一樣。他呼籲以色列人悔改,並預告將來會興起大衛的家,復興以色列。

阿摩司又指出,**在神的國和社會裏,要有公平和公義,這才是神所喜悅的,否則,神一定會施行審判的!**

八則審判宣告

阿摩司劈頭就說:「耶和華必從錫安吼叫,從耶路撒冷發聲;牧人的草場要悲哀;迦密的山頂要枯乾。」(摩1:2)

神發怒了,像一隻獅子大聲吼叫!神從耶路撒冷發怒,令「牧人的草場」、原本茂盛的迦密山頂都要枯乾,**耶和華神要發威、發怒,神要施行審判了。**

阿摩司先從以色列周邊國家講起,他們大部分都是以色列的敵人,第八個高潮審判對象就是北國以色列。阿摩司這樣的鋪排,讓聽/讀者一方面看到**神不只是以色列人的神,祂更是掌管全世界的神,所以每一個國家犯罪的時候,耶和華神同樣會審判這些國家;**另一方面,這也帶給以色列人一個突如其來的震撼:當以色列人聽到耶和華神一一審判周邊敵國時,會認為他們「活該」,「大快人心」。以色列人正高興時,冷不防,矛頭指向他們,他們也將要面對神的審判。

1. 亞蘭受審

「耶和華如此說：大馬士革三番四次地犯罪，我必不免去她的刑罰；因為她以打糧食的鐵器打過基列。」（摩1：3）

亞蘭國（今敘利亞）位於在以色列國東北。神要追討亞蘭在戰場上的罪。在舊約時代，常有戰爭（尤其自衛戰爭）發生。亞蘭的軍隊殘忍、無情地對付戰敗國的人民或俘虜，用鐵齒抓俘虜的身體，使他們遍體鱗傷。

我們都知道，即使在現代世界中，也經常有虐待戰俘的事情發生，如日軍佔領南京後，屠殺已放下武器的國軍及平民。近年則有美國士兵虐待伊拉克戰俘。

究竟神會否理會、關心這些事情？

阿摩司表示，神知道這些不公義的事情，**神不喜歡人虐待戰俘，虐待戰敗國人民，神是理會的，所以，耶和華神要施行審判，要懲罰亞蘭：**「我卻要降火在哈薛的家中，燒滅便·哈達（哈薛和便·哈達都是亞蘭國的王）的宮殿。……亞蘭人必被擄到吉珥。這是耶和華說的。」（摩1：4-5）

2. 非利士受審

「耶和華如此說：迦薩三番四次地犯罪，我必不免去她的刑罰；因為她擄掠眾民交給以東。」（摩1：6）

非利士人位於以色列西南，有五座重要的城市：迦薩、亞實基倫、亞實突、以革倫和迦特。非利士人對人毫無憐恤、毫無體諒，他們「擄掠眾民」後，販賣給以東。**神不喜歡人對人冷酷無情。**

有時新聞報道中國有一些壞人擄拐、販賣兒童，或強迫他們當乞丐，作賺錢的工具。

販賣人口是神所恨惡的，所以神要懲罰非利士人的城市。

神說：「我卻要降火在迦薩的城內，燒滅其中的宮殿。我必剪除亞實突的居民和亞實基倫掌權的，也必反手攻擊以革倫。非利士人所餘剩的必都滅亡。這是主耶和華說的。」（摩1：7-8）

3. 泰爾受審

「耶和華如此說：泰爾三番四次地犯罪，我必不免去她的刑罰；因為她將眾民交給以東，並不記念弟兄的盟約。」（摩1：9）

泰爾位於以色列西北。泰爾的罪惡也是將人和俘虜販賣到以東，「不記念弟兄的盟約」就是不守約的罪，**神是很重視守約的，神是重視手足之情的。如果人對自己的親人、弟兄或其他人，沒有守約施慈愛，這是神所不喜歡的。**

在現今的社會中，充滿了很多違約的事情，例如：夫妻違背婚約、做生意的違約，國與國之間違反盟約。違約是神所恨惡的，所以神要懲罰泰爾：「我卻要降火在泰爾的城內，燒滅其中的宮殿。」（摩1：10）

4 . 以東受審

「耶和華如此說：以東三番四次地犯罪，我必不免去她的刑罰；因為她拿刀追趕兄弟，毫無憐憫，發怒撕裂，永懷忿怒。」（摩1：11）

以東在以色列的東南面。以東人「永懷忿怒」，沒有好好面對、處理自己的情緒，死纏爛打。**神不喜歡人沒有憐憫心，特別是對自己的弟兄親族沒有憐憫**。神要懲罰以東人：「我卻要降火在提幔，燒滅波斯拉的宮殿。」（摩1：12）

我們看到現今的社會也是如此，倫理之間的互相陷害，因為金錢利益，以及種種問題，而各不相讓，衝突反目。

5. 亞捫受審

「耶和華如此說：亞捫人三番四次地犯罪，我必不免去他們的刑罰；因為他們剖開基列的孕婦，擴張自己的境界。」（摩1：13）

亞捫在以東的北面。亞捫人為了「擴張自己的境界」，得到更多的土地，不惜侵略其他民族，他們侵略基列時，竟然用刀剖開孕婦，罪行令人髮指。**神責備和審判社會上的貪婪、殘忍和不人道**，所以神要懲罰亞捫人：「我卻要在爭戰吶喊的日子，旋風狂暴的時候，點火在拉巴的城內，燒滅其中的宮殿。他們的王和首領必一

同被擄去。這是耶和華說的。」(摩1:14-15)

6. 摩押人受審

「耶和華如此說:摩押三番四次地犯罪,我必不免去她的刑罰;因為她將以東王的骸骨焚燒成灰。」(摩2:1)

摩押(今約旦)在以色列的東南。雖然以東王已經死了,摩押人仍然掘其墓,燒其骨,可見摩押不尊重他國的王,不尊重已經死了的人,**原來神看重人對人的尊重,即使一個人已經死了,我們都要尊重他。**

在加拿大如果「對屍體不敬」,是可以被控罪的。恐怖份子頭頭拉登被殺死,我們懷著什麼心態呢?我們是否因為他的死亡而額手稱慶呢?我們有沒有一份尊重人的心呢?

神不喜歡人對死者不尊重,所以,神要懲罰摩押人:「我卻要降火在摩押,燒滅加略的宮殿。摩押必在鬨嚷吶喊吹角之中死亡。我必剪除摩押中的審判者,將其中的一切首領和他一同殺戮。這是耶和華說的。」(摩2:2-3)

7. 猶大受審

「耶和華如此說:猶大人三番四次地犯罪,我必不免去他們的刑罰;因為他們厭棄耶和華的訓誨,不遵守他的律例。他們列祖所隨從虛假的偶像使他們走迷了。」(摩2:4)

以色列人聽阿摩司宣講神的審判,一直聽到這裏之前,都會很高興,這些鄰國都是以色列的敵人。現在,**以色列人就會大吃一驚,因為神不只懲罰那些不認識神的外邦人,連屬於神的子民也會被神懲罰!神接著要審判的國家是南國猶大。**「我卻要降火在猶大,燒滅耶路撒冷的宮殿。」(摩2:5)

對於不認識耶和華神的外邦人,神不會追究他們為什麼不守摩西的律法,因為他們不懂得律法。但是,**有很多原則在普遍的啟示當中,神已經讓人的心知道了,神會據此追究外邦人的罪惡。**

但是,對認識神的猶大人,神有更高的要求。既然猶大人懂得神的律法,為什麼不守律法？猶大人還拜偶像，公然違反神的「訓誨」和「律例」。〈羅馬書〉說：「凡沒有律法犯了罪的，也必不按律法滅亡；凡在律法以下犯了罪的，也必按律法受審判。」（羅2：12）**神是按照你有多少啟示來審判，如果你領受神的話語多些，你就應該行得多些，如果做不到，神就會懲罰。**

8. 以色列受審

如果以色列人聽到南國被審判，仍不感到震撼，接下來**神要審判的國家就是北國以色列！**神說：「你，以色列，不要以為你是我的子民，就可以逃避我的懲罰，我也要懲罰你。」

「耶和華如此說：以色列人三番四次地犯罪，我必不免去他們的刑罰；因他們為銀子賣了義人，為一雙鞋賣了窮人。」（摩2：6）

按照神的律法，如果以色列人遇到窮人，不可視而不見，卻要幫助窮人，但是，現在他們不但不肯幫助窮人，更為了利益販賣窮人，踐踏窮人。

以色列人又犯了淫亂的罪，「父子同一個女子行淫，褻瀆我的聖名。」（摩2：7）

然後，「他們在各壇旁鋪人所當的衣服，臥在其上。」（摩2：8）

按照律法，「他若是窮人，你不可留他的當頭過夜。日落的時候，總要把當頭還他，使他用那件衣服蓋著睡覺，他就為你祝福；這在耶和華——你神面前就是你的義了。」（申24：12-13）

以色列人不但不肯把衣服歸還窮人，更把衣服鋪在壇旁，「臥在其上」，壇是最神聖、最接近神的地方，簡直是公然藐視神，豈有此理。所以，神對於以色列人的罪惡感到憤怒。

耶和華問以色列人，說：「你們知不知道你們是我所揀選的民族，是有特別的背景？」又說：「你們要特別反省，你們是我耶和華特別拯救的。」

「我從以色列人面前除滅亞摩利人（代表迦南人）。他雖高大如香柏樹，堅固如橡樹，我卻上滅他的果子，下絕他的根本。我也將你們從埃及地領上來，在曠野引導你們四十年，使你們得亞摩利人之地為業。我從你們子弟中興起先知，又從你們少年人中興起拿細耳人。以色列人哪，不是這樣嗎？這是耶和華說的。」（摩2：9-11）

拿細耳人是那些分別出來，專心奉獻服侍神的人，他們不能喝酒，而以色列人竟然「給拿細耳人酒喝」(摩2:12)，以色列人完全忽略了這種奉獻的意義。

以色列人又「囑咐先知說：不要說預言。」(摩2:12) 他們用各種的方法犯罪、離開神，甚至要堵住先知的嘴。所以，神說：

「拿弓的不能站立；腿快的不能逃脱；騎馬的也不能自救。到那日，勇士中最有膽量的，必赤身逃跑。這是耶和華說的。」(摩2:15-16)

神一直以來的心意是要拯救全世界的人，先從全世界中揀選一個民族以色列人，讓他們認識真神耶和華，再由他們帶領萬族萬民認識真神。以色列人肩負如此尊貴的責任，可是，他們非常失敗，拜偶像、犯罪，這麼差的見證，自是無法將耶和華傳揚給全世界的民族認識。

上述八個宣告的信息十分清楚，**全世界無人能逃避神的審判，尤其屬神的子民，如果我們沒有達到神的要求，神就要加倍對付和懲罰我們。**

三篇責備的信息

第3章至5章17節，是三篇神審判祂的子民以色列人的信息。神要講得清清楚楚，以免以色列人以為神光說不做，神確確實實，真真實實，會懲罰他們。

第一篇信息：種瓜得瓜

「以色列人哪，你們全家是我從埃及地領上來的，當聽耶和華攻擊你們的話：在地上萬族中，我只認識你們；因此，我必追討你們的一切罪孽。」(摩3:1-2) 神特別強調一定要對付以色列人的罪惡。

「主耶和華若不將奧祕指示祂的僕人——眾先知，就一無所行。獅子吼叫，誰不懼怕呢？主耶和華發命，誰能不說預言呢？」(摩3:7-8)。神好像一隻發怒的獅子，是有其「因」的：以色列人犯罪得罪了神，由是，神的審判一定會來到。

「要在亞實突的宮殿中和埃及地的宮殿裏傳揚說：你們要聚集在撒馬利亞的山上，就看見城中有何等大的擾亂與欺壓的事。那些以強暴搶奪財物、積蓄在自己家中的人不知道行正直的事。這是耶和華說的。」（摩3：9-10）。亞實突、埃及本都是以色列的敵人。神發怒的原因是在北國京城撒馬利亞竟然有最多不公平的事發生，有很多「擾亂」、「欺壓」，以及「以強暴搶奪」。（摩3：10）

「所以主耶和華如此說：敵人必來圍攻這地（北國），使你的勢力衰微，搶掠你的家宅。」（摩3：11）。這裏所說的敵人就是亞述國，神要興起亞述國，從以色列國的東北面攻打過來。果然，幾十年後，主前722年，亞述滅了北國。

神又警告以色列人，勿要輕看這個審判。當神的審判臨到時，當以色列亡國時，光景十分悲慘，好像獅子咬住羊，牧人想救羊，但不能救回，只剩下「兩條羊腿或半個耳朵」。（摩3：12）

「我討以色列罪的日子，也要討伯特利祭壇的罪；壇角必被砍下，墜落於地。」（摩3：14）

王國分裂後，北國第一任王耶羅波安一世鑄造了兩個偶像金牛犢，分別置於北國兩個重要城市「但」和「伯特利」，吩咐百姓拜金牛犢，當作拜耶和華神，把百姓陷在大罪裏，所以，神「也要討伯特利祭壇的罪」。

第二篇信息：虛有其表的信仰

以色列人還犯了什麼罪呢？

「你們住撒馬利亞山如巴珊母牛的啊」（摩4：1）以色列人自以為很強壯，好像「巴珊母牛」一樣有力，耶和華神卻說：「當聽我的話——你們欺負貧寒的，壓碎窮乏的，對家主說：拿酒來，我們喝吧！」（摩4：1）神責備以色列人的頑梗，他們貪婪，欺負窮人，這是耶和華神不喜歡的。神又繼續嘲諷，說：「以色列人哪，任你們往伯特利去犯罪，到吉甲加增罪過；每日早晨獻上你們的祭物，每三日（有些譯本譯作「三年」）奉上你們的十分之一。任你們獻有酵的感謝祭，把甘心祭宣傳報告給眾人，因為是你們所喜愛的。這是主耶和華說的。」（摩4：4-5）

以色列人有種種宗教儀式：每早晨獻祭物，每三年奉獻特別的十分之一給利未人，讓他們有糧餉。**但是，如果神的子民徒有宗教外殼，而無信仰實質，神是完全不欣賞的。**

神又說：「我使你們在一切城中牙齒乾淨，在你們各處糧食缺乏。」（摩4：6）

「在收割的前三月，我使雨停止，不降在你們那裏；我降雨在這城，不降雨在那城；這塊地有雨，那塊地無雨；無雨的就枯乾了。……你們仍不歸向我。」（摩4：7-8）

那些頑梗的以色列人去拜偶像，他們聽聞巴力是掌管天氣的神明，以為巴力可以幫助他們。耶和華神要以色列人明白：巴力並不能帶來風調雨順，是耶和華神不賜給他們雨水，以色列人應該幡然醒悟，誰知他們懵然不察，不歸向真神。

耶和華神說：「我以旱風、霉爛攻擊你們，你們園中許多菜蔬、葡萄樹、無花果樹、橄欖樹都被剪蟲所吃；你們仍不歸向我。」（摩4：9）

由是，神一定要懲罰北國以色列：「我傾覆你們中間的城邑，如同我從前傾覆所多瑪、蛾摩拉一樣，使你們好像從火中抽出來的一根柴；你們仍不歸向我。這是耶和華說的。」（摩4：11）

烈火熊熊，柴快要燒毀了，人想快點抽出，希望不完全燒毀，但是，以色列人仍然頑梗，仍不歸向神。所以，神說：「以色列人啊，我已經將審判全部預先告訴了你們，提醒了你們，如果你們仍然不悔改，你們就要自食其果了。」

神說：「以色列啊，我必向你如此行；以色列啊，我既這樣行，你當預備迎見你的神。」（摩4：12）

我們知道從先知角度而作的預言，有關神的來臨、神的審判，是可以重複應驗，所以，在歷史上，神曾多次施行審判，多次對百姓說：「你當預備迎見你的神」。今天，我們也同樣會面對神的審判，也要準備好迎見我們的神。

第三篇信息：以色列人諸罪

第5章1至27節，是第三篇責備以色列人的信息。第6章則繼續責備以色列人種種罪惡，從略不詳解。

五個異象

從第7章1節至9章10節是五個異象。在首兩個異象中，**神告訴先知阿摩司，祂**

要懲罰以色列人，但是，先知扮演「代求」的角色，求神赦免以色列人，神就止怒。

第一個異象：蝗蟲異象

「主耶和華指示我（阿摩司）一件事：為王割菜（或譯：草）之後，菜又發生；剛發生的時候，主造蝗蟲。蝗蟲吃盡那地的青物。」（摩7：1-2）

一羣蝗蟲少則數千，多則上萬，可以在短短時間內，將大片大片農作物吃個精光。**先知阿摩司看見這個異象，即時反應就是為以色列人代求。**他說：「主耶和華啊，求你赦免；因為雅各（以色列民）微弱，他怎能站立得住呢？」於是，「耶和華就後悔說：『這災可以免了。』」（摩7：2-3）

這也是對我們的提醒：我們是神的子民，如果我們說自己是親近神的人，當更清楚明白神的審判。我們不該袖手旁觀，卻要像阿摩司那樣代求：「主啊，不行不行，他們是無法承擔的，求你赦免。」神就會說：「好罷，我免了這災。」

第二個異象：火燒異象

「主耶和華又指示我一件事：他命火來懲罰以色列，火就吞滅深淵，險些將地燒滅。」（摩7：4）

阿摩司又為以色列代求，說：「主耶和華啊，求你止息；因為雅各微弱，他怎能站立得住呢？」（摩7：5）神垂聽了先知的代求，「就後悔說：『這災也可免了。』」（摩7：6）

如果神要審判香港，甚至全世界，我們要怎樣做呢？我們當求神說：「主啊，不行不行，還有很多人仍未認識你，很痛苦，求你赦免。」

第三個異象：準繩異象

因為以色列人不斷犯罪，神又顯示了第三個異象

「他（神）又指示我一件事：有一道牆是按準繩建築的，主手拿準繩站在其上。耶和華對我說：『阿摩司啊，你看見什麼？』我說：『看見準繩。』主說：『我要吊起準繩在我民以色列中；我必不再寬恕他們。以撒的邱壇必然淒涼；以色列的聖所必然荒

廢。我必興起，用刀攻擊耶羅波安的家。』」(摩7：7-9)

「準繩」和「水平尺」都是建築工具：「準繩」是衡量垂直面，「水平尺」則衡量水平面。「準繩」是一條繩，吊著一個沉重的「陀」，建牆時按著準繩來砌，就可以建成與水平面形九十度垂直的牆，如此才不會倒塌。

在屬靈上，準繩的意思就是：神按照祂的心意和律法建立以色列，以色列本是「正直」的，是一個很有見證的國家。可惜，當神用準繩量度時，發現以色列人全都「東倒西歪」，完全不能達到神的標準，所以神一定要懲罰以色列人，這次神不會赦免他們，「無情可講」。

上述三個異象讓我們看到，我們作為代求的人，雖然有時未必能夠完全挽回審判的局面，但是起碼我們能夠做到一點點事，起碼能夠「延遲」審判。

阿摩司蒙召記

第7章10至17節插入了先知阿摩司蒙召經歷，說明神一定懲罰北國的原因。阿摩司與「宗教中心」伯特利（金牛犢所在地）的祭司亞瑪謝對質。亞瑪謝是國家的宗教領袖，他說的話充份暴露了自己的敗壞，國家祭司如此敗壞，如此頑梗，上行下效，神不可能再赦免。

「伯特利的祭司亞瑪謝打發人到以色列王耶羅波安（二世）那裏，說：「阿摩司在以色列家中圖謀背叛你；他所說的一切話，這國擔當不起；因為阿摩司如此說：『耶羅波安必被刀殺，以色列民定被擄去離開本地。』」(摩7：10-11)

如果你真是一個忠於神的先知、祭司，當你知道神的審判將要臨到，就應該儆醒、應該悔改，但是亞瑪謝不但不肯悔改，還想對付阿摩司，他竟然向以色列王耶羅波安二世誣告阿摩司「叛國罪」(摩7：10)。

接著，「亞瑪謝又對阿摩司說：『你這先見哪，要逃往猶大地去，在那裏糊口，在那裏說預言，卻不要在伯特利再說預言；因為這裏有王的聖所，有王的宮殿。』」(摩7：12-13) 亞瑪謝還在做夢，以為北國有王的聖所、宮殿，就是安全的，是神祝福的地方。

阿摩司說不是他自己想來到北國的，他不是職業先知，本來只是「牧人」和

「修理桑樹的」。但是，「耶和華選召我，使我不跟從羊羣，對我說：『你去向我民以色列說預言。』」（摩7：15）

阿摩司又說：「亞瑪謝啊，現在你要聽耶和華的話。你說：『不要向以色列說預言，也不要向以撒家滴下預言。』所以耶和華如此說：『你的妻子必在城中作妓女；你的兒女必倒在刀下。你的地必有人用繩子量了分取；你自己必死在污穢之地。以色列民定被擄去離開本地。』」（摩7：16-17）

神派先知阿摩司到北國傳講神的審判信息，警告他們神的審判和懲罰將要臨到，這是最後的機會，但是亞瑪謝和以色列人卻不肯聽神的警告，所以神必定要懲罰他們，他們一定會被敵人俘虜。以色列的滅亡已無可挽回。

第四個異象：夏果異象

「主耶和華又指示我一件事：我看見一筐夏天的果子。他說：『阿摩司啊，你看見什麼？』我說：『看見一筐夏天的果子。』耶和華說：『我民以色列的結局到了，我必不再寬恕他們。』」（摩8：1-2）

神再次清楚宣告祂要懲罰以色列人。「無花果」代表以色列，猶如夏天果子成熟要被摘下，時機成熟了，神要判定以色列的果子為壞果子，審判以色列。

「主耶和華說：日子將到，我必命饑荒降在地上。人飢餓非因無餅，乾渴非因無水，乃因不聽耶和華的話。」（摩8：11）

當神審判時，以色列人雖四處尋找先知的話希望得著安慰，但神不會向他們說話。當我們完全不肯聽神的話，就算我們好像很「敬虔」尋找神，神也不會對我們說話，那些不是有心服從神的人，就算你查經、開研討會，神也不會對你說話。

第五個異象：祭壇異象

「我看見主站在祭壇旁邊；他說：你要擊打柱頂，使門檻震動，打碎柱頂，落在眾人頭上；所剩下的人，我必用刀殺戮，無一人能逃避，無一人能逃脫。」（摩9：1）

神完全激動、發怒，要打碎柱頂、令柱頂完全倒塌，懲罰眾人；又表示沒有人能夠逃避祂的懲罰。9章2節形容得很生動：「他們雖然挖透陰間，我的手必取出

他們來；雖然爬上天去，我必拿下他們來。」(摩9：2)

接著，神說：「主——萬軍之耶和華摸地，地就消化，凡住在地上的都必悲哀。地必全然像尼羅河漲起，如同埃及河落下。」(摩9：5)

當神施行審判時，大地翻滾如尼羅河奔騰的大水。

「耶和華說：以色列人哪，我豈不看你們如古實人嗎？我豈不是領以色列人出埃及地，領非利士人出迦斐託，領亞蘭人出吉珥嗎？」(摩9：7)

本來，以色列人與其他民族是有分別的，神帶領以色列人出埃及表明了他們是屬神的子民。但是，以色列人恃著選民身分多行不義，以為神不會審判他們(摩9：10)。**神說，祂不但看顧以色列，也看顧其他民族如古實人、非利士人和亞蘭人，一視同仁。既然神審判不義的列國，神也必定審判犯罪的以色列。**

神說：「我必出令，將以色列家分散在列國中，好像用篩子篩穀，連一粒也不落在地上。」(摩9：9)

在整卷〈阿摩司書〉中，神的審判是非常嚴厲的。

結語：復興的盼望

第9章11至15節，是有關以色列人的復興預告，神再次將盼望賜給以色列人。

「到那日，我必建立大衛倒塌的帳幕，堵住其中的破口，把那破壞的建立起來，重新修造，像古時一樣，使以色列人得以東所餘剩的和所有稱為我名下的國。此乃行這事的耶和華說的。」(摩9：11-12) 大衛王本來有「宮殿」，不過這裏用「帳幕」，提醒我們大衛出身寒微。

舊約先知書裏經常出現「耶和華的日子」、「那日」一詞，此詞含有特別的神學意義，指耶和華顯現的日子，耶和華要來臨的日子，顯出祂作為的日子。所以，「耶和華的日子」可以說是耶和華神審判的日子，也是耶和華神拯救的日子。

在〈阿摩司書〉9章11節，「那日」是預告神最終要做的事，指最終末、最末日的日子，在新約《聖經》的亮光之下，我們知道原來是新約的日子。

據路加所記，耶路撒冷會議上，使徒雅各引用了〈阿摩司書〉9章11至12節，說：

「眾先知的話也與這意思相合。正如經上所寫的：此後，我（神）要回來，重新修造大衛倒塌的帳幕，把那破壞的重新修造建立起來，叫餘剩的人，就是凡稱為我名下的外邦人，都尋求主。這話是從創世以來顯明這事的主說的。」（徒15：15-18）

當時初生的教會面臨一項重大問題：外邦信徒是否要受割禮才能得救？**雅各就引用這節經文，證明先知一早就預言了，有一日，神會復興以色列，並興起一個國度，「所有稱為我（神）名下的國」都會被神得著。外邦當中也有敬拜耶和華神的人，由是，外邦信徒無須一定要透過受割禮，先變成猶太人，然後才能皈依耶和華神。今天，你和我所有歸在神名下的列國子民，都是屬於以色列的。**

將來神會賜福，極其豐盛，到了無法想像的地步，第9章13節說：「耶和華說：日子將到，耕種的必接續收割的」——收割未完就可以耕種，沒有間斷，是很豐盛的；

「踹葡萄的必接續撒種的」——剛剛才撒種就好像可以有收成；

「大山要滴下甜酒」——葡萄多到不得了；

「小山都必流奶」——小山上的牛羊多到不得了。

神用以色列人能夠明白的方法，表達**祂會重新興起和復興以色列，神會成就祂的應許到一個地步，以色列人會很豐盛。**

「我必使我民以色列被擄的歸回；他們必重修荒廢的城邑居住，栽種葡萄園，……我要將他們栽於本地，他們不再從我所賜給他們的地上拔出來。這是耶和華——你的神說的。」（摩9：14-15）

〈阿摩司書〉讓我們看到，**神要求我們言行一致，我們要實踐公平和公義，這點值得我們好好反省。**

〈阿摩司書〉也論及很多國家的命運，讓我們知道神也是關心其他國家的，**神要我們屬神的子民先做好一個見證，所以，當我們看到自己的國家和社會有很多不公義的事情時，我們要讓世人知道神的標準為何，也要身體力行，活出這個標準。**

我有一個芬蘭同學，多年前曾到香港旅遊，臨走時，表示不太喜歡香港，她說：「在芬蘭，大多數人屬於中產階級，有錢人或窮人之間的差異不大。」香港的貧富懸殊令她十分震驚！

貧富懸殊的社會問題必須從根源改革，才有成效。求主幫助我們，一方面廣傳福音，讓眾多貪婪的心能變成慷慨好施的心，另一方面，叫我們不要對各種社會事務麻木不仁，並教導我們在不同崗位上發揮對社會正面的影響力。

祈禱

全地的主，我們敬拜你。你掌管萬國萬族的歷史，你看顧全人類，有一天你也要審判全人類。求你幫助我們，幫助教會，幫助所有你名下的羣體，能夠活出你公義的標準，在這世上為你作光作鹽，帶領更多世人預備好迎見你！

生活應用

神對全人類有何共同道德要求？祂期望人類社會有何道德標準？尤其對其子民有何獨特期望？身為基督徒，我們肩負怎樣的社會責任？可以怎樣履行？

第九課(二)

彌迦書

「當猶大王約坦、亞哈斯、希西家在位的時候,摩利沙人彌迦得耶和華的默示,論撒馬利亞和耶路撒冷。」(彌1:1)

彌迦於猶大王約坦、亞哈斯、希西家在位時作先知。「摩利沙」是南國猶大的一個小鎮,先知彌迦是向南國猶大宣告神的信息,不過他也提及北國的事情,讓南國有所警惕。彌迦預告北國京都撒瑪利亞之淪亡(主前722),以此警告南國,神也必定審判充滿敗壞的猶大。不過,**聖潔和慈愛的神,在潔淨猶大後,必定赦免她,並興起將來彌賽亞國度,賜她極大的榮耀。**

〈彌迦書〉有審判,也有安慰。讀者首先看到神的審判,然後有神的安慰,接著又是審判,之後又有安慰,如此遞交進行。我們可以從中看到神的肺腑心腸,公義和慈愛並存。

審判神喻(彌1:2-3:12)

「萬民哪,你們都要聽!地和其上所有的,也都要側耳而聽!主耶和華從他的聖殿要見證你們的不是。」(彌1:2)

〈彌迦書〉也講述神要來了,一開頭就呼喚「萬民」,讓我們看到神的信息並非只給神的子民猶大,乃是全世界的人都要知道神是全世界的主!

「看哪,耶和華出了他的居所,降臨步行地的高處。眾山在他以下必消化,諸谷必崩裂,如蠟化在火中,如水沖下山坡。」(彌1:3-4)

當神來臨的時候，可不是一件簡單的事，當神從天上降臨，祂的「腳」踏在山上的時候，可以叫整個世界立刻消滅！

「這都因雅各的罪過，以色列家的罪惡。雅各的罪過在哪裏呢？豈不是在撒馬利亞（代表北國）嗎？猶大的邱壇在哪裏呢？豈不是在耶路撒冷（代表南國）嗎？」（彌1:5）

神要對付什麼呢？撒馬利亞是北國的京城，以色列人就是在北國最重要的地方犯罪。耶路撒冷是南國的京城，而邱壇（即是拜偶像的地方）就在耶路撒冷，換言之，在京城就可見到猶大人的罪惡。

所以，神說：「所以我必使撒馬利亞變為田野的亂堆。」（彌1:6）神透過先知彌迦預言北國以色列將會被亞述消滅，會變為「亂堆」，藉此警告南國猶大。

「她（北國）一切雕刻的偶像必被打碎；她所得的財物必被火燒；所有的偶像我必毀滅；因為是從妓女雇價所聚來的，後必歸為妓女的雇價。」（彌1:7）以色列人又拜偶像，又行淫亂。偶像與淫亂二者為一。當人拜偶像、不敬拜真神的時候，道德標準也會隨之降低。

「我必大聲哀號，赤腳露體而行；又要呼號如野狗，哀鳴如鴕鳥。因為撒馬利亞的傷痕無法醫治，延及猶大和耶路撒冷我民的城門。」（彌1:8-9）先知彌迦為南國猶大的城市切切哀哭，兩國京城都逃不出神的審判，都會受到神的懲罰。

之後這幾節，彌迦採用了一連串諧音字，極富文學美感：

1:10	迦特——音似「報告」。伯亞弗拉——意即「灰塵之家」。
1:11	沙斐——意即「美麗」。撒南——音似「出來」。 伯以薛——意即「在旁邊之家」。
1:12	瑪律——音似「痛苦」。
1:13	拉吉——音似「車隊」。
1:14	摩利設——音似「聘娶」。亞革悉——音似「詭詐」。
1:15	瑪利沙——音似「奪取者」。

「不要在迦特報告這事，總不要哭泣。」（彌1:10）在「迦特」這個敵人的地方不要「報告」這件事，因為我們感到很羞恥、難過。

「我在伯·亞弗拉滾於灰塵之中。」(彌1:10) 我在「灰塵之家」滾於灰塵之中。

接下來的幾節經文，先知使用一些與這些城市——沙斐、撒南、瑪律、拉吉、瑪利沙——諧音的字，表達他們的遭遇將十分悲慘。

第2章繼續講述神的審判，猶大人到底犯了什麼罪呢？猶大人經常思想、圖謀的就是怎樣搜掠財富、發財，怎樣可以增加財富。

「然而，近來我的民興起如仇敵，從那些安然經過不願打仗之人身上剝去外衣。你們將我民中的婦人從安樂家中趕出，又將我的榮耀從她們的小孩子盡行奪去。」(彌2:8-9) 他們又欺壓弱小的人，所以耶和華一定要對付和懲罰他們。

「所以耶和華如此說：我籌劃災禍降與這族；這禍在你們的頸項上不能解脫。……到那日，必有人向你們提起悲慘的哀歌，譏刺說：我們全然敗落了！耶和華將我們的分轉歸別人，何竟使這分離開我們？他將我們的田地分給悖逆的人。所以在耶和華的會中，你必沒有人拈鬮拉準繩。」(彌2:3-5)

第3章，連國家的領袖、官長都會被耶和華懲罰，因為不只是普遍的百姓犯罪，連領袖也多行不義。

「我說：雅各的首領，以色列家的官長啊，你們要聽！你們不當知道公平嗎？你們惡善好惡，從人身上剝皮，從人骨頭上剔肉，吃我民的肉，剝他們的皮，打折他們的骨頭，分成塊子像要下鍋，又像釜中的肉。」(彌3:1-3)

聽來好像「碎屍案」，其實先知彌迦是用很生動的話去批評以色列的首領欺壓人，就好像拆人的骨頭、剝人的肉來吃那樣殘忍。甚至先知也犯罪：「論到使我民走差路的先知——他們牙齒有所嚼的，他們就呼喊說：平安了！凡不供給他們吃的，他們就預備攻擊他（預備攻擊他：或譯說必遭遇刀兵）。」(彌3:5)

我認為〈彌迦書〉有很多段落十分美麗，**當耶和華神透過彌迦責備以色列的首領和先知時，彌迦就提到當他看到周圍有很多令人難過、不公義的事情時，自己的心態是怎樣的。**

「至於我，我藉耶和華的靈，滿有力量、公平、才能，可以向雅各說明他的過犯，

向以色列指出他的罪惡。」(彌3:8)

以色列罪惡遍地之際,彌迦說:「我依靠聖靈,得以充滿力量,我自己是正直的,所以我能夠說出神的標準,我有力量指出以色列人的罪惡過犯。」

今天,我們有沒有這種聖潔的能力呢?抑或**因為我們不能活出神的道,自己都覺得羞愧,而不敢說話;抑或我們要靠著主,努力踐信於行,以致我們能夠表達神公平的話語?**

安慰神喻(彌4:1-5:15)

第4章,**出現了神安慰的信息。**一開頭使用了一個「遠鏡」,**預言將來耶和華神會怎樣賜福給猶大。**第4章1至5節與〈以賽亞書〉2章1至4節幾乎一模一樣:「末後的日子,耶和華殿的山必堅立,超乎諸山,高舉過於萬嶺;萬民都要流歸這山。必有許多國的民前往,說:來吧,我們登耶和華的山,奔雅各神的殿。主必將他的道教訓我們;我們也要行他的路。因為訓誨必出於錫安;耶和華的言語必出於耶路撒冷。」(彌4:1-2)

現在的京城耶路撒冷是犯罪的,因而「必變為亂堆;這殿的山必像叢林的高處。」(彌3:12)不過,**有一日,耶和華神會讓耶路撒冷再次得到高舉,萬民都會前來耶路撒冷。**新約《聖經》開始應驗這一切事情,救恩是從猶大支派而出的,是從耶路撒冷而出的,很多國家的民,包括我們這些外邦人,都要尋找猶大這個國家所信的真神,可見耶和華神應許將來會再次賜福給猶大和耶路撒冷。

第5章講述耶和華神會用什麼方法來賜福:「伯利恆的以法他啊,你在猶大諸城中為小,將來必有一位從你那裏出來,在以色列中為我作掌權的;他的根源從亙古,從太初就有。」(彌5:2)

這裏是做一個對比,我們以為大城市耶路撒冷會出這位王,但神說:「不是,我會在一個細小的城、完全無法與耶路撒冷城相比的,興起這位王,我會在伯利恆這個小城鎮,興起一位為我作掌權的。」

那時候，「耶和華必將以色列人交付敵人，直等那生產的婦人生下子來。那時掌權者（原文是他）其餘的弟兄必歸到以色列人那裏。」（彌5：3）

這裏預言到彌賽亞的出生，當這個婦人生下彌賽亞之後，彌賽亞會引導其餘以色列人歸回神那裏。

「他（彌賽亞）必起來，倚靠耶和華的大能，並耶和華——他神之名的威嚴，牧養他的羊羣。他們要安然居住；因為他必日見尊大，直到地極。」（彌5：4）

在審判的信息當中，神再次給以色列人和猶大人一個盼望：將來神會興起一位彌賽亞拯救他們。

審判及安慰神喻（彌6：1-7：20）

我們看一看神對以色列民的真正要求是怎樣的？

神說：「我的百姓啊，我向你做了什麼呢？我在什麼事上使你厭煩？你可以對我證明。我曾將你從埃及地領出來，從作奴僕之家救贖你；我也差遣摩西、亞倫，和米利暗在你前面行。我的百姓啊，你們當追念摩押王巴勒所設的謀和比珥的兒子巴蘭回答他的話，並你們從什亭到吉甲所遇見的事，好使你們知道耶和華公義的作為。」（彌6：3-5）

神多次拯救和保護以色列人，是要他們「知道耶和華公義的作為」，要認識神。**今天神拯救我們的目的，**並非純粹叫我們有一些宗教的儀式，並非純粹叫我們要做一些施捨、善行，乃**是叫我們認識這位神和祂的公義。**

「我朝見耶和華，在至高神面前跪拜，當獻上什麼呢？豈可獻一歲的牛犢為燔祭嗎？耶和華豈喜悅千千的公羊，或是萬萬的油河嗎？」（彌6：6-7）

這裏很可能是先知的心聲，同時代表了所有百姓問：「神拯救了我們，祂最大的期望是什麼呢？是否要我們獻上一歲的牛犢，像律法所吩咐的獻上燔祭嗎？但是神是否喜悅千千的公羊？」

「我豈可為自己的罪過獻我的長子嗎？為心中的罪惡獻我身所生的嗎？」（彌6：7）

獻子為祭本是外邦人邪惡的習俗，即使以色列人盡了全力，把所有都獻給神，甚至獻上自己的兒子，神都認為是沒有用的，恰如使徒保羅所說：「我若將所

有的賙濟窮人，又捨己身叫人焚燒，卻沒有愛，仍然與我無益。」(林前13:3)

那麼，神對以色列民的要求是什麼呢？

「世人哪，耶和華已指示你何為善。他向你所要的是什麼呢？只要你行公義，好憐憫，存謙卑的心，與你的神同行。」(彌6:8)

此處的「公義」，有時譯作「公平」，英文是"justice"，指我們要**按照神的創造律則，行公平的決定，做正確的事情——是對的、合宜的。「憐憫」是指慈愛的、慷慨的、施恩的。神所要求的就是你按照神的律法行事為人：公平正直對待別人、憐憫人、對別人有恩慈，也要謙卑與神同行，倚靠神而生活。**

第7章，既然神的審判將要臨到，神的子民應該怎樣做呢？我相信**這些話是先知彌迦說的，他認同神的子民、認同以色列、認同猶大，據此發言。**先知說，雖然神的審判是非常嚴厲，但是「至於我，我要仰望耶和華，要等候那救我的神；我的神必應允我。」(彌7:7)

神是公義的，人犯罪，就難逃神的審判。不過，神是有憐憫，有恩典的，所以我們對神有盼望。先知彌迦遂代表百姓說：「我的仇敵啊，不要向我誇耀。」(彌7:8) 先知說：「你們這些仇敵不要趁著神懲罰我的時候，就乘機『踩上一腳』，你們不要向我誇耀。」

先知又說：「我雖跌倒，卻要起來；我雖坐在黑暗裏，耶和華卻作我的光。」(彌7:8) **在非常困難的黑暗時代，先知知道，若他等候神就有出路。**

先知代表百姓說：「我要忍受耶和華的惱怒；因我得罪了他。」(彌7:9)

「直等他(神)為我辨屈，為我伸冤。他必領我到光明中；我必得見他的公義。」(彌7:9) 先知說：「有一日，神懲罰完之後，會再次憐憫我們，守約施恩，我們會看到祂的工作。」

「那時我的仇敵，就是曾對我說『耶和華——你神在哪裏』的，他一看見這事就被羞愧遮蓋。我必親眼見他遭報；他必被踐踏，如同街上的泥土。」(彌7:10)

先知叫仇敵不要幸災樂禍，這是暫時的，神暫時會懲罰以色列人，但是有一日神會再次興起他們。

今天在整全《聖經》的亮光之下，我們知道「仇敵」不但指亞述、或巴比倫，還有仇敵魔鬼，因為魔鬼最希望我們行差踏錯，最希望神懲罰我們，不過，即使神因我們的過犯而懲罰我們，神仍然會再次向我們施恩。

先知再說：「以色列啊，日子必到，你的牆垣必重修；到那日（就是「耶和華日子」、耶和華神拯救的日子來到的時候），你的境界必開展（或譯：命令必傳到遠方）。當那日，人必從亞述，從埃及的城邑，從埃及到大河，從這海到那海，從這山到那山，都歸到你這裏。」（彌7：11-12）

「求耶和華在迦密山的樹林中，用你的杖牧放你獨居的民，就是你產業的羊羣。求你容他們在巴珊和基列得食物，像古時一樣。」（彌7：14）

先知很懂得體貼神的心腸，明白神非常愛祂的子民以色列人，所以，他求神自己去牧養祂的子民，牧養這班獨居的子民，「像古時一樣」。

神怎樣回答？「耶和華說：我要把奇事顯給他們看，好像出埃及地的時候一樣。」神會重演「出埃及」，令「列國看見這事就必為自己的勢力慚愧；他們必用手摀口，掩耳不聽。……戰戰兢兢地出他們的營寨。他們必戰懼投降耶和華，也必因我們的神而懼怕。」（彌7：15, 16-17）

先知彌迦深深體悟到神的心腸：「神啊，有何神像你，赦免罪孽，饒恕你產業之餘民的罪過，不永遠懷怒，喜愛施恩？必再憐憫我們，將我們的罪孽踏在腳下，又將我們的一切罪投於深海。你必按古時起誓應許我們列祖的話，向雅各發誠實，向亞伯拉罕施慈愛。」（彌7：18-20）

有何神好像我們的神那樣（這正是彌迦名字之意：「誰像耶和華？」）：**如此公義，賞善罰惡；但也如此慈愛，願意赦免子民的罪，猶如將他們的罪惡拋入深海，以後再也找不到！（彌7：19）**

今天，**在新約《聖經》的亮光之下，我們知道神是繼續工作的，神願意赦免祂的百姓，願意赦免我們的一切罪惡，神會從以色列人（猶太人）當中、從外邦人當中興起尋求祂的人。**神期望看到一個公平、公義的社會。今天，每一個基督徒，乃至每一家教會，都肩負一個很重要的責任，我們是建在山上的城，我們要成為世上的光，要讓世人知道神的標準，神的要求。

祈禱

親愛的主，你是何等公平、公義的神，你的眼目不看邪惡，當你見到人的罪惡的時候，你一定會追究。主啊，我們知道自己無法面對你的憤怒，我們懇求你施憐憫，求你不要忘記你的約，憐憫我們這個世代，我們知道你會憐憫，你仍未再來是因為你盼望萬人都能得救，不願意有一個人淪亡，更不願意有人因為你的審判而永遠滅亡。

主啊，求你幫助我們作山上的城，在所處的社會中，宣告你的標準，你的公義和公平、憐憫和慈愛。求主幫助我們，先從自己開始，而至教會，而至社會，活出公平和公義，爾後，萬民就會受到吸引歸向你自己。

因你的話永遠長存！我們獻上衷心的感恩。奉主耶穌基督的名，阿們。

生活應用

先知彌迦切切為國人代禱（彌7：7-20），我們可以怎樣為身處的社會代禱？如何培育「行公義、好憐憫、謙卑與神同行」（彌6：8）的青少年人，服務香港？

第十課（一）

以賽亞書（上）

1947年，一個牧童尋羊，無意中發現「死海古卷」。考古學家聞風而至，搜遍鄰近地區每一寸土地，出土文物有「昆蘭社區」的文獻，及《聖經》書卷，其中含〈以賽亞書〉全卷書文稿，考古學家證實為約主前100年的手抄本。發現死海古卷之前，所流行最古老，比較完整的《聖經》是約主後1000年間的抄本，昆蘭的考古發現，**一下子將舊約《聖經》最古老版本推前了一千一百年！**

專家將主後1000年的〈以賽亞書〉，與主前100年的古抄本對照，驚訝發現除了個別字眼寫法上的差異之外，兩者整體內容完全相同，證明了今天我們所擁有的《聖經》在謄寫傳遞過程中保持了高度準確性。**神不但默示《聖經》——祂的話語，在未有印刷術的時候，神還保守《聖經》謄寫和保存的準確。**

在神學上，〈以賽亞書〉也是非常重要的一卷書，書中有大量篇幅講述彌賽亞的工作，是預言救恩最詳細清楚的一卷書，因而有「舊約的〈羅馬書〉」之稱。如果沒有〈以賽亞書〉，我們就不太清楚在整部舊約之中，神對新約時代會有什麼計劃。**〈以賽亞書〉是新約裏，除了〈詩篇〉之外，引用次數最多的書卷。**

作者其人其時代

「當烏西雅、約坦、亞哈斯、希西家作猶大王的時候，亞摩斯的兒子以賽亞得默示，論到猶大和耶路撒冷。」（賽1：1）

先知以賽亞約在主前700年寫〈以賽亞書〉，不過書中所記，有些事情發生於約主前730年間。成書時，北國以色列已亡國（主前722年），南國猶大也危於旦夕。以賽亞關心什麼問題呢？

相信大家都記得之前發生的事：**神創造人類是希望天人協和：人與神有良好的相交、聯合，但是人犯了罪，背離了神。神透過揀選一個人（亞伯拉罕），從中興起一個民族，形成國家；此國為一仲介國、祭司國，帶領全人類回歸真神。所以，以色列民肩負一個重大使命：成為一個見證真神的國家。**

但是，經歷了大衛和所羅門二代王的輝煌之後，以色列王國便南北二分國，北國很快就遠離了神，南國情況也不甚妙，在國家無法為神作見證，同時又面臨強敵威脅之時，以賽亞要回答四個重要的問題：

1. **神是否是歷史的主宰？**以色列王國是神所揀選的國家、民族，但是為什麼這個國家竟然如此失敗？居然會被那些拜偶像的外邦擊敗呢？究竟以色列的神是否「靠得住」呢？正如今天，如果基督徒的生活見證，還遠遠不及未信主的人，你就會問：基督徒的神是否有用呢？
2. **拜偶像的國家為何比以色列更強大呢？**亞述、巴比倫都是不認識真神的國家，但為什麼他們比認識真神耶和華的以色列國更強大呢？
3. **大衛王朝前途如何？**耶和華神曾經與亞伯拉罕立約，要使用亞伯拉罕和他的後裔，應許萬國要因亞伯拉罕的後裔得福。後來，神更一諾千金，應允大衛王：「你的家和你的國必在我面前永遠堅立。你的國位也必堅定，直到永遠。」（撒下7：16）但現在北國已亡，南國亦在風雨飄搖之中，神的應許在哪裏呢？如果神所應許、揀選的國家滅亡了，那麼，祂還是一位守約的神嗎？
4. **怎樣才算信靠神？**以賽亞一再挑戰國民：「你們不要跟從人、不要聽從人的意思、也不要倚靠人的政治勢力，更不應該拜偶像，你們要單一倚靠神。」那麼，究竟怎樣才算是信靠神呢？

〈以賽亞書〉內容極為豐富，最為凸顯的主題是「耶和華的救恩」，或「偉大的救恩」。全書共六十六章，可分為兩大部分，前三十九章主要為責備的話語，間中有一些安慰的信息；之後二十七章主要是安慰的信息。二部分剛好是「39+27」章，舊約《聖經》有三十九卷書，新約《聖經》有二十七卷書。

耶和華的救恩

「天哪，要聽！地啊，側耳而聽！」（賽1：2）

〈以賽亞書〉頭五章是「引言」，耶和華彷佛在法庭起訴，控告自己的子民；祂要求天地作見證，擔任「陪審團」：「我養育兒女，將他們養大，他們竟悖逆我。牛認識主人，驢認識主人的槽，以色列卻不認識；我的民卻不留意。」（賽1：2-3）

狗會經常跟著自己的主人，連動物都認識自己的主人，神就問：「為何我所創造、揀選，我所生養的以色列民竟然會離棄我呢？」的確很難想得通！可是今天世人不也相同嗎？

因此，耶和華神責備以色列人：「嗐！犯罪的國民，擔著罪孽的百姓；行惡的種類，敗壞的兒女！他們離棄耶和華，藐視以色列的聖者，與他生疏，往後退步。你們為什麼屢次悖逆，還要受責打嗎？」（賽1：4-5）

耶和華神說，因為以色列民犯了罪，所以神要管教他們，藉著外邦的國家懲罰他們，責打他們。可是，雖然以色列民已經遍體鱗傷，甚至到了「僅存錫安城（指耶路撒冷），好像葡萄園的草棚，瓜田的茅屋，被圍困的城邑。」（賽1：8）這麼可憐的地步，他們卻仍然不肯悔改。

先知慨嘆，我的民啊，神一直這樣管教你們，為何你們仍然不懂得回轉呢？

「若不是萬軍之耶和華給我們稍留餘種，我們早已像所多瑪、蛾摩拉的樣子了。」（賽1：9）接著，耶和華神道出自己心中的感受，「你們這所多瑪的官長啊，要聽耶和華的話！你們這蛾摩拉的百姓啊，要側耳聽我們神的訓誨！耶和華說：你們所獻的許多祭物與我何益呢？公綿羊的燔祭和肥畜的脂油，我已經夠了；公牛的血，羊羔的血，公山羊的血，我都不喜悅……你們的月朔和節期，我心裏恨惡，我都以為麻煩；我擔當，便不耐煩。」（賽1：10-11, 14）

這一切皆因猶大國政府和國民的罪行：「你們的手都滿了殺人的血。」（賽1：15）

耶和華神指出具體的改正之道：「學習行善，尋求公平，解救受欺壓的；給孤兒伸冤，為寡婦辨屈。」（賽1：17）

雖然以色列民的的罪惡十分嚴重，甚至可能連他們也不相信自己還有什麼希望，以至神要和他們辯論：神一定會幫助他們，那怕他們的罪惡好像血那樣紅（「硃紅」），神也一定能潔淨他們，赦免他們的罪惡（「必變成雪白」）：

「耶和華說：你們來，我們彼此辯論。你們的罪雖像硃紅，必變成雪白；雖紅如丹顏，必白如羊毛。」（賽1:18）

可是，嘆息、責備旋即又出現：「可歎，忠信的城變為妓女！從前充滿了公平，公義居在其中，現今卻有兇手居住。」（賽1:21）

耶路撒冷城是神所揀選的，應該好像一位貞潔的女子，但是為什麼現在會變得好像妓女，充斥欺騙和不公呢？

不過，一到第2章，神的「鏡頭」又拉到了很遠很遠：「末後的日子，耶和華殿的山必堅立，超乎諸山，高舉過於萬嶺；萬民都要流歸這山。」（賽2:2）

「耶和華殿的山」就是錫安山。耶路撒冷建於錫安山上，稍高於四周羣山。耶路撒冷要成為最高的山，當然是象徵的說法，意思是：**在最末了的日子，神的恩典將大大彰顯，如燈置於高台之上，萬民萬族將會來到耶路撒冷、錫安山，學習耶和華神的話語：**

「必有許多國的民前往，說：來吧，我們登耶和華的山（錫安山），奔雅各神的殿。主必將祂的道教訓我們；我們也要行祂的路。因為訓誨必出於錫安；耶和華的言語必出於耶路撒冷。」（賽2:3）

終有一日，**神會扭轉頹勢，使敗壞不堪的以色列再次成為神有力的見證，吸引全世界的人來歸向真神。**可見，在〈以賽亞書〉頭兩章，已經講述了神將會實行的偉大計劃。

第3章至4章，神繼續責備當時猶大和耶路撒冷民的罪惡。

〈以賽亞書〉大部分是詩歌，第5章便是一首「葡萄園之歌」，道出神的心聲：

「我要為我所親愛的唱歌，是我所愛者的歌，論他葡萄園的事：我所親愛的有葡

萄園在肥美的山岡上。」（賽5：1）

「他刨挖園子，撿去石頭，栽種上等的葡萄樹，在園中蓋了一座樓，又鑿出壓酒池；指望結好葡萄，反倒結了野葡萄。」（賽5：2）

這就是神的嘆息，以色列好比神花了很多心思、用心栽種的葡萄園。神希望這座葡萄園能夠結出上好葡萄，誰知竟然結出了「野葡萄」——不公、欺壓，貪婪、犯罪、拜偶像，所以，神感到很難過，就讓仇敵去毀壞這葡萄園：

「現在我告訴你們，我要向我葡萄園怎樣行：我必撤去籬笆，使它被吞滅，拆毀牆垣，使它被踐踏。」（賽5：5）

神要毀掉自己一手栽種的葡萄園，心情想必十分沈重。這是一首令人聞之淚下的「葡萄園之歌」。

我可以差遣誰呢？

第6章是很著名的一章，講述以賽亞蒙召。通常先知是先蒙召，然後才去傳講信息，還有，就時間而言，也是接第1章1節的，由是，第6章應該放在第1章才對。這當中是有深意的：先知以賽亞蒙神呼召，他要處理第1章至5章所論及的問題，而這些問題的解決方法是在第6章裏，先知以賽亞以身作則，樹立一個榜樣，他先經歷神在自己身上的工作，然後，先知就將神在他身上所作的工作帶到整個國家，換言之：以賽亞的個人出路就是整個國家的出路。

「當烏西雅王崩的那年，我見主坐在高高的寶座上。」（賽6：1）烏西雅王主政時，從人的角度來説，猶大國經濟發達，繁榮富強。現在，一個強大的王死了，國家是否會陷入危機當中呢？

神要以賽亞明白：「你不要看世人的政治，不要看地上的王哪一個有能力。你要舉目看天上的王！」**所以，神讓以賽亞親眼看見自己，坐在高天上的聖殿之寶座之上，**四周有「撒拉弗」侍立，雖然這些撒拉弗晝夜都看到這位天上的王——耶和華神，但他們只説一句：「彼此呼喊説：『聖哉！聖哉！聖哉！萬軍之耶和華；他

的榮光充滿全地！』因呼喊者的聲音，門檻的根基震動，殿充滿了煙雲。」(賽6:3-4)

神是獨一無二的，是無罪、純潔無瑕疵的。以賽亞一見到神的威嚴時，立刻就到自慚形穢。他驚呼：「禍哉！我滅亡了！因為我是嘴唇不潔的人，又住在嘴唇不潔的民中，又因我眼見大君王——萬軍之耶和華。」(賽6:5)

舊約有時用「不潔」指人的罪。有趣的是，中國佛教也有相類似的看法。香港一些寺廟的玄關兩旁有二塊牌，一塊是「不潔」，另一塊是「迴避」，意思是人是有罪的，不能見神的面，人必須先潔淨自己，才可到神的面前來。

在新約裏，彼得遇見耶穌，照耶穌的吩咐網到許多魚，其他人只是驚奇，彼得卻立刻醒悟，惟有神才有能力行這樣的神跡，他立刻跪下，驚呼：「我是罪人，請離開我！」其反應和以賽亞如出一轍。

接著，天使「手裏拿著紅炭，是用火剪從壇上取下來的，將炭沾我的口，說：『看哪，這炭沾了你的嘴，你的罪孽便除掉，你的罪惡就赦免了。』」(賽6:6-7)

然後，神就可以差遣以賽亞做先知了：「我又聽見主的聲音說：『我可以差遣誰呢？誰肯為我們去呢？』」(賽6:8)

這裏神用「我們」，暗示神是多「位格」的（參：約12:41；徒28:25），「三位一體」的真神彷彿在互相交談。以賽亞聽到了神的心意，不等神直接吩咐，便說：

「我在這裏，請差遣我！」(賽6:8)

神接納了以賽亞的毛遂自薦。神預先告知他說，他肩負的使命甚艱鉅：百姓

以色列，昆蘭一號洞。
攝影 / 余滿華

死海古卷，昆蘭博物館。

會充耳不聞，工作看不到果效(賽6：9-10)。以賽亞就問：「主啊，這到幾時為止呢？」(賽6：11)

神說：「直到城邑荒涼，無人居住，房屋空閒無人，地土極其荒涼。並且耶和華將人遷到遠方，在這境內撇下的地土很多。境內剩下的人若還有十分之一，也必被吞滅。」(賽6：11-13)

此時離南國滅亡尚有一百五十餘年，常人一般都甚難預見那麼遙遠的事，而且還是如此淒慘絕望的結局，而以賽亞卻要一直傳講這個「壞消息」，當然不是人所樂於聽聞的，沒有人聽，也是很自然的事。

可是，神突然語氣一轉，出現一絲希望的曙光：「像栗樹、橡樹雖被砍伐，樹墩子卻仍存留。這聖潔的種類在國中也是如此。」(賽6：13)

神淬煉祂的百姓，甚至好像要完全砍掉他們一樣，可是，神會留下「樹墩」，而只要有「樹墩」就有希望。

神是透過樹墩這幅圖畫來說明，繼北國以色列亡國，被擄到亞述之後，南國猶大也會亡國，也會被遷移、俘虜到遠方的外邦。**但是，神留下了樹墩，神要使這個好像死了的國家再次生長，再次成為神的見證。**

由是，先知以賽亞的經歷是以色列全民的經歷，既是：先看到這位至高無上的神，繼而看到自己的失敗和罪惡，然後，求神赦免，蒙神潔淨，之後就可以再蒙神差遣和使用。所以，第6章不但講述以賽亞蒙召，也講述整個以色列的出路。

耶路撒冷，死海古卷館，形狀是收藏經卷的瓦瓶的蓋子。
攝影 / 朱國志

以馬內利

第7章，以賽亞蒙神差遣之後，他呼籲猶大國亞哈斯王要倚靠神。此時約為主前739至732年間，南國正面臨一場危機，北國以色列和亞蘭（今敘利亞，京都大馬色，今大馬士革）兩大國聯盟，攻打小小的南國，亞哈斯王十分害怕，百姓也很害怕，「王的心和百姓的心就都跳動，好像林中的樹被風吹動一樣。」（賽7：2）

耶和華對以賽亞說：「你和你的兒子施亞雅述出去，到上池的水溝頭，在漂布地的大路上，去迎接亞哈斯，對他說：『你要謹慎安靜，不要因亞蘭王利汛和利瑪利的兒子（北國的王）這兩個冒煙的火把頭所發的烈怒害怕，也不要心裏膽怯……你們若是不信，定然不得立穩。』」（賽7：3-9）

兩個強國兵臨城下，亞哈斯王自然要去察看國家水源的防守。可是，**耶和華神卻透過先知以賽亞，叫亞哈斯不要害怕，還形容亞蘭和北國不過是「兩個冒煙的火把頭」，既「快要熄滅的火把」**，事實確是如此，主前732年和主前722年，亞蘭和北國相繼亡於亞述國。不過，當兩國進攻南國時，仍十分強大，毫無即將「熄滅」跡象。若不是對神有信心，以賽亞的話簡直荒謬。

神警告亞哈斯王，「你們若是不信，定然不得立穩。」原文是押韻的，若用英文翻譯，此句的意思是："If you don't stand in faith, you cannot stand."

今天，這也是神對我們的呼喚，**如果我們倚靠人，倚靠自己，倚靠自己的資（水）源，終不能長久成功；相信神，倚靠神，才是長治久安之道。**

神是全心全意要幫助亞哈斯的，神明白人會軟弱，會信心不足，所以「耶和華又曉諭亞哈斯說：『你向耶和華你的神求一個兆頭：或求顯在深處，或求顯在高處。』」（賽7：10-11）

「兆頭」指的是：一件很困難、沒有可能發生的事情。假如神能夠實現亞哈斯所能夠想到的最難的事，那麼，亞哈斯就可以相信神有能力，且一定會幫助他戰勝這「兩個冒煙的火把頭」。

亞哈斯竟然很「屬靈」，他說：「我不求；我不試探耶和華。」（賽7：12）

在「屬靈」的外衣下，原來亞哈斯已經想出一條「妙計」：交遠防近——找

「大阿哥」，新近復興的亞述國幫助，攻打北國和亞蘭。

神大怒，說：「大衛家啊，你們當聽！你們使人厭煩豈算小事，還要使我的神厭煩嗎？因此，主自己要給你們一個兆頭，必有童女懷孕生子，給祂起名叫以馬內利（就是神與我們同在的意思）。到祂曉得棄惡擇善的時候，祂必吃奶油與蜂蜜。因為在這孩子還不曉得棄惡擇善之先，你所憎惡的那二王之地必致見棄。」（賽7：13-16）

〈以賽亞書〉7章13至14節是很有名的經文。「童女」原文是*`almah*，中文可譯為「青年女子」，與英文的"maiden"相似，可能意味那少女是童貞女，但字眼本身不一定含這個意思。不同的解經家對這段經文有不同的解法，**以我之見，以賽亞用*`almah*，是語帶相關，他的預言有兩次應驗：第一次應驗，以賽亞時期，一位青年女子，或譯少婦，生一個兒子，即先知以賽亞和妻子所生的兒子：**「我以賽亞與妻子同室；她懷孕生子，耶和華就對我說：『給他起名叫瑪黑珥沙拉勒哈施罷斯；因為在這小孩子不曉得叫父叫母之先，大馬色的財寶和撒馬利亞的擄物必在亞述王面前搬了去。』」（賽8：3-4）

這段經文意味著神對亞哈斯說：「既然你不肯求兆頭，我就給你一個兆頭，有一位青年女子要生一個兒子。當你看見這個兒子出世，就知道神一定會拯救猶大國脫離這兩個國家。」

事實果真如此，數年後，這個兒子尚幼，主前732年亞蘭亡於亞述，而北國隨之也於主前722年滅亡。亞哈斯所害怕的「兩個冒煙的火把頭」先後亡國，神真的拯救了猶大國。

第二次應驗，且是最圓滿的應驗，是新約時代，馬利亞這位青年女子，或譯少／童女，懷孕生子，取名耶穌（太1章）。

我們讀〈以賽亞書〉，有時頗覺難以明白，預言中的「近鏡」和「遠鏡」交叉使用，令人眼花撩亂。

有一次，我去新界大埔攀爬八仙嶺，我以為只有一個山峯，豈知攀上峯頂之後，才發現原來還有第二峯，要先下第一峯，再攀第二峯，當我攀上第二峯，以為已經上到頂了，又發覺還有第三峯，如此連綿，一共八峯！如果我們從九龍搭火車前往新界，至吐露港段，隔海觀望，八峯一目瞭然，然而，人在山中時，只見一峯。

〈以賽亞書〉是用先知的角度來寫的。「先知的角度」好比羣山疊起（請參照〈以賽亞書〉40章插圖）。最初先知說預言，可能只看到一個「山峯」，可能他們也不知道自己的預言有多次應驗，論到不同的歷史事件。但是當歷史慢慢展開，我們就發現：哦，原來不只一個山峯，還有多個山峯，即是說有多次應驗。

再舉一例，第9章，這也是很著名的經文，韓德爾的《彌賽亞神曲》便有這一段：「因有一嬰孩為我們而生；有一子賜給我們。政權必擔在他的肩頭上；他名稱為『奇妙策士、全能的神、永在的父、和平的君』。他的政權與平安必加增無窮。他必在大衛的寶座上治理他的國，以公平公義使國堅定穩固，從今直到永遠。萬軍之耶和華的熱心必成就這事。」（賽9：6-7）

這段經文預言最終的兒子——耶穌基督——的出生，不過，神的兆頭是在先知以賽亞時期賜下，所以首先是應驗在以賽亞的兒子身上，神應許一定會幫助亞哈斯戰勝北方的兩個國家，這個兒子出生，是神對自己的承諾下的「保證金」。不過，現在雖然解決了一次危機，將來又會有其他危機，總不是長久之計。況且，神最終的心意是要萬民歸回祂那裏，**所以，要有這個「最終的兒子」出生，這才是真正的以馬內利（就是神與我們同在的意思）。**

萬國萬民之主宰

由第13章至23章，耶和華神不但懲罰南國猶大和北國以色列，也懲罰其他外邦人國家。耶和華是萬國萬民之主宰，並非以色列民族的神而已。**耶和華神雖然使用那些拜偶像的國家，如：亞述、巴比倫，懲罰猶大及以色列，但並不代表神由得那些國家無限上綱，恣意肆虐，神要他們為自己無法無天的血腥行為負責任。**

第一個國家是巴比倫（13章）。在古西亞地區，巴比倫和亞述（今伊拉克）是兩個相鄰國家，兩國交替興衰。亞述滅亞蘭和北國時，甚為強大，但不久便黯然退出歷史舞台，被巴比倫所滅。所以，在這裏只提即將崛起的強國巴比倫。

最後，第23章，神要懲罰的是泰爾，泰爾是位於地中海邊的一個國家。

為什麼〈以賽亞書〉這樣羅列這些國家呢？原來當時巴比倫帝國和泰爾是兩個最典型的驕傲國家，讓我們看一看第13章和14章所記巴比倫王那種驕傲：「明亮之星，早晨之子啊，你何竟從天墜落？你這攻敗列國的何竟被砍倒在地上？你心裏曾說：我要升到天上；我要高舉我的寶座在神眾星以上；我要坐在聚會的山上，在北方的極處。」（賽14：12-13）

有人認為，這段指撒但，因為牠要與神同等。以我之見，這裏並不是指撒但，乃是描寫巴比倫王那種狂妄，驕傲到以為自己可以與神（至上者）同等——人將自己抬高至與神同等並非罕見，不少獨裁者都是這樣——神要把人類一切的驕傲全然打倒，這些列國將遭神懲罰。

看哪，必有一王……

從第24章至27章，**神就轉移了「鏡頭」，講述最終神會怎樣做、神對將來有什麼計劃。**「看哪，耶和華使地空虛，變為荒涼；又翻轉大地，將居民分散。」（賽24：1）

此段常稱為「小啟示錄」，論到有朝一日，神要將整個世界翻轉，天翻地覆，神要施行最終的拯救和最終的懲罰。

「他（神）已經吞滅死亡直到永遠。主耶和華必擦去各人臉上的眼淚，又除掉普天下他百姓的羞辱，因為這是耶和華說的。」（賽25：8）

神最終要解決死亡的問題，又要擦去各人的眼淚，拯救相信祂的人。熟悉〈啟示錄〉的人肯定會覺得這節經文似曾相識，「熟口熟面」。

由第28章開始，**神再次責備以色列人，他們只倚靠人的政治勢力。**不過，此時亞述正逐漸衰落，巴比倫帝國嶄露頭角，漸成西亞地區新霸主。

猶大人投靠強國，先有亞述，現是埃及。但是，他們真正的得力是在哪裏呢？

「主耶和華以色列的聖者曾如此說：你們得救在乎歸回安息；你們得力在乎平靜安穩；你們竟自不肯。」（賽30：15）

這節經文我們都很熟悉，經常引用，它的背景是耶和華神責備祂的子民用人的政治手段，與外國結盟，忽而這國，忽而那國，忙得很。**但是，耶和華神叫他們**

不要忙，要回到神那裏，要「歸回安息」。

今天我們也是如此，當我們遇到人際關係上的困難，事奉的困難，工作的困難，家庭的困難，我們首先要做的不是自己絞盡腦汁，想出很多很多策略、方法，乃是**先回到神那裏，安靜、安息，從神那裏得力，倚靠神，神就會幫助我們，或給我們智慧，知道如何進退；或引入合宜的人，協助解決問題。**

然後，耶和華神就預告祂有一個辦法幫助以色列人：「看哪，必有一王憑公義行政；必有首領藉公平掌權。」（賽32：1）

神預言祂將興起一位君王，就是基督、彌賽亞，祂的工作十分奇妙：「那時，瞎子的眼必睜開；聾子的耳必開通。那時，瘸子必跳躍像鹿；啞巴的舌頭必能歌唱。在曠野必有水發出；在沙漠必有河湧流。發光的沙要變為水池；乾渴之地要變為泉源。」（賽35：5-7）

後來主耶穌引用了這段經文作自己的「事工宣言」（太11：5）。

希西家中興

由第36章至39章，是一段散文體的歷史插敘，此時北國已亡於亞述，而南國也進入另外一個時代，亞哈斯王死了，兒子希西家登基做猶大王。

不久，亞述又侵略南國。以賽亞刻意描寫了他在同一地點先後迎候亞哈斯和希西家，藉此凸顯他對二王的比較。

拜偶像的亞哈斯是如此失敗，兒子**希西家卻是一個倚靠神的好王，面對亞述大軍犯境，他**「就撕裂衣服，披上麻布，進了耶和華的殿，使家宰以利亞敬和書記舍伯那，並祭司中的長老，都披上麻布，去見亞摩斯的兒子先知以賽亞。」（賽37：1-2）

希西家王在聖殿向神祈禱，呼求神的幫助和拯救。神便施展大能幫助他：「耶和華的使者出去，在亞述營中殺了十八萬五千人。清早有人起來一看，都是死屍了。亞述王西拿基立就拔營回去，住在尼尼微。一日在他的神尼斯洛廟裏叩拜，他兒子亞得米勒和沙利色用刀殺了他，就逃到亞拉臘地。」（賽37：36-38）

我們看到當猶大人肯倚靠耶和華神時，何等簡單！不需要自己出手，神派出使者全殲強敵十八萬人，為他們解除了危機。後來，連亞述王也被自己的兒子殺死。

我們終於看到一個好榜樣，一個倚靠神、信靠神的王，誰知到了第38章至39章，我們就看到希西家王的失敗，即使像希西家這樣好的王，都有他的罪惡和軟弱。

當時希西家重病之後康復，巴比倫國遣使前來猶大國，恭賀希西家病得醫治。

接著，以賽亞來見希西家王，問：「他們在你家裏看見了什麼？」希西家說：「凡我家中所有的，他們都看見了；我財寶中沒有一樣不給他們看的。」(賽39:4)

猶大國稍有起色，希西家就驕傲了，他向巴比倫的使者炫耀自己的財富、軍威。於是，先知以賽亞宣告神的刑罰：

「你要聽萬軍之耶和華的話：日子必到，凡你家裏所有的，並你列祖積蓄到如今的，都要被擄到巴比倫去，不留下一樣；這是耶和華說的。並且從你本身所生的眾子，其中必有被擄去、在巴比倫王宮裏當太監的。」(賽39:5-7)

希西家不知是不是仍沈浸在自我陶醉中，竟說：「你所說耶和華的話甚好，因為在我的年日中必有太平和穩固的景況。」(賽39:8)

雖然以色列民族中不斷興起對神又忠心又良善的僕人，但是，作為一個國家整體而言，以色列王國是失敗的，尤其在一國之君與國家命脈緊密相連的政治生態中，諸王均令神失望，最好如大衛，也曾嚴重違背神的律法，近在眼前的二王，亞哈斯不堪一提，希西家本來很好，卻晚節不保，也失敗了。〈以賽亞書〉上半部停在第39章，讓我們看到世間的王一個又一個失敗。

怎麼辦呢？且看下回分解。

第十一課

以西結書

以西結的名字意為「願神加力」，他是一位痛苦的先知，並非所有先知都這樣痛苦，但是，他是一位痛苦特別深的先知，**不過，神也賜給以西結很大力量，以至他在如此艱鉅的使命中，深深認識到耶和華是一位怎樣的神，於是，就有了力量去宣告神的話語。**

主前597年，以西結被擄到巴比倫，他於主前593年蒙召（結1:2），年三十歲（結1:1），主前571年得從神而來最後的信息（結29:17），工作共二十二年，比一般祭司長兩年（民4:3）。

主前605	603	597	593	586	571
亞述於迦基米施擊敗埃及	第一次被擄（含但以理）	第二次被擄（含以西結）	以西結蒙召	南國滅亡第三次被擄（含耶利米）	以西結最後信息

〈以西結書〉可分為三大部分，第一部分和第三部分前後呼應：

第一部，第1章至24章，審判以色列。耶路撒冷被毀之前的信息，先知以西結主要講述一個信息，告訴已經被擄的人：「你們不要指望可以回去，不要以為可以從巴比倫回歸，不會的，因為耶路撒冷將會被毀滅。」

第二部，第25章至32章，審判七國。耶路撒冷被毀時，神同時也審判列國。

第三部，第33章至48章，安慰以色列。耶路撒冷被毀了，南國亡國了，那神的應許在哪裏呢？神還會復興以色列嗎？

第一部：審判以色列

「當三十年四月初五日，以西結（原文是我）在迦巴魯河邊被擄的人中，天就開了，得見神的異象。正是約雅斤王被擄去第五年四月初五日，在迦勒底人之地、迦巴魯河邊，耶和華的話特特臨到布西的兒子祭司以西結。」（結1：1-3）

一般相信「三十年」是當時以西結的歲數。根據律法，祭司三十歲就能夠正式在聖殿裏服侍，祭司一生最大的期望就是等到自己三十歲。以西結是祭司，但是，他的三十歲生日是在沒有聖殿，外邦迦勒底人（巴比倫）的地方。祭司本是服侍神的，從人的角度來看，以西結完全沒有事業前途了。

可是，事實並非如此。以西結在異象中看見了上帝的「座駕車」，表達了一個重要信息：**耶和華神不但坐在寶座上，還有自己特備的座駕車，自由運行，祂不會受到任何限制，祂在耶路撒冷城，也在巴比倫，神是自由的。**

以西結不會因為耶路撒冷的聖殿被毀滅了，就無法再服侍神，不是這樣的。神是一位自由的神，在外邦人的地土上，祂照樣可以使用以西結，以西結仍然有前途，仍然可以服侍神，傳講神的信息。

「我（以西結）觀看，見狂風從北方颳來，隨著有一朵包括閃爍火的大雲，周圍有光輝；從其中的火內發出好像光耀的精金；又從其中顯出四個活物的形象來。……至於臉的形象：前面各有人的臉，右面各有獅子的臉，左面各有牛的臉，後面各有鷹的臉。」（結1：4-5, 10）

以西結先看到大雲中有火，有四個活物，各有不同的臉，分別象徵不同的受造之物：第一個活物是人，我們人類要謙卑，我們只是眾多受造之物之一；第二個活物是獅子，是「百獸之王」，代表所有野獸；第三個活物是牛，是最強壯有力的，代表所有家禽、家畜；第四個活物是鷹，是最有力的飛鳥，代表所有的鳥類。

這四活物代表神一切創造，第10章說這些活物是「基路伯」。他們有翅膀，「各展開上邊的兩個翅膀相接」（結1：11），彷彿是一輛座駕車，承托著神的寶座。

「我正觀看活物的時候，見活物的臉旁各有一輪在地上。……四輪都是一個樣式，形狀和作法好像輪中套輪。輪行走的時候，向四方都能直行，並不掉轉。」（結

1：15-17）

現今配備輪子的行李箱能夠左、右、前、後行動，不用轉彎，「輪中套輪」就是這個意思。古代交通工具只能夠往一個方向拉動，以西結卻提早2600年看見了現代輪子設計！

「至於輪輞，高而可畏；四個輪輞周圍滿有眼睛。」（結1：18）我們不應從字面理解「滿有眼睛」，否則狀甚恐怖。**眼睛象徵充滿了知識、智慧，代表明察秋毫，頗近中國人的一句老話所說：上天有眼，意謂神是全知的，神知道和明察所有事情。四活物則象徵整個受造界都服膺在神的旨意之下。**

「在他們頭以上的穹蒼之上有聲音。……在他們頭以上的穹蒼之上有寶座的形象，彷彿藍寶石；在寶座形象以上有彷彿人的形狀。」（結1：25-26）

穹蒼之上就是位創天造地的主，這位榮耀的神是無法用物質來形容的，雖然我們的創造主如此的偉大，後來也看到祂施行審判，祂有神的形狀，卻也有人的形狀，其實，不是神有人的形狀，乃是人有神的形象，神愛世人，想與人溝通，乃取了人的形象，這給了我們很大的安慰。

讓我們預先看一看〈以西結書〉怎樣結束，第40章描述耶路撒冷城的重建：

「從此以後，這城的名字必稱為耶和華的所在。」（結48：35）

耶和華在此，耶和華同在，耶和華神要與人一起，這就是耶和華神的最終目的。人本是照神的形象造的，耶和華神所創造的人與祂相似，神與人是可以溝通的，這就是神的目的。這位如此偉大的神讓以西結看到祂是何等的榮耀！

「這就是耶和華榮耀的形象。我一看見就俯伏在地，又聽見一位說話的聲音。祂對我說：『人子啊，你站起來，我要和你說話。』」（結1：28；2：1）

「人子」一詞在〈以西結書〉出現了九十多次，「人子」英文是"Son of Man"，就是凡人的意思，以西結就是這樣，他不過是千萬人中一個平凡普通的人。**不過，當神的聖靈進入他裏面時，他就脫胎換骨，成為一個能夠站得穩穩的人。神賦與他一項非常任務：**「人子啊，我差你往悖逆的國民以色列人那裏去。他們是悖逆我的，他們和他們的列祖違背我，直到今日。這眾子面無羞恥，心裏剛硬。我差你往他們那裏去，你要對他們說：主耶和華如此說。他們或聽，或不聽，（他們是悖逆之

家），必知道在他們中間有了先知。」（結2：3-5）

明明沒有人肯聽，耶和華卻叫以西結仍然要去宣講，這樣有什麼意思呢？神說，就算沒有人肯接受，這個見證已經擺了出來，「必知道在他們中間有了先知」（結2：5）。

「過了七日，耶和華的話臨到我說：『人子啊，我立你作以色列家守望的人，所以你要聽我口中的話，替我警戒他們。』」（結3：16-17）

第3章，耶和華呼召以西結，不但要傳講神的信息，還肩負一項特別任務，耶和華要立先知做一個「守望人」（watchperson），一個可以警戒別人的人。

耶和華說：「所以你要聽我口中的話，替我警戒他們。我何時指著惡人說：他必要死；你若不警戒他，也不勸戒他，使他離開惡行，拯救他的性命，這惡人必死在罪孽之中；我卻要向你討他喪命的罪（原文是血）。」（結3：17-18）

你明明知道有危險，卻不叫惡人儆醒，惡人自要為自己的罪惡負責，但是，神也「要追討你不警戒的罪。」

相反，如果你警戒了惡人，但他充耳不聞，不肯悔改，這是他的問題，是他的責任，你自己已經盡了警戒的責任，神就不會追討你的罪（結3：19）。

以西結開始傳講神的信息，第一個信息就已經高度困難。耶和華對他說：「你進房屋去，將門關上。人子啊，人必用繩索捆綁你，你就不能出去在他們中間來往。我必使你的舌頭貼住上膛，以致你啞口，不能作責備他們的人；他們原是悖逆之家。但我對你說話的時候，必使你開口。」（結3：24-27）

以西結是祭司，我們可以想像得到，在被擄的人當中，應該大都認識以西結，**神要以西結常常默不作聲，只說神要求他說的話，所以，他不講則已，一講就是神的話，從而產生「不鳴則已，一鳴驚人」的效果。**

從第4章開始，神要求以西結做一連串深具象徵意義的行動。

「人子啊，你要拿一塊磚，擺在你面前，將一座耶路撒冷城畫在其上。」（結4：1）

被擄到巴比倫的以色列百姓看到以西結畫圖，可能會問：「你畫耶路撒冷城，神是否會祝福這座城呢？」

以西結沒有吭聲，繼續作畫：「又圍困這城，造臺築壘，安營攻擊，在四圍安設撞錘攻城，又要拿個鐵鏊（pan做餅的鐵），放在你和城的中間，作為鐵牆。你要對面攻擊這城，使城被困；這樣，好作以色列家的預兆。」（結4：2-3）

百姓會感到奇怪：「為什麼會這樣呢？」甚至惱怒：「你這樣畫對耶路撒冷城不好！大吉利是！」這班百姓本來指望有機會重返耶路撒冷。

以西結仍不吭聲，又做一件更奇怪的事：「你要向左側臥，承當以色列家的罪孽；要按你向左側臥的日數，擔當他們的罪孽。因為我已將他們作孽的年數定為你向左側臥的日數，就是三百九十日，你要這樣擔當以色列家的罪孽。」（結4：4-5）

原來神的意思是叫以西結「承當以色列家的罪孽」（結4：4）。三百九十日可能是象徵由以色列王所羅門建造聖殿，至聖殿被拆毀的年數，約三百九十年。

然後神又說：「你滿了這些日子，還要向右側臥，擔當猶大家的罪孽。我給你定規側臥四十日，一日頂一年。你要露出膀臂，面向被困的耶路撒冷，說預言攻擊這城。」（結4：6-7）

不但如此，當以西結這樣側臥三百九十日，百姓都不搞懂他在做什麼時，又看到他煮食：「你要取小麥、大麥、豆子、紅豆、小米、粗麥，裝在一個器皿中，用以為自己做餅；要按你側臥的三百九十日吃這餅。你所吃的要按分兩吃，每日二十舍客勒，按時而吃。你喝水也要按制子，每日喝一欣六分之一，按時而喝。」（結4：9-11）

以西結每日吃的餅只有二百多克，飲水0.6公升，對一個三十歲的男子來說，這樣的分量只夠勉強維生，不至於餓死，象徵了：以色列人將會遭受饑荒。

不但如此，神還要以西結：「你吃這餅像吃大麥餅一樣，要用人糞在眾人眼前燒烤。」（結4：12）

這象徵神要懲罰以色列百姓，他們甚至要吃不潔淨的食物，因為「耶和華說：『以色列人在我所趕他們到的各國中，也必這樣吃不潔淨的食物。』」（結4：13）

以西結驚呼，說：「哎！主耶和華啊，我素來未曾被玷污，從幼年到如今沒有吃過自死的，或被野獸撕裂的，那可憎的肉也未曾入我的口。」（結4：14）

耶和華神就憐憫以西結，對他說：「看哪，我給你牛糞代替人糞，你要將你的餅烤在其上。」（結4：15）

我們可以想像一下：百姓看到以西結整天不吭聲，對著所畫的城而臥，一躺一年多（三百九十日），每天用牛糞烤一塊小餅，喝一點水，他們可能問：「以西結，你想做什麼事呢？究竟你想表達什麼呢？」

第5章，神吩咐以西結剃頭髮：「人子啊，你要拿一把快刀，當作剃頭刀，用這刀剃你的頭髮和你的鬍鬚，用天平將鬚髮平分。」（結5：1）

剃頭之後，「圍困城的日子滿了，你要將三分之一在（耶路撒冷）城中用火焚燒」（結5：2），象徵以色列百姓將有三分一人被燒死；

「將三分之一在城的四圍用刀砍碎」（結5：2），這並不是兒童玩「攻城遊戲」，而是象徵敵人的刀劍會追趕另外的三分一百姓；那剩下的三分一能否保命呢？

「將三分之一任風吹散；我也要拔刀追趕。」（結5：2）嘩，趕盡殺絕，一個不留！

然後，「你要從其中取幾根包在衣襟裏」（結5：3）好像神會保留一小部分百姓，然而，神仍要從其中取一些出來，說：「再從這幾根中取些扔在火中焚燒，從裏面必有火出來燒入以色列全家。」（結5：4）即使被擄到遠方，不在耶路撒冷被殺死的百姓，當中仍有人對神不忠心，神要將這不忠心的人放在火中燒死。

日復一日，以西結重複這些側臥、飲食等事情，百姓看了又看，應該開始明白是什麼一回事，就是**神要審判耶路撒冷城**，於是，神讓先知以西結可以開口說話：

「主耶和華如此說：這就是耶路撒冷。我曾將她安置在列邦之中；列國都在她的四圍。她行惡，違背我的典章，過於列國；干犯我的律例，過於四圍的列邦，因為她棄掉我的典章。至於我的律例，她並沒有遵行。」（結5：5-6）

以西結要用自己的生活、生命，來傳達神的信息。我不知道大家有沒有興趣搞角色扮演？扮演一次先知以西結所做的事，要做足三百九十日。這樣的角色扮演尚且不易，何況先知的真實經歷？作神的忠心代言人要付出的代價可真不簡單。

第6章至7章，解釋為什麼神會這樣懲罰以色列人。然後，第8章至11章，處處顯現**神複雜而矛盾的情感。因為耶路撒冷不再成為神的見證，所以神要懲罰，離開耶路撒冷，但是，神萬分不捨，**所以，神在異象中帶以西結到耶路撒冷，叫他親眼看看耶路撒冷變成了什麼樣子。當然，以西結仍然身在巴比倫（結1：3），但在異象中，神帶他返回耶路撒冷：「他（神）伸出彷彿一隻手的樣式，抓住我的一綹頭髮，靈就將我舉到天地中間，在神的異象中，帶我到耶路撒冷朝北的內院門口。」（結8：3）「神對我說：『人子啊，你舉目向北觀看。』我就舉目向北觀看，見祭壇門的北邊，在門口有這惹忌邪的偶像。」（結8：5）

有些聖經學者認為，這可能是「亞舍拉」偶像，因為上文指以色列人曾經鑄造這些迦南人所拜的偶像。然後，神帶以西結從北門進入比較接近殿宇的中心。

「我進去一看，誰知，在四面牆上畫著各樣爬物和可憎的走獸，並以色列家一切的偶像。在這些像前有以色列家的七十個長老站立，沙番的兒子雅撒尼亞也站在其中。各人手拿香爐，煙雲的香氣上騰。」（結8：10-11）

不是普通百姓而已，連以色列的長老、領袖也手拿香爐，拜可憎惡的偶像，「行大可憎的事」（結8：13）。

「他領我到耶和華殿外院朝北的門口。誰知，在那裏有婦女坐著，為搭模斯哭泣。」（結8：14）「搭模斯」也是外邦的假神，相傳莊稼歉收時，就意味著這個神明死了，下了陰間，百姓就要為它哭泣，它便再活過來，保佑他們風調雨順。以色列人和猶大人竟然參與這些迷信活動。

然後，「他又領我到耶和華殿的內院。誰知，在耶和華的殿門口、廊子和祭壇中間，約有二十五個人背向耶和華的殿，面向東方拜日頭。」（結8：16）

以色列人竟然拜日月星辰！聖殿是朝向東方，他們竟然背對聖殿拜太陽！長老、首領都拜偶像，婦女是這樣、百姓也是這樣，完全背棄了神，以色列人已經無藥可救，整個耶路撒冷已經完全污穢不堪。

以色列全國上下都拜偶像，令神很忿怒，所以，神一定要懲罰他們。

不過，**刑罰降臨之前，我們看到一個很大的保障和安慰。**第9章，神說：「要使那監管這城的人手中各拿滅命的兵器前來。」（結9：1）然後，「忽然有六個人從朝北的上門而來，各人手拿殺人的兵器；內中有一人身穿細麻衣，腰間帶著墨盒子。他們進來，站在銅祭壇旁。以色列神的榮耀本在基路伯上，現今從那裏升到殿的門檻。神將那身穿細麻衣、腰間帶著墨盒子的人召來。耶和華對他說：『你去走遍耶路撒冷全城，那些因城中所行可憎之事歎息哀哭的人，畫記號在額上。』」(結9：2-4)

幸好不是耶路撒冷全城的人都這樣敗壞，也有些人難過，為耶路撒冷城中「可憎之事」哀哭，神要認得這些人，要在他們的額頭上畫記號，有點像「×」的印，神會保護這些人。

神說：「要跟隨他走遍全城，以行擊殺。你們的眼不要顧惜，也不要可憐他們。……只是凡有記號的人不要挨近他。」(結9：5-6)

神認識屬祂的人，神保護他們，神是不會枉殺無辜的。當神記住了屬祂的百姓之後，就準備離開耶路撒冷。

第10章，講述神的座駕，耶和華神要離開耶路撒冷。聖殿裏的聖所、聖所裏的至聖所，裏面放有約櫃，約櫃之上是施恩座，「基路伯」則在施恩座之上(出25：17-21)，是耶和華神的寶座所在，是至聖潔的地方。

「耶和華的榮耀從基路伯那裏上升」(結10：4)神要離開耶路撒冷了，然而，耶和華神的榮耀「停在門檻以上；殿內滿了雲彩，院宇也被耶和華榮耀的光輝充滿。」(結10：4)彷彿**耶和華神捨不得離開耶路撒冷的聖殿，在聖殿的門檻邊停一停，深深注視，依依不捨。**

然後，「我又觀看，見基路伯旁邊有四個輪子。」(結10：9)以西結看到基路伯啟動了，神的座駕車啟動了，神帶著他繼續走。

「基路伯升上去了；這是我在迦巴魯河邊所見的活物。」(結10：15)即以西結在第1章所見到的。

「耶和華的榮耀從殿的門檻那裏出去，停在基路伯以上。基路伯出去的時候，就展開翅膀，在我眼前離地上升。輪也在他們的旁邊，都停在耶和華殿的東門口。在他們以上有以色列神的榮耀。」(結10：18-19)

耶和華神先在聖殿的門檻上停留，然後，又無限留戀地在聖殿東門口停留一會兒（結10：19），才又繼續前行。

「於是，基路伯展開翅膀，輪子都在他們旁邊；在他們以上有以色列神的榮耀。耶和華的榮耀從城中上升，停在城東的那座山上。靈將我舉起，在異象中藉著神的靈將我帶進迦勒底地，到被擄的人那裏；我所見的異象就離我上升去了。」（結11：22-24）

神離開聖殿的至聖所，在聖殿門檻停留，又在聖殿的東門停留，最後神的座駕來到耶路撒冷城東的橄欖山上（結11：23），然後，才一步一回顧離開了耶路撒冷城。神萬分不願意離開耶路撒冷城，但是這座城令祂太傷心了，所以，從第13章至24章都是講述神為什麼要如此嚴厲地審判和刑罰以色列人和猶大人。

這十一章當中的第16和23兩章，不太適宜在教會聚會中誦讀，我們應該自己去看。神千辛萬苦拯救了以色列、養育她、愛她，彷彿是神迎娶的一個美麗女子，但是，以色列自甘墮落，成了淫婦。這兩章講述以色列人怎樣離棄神，解釋神刑罰以色列人是因為他們的敗壞。

第24章，神一一列舉了以色列人的敗壞之後，宣告祂要使耶路撒冷城滅亡。但是，這次神要求先知以西結做一件更難的事情：「耶和華的話又臨到我說：『人子啊，我要將你眼目所喜愛的忽然取去，你卻不可悲哀哭泣，也不可流淚，只可歎息，不可出聲，不可辦理喪事；頭上仍勒裹頭巾，腳上仍穿鞋，不可蒙著嘴唇，也不可吃弔喪的食物。』於是我將這事早晨告訴百姓，晚上我的妻就死了。」（結24：15-18）

先知以西結萬分痛苦，當時以西結三十多歲，他的妻子可能二十多歲，是他最心愛的人，神在早上告訴他，要忽然取去他的妻子，晚上妻子就死了。妻子突然死亡是一件很震驚的事情，以西結本來應該大哭，神卻不准他悲哀哭泣，甚至辦理喪事，他只可以默默地悲哀、歎息。（結24：17）

以西結妻子的離世，要成為一個如此重要的信息：神說：**「耶路撒冷本是我所愛的，好像是我的妻子一樣，正如以西結的妻子突然死去，耶路撒冷也會一下子淪亡，這座城市所經歷的痛苦就像以西結所經歷的痛苦一樣。」**

有時我們會有疑惑，神取走以西結的妻子，似乎是很不人道。那麼，神會不會也取去我們的妻子或丈夫？有很多事情是我們無法明白的，正如約伯經歷了很多的痛苦，有一些事情我們難以明白箇中理由。我們只知道一件事：先知以西結順服神，經歷了突然其來失去妻子這沈重的打擊和震驚，讓被擄的以色列人不要繼續活在夢中，不再以為他們很快就返回耶路撒冷，神說了耶路撒冷這座城再不能得到神的赦免。第33章記錄了耶路撒冷城陷落，耶路撒冷城真的淪亡了。

耶路撒冷淪亡是屬於哪種性質的淪亡呢？第18章是羅列以色列人的罪惡和錯誤其中很重要的一章。第18章講到三代人：

爺爺——第一代，若是行公義、正直的事，做得非常好，神必定會按照他怎樣生活來對待他。「這人是公義的，必定存活。這是主耶和華說的。」（結18：9）

如果爺爺生了一個兒子——第二代，但是他是一個惡人，他犯了所有的罪惡，他能否因為自己的父親是好人就不用受罰呢？當然不能！兒子一定會受罰，「他必不能存活。他行這一切可憎的事，必要死亡，他的罪必歸到他身上。」（結18：13）

至孫兒——第三代，他「見父親所犯的一切罪便懼怕（有古卷：思量），不照樣去做；未曾在山上吃過祭偶像之物，……未曾虧負人，未曾取人的當頭，……縮手不害貧窮人，未曾向借錢的弟兄取利，也未曾向借糧的弟兄多要……」（結18：14-17）

神說：「他（孫兒）順從我的典章，遵行我的律例，就不因父親的罪孽死亡，定要存活。」（結18：17）

三代人：行善的爺爺、行惡的兒子、行善的孫兒，神各按其善行惡行，賞善罰惡。

究竟以西結想表達什麼呢？可能當時以色列人這樣想：「我們當然是好的一代，我們是第三代，現在我們要被擄，甚至要經歷耶路撒冷被毀壞，我們是無辜的。」

先知以西結告訴他們，說：「不是這樣！你們就是第二代——行惡的兒子，是你們自己犯了罪，你們要為自己本身的罪惡承受責任！」所以，耶路撒冷最終要被攻陷、淪亡，這件痛苦的事實是藉著以西結的妻子突然死亡來宣告。神是不捨得耶路撒冷的，但是由於以色列人罪惡滿盈，所以神最終要懲罰他們。

今天，你和我也是如此，我們作為神的先知、作為神的守望者、以色列的守望者，我們的生活會否也是一篇信息？我們的選擇、決定、起居飲食，一言一行，是否合神心意？如果我們要好像以西結這樣生活，我們又能否做到如此服從神呢？

第二部：審判七國

「我們被擄之後十二年十月初五日，有人從耶路撒冷逃到我這裏，說：『城已攻破。』逃來的人未到前一日的晚上，耶和華的靈（原文是手）降在我身上，開我的口。到第二日早晨，那人來到我這裏，我口就開了，不再緘默。」（結33：21-22）

以西結已經有一段長時間沒有開口說話，那一天終於來到了，耶路撒冷城真的被攻破、淪亡了，神終於讓以西結開口，他就講了很多安慰的信息，和預言神將來要做的事情。

第24章至33章，是**神審判七國的信息**。第28章講述神要審判泰爾、西頓等國家，當中25至26兩節經文好像格格不入，其實是最重要的：「主耶和華如此說：『我將分散在萬民中的以色列家招聚回來，向他們在列邦人眼前顯為聖的時候，他們就在我賜給我僕人雅各之地，仍然居住。他們要在這地上安然居住。我向四圍恨惡他們的眾人施行審判以後，他們要蓋造房屋，栽種葡萄園，安然居住，就知道我是耶和華——他們的神。』」（結28：25-26）

原來神審判了以色列人之後，並不是停在這裏，正如第1章顯明耶和華神乘坐祂的座駕自由而行，**人的失敗不能困住我們的神，在人的失敗當中，神仍然能夠叫人興起。所以，耶和華神會再一次復興以色列。**

審判是從神的家開始的，接著，神要懲罰列邦，每一個被神刑罰的國家，都是與以色列為敵的，神一個一個刑罰和對付這些國家，神最終對付這些以色列的仇敵，為以色列人伸張公義，讓以色列人得以「安然居住」。（結28：26）

如果以章數來說，〈以西結書〉28章25至26節並不位於第24章至33章的中間，不過，若就「節數」而言，則剛好在審判列國信息的中間，即是說這兩節經文是核心，表示神要復興以色列。

第三部：安慰以色列

從第33章開始，**是神安慰以色列，令人振奮的信息。神藉著一班守望者，復興以色列。**第33章呼應第3章，說，神要設立一個守望人。神藉著一些忠心的先知，忠心的守望者，宣判神的刑罰，神也藉著守望者宣判神的拯救。以西結是一個忠心的守望者，神透過他傳講：「你對他們說，主耶和華說：我指著我的永生起誓，我斷不喜悅惡人死亡，惟喜悅惡人轉離所行的道而活。以色列家啊，你們轉回，轉回吧！離開惡道，何必死亡呢？」（結33：11）

「轉回」（return）一詞常在先知書裏出現，就是悔改的意思。神並不喜悅有一個惡人死亡。耶路撒冷淪亡，神是萬分痛苦、傷心的，如以西結失去妻子一樣痛苦。神藉著這個審判，對被擄的以色列人說：「你們看到耶路撒冷淪亡了，你們這些被擄的人就當警惕，就應該回轉，回頭是岸。」

第34章，耶和華神責備那些以色列的牧人，即以色列的領袖：

「禍哉！以色列的牧人只知牧養自己。牧人豈不當牧養羣羊嗎？你們吃脂油、穿羊毛、宰肥壯的，卻不牧養羣羊。」（結34：2-3）

神設立以色列領袖，無論是七十個長老或審判官，他們本該牧養以色列百姓，但是，這些領袖不理會百姓，令他們像可憐的羊一樣分散，被野獸吃掉。

「主耶和華如此說：看哪，我必親自尋找我的羊，將牠們尋見。牧人在羊羣四散的日子怎樣尋找他的羊，我必照樣尋找我的羊。這些羊在密雲黑暗的日子散到各處，我必從那裏救回牠們來。我必從萬民中領出牠們，從各國內聚集牠們，引導牠們歸回故土，也必在以色列山上——一切溪水旁邊、境內一切可居之處——牧養牠們。……主耶和華說：我必親自作我羊的牧人，使牠們得以躺臥。」（結34：11-13, 15）

到了新約《聖經》時代，主耶穌說：「我是好牧人，好牧人為羊捨命。」（約10：11）便是出於這樣的背景。既然人的領袖做不到好牧羊人，神就自己做牧羊人，**神藉著祂的獨生子主耶穌道成肉身，親自做牧羊人，親自牧養祂的羊。**

然後，耶和華神要審判那些人間的領袖：「我必在羊與羊中間、公綿羊與公山

羊中間施行判斷。」(結34:17-19)

神應許祂會重建、重新復興以色列,第一件事就是神自己要做一個牧羊人,至34章23節更加呼之欲出:「我必立一牧人照管他們,牧養他們,就是我的僕人大衛。他必牧養他們,作他們的牧人。」(結34:23)

神說祂要興起大衛,在以西結的時代,大衛早已死了,歸到他的先祖那裏,所以,**此處的「大衛」是指大衛的後裔,即彌賽亞,神要藉著彌賽亞耶穌基督帶領祂自己的子民。**

不但會有一個牧羊人照顧以色列人,**神還會將這片地土再次賜給他們,讓他們可以安然居住,**神選擇了「西珥」(就是以東)作為敵人的代表,西珥攻打和佔領了以色列國,現在神說祂要對付和刑罰西珥,讓以色列人再次擁有這地方:「主耶和華如此說:西珥山哪,我與你為敵,必向你伸手攻擊你,使你荒涼,令人驚駭。」(結35:3)

枯骨復生,新心新靈

神說,祂要再次賜福給以色列人,以色列國和京城耶路撒冷城本來已經完全淪亡了,但是,將來神要讓以色列人得回這片地土。神要從根本做起:「我必從各國收取你們,從列邦聚集你們,引導你們歸回本地。我必用清水灑在你們身上,你們就潔淨了。我要潔淨你們,使你們脫離一切的污穢,棄掉一切的偶像。我也要賜給你們一個新心,將新靈放在你們裏面,又從你們的肉體中除掉石心,賜給你們肉心。我必將我的靈放在你們裏面,使你們順從我的律例,謹守遵行我的典章。」(結36:24-27)

以色列能夠得到復興,並不是外表的復興,乃是從心裏面開始復興,神要更新他們,賜給他們一顆柔軟的心,讓他們有神自己的靈在心裏,以致他們能夠行神的律例。

〈耶利米書〉31章31至34節是彼此呼應的:「我與以色列家所立的約乃是這樣:我要將我的律法放在他們裏面,寫在他們心上。我要作他們的神,他們要作我的子民。」(耶31:33)

神要將一個新的約放在人的心裏面。當律法在人的外面時，無人能完全遵行律法，但是，現在**神要將祂的靈，將祂的律法，放在人的心裏面，有了如此徹底的更新，人就能夠遵行律法。當主耶穌來到世上時，祂與我們立新約，又應許將聖靈賜給我們。**

神應許以色列人再次得到這片土地，但是，當時北國和南國已經先後亡國，已經死翹翹了。第37章，我們會看到一個很震撼的現象：「耶和華的靈（原文是手）降在我身上。耶和華藉他的靈帶我出去，將我放在平原中；這平原遍滿骸骨。他使我從骸骨的四圍經過，誰知在平原的骸骨甚多，而且極其枯乾。」（結37：1-2）

這個平原充滿了骸骨，很可怕！在舊約《聖經》，先知以利亞、以利沙都是在婦人的兒子剛剛死去，就使他們死而復生，還算是比較容易，因為婦人的兒子仍然有血有肉。但是，在以西結的異象中，他所看到以色列人，已經完全死透了：「人子啊，這些骸骨就是以色列全家。他們說：『我們的骨頭枯乾了，我們的指望失去了，我們滅絕淨盡了。』」（結37：11）

以色列已經完全沒有盼望了，死到連肉都沒有了，只剩下這些枯骨，這樣還有沒有救呢？還有沒有盼望呢？神藉著以西結說，還有盼望！

「他（神）對我說：『人子啊，這些骸骨能復活嗎？』」（結37：3）以西結回答：「主耶和華啊，你是知道的。」（結37：3）耶和華就說：「你向這些骸骨發預言說：枯乾的骸骨啊，要聽耶和華的話。主耶和華對這些骸骨如此說：『我必使氣息進入你們裏面，你們就要活了。我必給你們加上筋，使你們長肉，又將皮遮蔽你們，使氣息進入你們裏面，你們就要活了；你們便知道我是耶和華。』」（結37：4-6）

「你們就知道我是耶和華。」（結37：13）「他們就知道我是耶和華。」（結38：23）

這句話在〈以西結書〉出現了多次，表明了耶和華神所做的事，無論是審判、或復興，都要讓所有人認識祂是怎樣一位神，祂要讓以色列人和外邦人都認識祂。

骸骨、屍骨是沒有盼望的，但是，耶和華能夠使他們復活！先知以西結深深認識神，他服從神：「於是，我遵命說預言。正說預言的時候，不料，有響聲，有地震；骨與骨互相聯絡。我觀看，見骸骨上有筋，也長了肉，又有皮遮蔽其上，只是還沒有氣息。」

「於是我遵命說預言，氣息就進入骸骨，骸骨便活了，並且站起來，成為極大的軍隊。」(結37：7-8, 10)

以西結話尚未說完，這些骸骨竟然拼湊起來，接著長了筋和肉，最終有了生命氣息。不但如此：

「耶和華的話又臨到我說：人子啊，你要取一根木杖，在其上寫『為猶大（代表南國）和他的同伴以色列人』；又取一根木杖，在其上寫『為約瑟，就是為以法蓮（代表北國），又為他的同伴以色列全家』。你要使這兩根木杖接連為一，在你手中成為一根。」(結37：15-17)

人離開神，無論是亞當夏娃，是以色列人，或是你是我，除了「縱向關係」：神與人——出現問題之外，「橫向關係」：人與人——也出現問題。以色列王國分裂後，長年內鬥內耗，現在神將兩根木杖，在以西結的手中合為一根木杖，無論是「縱向關係」，或「橫向關係」，神都使以色列國復和。

不同解經家對〈以西結書〉最後幾章爭論不休，從第37章，尤其第40章開始，耶和華神預言了很多有關以色列將來會復興，究竟是字面上的應驗？抑或是象徵性的應驗呢？例如：第37章，**以色列的枯骨復生，究竟是字面抑或是象徵的意義呢？**耶和華神是預言以色列人在靈性上的復興？抑或是預言會真正再次出現以色列這個國家呢？

以我之見，兩個立場可能同時並存。第37章，**神預言以色列將會復國，重新成為一個國家。以色列亡國，亡了二千五百餘年，已經化成白骨了，1948年竟然復國，希伯來語竟然會成為一國的國語，部分應驗了第37章的預言。**

不過，這些經文尚未完全應驗，因為今日以色列仍遠離神，大部分以色列人（猶太人）仍不承認耶穌基督就是他們所盼望的彌賽亞，要這個異象完全應驗，我們基督徒當繼續努力向以色列人傳福音。

第40章至48章也頗令人費解。神預言會重建聖殿，重建耶路撒冷這座城。

贊成這九章只是象徵意義的學者認為，有關重建的細節，若按照字面解釋怎可能行得通呢？以色列人亡國被擄，後得回歸故土，重建耶路撒冷的聖殿時，也沒有按照〈以西結書〉所列出的尺寸重建。

贊成按照字面解釋的學者反駁，若不按照字面解釋，神又何必長篇大論描述呢？從第40章至48章足足九章篇幅，非常詳盡地描述很多細節：聖殿的尺寸，聖殿的門（40章）、要獻上什麼祭物（43章），所以，這裏似乎是有所指的。

兩派學者各言之有理，所以無論你同意哪一派都不一定是錯的。聽聞現今以色列人正在籌建第三座聖殿，他們會否按著第40章至48章的藍圖建造呢？這我們就不知道了。當然反對此說的人會說：主耶穌已經來了，祂就是聖殿，還需要重建聖殿嗎？不過，籌建第三座聖殿的，當然是未認識主耶穌的猶太人。這一切現在都是「問號」（question mark），沒有絕對答案。

以我之見，這九章經文有部分或許可以從字面去解釋，有些經文在進展時再不能從字面解釋。當然，這只是我個人的看法，不一定是正確的。

第40章至48章表達了三個重點：

1. **神重返耶路撒冷。**在第8章至11章，耶和華神依依不捨，最後從聖殿的東門離開了聖殿，然後，離開耶路撒冷城。第43章，神回來了。

   「以後，他帶我到一座門，就是朝東的門。以色列神的榮光從東而來……耶和華的榮光從朝東的門照入殿中。靈將我舉起，帶入內院，不料，耶和華的榮光充滿了殿。」（結43：1-5）

   神這次回來迅如閃電，祂的榮光從東門射入，照亮全殿，神再次悅納這聖殿，再次更新這聖殿，再次回到祂的子民當中，再次與人一起，安居其中。

2. **神的子民更新之後，有了新心和新靈，他們對神有了正確的認識，就可以獻上神所悅納的敬拜，神亦再次歡喜接納祂的子民的敬拜：**「滿了七日，自八日以後，祭司要在壇上獻你們的燔祭和平安祭；我必悅納你們。這是主耶和華說的。」（結43：27）

   不但神重返耶路撒冷城和聖殿，不但獻祭和敬拜均蒙神悅納，神的子民的生活也和諧美滿。第45章至48章，講述以色列人怎樣分地，怎樣居住，他們安居樂業，公平均分所居之地。

3. **不但如此，這座城還得神的滋潤。**我認為47章1至5節比較難用字面解釋，

當作象徵解釋：「他帶我回到殿門，見殿的門檻下有水往東流出……水勢漲起，成為可洑的水，不可趟的河。」(結47:1-5)

這條從聖殿流出的河應該是呼應伊甸園，伊甸園裏的河流代表神的供應、神的滋潤。後來始祖亞當和夏娃犯了罪，被逐出伊甸園。在〈以西結書〉47章，耶路撒冷城再次有神的同在，再次有百姓在居住，不過，最重要是從聖殿的門檻有水流出，有生命其中：「這河水所到之處，凡滋生的動物都必生活，並且因這流來的水必有極多的魚，海水也變甜了。這河水所到之處，百物都必生活。」(結47:9)

又有樹木、樹葉，令我們想起生命樹，「在河這邊與那邊的岸上必生長各類的樹木；其果可作食物，葉子不枯乾，果子不斷絕。每月必結新果子，因為這水是從聖所流出來的。樹上的果子必作食物，葉子乃為治病。」(結47:12)

將來，在耶路撒冷城裏不會有疾病，也不會有死亡，是永永遠遠的福樂，耶和華神回來了，住在祂的百姓當中，達到了神最初創造時的理想，神要作祂子民的神，祂的子民要作神的百姓。

「城四圍共一萬八千肘。從此以後，這城的名字必稱為『耶和華的所在』。」(結48:35)

後來〈啟示錄〉呼應了這件事，當神永遠的救恩計劃完成時，**神就留在這座城中，神與人、人與神不再分開。**

〈以西結書〉讓我們不但看到一個國家的命運，更看到全人類的命運：「你們要按著以色列的支派彼此分這地。要拈鬮分這地為業，歸與自己和你們中間寄居的外(邦)人，就是在你們中間生養兒女的外人。你們要看他們如同以色列人中所生的一樣；他們在以色列支派中要與你們同得地業。」(結47:21-22)

這座城不但有以色列人，也有外邦人，我們從一個國家——以色列——的命運，看到神重建祂的城——耶路撒冷城——的計劃。由是，〈以西結書〉對你和我都是有意義的，今天我們活在第33章至48章的應許當中，**盼望我們都能夠做先知，做一個守望人，為這個時代守望，以致神的計劃能夠實現。**

祈禱

我們偉大的父、偉大的神，你不但創天造地，你接受四活物天使的敬拜，你又真又活，你在人類的歷史當中工作。今日，你也興起守望人，求主讓我們能夠蒙你使用。有時我們也經歷到困難、甚至流淚的日子，好像先知以西結，但是，我們知道，當我們忠心將你的話語傳開的時候，人就會知道這裏有你的代言人，也會知道這裏有一位如此偉大的神！

願一切榮耀都歸給你。祈禱、感恩，奉主耶穌基督的名，阿們。

生活應用

1. 先知／守望者對社會及信仰羣體有何責任？我們當如何向社會及信仰羣體盡上先知／守望者的責任？
2. 以西結是一位受苦的先知，他的行動就是神的信息。我們的生命可有這種「生活就是信息」的質素？
3. 耶和華是自由的，不受人的失敗所困，反而在管教人之後，賜人復興的盼望。這個「神觀」對你我有何啟發？

第十課（二）

以賽亞書（下）

在沙漠中開江河

〈以賽亞書〉從第39章來到40章，氣氛突然一轉：第39章結束在神宣告一個很嚴重的審判，可是，第40章一開始，卻是安慰的信息。時間上，第39章講述猶大國希西家作王時期，第40章預言猶大人亡國被擄之後，從巴比倫回歸故鄉。兩章之間相隔了一百多年。

「你們的神說：你們要安慰，安慰我的百姓。要對耶路撒冷說安慰的話，又向她宣告說，她爭戰的日子已滿了；她的罪孽赦免了；她為自己的一切罪，從耶和華手中加倍受罰。」（賽40：1-2）

耶和華神使用亞述和巴比倫，分別懲罰了北國以色列及南國猶大國，現在，神的安慰終於臨到：

「有人聲喊著說：在曠野預備耶和華的路（或譯：在曠野，有人聲喊著說：當預備耶和華的路），在沙漠地修平我們神的道。一切山窪都要填滿，大小山岡都要削平；高高低低的要改為平坦，崎崎嶇嶇的必成為平原。耶和華的榮耀必然顯現；凡有血氣的必一同看見；因為這是耶和華親口說的。」（賽40：3-5）

這段經文也有兩次應驗：

第一次應驗，耶和華神帶領祂的子民從巴比倫回歸故土。

「報好信息給錫安的啊，你要登高山；報好信息給耶路撒冷的啊，你要極力揚聲。……主耶和華必像大能者臨到；他的膀臂必為祂掌權。他的賞賜在他那裏；他的報應在他面前。他必像牧人牧養自己的羊羣，用膀臂聚集羊羔抱在懷中，慢慢引導那乳養小羊的。」（賽40：9-11）

我們可以想像一幅這樣圖畫：在耶路撒冷有一些守望人，每天在城牆上守望，一天，他們看見一列長長隊伍，見首不見尾，拖兒帶女，正步向耶路撒冷。彷彿有耶和華神在前帶路，領著羊羣，抱著小羊羔似的，領祂的百姓行在這條歸回故土的路上。守望人就呼喊起來：「好消息啊！好消息啊！正在回來啦！正在回來啦！」

第二次應驗，就是最終的應驗，是新約《聖經》時代，在施洗約翰身上的應驗：

「那時，有施洗的約翰出來，在猶太的曠野傳道，說：『天國近了，你們應當悔改！』這人就是先知以賽亞所說的。他說：『在曠野有人聲喊著說：預備主的道，修直他的路！』」（太3：1-3）

施洗約翰出來傳道，是為主耶穌預備道路，這是神最終的救恩。所以，這裏起碼有三次「出埃及」：第一次是〈出埃及記〉所記，以色列人離開埃及為奴之家；第二次是他們亡國之後，從巴比倫被擄之地再次「出埃及」，歸回故土；第三次就是最終的救恩，預言主耶穌的救恩，拯救百姓脫離罪的「為奴之地」。

從第40章至48章講述一件事：**耶和華神何等大有能力，因為早在百餘年前，神就預先說明了祂的百姓將回歸故土：**

「誰曾測度耶和華的心，或作他的謀士指教他呢？」（賽40：13）

「誰從東方興起一人，憑公義召他來到腳前呢？耶和華將列國交給他，使他管轄君王，把他們如灰塵交與他的刀，如風吹的碎稭交與他的弓。」（賽41：2）

此句預言波斯帝國古列王的崛起，成為耶和華神手中的器皿，因此，某種程度上，古列成了神的僕人，雖然他並不真的敬畏耶和華真神，不過，古列新政成就了真神讓以色列人回歸的計劃。這讓我們看到神掌管列國歷史的權柄。

神申明祂的主權，祂是掌管歷史和列國的神！這幾章充滿了神的主權，誰有這樣的智慧？誰有權「拍板敲定」？

「僕人之歌」

神要怎樣讓人得到永永遠遠的救恩呢?神會怎樣做?原來人的問題並不只是政治危機,或經濟危機,**人最根深蒂固的問題是人的罪。**古列不過蒙神使用,作為政治上的僕人,幫助以色列人解決政治困難,讓他們可以回歸故土;而**神會差遣一個最重要,最終的僕人來到人間,一勞永逸解決人的罪。**

〈以賽亞書〉共有四首「僕人之歌」,在以賽亞的筆下,「耶和華的僕人」可以含有三重意思:

1. **波斯王古列,**神使用他來成就神的計劃;
2. **耶穌基督,**這位神最終的僕人;
3. **以色列人,**因為以色列人也是耶和華的僕人,是神的子民,主耶穌也會拯救他們;以色列人可以再次成為好的見證。

所以,「僕人」這個字在以賽亞書中也可以成為一個「鏡頭」,「近鏡」「遠鏡」交換使用。有時「僕人」是指以色列人;有時指在以色列當中最好的一位「人上人」,就是耶穌基督、彌賽亞。

第一首「僕人之歌」

「看哪,我的僕人——我所扶持所揀選、心裏所喜悅的!我已將我的靈賜給他;他必將公理傳給外邦。」(賽42:1)

第42章是第一首「僕人之歌」,這裏的僕人指主耶穌、彌賽亞,祂是父神完全喜悅的,主耶穌也充滿了神的靈。全詩經常出現「公理」一詞,指:神的公義、神的判斷(judgment)、判語、心意。耶穌會將神的公理傳給外邦,可見**這裏一早就預言,耶穌的救恩不只拯救和幫助以色列人,也會拯救外邦人。**

「他不喧嚷,不揚聲,也不使街上聽見他的聲音。」(賽42:2)

耶穌不是來「擺架子」的,祂不會大聲喧嚷,說:「我來了!我是耶和華的僕人!」**耶穌是一位柔和謙卑的僕人,**甚至街上聽不到祂的聲音。

「壓傷的蘆葦,他不折斷;將殘的燈火,他不吹滅。他憑真實將公理傳開。」(賽

42：3）

耶穌不會折斷快要斷的蘆葦，祂十分珍惜柔弱的人。有一次，我搭船前往一間戒毒中心，快到達戒毒中心時，那些曾經吸毒、後來皈依了主耶穌的人，站在岸上唱著這首歌：「壓傷的蘆葦，祂不折斷；將殘的燈火，祂不吹滅。」迎接我們來臨，我很感動！**這些人曾經是壓傷的蘆葦、將殘的燈火，但是，神絕對不會吹熄他們，神卻很珍惜、愛惜痛苦的人，即使是將殘的燈火，神也再次燃點他們。**

「他不灰心，也不喪膽，直到他在地上設立公理；海島都等候他的訓誨。」（賽42：4）

這位耶和華的僕人耶穌要成就神的計劃，需要很有忍耐，耶穌不會灰心、不會喪膽，無論祂遇到多大痛苦，或反對勢力，都會堅持成就神的計劃。

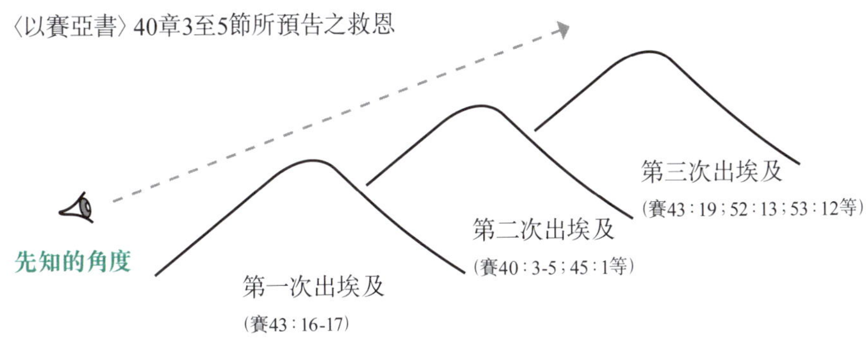

第43章，耶和華神預告祂會施行拯救。讓我們看一看三幅「出埃及圖」：

1. 「耶和華在滄海中開道，在大水中開路，使車輛、馬匹、軍兵、勇士都出來，一同躺下，不再起來；他們滅沒，好像熄滅的燈火。」（賽43：16-17）
   這是回顧以色列人第一次出埃及，神帶領他們離開埃及、過紅海，神使海水淹沒法老的軍兵；
2. 「耶和華如此說：你們不要記念從前的事，也不要思想古時的事。看哪，我要做一件新事；如今要發現，你們豈不知道嗎？我必在曠野開道路，在沙漠開江河。」（賽43：18-19）
   神說：「從前我帶領你們出埃及，是不是很偉大呢？但是，你們無須老往後看，那只算小事一樁。現在我要做一件更偉大的事，就是在曠野開道路，在沙漠開江河。」第二次「出埃及」是讓以色列人亡國七十年後，從巴比倫回歸耶路撒冷；

3. **第三次「出埃及」，就是最終「在曠野開道路，在沙漠開江河」是新約時代，施洗約翰在曠野為耶穌基督預備道路，引出耶穌基督的救恩。**

第四首「僕人之歌」

從52章13節至53章12節，是第四首僕人之歌。這是一首很工整的詩歌，新約《聖經》引用了三十多次，全詩分五段，每段三節。

引言

「那報佳音，傳平安，報好信，傳救恩的，對錫安說：你的神作王了！這人的腳登山何等佳美！聽啊，你守望之人的聲音，他們揚起聲來，一同歌唱；因為耶和華歸回錫安的時候，他們必親眼看見。耶路撒冷的荒場啊，要發起歡聲，一同歌唱；因為耶和華安慰了他的百姓，救贖了耶路撒冷。」（賽52：7-9）

這節經文含雙重意義：

1. 以色列人將從被擄之地回歸耶路撒冷，耶路撒冷會再次得到榮耀；
2. 預告將來耶和華會重新建立耶路撒冷。

1. 僕人的奧祕

「我的僕人（耶穌）行事必有智慧，必被高舉上升，且成為至高。許多人因他（耶穌）驚奇；他的面貌比別人憔悴；他的形容比世人枯槁。這樣，他必洗淨許多國民；君王要向他閉口。因所未曾傳與他們的，他們必看見；未曾聽見的，他們要明白。」（賽52：13-15）

詩歌首先講述這個僕人的「奧祕」，他所做的事十分奇妙，令人驚奇，而且沒有人會想到，祂不是容貌俊美、威嚴的君王，乃是面貌憔悴、形容枯槁的僕人，然而，祂竟然能夠成就神的計劃，很奇妙！

2. 僕人被棄絕

「我們所傳的（或譯：所傳與我們的）有誰信呢？耶和華的膀臂向誰顯露呢？」（賽53:1）

「他在耶和華面前生長如嫩芽，像根出於乾地。他無佳形美容；我們看見他的時候，也無美貌使我們羨慕他。」（賽53:2）

「他被藐視，被人厭棄；多受痛苦，常經憂患。他被藐視，好像被人掩面不看的一樣；我們也不尊重他。」（賽53:3）

世人都認為在「乾地」（乾旱的地方）所長出的根不會是榮美的，可是，祂卻是神的「嫩芽」，是對神忠心的僕人，祂大有能力，神要使用祂成就救恩。

3. 僕人的代贖（賽53:4-6）

「他誠然擔當我們的憂患，背負我們的痛苦；我們卻以為祂受責罰，被神擊打苦待了。」（賽53:4）

這是預言在新約時代，當耶穌被釘在十字架上時，以色列人就取笑祂說：「他倚靠神，神若喜悅他，現在可以救他；因為他曾說：『我是神的兒子。』」（太27:43），以色列人認為神撇棄和責罰耶穌，可是，世人怎知道耶穌受苦、受死的真正原因是為我們的過犯受害呢？

「哪知他為我們的過犯受害，為我們的罪孽壓傷。因他受的刑罰，我們得平安；因他受的鞭傷，我們得醫治。」（賽53:5）

原來**神的救法就是藉著這隻羔羊（耶穌），來代替我們的罪，**當神鞭打和懲罰了耶穌，就不用懲罰我們這些罪人，之後我們就得到平安、得到醫治。

4. 僕人的順服

「他被欺壓，在受苦的時候卻不開口（或譯：他受欺壓，卻自卑不開口）；他像羊羔被牽到宰殺之地，又像羊在剪毛的人手下無聲，他也是這樣不開口。 他雖然未行強暴，口中也沒有詭詐，人還使他與惡人同埋；誰知死

的時候與財主同葬。」(賽53:7, 9)

這裏預言耶穌甘心為我們受苦，祂不會埋怨，不會出聲，也預言耶穌的受死和埋葬。

5. 僕人的成功

「耶和華卻定意(或譯:喜悅)將他壓傷，使他受痛苦。耶和華以他為贖罪祭(或譯:他獻本身為贖罪祭)。他必看見後裔，並且延長年日。」(賽53:10)

這是預言主耶穌從死裏復活，祂是繼續有生命的，祂是永遠活著的。

「他必看見後裔，並且延長年日。」「耶和華所喜悅的事必在他手中亨通。他必看見自己勞苦的功效，便心滿意足。」(賽53:10-11)

這段預言耶穌基督的救恩。這位僕人最後得到高舉，成功完成耶和華交給祂的使命，帶領相信祂、屬於祂的人回到神那裏。

由是，我們要得到和享受神的救恩:

「你們一切乾渴的都當就近水來；沒有銀錢的也可以來。你們都來，買了吃；不用銀錢，不用價值，也來買酒和奶。」(賽55:1)

這個救恩是白白賜予的，是不用付代價就能得到。如果以色列人要真正享受神的救恩，他們應該怎樣做呢?

「耶和華如此說:你們當守公平，行公義；因我的救恩臨近，我的公義將要顯現。謹守安息日而不干犯，禁止己手而不作惡；如此行、如此持守的人便為有福。」(賽56:1-2)

如果以色列人要成為神的子民，享受這個白白的救恩，他們就要行公義、謹守安息日，因為安息日是神的子民的最重要標記，他們要在安息日與神相交，以神為首。

今天，當我們得到了救恩，我們又應該怎樣呢?雖然救恩完全是耶和華僕人的功勞，但並不等於我們的生命沒有改變，一個蒙恩得救的人，其生命必定散發基督的馨香。

真正的禁食

可惜，以色列人仍然有很多罪惡，有很多神不滿意的地方。所以，到了第58章，神要求以色列人要有真正的禁食：「他們說：我們禁食，你（神）為何不看見呢？我們刻苦己心，你為何不理會呢？看哪，你們禁食的日子仍求利益，勒逼人為你們做苦工。」（賽58：3）

神說：「我所揀選的禁食不是要鬆開凶惡的繩，解下軛上的索，使被欺壓的得自由，折斷一切的軛嗎？」（賽58：6）

如果以色列人要享受到耶和華神的救恩，就要用他們的生活見證來表達，他們不要以為徒有「屬靈」、「敬虔」外表，就已經很好，這樣神是不會悅納的。

今天也是如此，如果在一個信主的羣體，當中有很多不合神心意的地方，即使這個羣體舉行很多「禁食大會」，都是沒有用的！

「耶和華的膀臂並非縮短，不能拯救，耳朵並非發沉，不能聽見，但你們的罪孽使你們與神隔絕；你們的罪惡使他掩面不聽你們。」（賽59：1-2）

耶和華神是能夠拯救的，問題不在神那裏，乃是人的罪惡令到神的救恩好像無法顯現出來。不過，神會工作的：「他見無人拯救，無人代求，甚為詫異，就用自己的膀臂施行拯救，以公義扶持自己。」（賽59：16）

這是預告神會親自前來，要完成最終的拯救，之前第53章已經預告了這位耶和華的僕人會成就救恩，不過，**最終最終，神將會親自前來，完成最終的拯救，同時完成最終的審判。**

當神最後這樣做的時候，神對耶路撒冷的期望最終也會達到：「興起，發光！因為你的光已經來到！耶和華的榮耀發現照耀你。看哪，黑暗遮蓋大地，幽暗遮蓋萬民，耶和華卻要顯現照耀你；他的榮耀要現在你身上。萬國要來就你的光；君王要來就你發現的光輝。」（賽60：1-3）

有朝一日，耶路撒冷會再次發光，以色列人將會成功地成為神的見證，神的救恩完全彰顯，神的子民（以色列人）沐浴在神的榮光中，十分美麗、十分明亮，閃耀如明月光輝。

「你在耶和華的手中要作為華冠，在你神的掌上必作為冕旒。你必不再稱為『撇棄的』；你的地也不再稱為『荒涼的』。你卻要稱為『我所喜悅的』；你的地也必稱為『有夫之婦』。因為耶和華喜悅你，你的地也必歸祂。」(賽62:3-4)

後來，在〈啟示錄〉21章至22章的新天新地中，**新耶路撒冷是神的妻子（新婦，啟21:1-2），**以前因為以色列人拜偶像，好像「妓女」，神不肯收納她，神拋棄耶路撒冷和以色列人。不過當神完成了救恩，神會再次接納以色列人，他們好像神喜悅的新娘一樣美麗。但是誰會去成就神的計劃呢？

「主耶和華的靈在我身上；因為耶和華用膏膏我，叫我傳好信息給謙卑的人（或譯：傳福音給貧窮的人），差遣我醫好傷心的人，報告被擄的得釋放，被囚的出監牢；報告耶和華的恩年，和我們神報仇的日子。」(賽61:1-2)

這是預言彌賽亞（耶穌基督）會成就這些事，將神的救恩和審判彰顯出來。當耶穌基督出來公開傳道時，他表示〈以賽亞書〉這段經文應驗在祂的身上：「有人把先知以賽亞的書交給他（主耶穌），他就打開，找到一處寫著說：主的靈在我身上，因為他用膏膏我，叫我傳福音給貧窮的人；差遣我報告：被擄的得釋放，瞎眼的得看見，叫那受壓制的得自由，報告神悅納人的禧年。於是把書捲起來，交還執事，就坐下。會堂裏的人都定睛看他。耶穌對他們說：『今天這經應驗在你們耳中了。』」(路4:17-21)

不過我們要留意，主耶穌引用〈以賽亞書〉這段經文時，少了半句，祂停在「報告耶和華的恩年」，希伯來文的詩歌是平衡的，下半句是「和我們神報仇的日子」(2節)耶穌沒有引用，因為在新約《聖經》時代，「我們神報仇的日子」（審判的日子）仍然未臨到。當耶穌降生，首先祂是要將神的救恩（恩典）傳開，但是，將來主耶穌基督還會再次降臨，到時「我們神報仇的日子」也會實現。

「願你（神）裂天而降；願山在你面前震動。」(賽64:1)

神的心願最終會成就，耶路撒冷最終會成為神所喜悅的城市，所以，先知以賽亞渴望耶和華再次降臨。耶和華的僕人（耶穌）已經第一次降臨了，祂已經成就了救恩，不過神的計劃最終最終完滿成就，是神在世界末日之時「裂天而降」，這是神最終的救恩和最終的審判，所以隨後兩章繼續預言將來會發生什麼事情。

神說：「看哪！我造新天新地；從前的事不再被記念，也不再追想。」（賽65：17）

「我必因耶路撒冷歡喜，因我的百姓快樂；其中必不再聽見哭泣的聲音和哀號的聲音。」（賽65：19）

我們在〈啟示錄〉看到相同經文，**神最終會更新整個天地，耶路撒冷會充滿快樂和榮耀，不會再有哀號的聲音。**

「我知道他們的行為和他們的意念。時候將到，我必將萬民萬族聚來，看見我的榮耀，我要顯神蹟在他們中間。逃脫的，我要差到列國去，……並素來沒有聽見我名聲、沒有看見我榮耀遼遠的海島；他們（外邦人）必將我的榮耀傳揚在列國中。」（賽66：18-19）

不但耶路撒冷會成為神美好的見證，**神的選民以色列人成為神的榮耀，好像王冠一樣美麗，還有，萬民萬族都會認識神。**

「耶和華說：我所要造的新天新地，怎樣在我面前長存；你們的後裔和你們的名字也必照樣長存。每逢月朔、安息日，凡有血氣的必來在我面前下拜。這是耶和華說的。」（賽66：22-23）

〈以賽亞書〉結束在很嚴厲的警告：「他們必出去觀看那些違背我人的屍首；因為他們的蟲是不死的；他們的火是不滅的；凡有血氣的都必憎惡他們。」（賽66：24）

離棄和違背神的人最終面對的刑罰是被火燒，這個刑罰是永遠的。**神的救恩是傳到永永遠遠；但審判也是永永遠遠的，這是很大的安慰，也是很嚴厲的警告。**

整卷〈以賽亞書〉讓我們看到，神要將一個敗壞了的見證（以色列人），藉著耶和華的僕人扭轉乾坤，再次成為一個榮耀的見證。

今天，我們信仰羣體有神在我們當中，有耶穌基督在我們當中，我們也可以成為神美好的見證。我們當知道在我們當中的這位主是掌管列國、掌管政治的主，我們從政治中看到神對國家及個人的處事原則，**我們不是倚靠人的方法，乃是信靠祂方能成事。**我們的罪惡是攔阻我們成為見證的最主要原因，因此，我們要仰望神的工作，仰望神的靈（聖靈）的工作，聖靈的工作可以讓一個羣體轉化成為美好的見證。盼望我們個人和羣體都能夠成為神榮耀的見證。

祈禱

親愛的主，多謝你，〈以賽亞書〉是如此寶貴，我們看到你透過順服你的僕人成就如此浩大的救恩，徹底解決我們得罪你這個根本問題。求主叫我們經驗到救恩的洗淨，然後蒙你差遣出去，讓世人能夠看到有一位掌管世界、掌管政治、掌管列國的神在我們當中，最終榮耀歸於你自己的名字。

我們的祈禱、仰望，奉主耶穌基督的名，阿們。

生活應用

1. 先知以賽亞如何表明神掌管列國的政治和歷史？以賽亞對當代政治環境有何貢獻？你認為神也掌管中國和香港的歷史和政治前途嗎？身為中國國民及香港市民的基督徒，可以怎樣為中國和香港的前途盡一分力量？
2. 怎樣才算是神榮耀的見證？什麼攔阻以色列成為神的榮耀見證？以色列最終如何成為神的見證？你自己又如何能成為神榮耀的見證？
3. 耶穌基督是一位怎樣的「耶和華的僕人」？祂具有什麼氣質？祂為我們做了什麼事情？祂哪一方面的品格或行事為人是我特別需要效法的？對今日青少年的品格教育又有何啟迪？

波斯時代

以斯帖記·以斯拉記·
尼希米記·哈該書·
撒迦利亞書·瑪拉基書

第十二課(一)

以斯帖記

我們來到一個新的歷史階段,北國以色列人和南國猶大人先後被擄至很遠很遠的異國他鄉,**以前以色列人敬拜神,表明他們是屬於神的標誌:聖城耶路撒冷、聖殿、祭祀,現在都沒有了。**以色列人亡國,離開故鄉、離開聖城、聖殿,神好像無影無蹤,連以自己的名所立的聖殿都不看顧,那神是否與他們同在呢?今天我們要看神的子民在被擄時是怎樣的?

〈以斯帖記〉、〈以斯拉記〉、〈尼希米記〉,這三卷書是互相呼應的,〈以斯帖記〉講述當猶大人遠在波斯帝國,神怎樣作工呢?〈以斯拉記〉和〈尼希米記〉講述神施恩,帶領以色列人和猶大人返回故土,返回耶路撒冷,這時神又怎樣作工呢?這羣劫後餘生的百姓,最終能否滿足神的心意,成為一個能夠見證神的國家嗎?

猶大人被擄,流離異國他鄉七十年,史稱「被擄時期」。**聖經學者有兩種方法計算「被擄七十年」:**

1. 有些聖經學者是從猶大人第一次被擄(含但以理及其他貴冑在內)開始計算,至波斯帝國元年,猶大人獲王恩准返鄉,即是公元前606年至公元前536年,是七十年;
2. 也有學者是從公元前586年,耶路撒冷失陷、聖殿被毀開始計算,直至聖殿重建,公元前516年獻殿,是七十年。

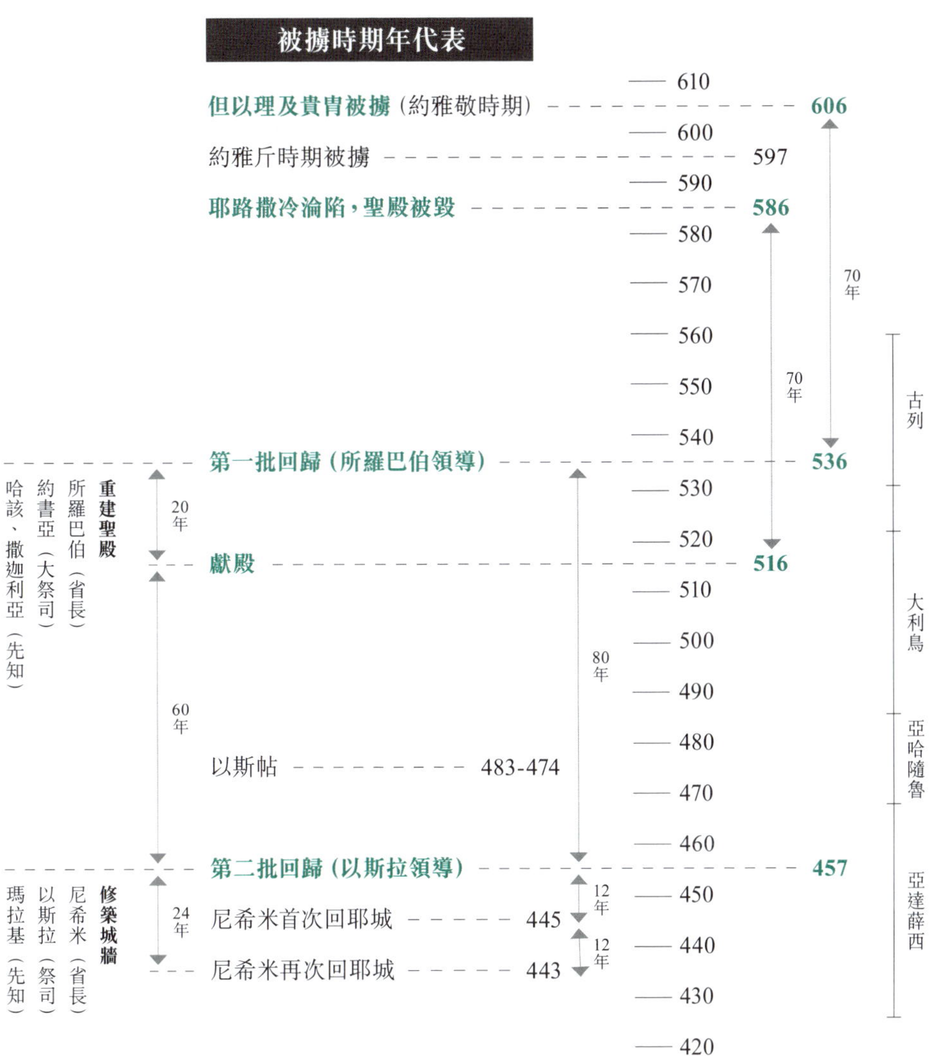

《聖經》中出現的波斯王有四人，按執政前後依次為：古列（Cyrus，亦譯塞魯士，居魯士）、大利烏（Darius，亦譯大流士）、亞哈隨魯（Ahasueras Xerxes，亦譯薛西斯），以及亞達薛西（Artaxerxes），其中恩准猶大人回歸的有二王：古列王（第一次回歸），和亞達薛西王（第二、第三次回歸）。以斯帖處於第一次回歸與第二次回歸之間，亞哈隨魯王統治的時代。

此時正是波斯顛峯之際，國土幅員遼闊，東起印度北部，西至地中海，呂底亞王國（今土耳其西部，京都撒狄）、埃及，巴比倫，亞述，及以色列人的家園迦南，盡在其中，端是「普天之下，莫非王土」。哈曼殺猶大人的陰謀比埃及法老王殺男嬰更狠毒，更趕盡殺絕，而猶大人想「出波斯」也難。千鈞一髮之際，沒有轟轟烈烈的出埃及，過紅海，沒有光彩奪目的雲柱火柱領路，沒有閃電、雷鳴、密雲、烈火、濃煙，神靜悄悄地興起一位手無寸鐵的弱質小女子，拯救神的百姓免於滅亡。細心欣賞絕世佳人以斯帖，令人拍案驚奇。

〈以斯帖記〉最特別之處是全卷書無一「神」字，沒有提及「約」、「律法」、「獻祭」等，這些表示神同在的字彙，沒有一處讓我們可以清清楚楚看到神的同在。然而，讀罷掩卷沈思，又發現全書字裏行間，處處充滿了神的工作、神的保守。神是守約施慈愛的，不但沒有忘記子民，而且在暗中為他們安排拯救。

在《聖經》中，有時我們會發覺作者稱呼神是「住在人不能靠近的光裏」（提前6：16），或者「神住在幽暗之中」（出20：21），這並不是說神是黑暗的神，見不得光，乃是說有時神是一位隱藏的神，「幽暗之中」意思頗似中國人所說的「冥冥之中」。

〈以斯帖記〉展現了一個重要神學主題：**神的隱藏性（the hiddenness of God）。「神的隱藏性」和祂「無所不在」、「無所不知」、「無所不能」的屬性緊緊相扣。祂以智慧、權能，在暗中掌管歷史及人類的活動，施展能力保護祂的百姓。**今天我們就從這個角度來讀此書。

宮廷選美

〈以斯帖記〉3章，猶大人的敵人哈曼出現，得亞哈隨魯王抬舉後，就想滅絕猶大人（斯3：1-10），誰知早在這件事發生之前，第1章，**隱藏的神已經在工作，神已經有所預備。**

波斯經古列和大利烏二王統治後，國勢如日中天。公元前486年，「亞哈隨魯作王，從印度直到古實，統管一百二十七省。亞哈隨魯王在書珊城的宮登基；」（斯1：1-2）

接著，亞哈隨魯大排筵席，宴請全國貴冑，長達六個月，炫耀波斯帝國的威榮。隨後又在書珊設流水席，請全城老百姓吃飯。至第七日，飲宴達到高潮，王吩咐王后瓦實提出來，讓臣民觀看她如花似玉的美貌。瓦實提甚有骨氣，因王命違背了宮廷禮儀，有損王后尊嚴，瓦實提拒絕前來。（斯1：10-12）

亞哈隨魯大怒，詢問大臣意見，如何處理王后抗命一事？其中一個大臣說：

「不准瓦實提再到王面前，將她王后的位分賜給比她還好的人。」（斯1：19）

亞哈隨魯正怒火中燒，就依言廢了王后，後來他有點後悔，又不能食言，推翻自己的命令。王的侍從就建議尋找美貌女子立為新王后（斯2：2-4）。

〈以斯帖記〉2章，先述猶大人以斯帖及養父末底改的遭遇。接著，作者詳細描述以斯帖進入王宮，到冊立為波斯王后。

以斯帖是入選的芸芸美女之一。女子入王宮見王可是一件大工程，單潔淨身體，和用沒藥油美容已要花一年時間：眾女子以最美狀態見王，而只有一晚的機會是否得王悅納：「女子進去見王是這樣：從女院到王宮的時候，凡她所要的都必給她。晚上進去，次日回到女子第二院，交給掌管妃嬪的太監沙甲；除非王喜愛她，再提名召她，就不再進去見王。」（斯2：13-14）

機會微之又微，但是，這件事掌握在神的手中，在神那裏沒有難成的事。

「末底改叔叔亞比孩的女兒，就是末底改收為自己女兒的以斯帖，按次序當進去見王的時候，除了掌管女子的太監希該所派定給她的，她別無所求。」（斯2：15）

以斯帖似乎心甚坦然淡定，沒有刻意追求成為王后，她沒有為自己求什麼，除了太監派給她的東西之外，其他一概沒有要，然後，以斯帖就進去見王。

「王愛以斯帖過於愛眾女，她在王眼前蒙寵愛比眾處女更甚。王就把王后的冠冕戴在她頭上，立她為王后，代替瓦實提。王因以斯帖的緣故給眾首領和臣僕設擺大筵席，又豁免各省的租稅，並照王的厚意大頒賞賜。」（斯2：17-18）

今天在香港或世界選美，有時我們認為某位佳麗最漂亮，最後得到冠軍的卻不是她，因為有很多可能性，競爭非常大。以斯帖最後得冊立為王后，由誰決定呢？**是神在暗中掌管，祂運籌帷幄，運用亞哈隨魯廢王后的時機，興起一位猶大小女子，隱藏的神揀選，安排以斯帖進入王宮，成了波斯王后，拯救全以色列民族，原來一位女子的命運，可以與整個民族的存亡連在一起，密不可分。**

「以斯帖照著末底改所囑咐的，還沒有將籍貫宗族告訴人；因為以斯帖遵末底改的命，如撫養她的時候一樣。」(斯2:20)

以斯帖沒有將她自己的祖籍公諸於世，説到底，猶大人是被擄來的亡國奴。拒絕入宮自是死路一條，公開身分也不妙，惟有沈默。

末底改一直留在王宮外，靠近朝門附近，留意養女以斯帖的平安(斯2:11, 19)。無巧不成書，有兩個太監想刺殺亞哈隨魯王，不知何故，末底改發現了這件事情，就告訴以斯帖，以斯帖轉告王。

末底改救了亞哈隨魯王一命，立下大功，王竟然忘記了賞賜。神暫時沒有讓末底改得到賞賜，為的後來一個更大的賞賜，有點類似約瑟的經歷。

風雲驟起

第3章，危機出現。亞甲族的哈曼蒙王抬舉，在朝廷中排名第二位，哈曼趾高氣揚，要求人人都要尊崇他，除了王之外，「在朝門的一切臣僕都跪拜哈曼，因為王如此吩咐；惟獨末底改不跪不拜。」(斯3:2)

為什麼末底改不肯跪拜哈曼呢？會不會因為十誡中的第二誡規定以色列人不可跪拜偶像(出20:4-5)，所以他不肯跪拜哈曼？似乎不是這個原因，因為末底改教導養女以斯帖，她也向王跪拜，所以應該與十誡沒有關係。

大部分解經家認為，末底改不肯跪拜哈曼應該與哈曼的宗族背景有關。

據〈出埃及記〉17章記載，以色列人出埃及後，亞瑪力人主動挑釁，「那時，亞瑪力人來在利非訂，和以色列人爭戰。」(出17:8)摩西在山上舉手祈禱，約書亞在山下帶領百姓打仗，直到日落時，以色列人戰勝了亞瑪力人，「耶和華對摩西説：『我要將亞瑪力的名號從天下全然塗抹了；你要將這話寫在書上作紀念，又念給約書亞聽。』……又説：『耶和華已經起了誓，必世世代代和亞瑪力人爭戰。』」(出17:14, 16)

因為亞瑪力人敵擋以色列人，也就是敵擋神的人，他們是神的仇敵，所以，神要從天下塗抹亞瑪力人的名號。

亞瑪力人的王是亞甲(撒上15:8)，哈曼是「亞甲族哈米大他的兒子」(斯3:1)，他是亞甲族的後代，也就是亞瑪力人。末底改不肯跪拜哈曼應該因為哈曼是亞瑪力人。雖然〈以斯帖記〉沒有出現一個「神」字，但是，我們看到**末底改所做的事其實是敬畏神的，他明白神的心意，知道亞瑪力人是以色列人的仇敵，也是神的仇敵，所以，他堅持不肯跪拜亞瑪力人哈曼，也不願與哈曼合作。**

「在朝門的臣僕問末底改說：『你為何違背王的命令呢？』他們天天勸他，他還是不聽，他們就告訴哈曼，要看末底改的事站得住站不住，因他已經告訴他們自己是猶大人。哈曼見末底改不跪不拜，他就怒氣填胸。」（斯3：3-5）

末底改透露了自己的猶大人身分。哈曼很憤怒，他認為「下手害末底改一人是小事，就要滅絕亞哈隨魯王通國所有的猶大人，就是末底改的本族。」（斯3：6）

哈曼煽風點火，對亞哈隨魯王說：「有一種民散居在王國各省的民中；他們（猶大人）的律例與萬民的律例不同，也不守王的律例，所以容留他們與王無益。王若以為美，請下旨意滅絕他們；」（斯3：8-9）

亞哈隨魯也沒有細究，就批准了哈曼的要求，於是，「亞哈隨魯王十二年正月，就是尼散月，人在哈曼面前，按日日月月掣普珥，就是掣籤，要定何月何日為吉，擇定了十二月，就是亞達月。……又用王的戒指蓋印，交給驛卒傳到王的各省，吩咐將猶大人，無論老少婦女孩子，在一日之間，十二月，就是亞達月十三日，全然剪除，殺戮滅絕，並奪他們的財為掠物。」（斯3：7-13）

「殺戮滅絕」的命令一公布，所有猶大人莫不萬分恐慌（斯3：15）。

死就死罷

第4章，末底改知道消息之後，十分痛苦悲傷，他「撕裂衣服，穿麻衣，蒙灰塵，在城中行走，痛哭哀號。」（斯4：1）

初時以斯帖不明白為何養父要穿上麻衣（喪服），「她甚是憂愁，就送衣服給末底改穿，要他脫下麻衣，他卻不受。以斯帖就把王所派伺候她的一個太監，名叫哈他革召來，吩咐他去見末底改，要知道這是什麼事，是什麼緣故。」（斯4：4-5）

末底改將整件事一五一十說了一遍，「並囑咐她進去見王，為本族的人（猶大

人)在王面前懇切祈求。」(斯4:8)

以斯帖大大為難,說:「王的一切臣僕和各省的人民都知道有一個定例:若不蒙召,擅入內院見王的,無論男女必被治死;除非王向他伸出金杖,不得存活。現在我沒有蒙召進去見王已經三十日了。」(斯4:11)

亞哈隨魯王初初冊立以斯帖時,萬千寵愛,但現在王已三十日沒有見她了,王是否已經忘記了她呢?是否將她打入冷宮呢?在這種情況之下,如果以斯帖擅自進去見王,極有可能會被處死(斯4:11)。

「你莫想在王宮裏強過一切猶大人,得免這禍。此時你若閉口不言,猶大人必從別處得解脫,蒙拯救;你和你父家必致滅亡。焉知你得了王后的位分不是為現今的機會嗎?」(斯4:13-14)

末底改很有屬靈眼光,他的回覆深具神學意義,他表示,以斯帖以為自己身在王宮就可以避禍,但是以斯帖也是猶大人,如果仇敵要追殺猶大人,她也逃不過的。如果以斯帖「閉口不言」,猶大人「必從別處得解脫,蒙拯救」。末底改深深認識神,深深明白:**神是宇宙萬物的主宰,猶大人是神的子民,是神所揀選的民族,如果仇敵想滅絕猶大人,猶大人一定會得到神的保護和拯救,神一定有祂的方法,救恩是一定會成功的。**

「焉知你得了王后的位分不是為現今的機會嗎?」(斯4:14)末底改明白,在眾多女子之中,為什麼波斯王千揀萬揀,偏偏會選了以斯帖做王后呢?**冥冥之中神在管理一切,問題是以斯帖肯不肯配合。**

以斯帖是敬畏神的,一點就醒,「就吩咐人回報末底改說:『你當去招聚書珊城所有的猶大人,為我禁食三晝三夜,不吃不喝;我和我的宮女也要這樣禁食……」「禁食」是指專心祈禱仰望神。以斯帖拍案而起,慷慨陳詞,說:「我違例進去見王,我若死就死吧!』」(斯4:15-16)

當我們實行神的旨意時,就要有這樣一種破釜沈舟,義無反顧的心志,好像但以理和三個朋友準備了被燒死的,他們並不期望神一定會拯救他們(但3:8-18),以斯帖願意冒險,盡一己之力拯救神的百姓。

峯迴路轉

禁食了三日之後，王后以斯帖穿上朝服，進入王宮內院，「王見王后以斯帖站在院內，就施恩於她，向她伸出手中的金杖；以斯帖便向前摸杖頭。王對她說：『王后以斯帖啊，你要什麼？你求什麼，就是國的一半也必賜給你。』」（斯5：2-3）

以斯帖故意賣個關子，委婉地說：「王若以為美，就請王帶著哈曼今日赴我所預備的筵席。」（斯5：4）

哈曼見王后專誠邀請王和他赴筵席，很高興，不過，當他看到末底改仍然不肯向他跪拜，又憤怒起來。哈曼的妻子和朋友就獻計說：「『不如立一個五丈高的木架，明早求王將末底改掛在其上，然後你可以歡歡喜喜地隨王赴席。』哈曼以這話為美，就叫人做了木架。」（斯5：14）

第6章，神隱藏的手此時幾乎明明可見。當天晚上，亞哈隨魯王**「碰巧」**睡不著覺，睡不著覺有很多事可以做，王**「碰巧」**選了讀史，**「碰巧」**讀到「王的太監中有兩個守門的，辟探和提列，想要下手害亞哈隨魯王，末底改將這事告訴王后。」（斯6：2）

王問：「末底改行了這事，賜他什麼尊榮爵位沒有？」「伺候王的臣僕回答說：『沒有賜他什麼。』」（斯6：3）

王正考慮要怎樣賞賜末底改，哈曼**「剛巧」**進來，打算請求王讓他殺死末底改。「王問他說：『王所喜悅尊榮的人，當如何待他呢？』」（斯6：6）

哈曼會錯意，表錯情，「心裏說：『王所喜悅尊榮的，不是我是誰呢？』」「就回答說：『王所喜悅尊榮的，當將王常穿的朝服和戴冠的御馬，都交給王極尊貴的一個大臣，命他將衣服給王所喜悅尊榮的人穿上，使他騎上馬，走遍城裏的街市，在他面前宣告說：王所喜悅尊榮的人，就如此待他。』」（斯6：9）

「王對哈曼說：『你速速將這衣服和馬，照你所說的，向坐在朝門的猶大人末底改去行。凡你所說的，一樣不可缺。』」（斯6：10）

何等幽默和諷刺，哈曼以為自己會得到王所賜的尊榮，因而提出極高格要求，那知卻是他的死對頭得到。哈曼的妻子和軍師知道了王大大賞賜末底改，就對哈曼說：「你在末底改面前始而敗落，他如果是猶大人，你必不能勝他，終必在他面前敗落。」（斯6：13）**神的保護何等有能力，任何人都無法敵擋或陷害神的子民，連不信神的人也「有目共睹」。**

「這第二次在酒席筵前，王又問以斯帖說：『王后以斯帖啊，你要什麼，我必賜給你；你求什麼，就是國的一半也必為你成就。』」（斯7：2）

亞哈隨魯連連追問，以斯帖才說：「我所求的，是求王將我的本族（猶大人）賜給我。因我和我的本族被賣了，要剪除殺戮滅絕我們。」（斯7：3-4）

王問：「擅敢起意如此行的是誰？這人在哪裏呢？」（斯7：5）

以斯帖就說：「仇人敵人就是這惡人哈曼！」「王便大怒，起來離開酒席往御園去了。哈曼見王定意要加罪與他，就起來，求王后以斯帖救命。」（斯7：6-7）

據其他史書所記，亞哈隨魯生性暴戾殘忍。在〈以斯帖記〉裏我們便見到亞哈隨魯幾次大發雷霆。哈曼心知不妙，也許慌張之下，竟忘了宮廷禮儀，靠近以斯帖求饒。

「王從御園回到酒席之處，見哈曼伏在以斯帖所靠的榻上；」亞哈隨魯狂怒，說「他竟敢在宮內、在我面前凌辱王后嗎？」這話一出王口，人就蒙了哈曼的臉。（斯7：8）有太監說：「『哈曼為那救王有功的末底改做了五丈高的木架，現今立在哈曼家裏。』王說：『把哈曼掛在其上。』」（斯7：9）

結果，惡人哈曼被吊死了。

普天同慶

第8章，以斯帖求王說：「現今王若願意，我若在王眼前蒙恩，王若以為美，若喜悅我，請王另下旨意，廢除哈曼所傳的那旨意。我何忍見我本族的人受害？何忍見我同宗的人被滅呢？」（斯8：5-6）

由於王命不可更改，王就頒一道新諭旨：「准各省各城的猶大人在一日之間，十二月，就是亞達月十三日，聚集保護性命，剪除殺戮滅絕那要攻擊猶大人的一切仇敵和他們的妻子兒女，奪取他們的財為掠物。」(斯8：11-12)

末底改的地位得到提升：「末底改穿著藍色白色的朝服，頭戴大金冠冕，又穿紫色細麻布的外袍，從王面前出來；書珊城的人民都歡呼快樂；」(斯8：15)

第9章，「十二月，乃亞達月十三日，王的諭旨將要舉行，就是猶大人的仇敵盼望轄制他們的日子，猶大人反倒轄制恨他們的人。」(斯9：1)

猶大人反敗為勝，轉悲為喜。「在書珊城，猶大人殺滅了五百人；」(斯9：6) 猶大人也殺死了哈曼的十個兒子，「卻沒有下手奪取財物。」(斯9：10)

翌日，書珊的猶大人又殺了三百人，同樣「沒有下手奪取財物。」(斯9：15)

「末底改記錄這事，寫信與亞哈隨魯王各省遠近所有的猶大人，囑咐他們每年守亞達月十四、十五兩日，以這月的兩日為猶大人脫離仇敵得平安、轉憂為喜、轉悲為樂的吉日。……各省各城、家家戶戶、世世代代紀念遵守這兩日，使這『普珥日』在猶大人中不可廢掉，在他們後裔中也不可忘記。」(斯9：20-22,28)

從此以後，直到今時今日，猶大人都守「普珥日」。

第10章，末底改的地位進一步高升，他「作亞哈隨魯王的宰相，在猶大人中為大，得他眾弟兄的喜悅，為本族的人求好處，向他們說和平的話。」(斯10：3)。

這個極富戲劇意味的歷史故事讓我們看到：**神沒有丟棄祂的子民，雖然有時神似乎隱藏不見，實際上神暗暗中做了很多事情，很多似乎是「巧合」、「剛巧」的事情，其實是神在當中管理著。**

這一點讓我們大得安慰，當我們遭遇困難或患病，或在事奉上遇到很大的挑戰，我們覺得灰心洩氣，認為自己一事無成，彷彿神不見了，我們要知道，**只要我們有神的生命，神就會保護、保守我們；只要我們藏在神裏面，就會得勝。神要求我們有一種堅持，好像末底改一樣，神自會用祂的方法施行拯救。**

在我們一生之中，有時會遇到類似以斯帖、但以理的挑戰。我們要知道神早有計劃，會一步一步為我們鋪排，我們所遭遇的一切不會出於偶然。

當神將重大責任交給我們，我們也要付出代價，**有些信仰原則是我們一定要堅持的，甚至可能要冒險，正如以斯帖要冒險見王，問題在於我們有沒有信心，好像以斯帖一樣呢？**

求主幫助我們看到祂的手，明白祂是掌管一切的。

祈禱

親愛的主，你的律法奇妙可畏，你的作為偉大宏遠！我們願意再一次透過以色列人被擄的歷史來認識你，我們看到你在隱藏當中行事，當我們以為你不在那裏時，你卻在暗中使用很多似乎是「巧合」、「剛巧」的事情來成就你的美意。求你幫助我們越過歷史的鴻溝，接觸到你隱藏的手，明白你是何等偉大的神、也是常與我們同在的神！

祈禱奉主耶穌基督的名，阿們。

生活應用

以斯帖為了配合神的計劃，必須把握時機，甘願冒生命危險，挺身而出。你認為神給你的召命是什麼？你認為需要把握什麼時機，甘冒什麼危險來配合神的計劃？這信息對每一個香港人而言，又有何意義？

第十二課(二)

以斯拉記

在希伯來《聖經》中,〈以斯拉記〉、〈尼希米記〉為一卷書,指出神實現應許,讓以色列民回歸,重建聖城及宗教生活。如果在〈以斯帖記〉裏,神是隱藏,默默工作的話,那麼,在這兩卷書裏,神的作為就清楚可看,讓人看到神何等信實。

以斯拉 / 尼希米記大綱

經文	內容	領導人物	年期
拉1至6章	第一次回歸,重建聖殿	所羅巴伯、耶書亞、哈該、撒迦利亞	主前538-516
拉7至10章	第二次回歸,重建聖民	以斯拉	主前458及以後
尼1至7章	重建耶路撒冷城牆	尼希米	主前445及以後
尼8至13章	重建聖民	尼希米、以斯拉	

第一次回歸

主前538年,以色列人不用揭竿起義,不用遊行請願,突如其來,喜從天降,一道詔書頒下,他們可以返鄉!正如一位回歸者所說:「當耶和華將那些被擄的帶回錫安的時候,我們好像做夢的人。我們滿口喜笑、滿舌歡呼的時候,外邦人中就有人說:耶和華為他們行了大事!」(詩126:1-2)

〈以斯拉記〉作者認為這一切是耶和華神的作為,此書第1章與〈歷代志下〉

最後一章最後兩節經文幾乎完全相同：耶和華為要應驗藉耶利米口所說的話，就激動波斯王古列的心，使他下詔通告全國說：「波斯王古列如此說：『耶和華天上的神已將天下萬國賜給我，又囑咐我在猶大的耶路撒冷為祂建造殿宇。在你們中間凡作他子民的，可以上猶大的耶路撒冷，在耶路撒冷重建耶和華——以色列神的殿（只有他是神）。願神與這人同在。凡剩下的人，無論寄居何處，那地的人要用金銀、財物、牲畜幫助他，另外也要為耶路撒冷神的殿甘心獻上禮物。』」（拉1：1-5）

古列並不是歸信真神耶和華，不過，他的政策與之前的亞述諸王和巴比倫王不同。亞述王和巴比倫王先後滅了以色列國和猶大國之後，將兩國精英擄回自己國家，又讓兩國人民做奴隸，同化他們。

波斯帝國實行懷柔政策：讓全國各民族，包括以色列人和猶大人，可以敬拜他們自己的神，為波斯王和眾王子的國求福。在這樣的思路之下，古列王下詔准予猶大人歸回故鄉，甚至資助猶大人在耶路撒冷重建聖殿。

此外，「古列王也將耶和華殿的器皿拿出來，這器皿是尼布甲尼撒從耶路撒冷掠來、放在自己神之廟中的。波斯王古列派庫官米提利達將這器皿拿出來，按數交給猶大的首領設巴薩。」（拉1：7-8）

回想香港回歸中國之前說「五十年不變」，現在未到五十年已改變了很多。**以色列人民亡國被擄了七十年，可以說什麼都沒有了，然而，時間到了，神就帶領祂的子民回鄉，甚至可以領回聖殿器皿，帶返耶路撒冷。神是掌管歷史的，在神那裏沒有難成的事。**正如〈箴言〉所說：王的心在神的手裏，如隴溝裏的水，隨意流轉。

第2章記錄被擄歸回者的名單，耶書亞是祭司，代表宗教界的人；所羅巴伯是省長，是政治界的人，他也是耶穌的先祖。二人帶領逾五萬人返鄉（拉2：64），其中有祭司（拉2：36）、利未人（拉2：40），以及所羅門的後裔（拉2：55-58）等等。

「約薩達的兒子耶書亞和他的弟兄眾祭司，並撒拉鐵的兒子所羅巴伯與他的弟兄，都起來建築以色列神的壇，要照神人摩西律法書上所寫的，在壇上獻燔祭。」「又照律法書上所寫的守住棚節，按數照例獻每日所當獻的燔祭。」（拉3：2, 4）

第3章，以色列人和猶大人回到了故土，他們做的第一件事是向神獻祭和守住棚節。以色列人進入迦南地之後，神設立了住棚節，要以色列人記念他們曾經在曠野的帳棚居住過，也記念如今神賜給他們安居樂業。神的子民亡國，被擄七十年，經過血的教訓之後，他們敬畏神的心更堅定，神就使用他們，讓他們再次守住棚節，再次向神獻祭、恢復對神的敬拜。

接著，**以色列人認為最重要的事情是：重建聖殿。神的子民是在聖殿與神相遇，聖殿是以色列人的國魂。**於是，他們大興土木。

「匠人立耶和華殿根基的時候，祭司皆穿禮服吹號，亞薩的子孫利未人敲鈸，照以色列王大衛所定的例，都站著讚美耶和華。他們彼此唱和，讚美稱謝耶和華說：他本為善，他向以色列人永發慈愛。他們讚美耶和華的時候，眾民大聲呼喊，因耶和華殿的根基已經立定。」

「然而有許多祭司、利未人、族長，就是見過舊殿的老年人，現在親眼看見立這殿的根基，便大聲哭號，也有許多人大聲歡呼，甚至百姓不能分辨歡呼的聲音和哭號的聲音；因為眾人大聲呼喊，聲音聽到遠處。」（拉3：10-13）

以色列人都很興奮。七十年後歸回故鄉的人當中，有些人已經很老了，另外一些人很年輕。「大聲歡呼」的人可能從未見過故殿，所以，他們很興奮；而「大聲哭號」的是見過故殿的老年人，他們可能感到難過，感慨萬千，想當年所羅門王所建的聖殿何等宏偉瑰麗，現在重建的聖殿那麼「蚊型」；也有可能他們非常感恩，被擄七十年，現在竟然能夠返回耶路撒冷，可以重建聖殿，他們喜極而泣。

第4章，神的工作要開展時，遇到了一些困難：當地人的賄賂和攔阻。

「那地的民，就在猶大人建造的時候，使他們的手發軟，擾亂他們；從波斯王古列年間，直到波斯王大利烏（Darius或譯大流士）登基的時候，賄買謀士，要敗壞他們的謀算。」（拉4：4-5）

仔細讀《聖經》的人，讀到4章6至23節，可能會覺得莫明其妙，明明正在講古列時期重建聖殿，怎麼會變成亞哈隨魯、亞達薛西時期，猶大人重建城牆？

4章6至23節是一段「插敘」，作者講述猶大人重建聖殿時遇到的困難和攔阻之際，順勢講述後期敵人對重建城牆工程的攔阻，至4章24節才「言歸正傳」。NIV、《聖經》新普及譯本和中文當代譯本（修訂版，2010）等版本，將這段插敘自組一段，文理較為清楚。

好，言歸正傳。

「耶路撒冷神殿的工程就停止了，直停到波斯王大利烏第二年。」（拉4：24）

聖殿重建工程一停就停了十六年，可見受到很大很多攔阻。

第5章，先知哈該和撒迦利亞鼓勵以色列人和猶大人繼續建造聖殿。

「於是撒拉鐵的兒子所羅巴伯和約薩達的兒子耶書亞都起來動手建造耶路撒冷神的殿，有神的先知在那裏幫助他們。」（拉5：2）

河西省總督查問：「誰降旨讓你們建造這殿，修成這牆呢？」（拉5：3）

猶大長老實話實說：「巴比倫王古列元年，他降旨允准建造神的這殿。神殿中的金、銀器皿，就是尼布甲尼撒從耶路撒冷的殿中掠去帶到巴比倫廟裏的，古列王從巴比倫廟裏取出來，交給派為省長的，名叫設巴薩，對他說可以將這些器皿帶去，放在耶路撒冷的殿中，在原處建造神的殿。」（拉5：13-15）

竟是前任王十六年前的事情，也難怪河西總督不知道。他便請示大利烏王：「現在王若以為美，請察巴比倫王的府庫，看古列王降旨允准在耶路撒冷建造神的殿沒有，王的心意如何？請降旨曉諭我們。」（拉5：17）

「於是大利烏王降旨，要尋察典籍庫（國立檔案館state archives）內，就是在巴比倫藏寶物之處；在瑪代省亞馬他城（波斯帝國四京城之一）的宮內尋得一卷，其中記著說：『古列王元年，他降旨論到耶路撒冷神的殿，要建造這殿為獻祭之處，堅立殿的根基。……並且神殿的金銀器皿，就是尼布甲尼撒從耶路撒冷的殿中掠到巴比倫的，要歸還帶到耶路撒冷的殿中，各按原處放在神的殿裏。』」（拉6：1-3, 5）

既然先王古列有詔，大利烏王就下詔：「不要攔阻神殿的工作，任憑猶大人的省長和猶大人的長老在原處建造神的這殿。我又降旨，吩咐你們向猶大人的長老為建造神的殿當怎樣行，就是從河西的款項中，急速撥取貢銀作他們的經費，免得耽誤工作。他們與天上的神獻燔祭所需用的公牛犢、公綿羊、綿羊羔，並所用的麥子、鹽、酒、油，都要照耶路撒冷祭司的話，每日供給他們，不得有誤；好叫他們獻馨香的祭給天上的神，又為王和王眾子的壽命祈禱。」（拉6：7-10）

波斯王批准「撥取貢銀」（拉6：8），表示國家政府支持重建聖殿。接著論到如何執行（enforcement）：違抗王命的會判死刑，屋毀人亡！

「我再降旨，無論誰更改這命令，必從他房屋中拆出一根梁來，把他舉起，懸在其上，又使他的房屋成為糞堆。若有王和民伸手更改這命令，拆毀這殿，願那使耶路撒冷的殿作為他名居所的神將他們滅絕。我大利烏降這旨意，當速速遵行。」（拉6：11-12）

河西總督達乃、示他·波斯乃，並同仁接到昭命，不敢怠慢，「急速遵行。」（拉6：13）**當以色列人肯去作神的工作，肯建造神的殿，神的供應就來到，神的恩典甚至超過所想所求，神使用波斯王撥款支持建殿工程，並嚴厲懲罰膽敢破壞工程者。**

「大利烏王第六年，亞達月初三日，這殿修成了。……正月十四日，被擄歸回的人守逾越節。」（拉6：15,19）

三年半後，即以色列人回歸故土二十年後，新聖殿竣工，他們可以在殿內守節了。**我們看到神是何等的信實，就算環境很困難，但只要人對神有信心，願意為神工作，神就會用很多方法來開路，**神掌管王的心，讓神的工程能夠成功。

第二次回歸

〈以斯拉記〉7章至第10章講述猶人的第二次回歸，其重點是：**不但要重建聖殿——看得見的敬拜、宗教儀式，更重要的乃是建造人的屬靈生命。**

第7章，以斯拉出場，此君不同凡嚮，「他是敏捷的文士，通達耶和華——以色列神所賜摩西的律法書。……以斯拉定志考究遵行耶和華的律法，又將律例典章教訓以色列人。」（拉7：6, 10）不過，以斯拉謙遜地認為，他若有所成就，「是因耶和華——他神的手幫助他。」（拉7：6）這句話重複了幾次，例如：「正月初一日，他從巴比倫起程；因他神施恩的手幫助他，五月初一日就到了耶路撒冷。」（拉7：9）

以斯拉帶領第二批猶大人一千五百餘人，花了四個月，才從巴比倫平安回到耶路撒冷。這是很長的路程，古代道路十分危險，常有強盜出沒，謀財害命，他們**攜帶很多金銀（拉7：16），真是強盜眼中的肥肉。以斯拉一行髮毫無損，他並不居功，將一切歸給神，說：**「耶和華——我們列祖的神是應當稱頌的！因祂使王起這心意修飾耶路撒冷耶和華的殿，又在王和謀士，並大能的軍長面前施恩於我。因耶和華——我神的手幫助我，我就得以堅強，從以色列中招聚首領，與我一同上來。」（拉7：27-28）

第8章，以斯拉回憶返鄉前召開的一場退修會。「我招聚這些人在流入亞哈瓦的河邊，我們在那裏住了三日。我查看百姓和祭司，見沒有利未人在那裏，就召首領以利以謝、亞列……又召教習約雅立和以利拿單。」（拉8：15-16）

「那時，我在亞哈瓦河邊宣告禁食，為要在我們神面前克苦己心，求他使我們和婦人孩子，並一切所有的，都得平坦的道路。我（認為）求王撥步兵馬兵幫助我們抵擋路上的仇敵，本以為羞恥；因我曾對王說：『我們神施恩的手必幫助一切尋求他的；但他的能力和忿怒必攻擊一切離棄他的。』所以我們禁食祈求我們的神，他就應允了我們。」（拉8：21-23）

以斯拉不願要求波斯王亞達薛西派步兵和騎兵保護，他本可要求的，但他不要，他願意神直接幫助他們。在這裏，我們看到兩種不同方法：

1. 以斯拉認為神給他的心志是要他在王的面前作見證：不靠王的兵馬，乃靠神直接的幫助，所以他們禁食，求神保護和幫助他們。
2. 尼希米向波斯王要求財務支持，並接受王派士兵護送。

兩人都為神成就了大事。由此可見，**神會在不同情況感動人以不同方法得到他的幫助。有時神感動人憑信心單單仰望祂的供給，有時則感動人透過不同渠道接受資助**。在神的心中，神的僕人得政府支持並無不妥，如果是用於合神心意的事工，而且不會淪為政府的附庸、哈叭狗，為政府粉飾太平，也是好事。

於是，「正月十二日，我們從亞哈瓦河邊起行，要往耶路撒冷去。我們神的手保佑我們，救我們脫離仇敵和路上埋伏之人（強盜！）的手。我們到了耶路撒冷，在那裏住了三日。」（拉8：31-32）

以斯拉一行抵達耶路撒冷，休息三天後，他們把所帶來的金銀並貴重器皿，拿到聖殿交給祭司，每樣東西都一一數清楚，金銀都秤了，全部記錄在案。接著，「從擄到之地歸回的人向以色列的神獻燔祭。」（拉8：35）

第9章，金銀珠寶交代清楚，以斯拉剛鬆了一口氣，卻有驚人發現。

「眾首領來見我，說：『以色列民和祭司並利未人，沒有離絕迦南人、赫人、比利洗人、耶布斯人、亞捫人、摩押人、埃及人、亞摩利人，仍效法這些國的民，行可憎的事。因他們為自己和兒子娶了這些外邦女子為妻，以致聖潔的種類和這些國的民混雜；而且首領和官長在這事上為罪魁。』」（拉9：1-2）

原來以色列人歸回故鄉之後，就娶外邦女子為妻，這是「混雜的婚姻」！

「我（以斯拉）一聽見這事，就撕裂衣服和外袍，拔了頭髮和鬍鬚，驚懼憂悶而坐。」（拉9：3）「撕裂衣服」是當時人表達強烈情緒的方式，以斯拉甚至還「拔了頭髮和鬍鬚」。可能有人問：神是否「種族歧視」呢？當然不是，那真正的原因是什麼呢？為什麼以斯拉聽到「混雜的婚姻」，會有如此劇烈的反應呢？

以斯拉具有敏銳的屬靈觸角，他明白：**以色列人能夠歸回故鄉完完全全是出於神的恩典！所以，歸回之後，最重要的是要重建與神的關係，謹守遵行神的律法。**如果以色列人只是做一些表面工夫，做一些風風光光的事情，例如：重建聖殿、守節期，生活卻與神的律法背道而馳，有什麼用呢？而他們與外邦女子通婚這件事正正是神不允許的。且讀〈申命記〉：「不可與他們（迦南地七族）結親，不可將你（以色列人）的女兒嫁他們的兒子，也不可叫你的兒子娶他們的女兒；因為他必使你兒子轉離不跟從主，去事奉別神，以致耶和華的怒氣向你們發作，就速速地將你們滅絕。」（申7：3-4）

神禁止以色列人與異族女子通婚，並非出於種族歧視，乃是因為異族女子「必使你兒子轉離不跟從主，去事奉別神」，如果以色列人與迦南人結親，就會被引誘去拜迦南人的偶像，前車之鑑：所羅門王！

以色列人已經「一錯」：先祖與異族人通婚、離開神去拜偶像，結果遭神懲罰，亡國、被俘擄到外邦人之地達七十年；現在神施恩，讓他們從被擄之地歸回耶路撒冷，豈能「再錯」！但是，鐵一般的事實擺在眼前，現在他們竟然又重蹈覆轍，竟然又與迦南人混雜通婚，「一錯再錯」！

我很喜歡9章4節：「凡為以色列神言語戰兢的，都因這被擄歸回之人所犯的罪聚集到我這裏來。我就驚懼憂悶而坐，直到獻晚祭的時候。」（拉9：4）

以斯拉並沒有衝出去，大聲疾呼，直接責罵以色列人。他坐下來，獨自在神的面前「驚懼憂悶」，直到「獻晚祭的時候我起來，心中愁苦，穿著撕裂的衣袍，雙膝跪下，向耶和華——我的神舉手，說：『我的神啊，我抱愧蒙羞，不敢向我神仰面；因為我們的罪孽滅頂，我們的罪惡滔天。從我們列祖直到今日，我們的罪惡甚重；因我們的罪孽，我們和君王、祭司都交在外邦列王的手中，殺害、擄掠、搶奪、臉上蒙羞正如今日的光景。』」（拉9：5-7）

第9章6至15節是以斯拉長篇的認罪禱告，值得留意的是他沒有說：這班以色列人如此敗壞，這班人罪該萬死！**以斯拉一直用：「我們」、「我們」**。他剛自千里之外的巴比倫，千辛萬苦回到家鄉，與迦南女子通婚的很有可能是第一批回歸的人，根本與他無關，但是，**他並不認為自己是局外人，他認同自己的同胞，將自己「代入」同胞的罪中，這就是「認同的代禱」**。

第10章，以斯拉的「認同的代禱」產生了爆炸性的效果，「以斯拉禱告，認罪，哭泣，俯伏在神殿前的時候，有以色列中的男女孩童聚集到以斯拉那裏，成了大會，眾民無不痛哭。」（拉10：1）

我難以想像這個景象，連孩童也受到影響，也前來認罪痛哭，這種復興的現象難得一見，這一切是從以斯拉在神的面前「認罪，哭泣」開始，然後，**他產生出一種極具感染力的屬靈能力，自然而然地影響到四周的人，繼而輻射出去。原來一國屬靈的復興，很多時是從一個人開始的，以斯拉一個人帶來了全國靈命復興。**

我們很多時候都希望國家復興，教會復興、機構復興，但是我們是否願意自己先俯伏在神的面前，讓神光照我們的生命？我的國，我的民，乃至我的罪在哪裏呢？我們是否願意向神認罪呢？

以色列全民痛哭，其中有一個人，名叫示迦尼，對以斯拉說：「我們在此地娶了外邦女子為妻，干犯了我們的神，然而以色列人還有指望。現在當與我們的神立約，休這一切的妻，離絕她們所生的，照著我主和那因神命令戰兢之人所議定的，按律法而行。」（拉10：2-3）

於是，以斯拉吩咐以色列人召開全民大會。「祭司以斯拉站起來，對他們說：『你們有罪了；因你們娶了外邦的女子為妻，增添以色列人的罪惡。現在當向耶和華——你們列祖的神認罪，遵行他的旨意，離絕這些國的民和外邦的女子。』」（拉10：10-11）

以色列全民都表示願意認真對付罪惡，他們說：「我們必照著你的話行。」（拉10：12）以今天的眼光來看，我們會覺得這樣做難以想像，難道他們就這樣把外邦妻子休了，把她們趕走？不過，我們要明白，在舊約《聖經》中，這件事是「漸進的啟示」，在當時是有這樣的需要。

眾人說：「只是百姓眾多，又逢大雨的時令，我們不能站在外頭，這也不是一兩天辦完的事，因我們在這事上犯了大罪。」（拉10：13）

他們似乎認為這場大雨顯示神的烈怒，就建議：「不如為全會眾派首領辦理。凡我們城邑中娶外邦女子為妻的，當按所定的日期，同著本城的長老和士師而來，直到辦完這事，神的烈怒就轉離我們了。」（拉10：14）

結果，以色列人花了二個月，認真，徹底地處理了混雜的婚姻，「被擄歸回的人如此而行。祭司以斯拉和些族長按著宗族都指名見派；在十月初一日，一同在座查辦這事，到正月初一日，才查清娶外邦女子的人數。」（拉10：16）

〈以斯拉記〉在以色列人處理與迦南女子通婚一事上告結。若我們仔細讀一讀最後的休妻人名單，就發現其實人數不是太多，若他們是第一批回歸的人，以五萬餘人計算，只算是一小部分，但是，當時猶大人對亡國之痛記憶猶新，一旦發現問題死灰復燃，就立刻採取果斷行動，甚至是我們看來極為激烈的行動，務要防微杜漸，斬草除根於微時。

〈以斯拉記〉告訴我們徒有其表（聖殿，守節獻祭）是不足夠的，**最重要的是聖民的生命。那麼，神是用什麼原則來界定哪些人是神的子民呢？神是用我們的**

生命素質來作界定，我們有否在神的面前，戰兢謹守神的律法？

如果我們有一件事是神不喜悅的，就要認真對付，正如耶穌基督說：「若是你的右眼叫你跌倒，就剜出來丟掉，寧可失去百體中的一體，不叫全身丟在地獄裏。若是右手叫你跌倒，就砍下來丟掉，寧可失去百體中的一體，不叫全身下入地獄。」（太5：29-30）

若是他人，或眾人犯錯，又該怎麼辦呢？以斯拉怎樣帶領百姓對付罪惡呢？以斯拉自己先在神的面前認罪、禁食、祈禱，在神的面前「認同的代禱」。然後，他就產生了一種驚人的屬靈能力，感染了百姓願意向神認罪以及對付罪惡。這是我們可以效法的。

祈禱

親愛的天父，你所看重的不是徒具華美外殼的宗教，而是我們心靈是否貼近你，及是否徹底對付你所不喜悅的事。求你賜給我們對罪惡有一顆杜漸防微的心，時刻儆醒。又求你賜我們一顆能夠認同別人軟弱的心，以致我們能為別人代求，好讓你不但復興我們，也復興我們週圍的人！

奉主耶穌基督的名字禱告，阿們。

生活應用

〈以斯帖記〉表達神的隱藏性，描寫神在暗中眷顧祂的百姓脫離仇敵。〈以斯拉記〉和〈尼希米記〉則記錄神在歷史中彰顯祂的眷佑，感動波斯王讓以色列人回歸、得以重建聖殿及聖城。你認為神在香港如何隱藏自己，又如何彰顯自己的作為？你有否體驗過神的隱藏性和祂的公開作為？

第十二課（三）

尼希米記

重建城牆

以色列人和猶大人回歸故土，在耶路撒冷重建聖殿之後，耶路撒冷的城牆又如何呢？〈尼希米記〉講述以色列人重建耶路撒冷城牆。

話說波斯王亞達薛西執政其間，尼希米擔任王的酒政（尼1:1；2:1）。一天，尼希米的一個弟兄和幾個猶大人告訴他，說：「那些被擄歸回剩下的人在猶大省遭大難，受凌辱；並且耶路撒冷的城牆拆毀，城門被火焚燒。」（尼1:3）

「我（尼希米）聽見這話，就坐下哭泣，悲哀幾日，在天上的神面前禁食祈禱。」（尼1:4）**尼希米的祈禱和文士以斯拉的祈禱如出一轍，他也是在神的面前作「認同的代禱」，用「我們」、「我們」來向神認罪，又求神賜給「我們」恩典。這讓我們再次看到神的工作需要有人祈禱，需要有人在神的面前，看到神的心意。**

第2章，由於尼希米面帶愁容，亞達薛西王就問他說：「你既沒有病，為什麼面帶愁容呢？這不是別的，必是你心中愁煩。」（尼2:2）

被王看穿心事，尤其「面帶愁容」是極危險的事！尼希米吃了一驚，但他沒有陣腳大亂，直接又委婉地回答，說：「願王萬歲！我列祖墳墓所在的那城荒涼，城門被火焚燒，我豈能面無愁容嗎？」（尼2:3）

亞達薛西王詢問尼希米有何求。尼希米向神默禱之後，提出回鄉要求，又要求重建城牆所需的資金和材料，「王就允准我，因我神施恩的手幫助我。……派了軍長和馬兵護送我。我到了河西的省長那裏，將王的詔書交給他們。」(尼2:8-9)

就這樣，尼希米「到了耶路撒冷，在那裏住了三日。」(尼2:11)

尼希米為人小心謹慎，實務而很有見識，是一個很有智慧的人。尼希米先去視察情況，他沒有告訴其他人，甚至與他同行的人，以免打草驚蛇。首先，他觀看了南面的城牆，然後沿著城牆走，將城牆看了一遍。

掌握有關城牆的第一手資料之後，尼希米才將自己的「異象」(vision)和以色列人分享。當我們要做神的工作，**尼希米的一番話堪供我們學習：**

1. **將「異象」(vision)傳開，讓大家看見需要：**「我們所遭的難，耶路撒冷怎樣荒涼，城門被火焚燒，你們都看見了。來吧，我們重建耶路撒冷的城牆，免得再受凌辱！」(尼2:17)
2. **講述神的恩典，讓大家看見神已經在工作、施恩：**「我告訴他們我神施恩的手怎樣幫助我，並王對我所說的話。」(尼2:18)
3. **動員大家參予，**「來吧，我們重建耶路撒冷的城牆。」，「我們起來建造吧！」(尼2:17-18)

好事多磨，總有人潑冷水。當時有人藐視以色列人，「但和倫人參巴拉，並為奴的亞捫人多比雅和阿拉伯人基善聽見就嗤笑我們，藐視我們，說：『你們做什麼呢？』」甚至扣帽子，打棍子：「『要背叛王麼？』」(尼2:19)

不過，要做神的工作就不能害怕威嚇，尼希米說：「天上的神必使我們亨通。我們作他僕人的，要起來建造；你們卻在耶路撒冷無分、無權、無紀念。」(尼2:20)

第3章，以色列人就開始重建耶路撒冷城的城牆。尼希米甚有行政能力，他組織眾人，分工合作，各人就在自己面前的位置建造城牆：「那時，大祭司以利亞實和他的弟兄眾祭司起來建立羊門，分別為聖，安立門扇，又築城牆到哈米亞樓，直到哈楠業樓，分別為聖。」(尼3:1)；「管理米斯巴、各荷西的兒子沙崙修造泉門，立門，蓋門頂，安門扇和門鎖，又修造靠近王園西羅亞池的牆垣，直到那從大衛城下來的臺

階。」(尼3:15)

第4章，城牆重建工程遇到了種種內憂外患。

「外患」方面：首先有和倫人參巴拉，他諷刺和威嚇他們說：「這些軟弱的猶大人做什麼呢？要保護自己嗎？要獻祭嗎？要一日成功嗎？要從土堆裏拿出火燒的石頭再立牆嗎？」(尼4:2) 然後，「亞捫人多比雅站在旁邊，說：『他們所修造的石牆，就是狐狸上去也必跐倒。』」(尼4:3) 小小的狐狸也能夠推倒那些城牆，挖苦挖得夠絕了。

尼希米向神祈禱，將這件事交在神手中，就繼續帶領著以色列人，忠心工作。外患升級，「參巴拉、多比雅、阿拉伯人、亞捫人、亞實突人(外邦人)聽見修造耶路撒冷城牆，著手進行堵塞破裂的地方，就甚發怒。大家同謀要來攻擊耶路撒冷，使城內擾亂。」(尼4:7-8) 尼希米帶領眾人，沉著應戰，「我們禱告我們的神，又因他們的緣故，就派人看守，晝夜防備。」(尼4:9)

「內憂」也起，「猶大人說：『灰土尚多，扛抬的人力氣已經衰敗，所以我們不能建造城牆。』」(尼4:10) 尼希米鼓勵百姓，並調整工作，「從那日起，我的僕人一半做工，一半拿槍、拿盾牌、拿弓……修造城牆的，扛抬材料的，都一手做工一手拿兵器。修造的人都腰間佩刀修造，吹角的人在我旁邊。」(尼4:16-18)

「內憂」升級。第5章，以色列人的貴冑和官長為了自己的利益，居然向百姓「放高利貸」，又要一些百姓做他們的奴隸，貧困的百姓怨聲載道，民怨沸騰。

「百姓和他們的妻大大呼號，埋怨他們的弟兄猶大人。有的說：『我們和兒女人口眾多，要去得糧食度命。』……有的說：『我們已經指著田地、葡萄園，借了錢給王納稅。……現在我們將要使兒女作人的僕婢，我們的女兒已有為婢的；我們並無力拯救，因為我們的田地、葡萄園已經歸了別人。』」(尼5:1-2, 4-5)

尼希米責備那些官長：「你們各人向弟兄取利！」(尼5:7) 又說：「你們所行的不善！你們行事不當敬畏我們的神嗎？不然，難免我們的仇敵外邦人毀謗我們。我和我的弟兄與僕人也將銀錢糧食借給百姓；我們大家都當免去利息。」(尼5:9-10)

他又以身作則，以自己的大公無私為榜樣，說：「自從我奉派作猶大地的省長，就是從亞達薛西王二十年直到三十二年，共十二年之久，我與我弟兄都沒有吃省長的俸祿。在我以前的省長加重百姓的擔子，每日索要糧食和酒，並銀子四十舍客勒，就是他們的僕人也轄制百姓；但我因敬畏神不這樣行。」（尼5：14-15）

如果一個人要其他人服從他，效法他，自己先要有好的榜樣，這是很重要的。

第6章，繼續講述外患。仇敵參巴拉、多比雅等，見之前的恐嚇不能成功，就用其他計謀去誣告尼希米說：「你和猶大人謀反，修造城牆，你要作他們的王；你又派先知在耶路撒冷指著你宣講，說在猶大有王。現在這話必傳與王知；所以請你來，與我們彼此商議。」（尼6：6-7）

尼希米用一顆正直的心去面對，反駁他們說：「你所說的這事，一概沒有，是你心裏捏造的。」（尼6：8）

之後，示瑪雅又用其他方法，他說：「我們不如在神的殿裏會面，將殿門關鎖；因為他們要來殺你，就是夜裏來殺你。」（尼6：10）

這是一個圈套，表面上是為尼希米的安危著想，但是，如果尼希米隨便進入聖殿，就是犯罪，因為他不是祭司，也不是利未人，萬萬不能進入神的殿。尼希米很守本分，並認為自己問心無愧，堂堂正正：「像我這樣的人豈要逃跑呢？像我這樣的人豈能進入殿裏保全生命呢？我不進去！」（尼6：11）

尼希米識穿仇敵的奸計，又說：「我看明神沒有差遣他（示瑪雅），是他自己說這話攻擊我，是多比雅和參巴拉賄買了他。賄買他的緣故，是要叫我懼怕，依從他犯罪，他們好傳揚惡言毀謗我。」（尼6：12-13）

尼希米依靠神，內憂外患一一解決，最後以色列人成功重建了耶路撒冷的城牆。「以祿月二十五日，城牆修完了，共修了五十二天。我們一切仇敵、四圍的外邦人聽見了便懼怕，愁眉不展；因為見這工作完成是出乎我們的神。」（尼6：15-16）

可見，如果我們要做神的工作，我們就要像尼希米那樣有堅持的心，不要害怕譏笑或恐嚇，也不要害怕困難，一心依靠神，有智慧地去處理各樣矛盾紛爭，堅持到底就能成功。

重建生命

和以斯拉一樣，尼希米深深明明白白，只建造了外在的聖殿，或城牆並不足夠，**最重要的是以色列人的內在生命，**所以在第8章，尼希米組織了一場培靈大會，講員團陣容雄厚，他邀得「通達耶和華以色列神所賜摩西的律法書」的文士以斯拉，還有其他文士並利未人，**將神的律法宣告給所有的以色列百姓。**

「七月初一日，祭司以斯拉將律法書帶到聽了能明白的男女會眾面前。在水門前的寬闊處，從清早到晌午，在眾男女、一切聽了能明白的人面前讀這律法書。眾民側耳而聽。」（尼8：2-3）

以斯拉站在中間，其他文士在他旁邊，閱讀耶和華神的律法書，又講解律法，「他們清清楚楚地念神的律法書，講明意思，使百姓明白所念的。」（尼8：8）

百姓聽到了耶和華神的話語之後，反應很奇特，「省長尼希米和作祭司的文士以斯拉，並教訓百姓的利未人，對眾民說：『今日是耶和華——你們神的聖日，不要悲哀哭泣。』這是因為眾民聽見律法書上的話都哭了。」（尼8：9）

原來當人面對神的話語時，就發現自己沒有謹守神的律法，離神的準繩十萬八千里，是會哭的。以斯拉安慰百姓，叫他們不要哭泣。他說：「你們不要憂愁，因靠耶和華而得的喜樂是你們的力量。」（尼8：10）

「於是利未人使眾民靜默，說：『今日是聖日；不要作聲，也不要憂愁。』眾民都去吃喝，也分給人，大大快樂，因為他們明白所教訓他們的話。」（尼8：11-12）

以色列人閱讀了神的話語之後，先發現了自己離神要求甚遠，因而悲哀哭泣，繼而又因明白了神的話語，而非常喜樂。

第9章，以色列人明白了神的心意之後，就向神認罪。

「這月二十四日，以色列人聚集禁食，身穿麻衣，頭蒙灰塵。以色列人就與一切外邦人離絕，站著承認自己的罪惡和列祖的罪孽。」（尼9：1-2）

第9章5至37節記載了利未人一段很長的祈禱，他們向神承認自己的罪，又稱

頌神，又與神立約，「因這一切的事，我們立確實的約，寫在冊上。我們的首領、利未人，和祭司都簽了名。」(尼9：38)

第10章記載了立約和簽名者的名字，他們都承諾遵守神的約，「發咒起誓，必遵行神藉他僕人摩西所傳的律法，謹守遵行耶和華——我們主的一切誡命、典章、律例；並不將我們的女兒嫁給這地的居民，也不為我們的兒子娶他們的女兒。這地的居民若在安息日，或什麼聖日，帶了貨物或糧食來賣給我們，我們必不買(表示要守安息日)。每逢第七年必不耕種，凡欠我們債的必不追討(守安息年)。」(尼10：29-31)

以色列人表示，每項律法他們都會認真落實，身體力行。第11章和12章，講述以色列人獻祭，又有一個奉獻的儀式。

遵守律法說來容易，持之以恆，就沒那麼容易了。第13章，以色列人立約之後，尼希米曾經離開了一段時間，可能是返回書珊述職，以色列人又故態復萌，違背神的律法，以色列人的官長、祭司與惡人狼狽為奸，竟然公器私用。

「先是蒙派管理我們神殿中庫房的祭司以利亞實與多比雅結親，便為他預備一間大屋子，就是從前收存素祭、乳香、器皿，和照命令供給利未人、歌唱的、守門的五穀、新酒，和油的十分之一，並歸祭司舉祭的屋子。」(尼13：4-5)

「那時我不在耶路撒冷；因為巴比倫王亞達薛西三十二年，我回到王那裏。過了多日，我向王告假。我來到耶路撒冷，就知道以利亞實為多比雅在神殿的院內預備屋子的那件惡事。」(尼13：6-7)

多比雅是亞捫人，當以色列人要重建耶路撒冷的城牆時，他曾經嗤笑和威嚇他們(尼4：3, 8)。祭司以利亞實居然容許神的敵人多比雅入侵聖殿！

尼希米和以斯拉一樣，採取了極為激烈手段。

另外，「我見利未人所當得的分無人供給他們，甚至供職的利未人與歌唱的俱各奔回自己的田地去了。」(尼13：10)這個情況就好像沒有人奉獻教會，以致牧師或傳道人無以為生，惟有另謀他職。

還不止於此，「那些日子，我在猶大見有人在安息日醡酒，搬運禾捆馱在驢上，又把酒、葡萄、無花果，和各樣的擔子在安息日擔入耶路撒冷，我就在他們賣食物的那日警戒他們。」(尼13:15)

不但口頭警告，還有實際行動，尼希米是一個坐言起行的人。

「在安息日的前一日，耶路撒冷城門有黑影的時候，我就吩咐人將門關鎖，不過安息日不准開放。我又派我幾個僕人管理城門，免得有人在安息日擔什麼擔子進城。」(尼13:19)

尼希米禁止安息日做買賣，過了一兩次之後，商人知道他們無法在安息日進入耶路撒冷做買賣，於是，「商人和販賣各樣貨物的，一兩次住宿在耶路撒冷城外。我就警戒他們說：『你們為何在城外住宿呢？若再這樣，我必下手拿辦你們。』從此以後，他們在安息日不再來了。」(尼13:20-21)

還有，以斯拉剛回來時處理過的「混雜的婚姻」，此時春風吹又生，「那些日子，我也見猶大人娶了亞實突、亞捫、摩押的女子為妻。」(尼13:23)

尼希米嚴詞警告，「叫他們指著神起誓，必不將自己的女兒嫁給外邦人的兒子，也不為自己和兒子娶他們的女兒。」(尼13:25)

尼希米對猶大人說：「以色列王所羅門不是在這樣的事上犯罪嗎？在多國中並沒有一王像他，且蒙他神所愛，神立他作以色列全國的王；然而連他也被外邦女子引誘犯罪。如此，我豈聽任你們行這大惡，娶外邦女子干犯我們的神呢？」(尼13:26-27)

接著，尼希米向神說：「這樣，我潔淨他們，使他們離絕一切外邦人，派定祭司和利未人的班次，使他們各盡其職。我又派百姓按定期獻柴和初熟的土產。我的神啊，求你記念我，施恩與我。」(尼13:30-31)

最後一句是尼希米常說的一句話，每完成一件事工，他就向神獻上感恩祈禱，往往以這句作結束。

〈以斯拉記〉及〈尼希米記〉皆結束於以色列人的失敗，及暫時的整頓，意味他們雖然經歷管教之後，神施恩讓他們得以回歸聖地，卻仍無法分別為聖、活出聖民的生活。這暗示以色列人需要將來終極的救恩（耶穌基督）。

今天，我們從以色列人的失敗中學習，引為鑑戒。現在我們有了主耶穌基督的拯救，又有聖靈住在我們的心中，時時提醒，保守和引導，**求主使我們耳聰目明，聽見聖靈微小的聲音，看見神「剛巧」的作為；賜我們力量，效法耶穌基督，活出神的律法，幫助我們過一個得勝的生活，可以在萬民當中成為神美好的見證。**

祈禱

親愛的主，今天我們看到你是何等的信實，你讓以色列人受了管教之後可以回歸。我們多謝你，你是如此信實的神！

主啊，幫助我們擇善固執，堅持我們應該堅持的原則，也有勇氣實踐你的呼召，冒應該冒的險；幫助我們有這份信心，不怕各種艱難挑戰，堅守崗位，以致你自己的工作能夠成就。

我們的祈禱和感恩，是奉主耶穌基督的名，阿們。

生活應用

以色列民作為「神的子民」的身分並不是由地理、環境或其他外在因素所界定的。作為神的子民，以色列必須認罪悔改、與神立約，和遵行神的律法（尼8-10章）。你如何活出你作為神子民的身分？你所參予的教會又如何彰顯神子民的身分？

第十三課（一）

哈該書

「巴比倫王尼布甲尼撒從前擄到巴比倫之猶大省的人，現在他們的子孫從被擄到之地回耶路撒冷和猶大，各歸本城。他們是同著所羅巴伯、耶書亞、尼希米、西萊雅、利來雅、……回來的。」(拉2：1-2)

以斯拉記載，猶大人回到故鄉之後，在耶路撒冷城重建聖殿。不久，他們就遇到了重重困難：「那地的民（敵人），就在猶大人建造的時候，使他們的手發軟，擾亂他們……賄買謀士，要敗壞他們的謀算。在亞哈隨魯才登基的時候，上本控告猶大和耶路撒冷的居民。」(拉4：4-6)

於是，波斯王古列下令停工，直到大利烏王（或譯大流士）第二年。

「波斯王大利烏第二年。」(該1：1)

聖殿是以色列人的宗教中心，當他們奠立了聖殿的根基，必然很高興，想不到接下來遇到強大的政治的壓力，結果他們要停工。最初，可能以色列人希望可以盡快復工，怎知道一停就是十六年。

嗯，十六年，可能很多以色列人認為現在不是重建聖殿的時機，雖然一些先知，例如：耶利米和以西結，都預言神管教之後，以色列人會怎樣復興，但是，現在他們仍然活在外族統治之下，而故土百廢待舉，日子並不怎好過，不如索性將注意力放在自己的生活上；有些人可能想：或者神還沒有向我們施恩，等一等吧；有些人可能懷疑神的應許是否真實的？可能有些人會說：這些應許是指很遙遠很遙遠的將來。總而言之，眾人大都心灰意冷。

就在這樣的大氣候下，先知哈該出現了。「哈該」的意思是「節期」，〈哈該書〉中四篇講章，全在不同節期、特別的日子宣講的，可謂意味深遠。

哈該和撒迦利亞是同時期的先知，兩人傳講相同的信息，他們要對百姓說：「你們不要說等將來再說吧，**現在（Now）就是神施恩的時候，你們不要將優先次序擺錯了，現在就要做神的工作。**如果你們將優先次序擺錯了，一味追求自己的生活，追求自己的享樂，神就會管教你們，你們不但得不到物質享受，甚至屬靈的福氣也會失去，你們就會愈來愈走下坡，形成惡性循環。所以你們要回歸到神那裏。」

先知也告訴他們：「雖然現在環境看來好像很困難，有很多障礙，但是你們知不知道，現在神就要施恩給你們，你們應該動手建殿。**你們不要輕看現在所做的事，雖然很微小，將來卻變成很偉大，神會大大賜福給你們，將來的賜福會大到你們無法想像：神要藉著你們現在的工作來成就祂最終的計劃：神要與人同在。**」〈哈該書〉和〈撒迦利亞書〉當中雖然有責備，但也充滿了鼓勵。

第一篇信息：重建聖殿的呼籲

「大利烏王第二年六月初一日。」（該1：1）

時為主前520年，「六月初一日」等於現今的公曆八月二十九日，正是收葡萄、無花果、石榴的時節，耶和華藉著先知哈該叫百姓看：「萬軍之耶和華如此說：『這百姓說，建造耶和華殿的時候尚未來到。』」（該1：2）

猶大百姓認為現在不是時候，各方面都不是時候重建聖殿。可是，「耶和華的話臨到先知哈該說：『這殿仍然荒涼，你們自己還住天花板的房屋嗎？現在萬軍之耶和華如此說：你們要省察自己的行為。你們撒的種多，收的卻少；你們吃，卻不得飽；喝，卻不得足；穿衣服，卻不得暖；得工錢的，將工錢裝在破漏的囊中。』」（該1：3-6）

「萬軍之耶和華如此說：『你們要省察自己的行為。你們要上山取木料，建造這殿，我就因此喜樂，且得榮耀。這是耶和華說的。你們盼望多得，所得的卻少；你們收到家中，我就吹去。這是為什麼呢？因為我的殿荒涼，你們各人卻顧（原文是奔）自

己的房屋。這是萬軍之耶和華說的。所以為你們的緣故，天就不降甘露，地也不出土產。』」（該1：7-10）

耶和華神叫猶大人和以色列人看看他們的收成，檢討一下：為什麼他們撒種很多，收成卻很少？為什麼他們所賺的錢好像「裝在破漏的囊中」呢？是因為他們沒有將神放在首位，他們只顧自己房屋的「天花板」（該1：4），當時的房屋如果有木鑲嵌是非常華麗的。耶和華神說，百姓擺錯了優先次序，所以，他們辛苦工作，卻一無所獲。

先知叫百姓要省察，現在就是時候，**雖然有攔阻，也要去重建聖殿。**

先知說：「你們要上山取木料，建造這殿」（該1：8）

感謝神！當先知哈該順服耶和華的時候，結果：「百姓也在耶和華面前存敬畏的心。」（該1：12）「耶和華激動猶大省長撒拉鐵的兒子所羅巴伯和約撒答的兒子大祭司約書亞，並剩下之百姓的心，他們就來為萬軍之耶和華——他們神的殿做工。」（該1：14）

這是聖靈的工作，百姓聽從耶和華的話，就開始重建聖殿。

第二篇信息：榮耀的聖殿

「七月二十一日。」（該2：1）

這天是「住棚節」最後一天，等於公曆的十月十七日。住棚節是秋收後舉行的，記念神帶領以色列人出埃及後，他們曾在棚子裏住（利23：33-44）。四百多年前，所羅門在住棚節獻殿。

這時農忙過了，百姓不用幹農活，可以開始工程。當他們開始重建聖殿時，可能心想，究竟這樣做有沒有價值呢？耶和華就鼓勵百姓：「耶和華的話臨到先知哈該說：『你要曉諭猶大省長撒拉鐵的兒子所羅巴伯和約撒答的兒子大祭司約書亞，並剩下的百姓，說：你們中間存留的，有誰見過這殿從前的榮耀呢？現在你們看著如何？豈不在眼中看如無有嗎？』」（該2：1-3）

「耶和華說：『所羅巴伯啊，雖然如此，你當剛強！約撒答的兒子大祭司約書亞啊，你也當剛強！這地的百姓，你們都當剛強做工，因為我與你們同在。這是萬軍之耶和華說的。這是照著你們出埃及我與你們立約的話。那時，我的靈住在你們中間，你們不要懼怕。』」(該2：4-5)

「萬軍之耶和華如此說：『過不多時，我必再一次震動天地、滄海，與旱地。我必震動萬國；萬國的珍寶必都運來(或譯：萬國所羨慕的必來到)，我就使這殿滿了榮耀。這是萬軍之耶和華說的。』」(該2：6-7)

「萬軍之耶和華說：『銀子是我的，金子也是我的。這殿後來的榮耀必大過先前的榮耀；在這地方我必賜平安。這是萬軍之耶和華說的。』」(該2：8-9)

所羅門王建造聖殿，單單金子就用了270公噸、銀子用了585公噸；但是，現在被擄歸回的猶大百姓重建的聖殿，所用的物料只有500公斤金子，和3公噸銀子，真是「小巫見大巫」。

百姓可能會認為：「我們建造一座如此細小的殿宇，究竟有什麼作為呢？」

耶和華對百姓說：「不是的，你們要剛強，放膽去做！(該2：4)現在你們看來好像是很微小的事，重建之後的殿宇好像微不足道，不過，你們不要忘了，我曾帶領你們第一次出埃及，我為你們分開紅海，使你們有旱地經過，現在我要再一次震動天地，再一次『出埃及』。」神要「震動萬國」(該2：7)，震動天地，要列國的榮華都前來，然後這個「後來的榮耀」將會大過「先前的榮耀」。

耶和華神要怎樣再一次帶領百姓「出埃及」呢？第一次出埃及見於〈出埃及記〉，第二次「出埃及」就是被擄的猶大人從巴比倫回歸，但是，**將來還有一次最偉大的「出埃及」就是施洗約翰預告主耶穌要來臨、釋放罪人。**

先知的預言如何應驗呢？所羅巴伯和耶書亞帶領百姓所建造的聖殿，稱為第二聖殿"Second Temple"，一直存留了五百餘年，主耶穌出生稍前，希律王大興土木，擴展聖殿，使聖殿更榮美。

主耶穌年幼時，祂的父母在這座聖殿將祂奉獻給神(路2：22)；主耶穌十二歲時，祂在這座聖殿裏聽教師的教導(路2：41-47)；後來主耶穌在這座聖殿教訓人；聖殿被羅馬軍拆毀後，主耶穌就成為新的聖殿——這就是再一次的「出埃及」。

當時猶大百姓當然不知道將來的事情，這座規模如此細小的「第二聖殿」，百姓建造的時候好像微不足道，**後來卻成了主耶穌經常出入的殿宇！**

第三篇信息：玷污子民將得潔淨

「九月二十四日」(該2:10) 這天等於今天的十二月十八日，與上一篇信息相隔約兩個月，是開始下雨、播種的日子。這時百姓可能會想：上次神說，由於我們的優先次序擺錯了，令我們遇到很多天災，收成很差，今年會怎樣呢？

於是，神就宣講第三篇和第四篇的信息，神表示會再次賜福，但是人也有責任。接著，神用兩條律法上的問題帶出這個信息。

第一條問題：

「大利烏王第二年九月二十四日，耶和華的話臨到先知哈該說：萬軍之耶和華如此說：『你要向祭司問律法，說：若有人用衣襟兜聖肉，這衣襟挨著餅，或湯，或酒，或油，或別的食物，便算為聖嗎？』」(該2:10-12)

在聖殿，奉獻過的肉是聖潔的，若有人用衣襟兜聖肉，然後，衣襟接觸到其他食物，例如：餅、湯，這食物會不會變成聖潔呢？

「祭司說：『不算為聖。』」(該2:12)

「聖潔」是不會「傳染」的。正如現在猶大百姓從異地回歸，到了「聖地」以色列，他們會不會自動聖潔呢？自動蒙神悅納呢？絕對不是！百姓自己要生活聖潔。

正如今天我們身處一個聖潔的羣體，在我周圍很多同工都很好，很聖潔，但是如果我不追求聖潔，我會否自動變成聖潔？絕對不會！我自己也要追求聖潔，我才會變得聖潔。

第二條問題：

「哈該又說：『若有人因摸死屍染了污穢，然後挨著這些物的哪一樣，這物算污穢嗎？』」(該2:13)

如果有人摸了死屍，舊約律法說，人摸了死屍是不潔淨的，這樣，摸了死屍之後的物件，再接觸其他東西，其他東西也會否變成「不潔淨」呢？

「祭司說：『必算污穢。』」(該2：13)

罪惡是污穢的，是會「傳染」的！

這就是律法的兩個原則：「聖潔」是不能「傳染」的，你自己要追求聖潔，不能靠別人的聖潔「自動」傳給你；但是，「污穢」是能夠「傳染」的，即是說：當你犯了罪，你也會影響周圍的人，這一點在新約《聖經》也有提及，保羅說：「豈不知一點麵酵能使全團發起來嗎？」(林前5：6) 所以我們要追求聖潔的生活，不要犯罪。

先知哈該鼓勵百姓，**當他們建造聖殿，神必定會再次賜福。神說：**「你們要追想此日以前，就是從這九月二十四日起，追想到立耶和華殿根基的日子。倉裏有穀種嗎？葡萄樹、無花果樹、石榴樹、橄欖樹都沒有結果子。從今日起 (now)，我必賜福與你們。」(該2：18-19)

第四篇信息：應許所羅巴伯

「這月二十四日，耶和華的話二次臨到哈該說：『你要告訴猶大省長所羅巴伯說：我必震動天地。我必傾覆列國的寶座，除滅列邦的勢力，並傾覆戰車和坐在其上的。馬必跌倒，騎馬的敗落，各人被弟兄的刀所殺。萬軍之耶和華說：我僕人撒拉鐵的兒子所羅巴伯啊，到那日，我必以你為印，因我揀選了你。這是萬軍之耶和華說的。』」(該2：20-23)

古代君王有一隻戒指，戒面是一個印，象徵王權。神透過哈該預言更遠的事情，神說要「以你為印」(該2：23)，表示神會揀選所羅巴伯，他將擁有王權，這是**一個預表，所羅巴伯有王室血統 (代上3：17)，表示神會興起大衛的子孫，以他為王，**換句話說，這裏講到**將來神會藉著彌賽亞，行一件會「震動天地」的事，這是指最終的審判，**最終的君王彌賽亞，不但要來第一次，還要第二次來臨，神要審判列國。

〈哈該書〉的主題是：不要灰心，要以神的事情為首，你只管去做、只管去做，神一定會與你同在！

今天，你和我也是如此，如果我們認為所做的事情好像沒有什麼果效，或者好像很小，微不足道，好像比不上前人，但是，我們不要灰心，因為神會與我們同在，神會賜福，而且神的使用可能遠遠超乎我們所想像的。

祈禱

親愛的主，多謝你！你常常鼓勵我們為你而活、為你作工。雖然有時我們覺得自己生命軟弱、力量微小，但是你仍然願意使用我們，把我們小小的付出，加上你的賜福，變成非常有價值的服侍。求你幫助我們回應〈哈該書〉的信息，把你放在我們生活中的首位。奉主耶穌基督的名，阿們。

生活應用

1. 我們今天傳遞給青少年人是怎樣的信息：跟隨基督是「安逸宗教」（comfortable religion），抑或「付代價作主門徒」（costly discipleship）？如何引導青少年人建立正確的優先次序？我們首先怎樣調整自己的生活，以表達正確的優次？
2. 回歸後的先知提醒我們要把握今天，不要以為今天為神所作的事是微小的；只要有神同在，所作的事就可以加速神國的實現。今天你為神所做的是什麼事？你認為你在神的國度裏有何價值？

第十三課（二）

撒迦利亞書

〈撒迦利亞書〉的寫作日期也是「大利烏王第二年」（亞1:1），與〈哈該書〉同年，不過〈撒迦利亞書〉是在「八月」，比〈哈該書〉稍遲一點。撒迦利亞鼓勵猶大人重建聖殿，並宣告耶和華應許建立彌賽亞國度。

第一篇：悔改的呼喚

「大利烏王第二年八月，耶和華的話臨到易多的孫子、比利家的兒子先知撒迦利亞，說：「耶和華曾向你們列祖大大發怒。所以你要對以色列人說，萬軍之耶和華如此說：你們要轉向我，我就轉向你們……你們的列祖在哪裏呢？那些先知能永遠存活嗎？只是我的言語和律例，就是所吩咐我僕人眾先知的，豈不臨到你們列祖嗎？他們就回頭，說：『萬軍之耶和華定意按我們的行動作為向我們怎樣行，他已照樣行了。』」（亞1:1-6）

撒迦利亞的第一篇信息是呼召以色列人悔改，神透過先知撒迦利亞說話，叫以色列人要反省，「你們要轉向我」（亞1:3），就是先知經常講的："return"、「回頭」，或「悔改」。神要他們回想：「昔日你們的列祖就是因為離開了我、違背了我的話語，以至我要懲罰他們，使他們被外敵擄掠。那些先知，諸如：以賽亞、耶利米，如今安在，他們不能一直提醒你們的祖先，不過，**我的話卻一定繼續生效，如果你們肯回頭、悔改，轉向神，你們就會經歷神的恩典。」**

第二篇：八個異象

第二篇信息含八個平行的異象，主要信息是：**神會顧念耶路撒冷，你們要重建聖殿，你們要為神的國努力，你們會成功。**

第一個異象

第一個異象（亞1：7-17）與第八個異象（亞6：1-8）相呼應，都是有幾匹馬、或幾輛馬車。

「我（撒迦利亞）夜間觀看，見一人騎著紅馬，站在窪地番石榴樹中間。在他身後又有紅馬、黃馬，和白馬。我對與我說話的天使說：『主啊，這是什麼意思？』他說：『我要指示你這是什麼意思。』」（亞1：8-9）

「於是，耶和華的使者說：『萬軍之耶和華啊，你惱恨耶路撒冷和猶大的城邑已經七十年，你不施憐憫要到幾時呢？』」（亞1：12）

「耶和華就用美善的安慰話回答那與我說話的天使。與我說話的天使對我說：『你要宣告說，萬軍之耶和華如此說：我為耶路撒冷為錫安，心裏極其火熱。我甚惱怒那安逸的列國，因我從前稍微惱怒我民，他們就加害過分。所以耶和華如此說：現今我回到耶路撒冷，仍施憐憫，我的殿必重建在其中，準繩必拉在耶路撒冷之上。這是萬軍之耶和華說的。你要再宣告說，萬軍之耶和華如此說：我的城邑必再豐盛發達。耶和華必再安慰錫安，揀選耶路撒冷。』」（亞1：13-17）

這幾匹馬代表什麼意思呢？〈撒迦利亞書〉1章10至11節說：

「那站在番石榴樹中間的人說：『這是奉耶和華差遣在遍地走來走去的。』那些騎馬的對站在番石榴樹中間耶和華的使者說：『我們已在遍地走來走去，見全地都安息平靜。』」

原來這些馬受耶和華，或耶和華的使者吩咐，周圍巡視，看看世界怎樣？他們看到世界十分平靜，特別那些欺負以色列、對付以色列的列國，好像很安逸。耶和華的使者就求神：「難道你任由列國這樣？任由他們這樣安逸？」耶和華就透過天使說：「當然不會！我一定會為耶路撒冷伸張正義，我會重建我的殿宇，我對付以色列的敵人。」

第八個異象和這異象意義相同，故不詳解。

第二和第三個異象

「我舉目觀看，見有四角。我就問與我說話的天使說：『這是什麼意思？』他回答說：『這是打散猶大、以色列，和耶路撒冷的角。』」(亞1:18-19)

第二和第三個異象，也是平行的。第二個異象中有「四角」、「四個匠人」，意即耶和華會征服欺壓以色列的列國。「角」是很有力的，神用四隻角擊打以色列和猶大。四角可能指亞述、埃及、巴比倫，瑪代/波斯。

「耶和華又指四個匠人給我看。我說：『他們來做什麼呢？』他說：『這是打散猶大的角，使人不敢抬頭；但這些匠人來威嚇列國，打掉他們的角，就是舉起打散猶大地的角。』」(亞1:20-21)

對付耶路撒冷和猶大的國家(四角)好像很有力量，**但是神最終會藉著其他勢力(四個匠人)對付這些國家，為以色列出頭。**四匠可能指埃及、巴比倫，瑪代/波斯、希臘。

第三個異象相仿：「我又舉目觀看，見一人手拿準繩。」(亞2:1)

古時用「準繩」量度建築物的牆壁是否垂直。手拿準繩的那個人對先知撒迦利亞說：「要去量耶路撒冷，看有多寬多長。」(亞2:2)

當那人量度耶路撒冷時，另一位天使就說：「耶路撒冷必有人居住，好像無城牆的鄉村，因為人民和牲畜甚多。」(亞2:4)，「好像無城牆的鄉村」的意思是：耶路撒冷迅速增長，居民多得不得了！「耶和華說：我要作耶路撒冷四圍的火城，並要作其中的榮耀。」(亞2:5)

耶路撒冷將蒙神大大福賜，成為一座偉大的城邑，神要居住其中。這是呼應第二個異象，神說一定會為以色列人對付那些列國，現在，神答應賜福給耶路撒冷。

第四和第五個異象

希伯來文學常用交叉對稱，核心信息往往置於文章中央。第四和第五個異象是這八個異象的核心。二者意思相同：**神要再次興旺以色列這個見證。**同時也預告：神會使用兩位受膏者復興以色列。

在第四個異象，先知見到：「天使（原文是他）又指給我看：大祭司約書亞站在耶和華的使者面前；撒但也站在約書亞的右邊，與他作對。耶和華向撒但說：『撒但哪，耶和華責備你！就是揀選耶路撒冷的耶和華責備你！這不是從火中抽出來的一根柴嗎？』」（亞3：1-2）

約書亞代表了全以色列，而以色列好像「從火中抽出來的一根柴」——**外敵本來燒毀、消滅了以色列，但是，神從火中將以色列搶救出來，神會再次揀選一些以色列人，神會保護以色列人，使他們不至亡國滅種。**但是，魔鬼撒但控告以色列人，並非完全無理，他們拜偶像得罪神，確實罪惡滔天。怎樣解決這個問題呢？

「約書亞穿著污穢的衣服站在使者面前。使者吩咐站在面前的說：『你們要脫去他污穢的衣服』；又對約書亞說：『我使你脫離罪孽，要給你穿上華美的衣服。』我說：『要將潔淨的冠冕戴在他頭上。』他們就把潔淨的冠冕戴在他頭上，給他穿上華美的衣服，耶和華的使者在旁邊站立。」（亞3：3-5）

這段經文生動地描述了神的救恩，以色列確實污穢不堪，但是，神親自出頭，神責備撒但，又給以色列穿上潔淨的衣服，除掉以色列的罪惡。

今天在新約《聖經》的亮光之下，我們知道沒有一個人有義行，我們每一個人都是罪人，但是，主耶穌基督成了我們的「義」，祂成為了我們潔淨的衣袍，祂的聖潔也成為了我們的聖潔，因此，我們能夠站立在神的面前。

神的使者對約書亞說：「萬軍之耶和華如此說：你若遵行我的道，謹守我的命令，你就可以管理我的家，看守我的院宇；我也要使你在這些站立的人中間來往。大祭司約書亞啊，你和坐在你面前的同伴都當聽。（他們是作預兆的。）我必使我僕人大衛的苗裔發出。」（亞3：7-8）

這裏說「作預兆的」，一方面表示約書亞是大祭司，但是，某程度上他也是一個「預兆」，是預兆將來的大祭司，**希伯來書告訴我們，耶穌基督就是大祭司。**

神又說：「看哪，我在約書亞面前所立的石頭，在一塊石頭上有七眼。萬軍之耶和華說：我要親自雕刻這石頭，並要在一日之間除掉這地的罪孽。」（亞3：9）

這塊珍貴的石頭是神親自雕刻的，有七隻眼睛，充滿了智慧，是神的工作，「並要在一日之間除掉這地的罪孽」，指**主耶穌成就救恩，讓以色列人、屬神的子民可以再次站立在神面前。**

第五個異象與第四個異象對稱。這個異象比較難明白，不同解經家有不同的看法：「我說：『我看見了一個純金的燈臺，頂上有盞燈，燈臺上有七盞燈，每盞有七個管子。旁邊有兩棵橄欖樹，一棵在燈盞的右邊，一棵在燈盞的左邊。』」（亞4：2-3）先知撒迦利亞問天使：「這燈臺左右的兩棵橄欖樹是什麼意思？」又問：「這兩根橄欖枝在兩個流出金色油的金嘴旁邊是什麼意思？」（亞4：11-12）「他（天使）對我說：『你不知道這是什麼意思麼？』我說：『主啊，我不知道。』他說：『這是兩個受膏者站在普天下主的旁邊。』」（亞4：13-14）

「金燈臺」置在聖殿的聖所裏，聖所裏沒有其他照明器皿，只有這盞燈臺照明發光，代表耶和華神；這盞燈同時也代表神的子民，神將祂的光賜給以色列。今天以色列國徽中就有一座燈臺。

燈靠橄欖油燃亮，而油是從兩棵橄欖樹得來，兩棵橄欖樹代表兩位受膏者，即是所羅巴伯和約書亞，他們分別代表君王和祭司，在舊約《聖經》，這兩個職份是由神膏立的。金燈台與橄欖樹意即耶和華會加力給約書亞和所羅巴伯，完成重建聖殿工作，使以色列可以為祂發光。

「萬軍之耶和華說：不是倚靠勢力，不是倚靠才能，乃是倚靠我的靈方能成事。」（亞4：6）**神的靈會加力給所羅巴伯和約書亞，他們將帶領以色列重新煥發榮耀。所羅巴伯已經帶領以色列人在耶路撒冷重建了聖殿的根基，只要他繼續依靠神的聖靈就一定能夠建好聖殿，使以色列再次榮耀神，並復興這個國家。**

第六個異象是「飛行約書卷」（亞5：1-4），論耶和華必刑罰以色列的罪惡；第七個異象是「量器中之婦人」（亞5：5-11），論耶和華必除去以色列的罪惡。不詳解。

「耶和華的話臨到我說：『你要從被擄之人中取黑玳、多比雅、耶大雅的金銀。……取這金銀做冠冕，戴在約撒答的兒子大祭司約書亞的頭上，對他說，萬軍之耶和華如此說：看哪，那名稱為大衛苗裔的，他要在本處長起來，並要建造耶和華的殿。他要建造耶和華的殿，並擔負尊榮，坐在位上掌王權；又必在位上作祭司，使兩職之間籌定和平。』」（亞6：9-13）

大祭司是一個宗教職份，但是，神又說他是「大衛的苗裔」，意思是：他是君王、又是祭司。在舊約，祭司和君王是分開的，一個人不可以同時擔任兩職。猶大王烏西雅擅自燒香獻祭，就患上了大痲瘋。

這段經文是**八個異象的結語，預告主耶穌基督。惟有耶穌基督（彌賽亞）能夠身兼兩職，既是君王，又是祭司，神要藉著這位彌賽亞再次憐憫和興起耶路撒冷。**

有關彌賽亞的預言

撒迦利亞鼓勵百姓重建聖殿，雖然他們看來很微小的工程，但是神會賜福，成就偉大的事。這件真正能夠底徹解決問題，偉大的事是怎樣的？能夠令祭司和君王兩個職份「二合為一」得如此美妙、能夠成就神的救贖計劃，是怎樣一回事呢？

第9章至14章就是講這件事，這幾章是預言，比較難明白，因為有些是預言比較遙遠的事，尚未應驗。**第9章至10章預言彌賽亞來臨，第11章預言彌賽亞被棄絕。第12章至13章預言以色列會怎樣悔改得救，第14章預言彌賽亞建立國度，是神最終的國度。**

這裏是不是講到主耶穌的第一次來臨和第二次來臨呢？我們知道這些預言可以分開不同階段應驗。在先知的信息中未能清楚看到哪些經文是預言主耶穌的第一次來臨，哪些經文是預言祂的第二次來臨。

「耶和華的默示應驗在哈得拉地大馬士革——世人和以色列各支派的眼目都仰望耶和華。」（亞9：1）

「亞實基倫看見必懼怕；迦薩看見甚痛苦。」（亞9：5）

神預言這些外邦國家，泰爾、西頓……從北而南，怎樣一個一個被神懲罰。

亞實基倫、迦薩、亞實突都是非利士人的地方，他們都會被神懲罰，可見神正在工作。神會怎樣來臨呢？第9章9節是一段我們很熟悉的經文：「錫安的民哪，應當大大喜樂；耶路撒冷的民哪，應當歡呼。看哪，你的王來到你這裏！他是公義的，並且施行拯救，謙謙和和地騎著驢，就是騎著驢的駒子。我必除滅以法蓮的戰車和耶路撒冷的戰馬；爭戰的弓也必除滅。他必向列國講和平；他的權柄必從這海管到那海，從大河管到地極。」（亞9：9-10）

當彌賽亞來臨的時候，耶路撒冷的人民就興高彩烈、歡呼。**這位王（彌賽亞）十分奇妙，他不是八面威風地來到，卻是「謙謙和和地騎著驢，就是騎著驢的駒子」。驢駒子就是小驢，彌賽亞很謙卑地騎著一匹小驢來到。**

記得我到聖地旅遊時，導遊説，有人傳説那塊約有一尺高的石頭，是當時耶穌站在上面，騎上驢子的。可能因為「十字軍東征」，士兵要先站在石頭上，再騎上馬，遂令一些人以為耶穌是騎著駿馬前來的。事實並非如此，耶穌是騎著一匹小驢子進入耶路撒冷，他根本無需要站在石頭上，就可以騎到驢背上。後來**這個預言在新約時代應驗了（太21：1-9）！這位君王（彌賽亞）來臨是要平息干戈，給世界帶來真正的和平。**

從第11章4節開始，這位王來了，祂也是一個牧羊人，不過，這位牧羊人是一個被拒絕的牧羊人，這裏是以撒迦利亞自己作為預表：「耶和華——我的神如此説：『你——撒迦利亞要牧養這將宰的羣羊。』……於是，我牧養這將宰的羣羊，就是羣中最困苦的羊。我拿著兩根杖，一根我稱為『榮美』，一根我稱為『聯索』。這樣，我牧養了羣羊。」（亞11：4,7）

「一月之內，我除滅三個牧人。」（亞11：8）

撒迦利亞是一個好牧羊人，趕走了三個惡牧羊人，但是這羣羊不喜歡他。

「我就説：『我不牧養你們。要死的，由他死；要喪亡的，由他喪亡；餘剩的，由他們彼此相食。』我折斷那稱為「榮美」的杖，表明我廢棄與萬民所立的約。」（亞11：9-10）

榮美指神的恩典，但是羣羊（以色列人）拒絕接受神的恩典，於是，「榮美」的杖就被折斷了，神容讓萬民踐踏神的子民。

「我又折斷稱為『聯索』的那根杖，表明我廢棄猶大與以色列弟兄的情誼。」(亞11：14)

「聯索」的杖也被折斷。「聯索」指兩國合併，南國猶大和北國以色列經常發生爭拗、衝突，聯索就是使南國和北國合一。本來這位牧羊人要帶來神和人的合一，人和人的合一，但現在兩根杖都折斷了，因為他們拒絕了這位神所立的牧羊人。

於是，「我對他們說：『你們若以為美，就給我工價。不然，就罷了！』於是他們給了三十塊錢作為我的工價。耶和華吩咐我說：『要把眾人所估定美好的價值丟給窯户。』我便將這三十塊錢，在耶和華的殿中丟給窯户了。」(亞11：12-13)

三十塊錢是奴隸的工價。這件事後來應驗在耶穌基督身上，當耶穌基督來到以色列，以色列民藉著猶大拒絕了耶穌，拒絕了這位牧羊人。上述經文很有可能在主耶穌第一次來臨(耶穌降生、為我們的罪惡受死)時已經應驗了。

但是，將來的事情會怎樣應驗呢？第12章至14章，解經家有不同看法，以我之見，有些經文是尚未應驗的。

「我必使耶路撒冷被圍困的時候，向四圍列國的民成為令人昏醉的杯；這默示也論到猶大(或譯：猶大也是如此)。那日，我必使耶路撒冷向聚集攻擊他的萬民當作一塊重石頭；凡舉起的必受重傷。耶和華說：到那日，我必使一切馬匹驚惶，使騎馬的顛狂。我必看顧猶大家，使列國的一切馬匹瞎眼。猶大的族長必心裏說：『耶路撒冷的居民倚靠萬軍之耶和華——他們的神，就作我們的能力。』那日，我必使猶大的族長如火盆在木柴中，又如火把在禾捆裏；他們必左右燒滅四圍列國的民。耶路撒冷人必仍住本處，就是耶路撒冷。」(亞12：2-6)

我相信，這裏有字面應驗的層面，從很多先知書配合來看，將來有可能會發生這樣的事：神會再次興旺耶路撒冷和以色列這個國家，但是，全世界會與以色列為敵。

如之前論到〈以西結書〉40章至48章，尤其第37章，有關枯骨成為大軍的預言，究竟是象徵抑或是字面應驗呢？我個人的立場是：兩者有可能同時並存，當中有屬靈——象徵意義，但是也有一些是可以在字面上應驗的：既有象徵意義的以色列復興,也有字面應驗,就以色列復國。以色列於1948年5月14日復國,成為一個主權獨立的國家,近年來,以色列國的經濟也慢慢強盛。不過,以色列還欠缺一樣:他們在靈性上仍然未復興,大部分以色列人仍然未相信耶穌就是彌賽亞,我們要努力,幫助以色列人回到神那裏。

「猶大的族長如火盆在木柴中,……他們必左右燒滅四圍列國的民……耶和華必先拯救猶大的帳棚,」(亞12:6-7)

猶大的帳棚會蒙神拯救,以色列將來會成為一個厲害的國家,可以燒其他木材——其他的國家,當列國前來攻打以色列時,以色列十分強大,足以反擊他們。但是,神應許不只在軍事上幫助以色列人,耶和華說:「我必將那施恩叫人懇求的靈,澆灌大衛家和耶路撒冷的居民。他們必仰望我(或譯:他;本節同),就是他們所扎的;必為我悲哀,如喪獨生子,又為我愁苦,如喪長子。」(亞12:10)

這裏預言將來神會叫以色列人再次懇求神,「施恩叫人懇求的靈」,聖靈會大大澆灌他們,叫他們有一個屬靈上的大復興。

「他們必仰望我,就是他們所扎的」這節經文在新約《聖經》引用過,當主耶穌被釘在十字架上時,四周有許多旁觀的人,「經上又有一句說:『他們要仰望自己所扎的人。』」(約19:37)

不過,在這裏這段經文是指以色列人的。**我相信將來以色列人會有一個屬靈大復興,以色列人開始明白這位為他們釘十字架的主就是所等候的彌賽亞:**「那日,耶路撒冷必有大大的悲哀,如米吉多平原之哈達臨門的悲哀。境內一家一家地都必悲哀。大衛家,男的獨在一處,女的獨在一處。拿單家,男的獨在一處,女的獨在一處。」(亞12:11-12)

他們男女分開,大大哀哭,全民族哀哭和悔改,痛苦到不關心其他事情。我相信這節經文配合了〈羅馬書〉11章所說的:「以色列人有幾分是硬心的,等到外邦人的數目添滿了,於是以色列全家都要得救。」(羅11:25-26)

目前以色列人(猶太人)甚抗拒福音,只有小部分以色列人信耶穌,但是有一日,神會做一件很奇妙的事,祂會再次復興亞伯拉罕的子孫,就是使這些肉身以色列人有一個大規模的復興,到一個地步,羅馬書稱為「以色列全家」(羅11:

26），就是以色列全民的意思，歸向真神。

我相信這件事日後會全面應驗，但是，今日你和我有責任推動這事發生。十多年前，香港很少人關心向猶太人宣教，但是，感謝神，近年來，香港的教會很關心向猶太人宣教，一、兩年前，更開始有「猶宣」大會，有一千多人參加，也有愈來愈多的中國人和香港人做宣教士，向猶太人傳福音，一些數據顯示，愈來愈多猶太人信主，我相信神正在工作。

「那日，必給大衛家和耶路撒冷的居民開一個泉源，洗除罪惡與污穢。」（亞13：1）

有新約背景的人一看就明白，**這節經文是說主耶穌會成為一個洗罪的泉源。**

「萬軍之耶和華說：刀劍哪，應當興起，攻擊我的牧人和我的同伴。擊打牧人，羊就分散；我必反手加在微小者的身上。」（亞13：7）

這也是主耶穌基督的經歷，當祭司長派人捉拿耶穌，「擊打牧人」，祂的門徒四散、逃走了。既然這個洗罪的泉源是這樣開始的，神會這樣復興猶大和以色列，最終會出現怎樣的情況呢？

「耶和華的日子臨近，你的財物必被搶掠，在你中間分散。因為我必聚集萬國與耶路撒冷爭戰，城必被攻取，房屋被搶奪，婦女被玷污，城中的民一半被擄去；剩下的民仍在城中，不致剪除。那時，耶和華必出去與那些國爭戰，好像從前爭戰一樣。那日，他的腳必站在耶路撒冷前面朝東的橄欖山上。這山必從中間分裂，自東至西成為極大的谷。山的一半向北挪移，一半向南挪移。你們要從我山的谷中逃跑，因為山谷必延到亞薩。你們逃跑，必如猶大王烏西雅年間的人逃避大地震一樣。耶和華——我的神必降臨，有一切聖者同來。」（亞14：1-5）

如果將《聖經》其他經文放到一起來看，就能多點意會到此句是什麼意思。**在舊約《聖經》，「耶和華的日子」是講到耶和華神要顯現、耶和華神要來臨、要彰顯祂的拯救和審判的日子，**所以，這段經文是預言，當耶和華的日子臨近，耶和華要施行最終審判。萬國要與以色列國發生大戰爭，〈啟示錄〉便預言將來會有一場哈米多頓大戰，這是一場最後世界大戰爭。〈撒迦利亞書〉14章則預言將來萬國會與耶路撒冷（以色列）戰爭，正當此時，耶和華裂天而降，祂的腳踏在橄欖山。（亞14：4）

據〈使徒行傳〉所記，主耶穌基督升天時，使徒看著雲彩接去主耶穌，「忽然有兩個人身穿白衣，站在旁邊，說：『加利利人哪，你們為什麼站著望天呢？這離開你們被接升天的耶穌，你們見他怎樣往天上去，他還要怎樣來。』」（徒1：10-11）

當主耶穌第二次降臨時，也會在橄欖山，相信〈撒迦利亞書〉14章是預言神藉著主耶穌，帶領所有天使再來：「耶和華——我的神必降臨，有一切聖者同來。」（亞14：5）

新約也是這樣說的，「亞當的七世孫以諾曾預言這些人說：『看哪，主帶著他的千萬聖者降臨，要在眾人身上行審判。』」（猶14-15節）

「那日，必沒有光，三光必退縮。那日，必是耶和華所知道的，不是白晝，也不是黑夜，到了晚上才有光明。」

「那日，必有活水從耶路撒冷出來，一半往東海流，一半往西海流；冬夏都是如此。耶和華必作全地的王。那日耶和華必為獨一無二的，他的名也是獨一無二的。」（亞14：6-9）

主耶穌再來的日子（第二次來臨）將會是一個偉大的日子，神的國最終能夠成立，神會對付所有的敵人。

「耶和華用災殃攻擊那與耶路撒冷爭戰的列國人。」（亞14：12）

然後，「所有來攻擊耶路撒冷列國中剩下的人，必年年上來敬拜大君王——萬軍之耶和華，並守住棚節。地上萬族中，凡不上耶路撒冷敬拜大君王——萬軍之耶和華的，必無雨降在他們的地上。……凡不上來守住棚節的列國人，耶和華也必用這災攻擊他們。」（亞14：16-18）

「當那日，馬的鈴鐺上必有**『歸耶和華為聖』**的這句話。耶和華殿內的鍋必如祭壇前的碗一樣。」（亞14：20）

那時，任何事物都會成為聖潔，不再分要在聖殿裏的才是聖潔的，**只要你是為主而作的，任何事都是聖潔的。正如今天若我們是為主而作的，無論我們的學業、娛樂、事奉和休息，全都是聖潔的。**

然後，「當那日，在萬軍之耶和華的殿中必不再有迦南人。」（亞14：21）

迦南人本來不是屬於神的，但是，**將來在神的殿中，每一個人都是屬於神的，神的國遍佈大地，這就是神最終的工作。**

祈禱

全能的神，感謝你！你藉著耶穌基督來過人世間一次，基督是謙和的主，雖然被多人拒絕，卻為我們成就救恩，開了洗罪的泉源。感謝你答應會再來全面建立你的國，你再來時會是轟轟烈烈的。求你幫助我們把握今天，為你作工，參與建立神的國度，不是倚靠勢力，不是倚靠才能，乃是倚靠聖靈的大能大力。

願榮耀歸與你，奉主耶穌基督的名字祈求，阿們。

生活應用

1. 以色列需要神首先除去其污穢，然後賜下華美衣服，再由聖靈加力（不是倚靠勢力和才能），才能成為明亮燈台。今天，教會要成為明亮燈台，需要如何倚靠三位一體的神呢？
2. 在建立天國的過程中，你個人有何獨特貢獻？曾遇到什麼困難？怎樣可以抓緊神的應許積極進取，謀取發展？

第十三課（三）

瑪拉基書

〈瑪拉基書〉是比較後期才成書，當時以色列人已經重建了聖殿，尼希米也回到耶路撒冷，重建了城牆，然後，他曾返回書珊一段時間，〈瑪拉基書〉可能是在這段時間寫的（約主前433年）。**〈瑪拉基書〉的主題是耶和華必在大日臨到百姓當中，祂要差遣使者在祂面前預備道路。**

慈愛的信息

沒有了尼希米這樣好的猶大省長帶領，以色列民又開始走下坡，他們又失去了異象，可能心想：「我們回歸了，應該很輝煌罷，應該重建我們自己的國家，可是，為什麼到現在我們還在外族的統治之下？為什麼我們仍然好像看不到神的工作？不知道神是否真的愛我們？神是否真的幫助我們？唉！算了算了。」

〈瑪拉基書〉一開頭，神重申對以色列的立約之愛。「耶和華說：『我曾愛你們。』你們（以色列人）卻說：『你在何事上愛我們呢？』」（瑪1：2）

神與以色列人對話，他們跟神頂嘴、反駁，好像一個叛逆的兒子跟父親頂嘴。

「耶和華說：『以掃不是雅各的哥哥嗎？我卻愛雅各（以色列），惡以掃，使他的山嶺荒涼，把他的地業交給曠野的野狗。』」（瑪1：2-3）

神很愛你（以色列），神揀選了你，但是，很可惜，你卻是一個悖逆之子。

責備的信息

「你們（祭司）將污穢的食物獻在我的壇上，且說：『我們在何事上污穢你呢？』因你們說，耶和華的桌子是可藐視的。你們將瞎眼的獻為祭物，這不為惡嗎？將瘸腿的、有病的獻上，這不為惡嗎？」（瑪1：7-8）

第1章1至5節重申了對以色列人的立約之愛之後，耶和華就責備他們，神首先責備以色列祭司的獻祭，他們十分藐視神。今天，神也有可能責備我們：「你整天把最好的精神做自己喜歡的事情，在最疲倦的時間祈禱，你沒有重視與我一起。」

「祭司的嘴裏當存知識，人也當由他口中尋求律法，因為他是萬軍之耶和華的使者。你們卻偏離正道，使許多人在律法上跌倒。你們廢棄我與利未人所立的約。」（瑪2：7-8）

除了責備祭司的不忠之外，神也責備祭司沒有正確教導百姓神的律法和誡命。他們本是耶和華的使者，代表神傳講神的話語，然而，他們卻製造了「律法吃人」，使人跌倒。

今天，我們沒有舊約的「祭司」，不過，使徒彼得說，每一個信徒都是祭司（彼前2：9），如果有人向我們詢問有關神的話語、《聖經》的真理，我們是否懂得回答他們呢？

不但祭司犯了罪，百姓也犯罪。第2章10節開始，耶和華責備以色列人和猶大人。首先，耶和華責備他們異族通婚、娶事奉外邦神的女子為妻：

「猶大人行事詭詐，並且在以色列和耶路撒冷中行一件可憎的事；因為猶大人褻瀆耶和華所喜愛的聖潔（或譯：聖地），娶事奉外邦神的女子為妻。」（瑪2：11）

接著，耶和華又責備以色列人休妻：「休妻的事和以強暴待妻的人都是我所恨惡的！所以當謹守你們的心，不可行詭詐。」（瑪2：16）

英文《聖經》是："I hate divorce"，可見耶和華是恨惡人離婚的。神責備以色列人以詭詐對待幼年所娶的妻子，因為婚約代表神與人之間的「婚盟」、立約，如果丈夫隨便休妻（離婚），這樣做就是毀約，不守信用，無法表達神的忠貞，神與祂的子民之間的約是不能廢掉的。

然後，神又責備以色列人懷疑的態度：「你們用言語煩瑣耶和華，你們還說：『我們在何事上煩瑣他呢？』因為你們說：『凡行惡的，耶和華眼看為善，並且他喜悅他們』；或說：『公義的神在哪裏呢？』」（瑪2：17）

神認為以色列人煩瑣祂，因為以色列人說：「神是不公義的，你看，那些欺負我們的外邦列國，你都沒有對付、審判他們。」他們懷疑神會不會來到呢？神會不會審判呢？

正如今天，我們看到這個世界有很多不公平的事情發生，我們會問：「這種事情都會發生？有沒有神呢？還有沒有公義的神呢？」神說：「有！我還會再來！」

盼望的信息

第3章是回應以色列人的提問，他們問：「公義的神在哪裏呢？」（瑪2：17）

神就回答說：「我要差遣我的使者在我前面預備道路。你們所尋求的主必忽然進入他的殿；立約的使者，就是你們所仰慕的，快要來到。」（瑪3：1）

我相信這節經文有多方面應驗，其中一個意思是：神會透過立約的主——「你們所尋求的主」，「忽然進入他的殿」，**這裏有可能指主耶穌會在大家不知不覺，不知道的時候來到，「立約的使者」（主耶穌）會進入祂的聖殿。**在新約時代，主耶穌不但在十二歲時進入聖殿，長大後祂還在聖殿裏教導人，神來了！你知道嗎？

當神來到時，可不是簡單的事：「他來的日子，誰能當得起呢？他顯現的時候，誰能立得住呢？因為他如煉金之人的火，如漂布之人的鹼。他必坐下如煉淨銀子的，必潔淨利未人，熬煉他們像金銀一樣；他們就憑公義獻供物給耶和華。」（瑪3：2-3）

你不要說：神為什麼不來審判我們的敵人呢？你不要想得這樣簡單，當神來到，神是要熬煉你，好像煉金一樣，神要責備你、管教你，你們是否能夠面對呢？

在耶穌第一次來臨之前，施洗約翰為耶穌開路，就說相類似的話，他說：

「你們要結出果子來，與悔改的心相稱。不要自己心裏說：『有亞伯拉罕為我們的祖宗。』……現在斧子已經放在樹根上，凡不結好果子的樹就砍下來，丟在火裏。」(太3：8-10)

以色列人繼續頂撞神，不肯向神奉獻。神就向他們發出挑戰，說：「你們要將當納的十分之一全然送入倉庫，使我家有糧，以此試試我，是否為你們敞開天上的窗戶，傾福與你們，甚至無處可容。」(瑪3：10)「那時，敬畏耶和華的彼此談論，耶和華側耳而聽，且有紀念冊在祂面前，記錄那敬畏耶和華、思念他名的人。萬軍之耶和華說：『在我所定的日子，他們必屬我，特特歸我。我必憐恤他們，如同人憐恤服侍自己的兒子。』」(瑪3：16-17)

如果神聽到信徒一起相交，一起分享，一起談服侍神是何等美好，也從中看到神的恩典，**神就會在紀念冊記下這些信徒的名字，當主耶穌回來時，這批人是特別屬於神的人。**

「萬軍之耶和華說：『那日臨近，勢如燒著的火爐，凡狂傲的和行惡的必如碎秸，在那日必被燒盡，根本枝條一無存留。但向你們敬畏我名的人必有公義的日頭出現，其光線(原文是翅膀)有醫治之能。』」(瑪4：1-2)

神回來勢如破竹，那日是審判的日子，是轟轟烈烈的日子。不過，如果你是敬畏神的，就不用害怕，因為神的標準是不變的，是永遠存留的。

神說：「看哪，耶和華大而可畏之日未到以前，我必差遣先知以利亞到你們那裏去。他必使父親的心轉向兒女，兒女的心轉向父親，免得我來咒詛遍地。」(瑪4：5-6)

「耶和華大而可畏之日」，在新約時代稱為「耶穌基督的日子」，有時甚至是指耶穌基督審判人的日子。在末日到來之前，神會差遣「以利亞」先行勸人悔改。「以利亞」是預言施洗約翰，他要預備道路；不過，這裏可能有雙重應驗。**路加描述耶穌為「以利亞」，而無論是施洗約翰、或主耶穌都是要收復人心，讓全人類可以回到神那裏，成為神的兒女。**

〈瑪拉基書〉之後，「兩約之間」沈寂了約四百年。

「亞伯拉罕的後裔，大衛的子孫」（太1:1）。馬太一開始就追溯耶穌基督的家譜，遙遙呼應舊約《聖經》。神要對以色列人說：「你說神不在這裏？神很遙遠嗎？但是，我要來了，是很近的！你要準備好我的來臨！」

我們也要有一個期待的心：主耶穌已經第一次來臨了，我們在等待主耶穌的第二次來臨。

祈禱

天父，我們敬畏你、感謝你，你是有威嚴的神，卻也是有慈愛的神！你透過主耶穌基督成就了救恩，再一次興起你的子民，讓你的國可以大大擴展，你更讓我們每一個基督徒都可以參與天國的建立。求主叫我們不要輕看自己能夠做的，叫我們知道，當我們盡心獻上，你就必與我們同在，這榮耀是遠超過我們所能夠想像的。我們願你的國早日降臨，求主叫眾信徒一起同心推展你的工作，求主大大賜福普世眾教會，使之成為一個滿有能力的羣體，成為一個祭司國，在這個世代將人帶到你那裏，介紹你給眾人認識。

主啊，願你創造人、拯救人的心意，能夠成全。奉主耶穌基督的名，阿們。

生活應用

當日神預言祂會很快到來，結果主耶穌「忽然」進入聖所。主耶穌預言祂會第二次再來，那麼，你可以為祂作什麼，以預備祂的來臨？

詩歌智慧書

詩篇・雅歌・箴言・
傳道書・約伯記

第十四課（一）

詩篇

多年前我有位西人宣教士老師，她述職時返回美國。一次，她尋找小姪女，遍尋不獲，最後終於找到，姪女正坐在大屋的欄杆上，夜幕初垂，寶藍色的天空上，一輪明月冉冉升起。姪女不知道姑媽就在身後，她望著月亮，說："God, you are so great! God, you are so great!"老師很感動，沒有人教那個只有幾歲大的小女孩，然而，**當她看到神的創造如此美麗和奇妙，就情不自禁，從內心發出讚美。這就是敬拜，就是〈詩篇〉所要表達的！**

「詩歌智慧書」是指伯、詩、箴、傳、歌五卷書。

〈詩篇〉是以色列人的禱告本和詩集，用於聖殿中敬拜或其他場合。「詩歌書」含詩、歌二卷書。此外，《聖經》其他書卷也有詩歌，例如：〈約伯記〉和〈以賽亞書〉大部分是詩歌。

詩篇的重要性及獨特性

「詩歌智慧書」是指伯、詩、箴、傳、歌五卷書，希伯來《聖經》分律法（Law）、先知（Prophets）和書卷（Writings）三大部分，〈詩篇〉是第三部分的第一卷，是以色列人在聖殿敬拜或其他場合所用的禱告本和詩集。〈詩篇〉含很多重要信息，包括有關彌賽亞的預言，是新約《聖經》引用舊約《聖經》最多的一卷書。

〈詩篇〉的題材非常廣闊，描述了各種不同的宗教情感：愛神、向神發怒、倚靠神、埋怨神等；〈詩篇〉亦寫盡人性，描寫了人間種種不同的處境，不同的感情：喜、怒、哀、樂、失望、懷疑、信心，等等，凡此種種正是詩篇不朽之處。

〈詩篇〉作者十分真誠地赤露敞開自己的內心世界，毫無遮遮掩掩。**〈詩篇〉本是人對神說的話，而〈詩篇〉能夠列入《聖經》的正典，正典就是神說的話，可見〈詩篇〉同時也是神的話，神願意我們這樣跟祂說話。**如果我們不知道怎樣祈禱，不知道對神說什麼才好，可以多看〈詩篇〉，用〈詩篇〉作為我們表達情感的工具，用〈詩篇〉的話作為我們的禱告。

〈詩篇〉是十分寫實的。詩人雖然有種種掙扎困惑，但是，他們仍然信靠神，神看他們的真情流露為十分寶貴。我們看〈詩篇〉，有時會嚇一跳：嘩，詩人竟然用這種態度或措辭說話？例如：某些「咒詛詩」，我們會認為作者太過份，好像現今香港的「打小人」那樣咒詛人，他們竟然講得出這些話！但是「咒詛詩」也是〈詩篇〉的一部分，可見神喜歡人這樣直接了當地跟祂說話。

〈詩篇〉是很多敬畏神的人其人生經歷，如果我們的人生閱歷少，就不明白那些詩歌在說什麼，**但是，當我們有豐富的人生閱歷，或事奉經驗，就會發覺有些詩歌貼切地表達了我們的心情。**

神賜給我們多種感情：喜、怒、哀、樂、甜、酸、苦、辣，又賜豐富的〈詩篇〉，好讓我們遇到種種人生高低起伏時，懂得怎樣向神說話。

請不要誤會，以為我們與神的關係是表達一些「即興」的話，一時衝動，感情澎湃。**有些詩的內容是很有理性的，**例如：詩119篇，詩人講述神的律法如何美好。全詩很工整，每8節一段，分為22段。每段用希伯來文的「字母」開始，例如：第1至8節，全部用希伯來文第一個字母開始，若用英文的“A”來舉例，即是：第1節用“A”開始，第2節也用“A”來開始；第9至16節，則是用希伯來文的第二個字母，等於英文的“B”開始，希伯來文共有22個字母，「22乘8節」，即176節。由此觀之，詩119篇絕對不可能是「即興」之作，一定是詩人經過仔細思考、很有心思才能夠寫出來，可見對神的敬拜、對神的愛慕，和信仰的感情，也可以很理性和冷靜，非常有心思。

作者/寫作日期

詩篇寫作跨越很長的年代，最早的約主前1400（詩90），最遲則可能是被擄時或被擄後（詩126, 137），作者包括摩西（詩90）、大衛、所羅門、亞薩（詩50, 73-83）、可拉的後裔（詩42-49；84-85；87-88）、希幔、以探等。此外，詩篇120至134是上行之詩，而詩篇146至150是讚美詩。

一般相信，〈詩篇〉輯錄過程歷時數個世紀。在死海古卷（約主前200），第五卷的輯錄仍然未很定型，故此，相信雖然大部分詩篇很早寫成，但可能經過很長時間才慢慢形成今天五卷的面貌。這個過程可能在大衛時期開始（比較：代上25：1-8），經過約沙法、希西家、以斯拉等時期。〈詩篇〉有一些詩是重複的，例如：53=14；70=40：13-17；108=57：7-11+60：5-12。

〈詩篇〉的中心思想

〈詩篇〉讓我們看到神與人的關係是息息相關的，神與人的關係，首先建立在創造這關係中。神是創造主，祂是造我們的，因此我們是屬祂的（詩100：3）。這個關係很重要，神作為主人，祂負責保護看顧我們，而我們的責任是聽從、倚靠、感謝、讚美祂（詩50）。神勝過其他神（詩89：10）。祂是我們惟一的主人，亦是我們惟一的幫助，其他所謂神只不過是偶像，並不能幫助我們（詩135：15-18）。

卷	詩篇	頌榮	神的名字	主要作者
一	1-41	41：13	主要為「耶和華」	大衛
二	42-72	72：18-19	「神」	
三	73-89	89：52	「耶和華」及「神」	
四	90-106	106：48	「耶和華」	大衛
五	107-150	150篇	主要為「耶和華」	大衛

詩篇現分五卷，可能仿照摩西五經，每一卷皆**以頌讚神作為結束。**以卷一第41篇為例，詩人大衛祈求神幫助他，因他的仇敵說：

「有怪病貼在他身上；他已躺臥，必不能再起來。」(詩41：8)

「連我知己的朋友，我所倚靠、吃過我飯的也用腳踢我。」(詩41：9)

第11至12節仍然說：

「因我的仇敵不得向我誇勝，我從此便知道你喜愛我。你因我純正就扶持我，使我永遠站在你的面前。」(詩41：11-12)

但接著的13節好像有點不相干：

「耶和華以色列的神是應當稱頌的，從亙古直到永遠。阿們！阿們！」(詩41：13)

這是因為41篇13節是卷一的結束。卷二也如此，第72篇是卷二的結束，最後一節是：

「獨行奇事的耶和華——以色列的神是應當稱頌的！

他榮耀的名也當稱頌，直到永遠。

願祂的榮耀充滿全地！阿們！阿們！」

〈詩篇〉既是編輯而成之書，那麼一篇詩和另一篇詩之間有沒有連繫？學者仍在爭論中。有些詩篇之間的關係則並非那麼明顯，也有些地方顯示出特別用意，很多聖經學者認為，〈詩篇〉1至2篇是整部〈詩篇〉的引言；〈詩篇〉146至150篇是讚美詩，也是「結語」，尤其是150篇，可謂整部〈詩篇〉的高潮總結。

〈詩篇〉的序言

〈詩篇〉1至2篇奏出了全卷〈詩篇〉的主旋律，指出敬畏神的義人其道路是有福的，敬畏神的人也要敬畏神的兒子——受膏者，所以「當以嘴親子」(詩2：12)。古人臣服君王，就要親吻君王的腳，神的兒子耶穌基督是神所立的受膏者，所以我們要臣服祂。

詩1篇

此詩2至3節描述義人的道路，4至5節則形容惡人的情況，6節總結義人和惡人的結局。此詩描述兩條不同的道路，**指出一件非常重要的事情，你的生死禍福，人生終局在乎於你決定行哪一條道路。**

義人的道路是：「惟喜愛耶和華的律法，晝夜思想，這人便為有福！」（詩1：2）

「思想」在原文有反覆、反芻的意思，好像牛吃了草之後，不斷反芻，才能充分吸收消化，**表示我們要這樣讓神的話語（律法）進入我們的心裏，融入我們的生命裏，在我們的一言一行中表現出來，**就：「他要像一棵樹栽在溪水旁，按時候結果子，葉子也不枯乾。凡他所做的盡都順利。」（詩1：3）

與義人相反，惡人、不敬畏神的人，他們是沒有根基的：「惡人並不是這樣，乃像糠粃被風吹散。」（詩1：4）

農夫打完穀之後，會將穀揚起，有重量的米沈下，糠粃就被風吹走，惡人也是如此，會被風吹走，惡人是沒有重量的，他們是不會得勝的。

「因此，當審判的時候，惡人必站立不住；罪人在義人的會中也是如此。因為耶和華知道義人的道路；惡人的道路卻必滅亡。」（詩1：5-6）

〈詩篇〉有很多審判的信息，指出上主會審判世人。詩人從終極的角度看待人生，不只今生今世眼前的情況，還要看將來終極的審判，看最終是怎樣的結局。詩1篇，開宗明義，校正方向，指出我們人生的取向是要敬畏神，用神的話成為我們生命的指標，這樣神就會看顧我們。

詩2篇

此詩描述神的君王、或神的兒子，即彌賽亞，故亦稱為**「彌賽亞之詩」（Messianic Psalm），指出在我們的人生之中，除了要以神的話語（律法）作為生活指標之外，我們還要敬畏神的兒子。**

詩2篇描述世上有權有勢的人都不喜歡父神，也不喜歡父神在地上的代表：受膏者——彌賽亞（詩2：2），但是，神已經在「錫安」（耶路撒冷）設立了祂的君王。受膏者表示，祂要傳講神對祂說的話（聖旨）：「耶和華曾對我說：你是我的兒子，我今日生你。」（詩2：7）耶和華神又將列國和所有的王權都賜給祂的兒子來掌管。

新約《聖經》多次引用詩2篇7節：「你是我的兒子，我今日生你」，證明耶穌的身分。當然，在古猶太人中，君王可以被稱為神的兒子，所以對於大衛王的子孫，耶和華神也稱他們為「我的子」（參：撒下7：14-15），好像中國古人也稱皇帝為「天子」（上天的兒子）。

但是，**當詩2篇提到「神的兒子」時，卻不是指屬世的君王。**舊約很多預言，指向近期內會應驗的事，**有些預言則要到新約《聖經》，彌賽亞耶穌基督來到之後，才能夠完完全全、豐豐富富地應驗。**

〈使徒行傳〉13章引用詩2篇，說：「神已經向我們這作兒女的應驗，叫耶穌復活了。正如詩篇第二篇上記著說：你是我的兒子，我今日生你。論到神叫他從死裏復活，不再歸於朽壞，就這樣說：我必將所應許大衛那聖潔、可靠的恩典賜給你們。」（徒13：33-34）

其實主耶穌本身就是神，祂一早就是神的兒子，為何神說：「我今日生你」呢？意思是：在耶穌基督的復活這件事上，顯明了祂就是神的兒子，正如〈羅馬書〉1章3至4節說：「論到他兒子——我主耶穌基督。按肉體說，是從大衛後裔生的；按聖善的靈說，因從死裏復活，以大能顯明是神的兒子。」

〈希伯來書〉1章，和第5章引用了詩2篇7節，〈希伯來書〉加了多一重意思：**當主耶穌成功從死裏復活，並升天之後，因為祂完成了大祭司的工作，遂有資格成為永遠的大祭司，**並要「坐在天上至大者寶座的右邊」（來8：1）。

若按照「字面解釋」（literal interpretation）彌賽亞詩篇是指一位地上的君王，他要成為神的代表，但是，彌賽亞詩篇中一些內容，如：「你求我，我就將列國賜你為基業，將地極賜你為田產。」（詩2：8）這一點在人間君王身上是無法完全應驗的，或者，其最豐富的意義是無法在人間君王身上成就，所以，必須等待一位最終、最完美的君王——彌賽亞來應驗,而主耶穌圓滿地應驗了神的話語。

〈詩篇〉的結語

〈詩篇〉最後五篇詩,146至150篇,每篇第1節,及150篇第6節都是:

「你們要讚美耶和華!」此句在希伯來文是"Hallelu Yah","Yah"是「耶和華」的縮寫,所以,「哈利路—亞」意譯便是:要讚美耶和華、讚美神。

這五篇詩一連串的「你們要讚美耶和華!」在〈詩篇〉結束之際營造出一個大高潮,好像貝多芬的交響樂,到了樂曲結束之時,所有樂器一起發聲,如巨浪拍岸,氣勢磅礴,震撼人心。如果是交響樂團演奏〈詩篇〉,至第146篇就開始聲音雄壯,樂聲愈來愈響亮,到了〈詩篇〉150篇,琴瑟鑼鼓齊鳴,響徹雲霄。

詩150篇一開頭就呼喚:「你們要讚美耶和華!」(詩150:1)

何處讚美神呢?

「在神的聖所讚美他!在他顯能力的穹蒼讚美他!」(詩150:1)

為何要讚美神呢?

「要因他大能的作為讚美他,按著他極美的大德讚美他!」(詩150:2)

這兩句是平行句,表示要因為神的作為,祂所做的事而作為神;同時,也要因神本身美好的屬性——極美的大德——而讚美神。

如何讚美神呢?

要用各種樂器讚美神:

「要用角聲讚美他,鼓瑟彈琴讚美他!
擊鼓跳舞讚美他!用絲弦的樂器和簫的聲音讚美他!
用大響的鈸讚美他!用高聲的鈸讚美他!」(詩150:3-5)

何人讚美神呢?

「凡有氣息的都要讚美耶和華!你們要讚美耶和華!」(詩150:6)

我們要集合所有人、在所有地方、用盡所有能力,讚美和歌頌神所是,和所作所為,祂的一切一切!這就是〈詩篇〉整卷的結束。

詩篇的類型（Form）

近代學者按文學形體分析，把〈詩篇〉分為不同形體，這不是絕對的分類方法，不同學者分類稍有不同。有些形體鑑別學者（Form critics）的前設並不正確，但他們的觀察有助我們多一點理解〈詩篇〉。

<table>
<tr><th></th><th colspan="2">類型</th><th>詩篇</th></tr>
<tr><td>1</td><td colspan="2">特別類型——彌賽亞之詩 Messianic psalms</td><td>22</td></tr>
<tr><td rowspan="3">2</td><td rowspan="3">節期詩
Festival songs</td><td>王室之詩
Royal psalms</td><td>2, 110</td></tr>
<tr><td>登基詩
Enthronement psalms</td><td>47, 95</td></tr>
<tr><td>錫安之詩
Songs of Zion</td><td>46</td></tr>
<tr><td>3</td><td colspan="2">讚美詩 Hymns of praise</td><td>8, 33, 100</td></tr>
<tr><td rowspan="2">4</td><td rowspan="2">感恩詩
Songs of thanksgiving</td><td>團體感恩詩
Community</td><td>107, 124</td></tr>
<tr><td>個人感恩詩
Individual</td><td>34, 116</td></tr>
<tr><td>5</td><td colspan="2">歷史詩 History psalms</td><td>78, 105</td></tr>
<tr><td>6</td><td colspan="2">懺悔詩 Penitential psalms</td><td>38, 51</td></tr>
<tr><td rowspan="2">7</td><td rowspan="2">哀歌
Community laments</td><td>團體哀歌
Community</td><td>12, 44</td></tr>
<tr><td>個人哀歌
Individual</td><td>3, 5, 7</td></tr>
<tr><td rowspan="3">8</td><td rowspan="3">信靠及默想詩
Songs of trust and meditation</td><td>信靠詩
Songs of trust</td><td>23</td></tr>
<tr><td>智慧詩
Wisdom psalms</td><td>37, 49</td></tr>
<tr><td>律法詩
Torah psalms</td><td>1, 119</td></tr>
</table>

彌賽亞之詩

彌賽亞之詩遙遙指向一位神的受膏者，將來他要徹底拯救以色列脫離一切敵人、罪惡和苦難。這些詩描寫祂的工作、遭遇、心情、與神關係等。

彌賽亞之詩通常具以下特徵：

1. 超過任何一個人所能完全經歷的，似乎指向一位與眾不同的人物；
2. 提及一位「受膏者」；
3. 新約對耶穌基督的獨特描述吻合這些詩篇的內容。

彌賽亞之詩約可分兩類：

1. 有關彌賽亞的王權（詩2, 18, 20, 21, 45, 61, 72, 89, 110, 118, 132）；
2. 有關彌賽亞的人生（詩8, 16, 22, 31, 35, 40, 41, 55, 69, 102, 109）。

解釋彌賽亞之詩須知：

1. 先按字義（面）解釋（literal interpretation，即按文體、文法、修辭技巧等解釋），及按詩人的歷史／社會／文化背景理解（例：詩16, 45）；
2. 有些詩篇內容無法從人的經驗解釋時，才以預言處理（例：詩72：5, 17）；
3. 有時詩人的經歷成為彌賽亞的預表（type，例：詩22；41：9）。

新約《聖經》引用得最多的彌賽亞之詩是詩22篇。此詩的副題是「大衛的詩」，所以，這篇詩可能是大衛的經歷，描述詩人大衛無辜地受到很大痛苦時的心聲。

詩22篇可以分為兩部分，前半部分1至21節，後半部分22至31節。從1至21節，是詩人大衛向耶和華神的呼求，耶和華神也應允了他的呼求；從22節開始，當神應允了詩人的呼求之後，詩人憑信心知道了他的勝利，就稱頌耶和華神：「我要將你的名傳與我的弟兄，在會中我要讚美你。」（詩22：22）「我在大會中讚美你的話是從你而來的；我要在敬畏耶和華的人面前還我的願。」（詩22：25）

因為耶和華神為詩人行大事，拯救他脫離了危險，所以，他要在大會中讚美神。詩22篇基本上是一首義人受苦的詩歌。我們發覺耶穌完全體驗了詩中所形容，義人受苦到了極點的痛苦：「祭司長和文士並長老也是這樣戲弄他，說：祂救了別人，不能救自己。……他倚靠神，神若喜悅他，現在可以救他；因為他曾說：『我是神的兒子。』」（太27：41-43）「他把自己交託耶和華，耶和華可以救他吧！耶和華既喜悅他，可以搭救他吧！」（詩22：8）

主耶穌被釘在十字架上，遭人嗤笑，痛苦到了絕頂。祭司長和文士認為：如果耶穌是敬畏神的，祂就不用釘十字架，因為十字架是羅馬人用來釘死罪犯的，而且，在舊約裏，凡掛在木頭上的，都是受神咒詛的。

雖然義人（世人）會經歷到詩22篇所描述的痛苦，但是，最終能夠最徹底體會人類痛苦的義人就是耶穌基督。

〈希伯來書〉2章引用〈詩篇〉，說：「所以，他（耶穌基督）稱他們為弟兄也不以為恥，說：我要將你的名傳與我的弟兄，在會中我要頌揚你。」（來2：11-12）

祂是徹底倚靠父神的義人，凡事聽從父神的旨意，祂完全無罪。當耶穌為背負我們的罪，被釘在十字架上時，祂被人嗤笑、誤會，以至祂好像被神離棄了，所以，惟有彌賽亞耶穌基督才能體會這種痛苦至最深程度。

耶穌（彌賽亞）被釘死在十字架上，**死了，三天後，耶穌從死裏復活。耶穌將神的名傳給祂的弟兄，即是祂的門徒，令門徒明白這位神如此偉大。**〈希伯來書〉合情合理的詮釋，令詩22篇為彌賽亞之詩的經典。

節期詩——王室之詩/錫安詩

神是創造主，是宇宙的主宰，故此，祂是王。祂是公義的王，祂施行審判（詩82）。祂在人的中間，祂的聖所在耶路撒冷，很多篇詩提到神的城是耶路撒冷（詩46），讚美耶路撒冷的美麗（詩122）。

「耶路撒冷」亦稱「錫安」（詩2：6）、「聖山」（詩2：6）、「聖殿」（詩5：7）、「耶和華的居所」（詩5：7），耶和華「居住」在那裏（詩9：11）。雖然耶和華的榮光充滿遍地（詩8：1），但人仍是轉向耶路撒冷求助（詩14：7「救恩從錫安而出」）。

故此，猶太人每年前去耶路撒冷參加節期（詩122：1），他們一到耶路撒冷便歡喜（詩122：2）；反之，在被擄之地不能到聖殿便憂愁（詩42：4）。約櫃更象徵神與人同在，約櫃進耶路撒冷表明神在以色列人中作王（詩24），全民為之雀躍興奮

（詩47）。

神治理大地，祂在人間的代表是大衛家，大衛王以公義治理國家，因此有些詩亦讚美這地上的王（詩45）。不過地上的王只是理想君王的預表，故此，我們看到最終、最圓滿的應驗是在彌賽亞身上，只有在彌賽亞的國度，才有完全的正義。

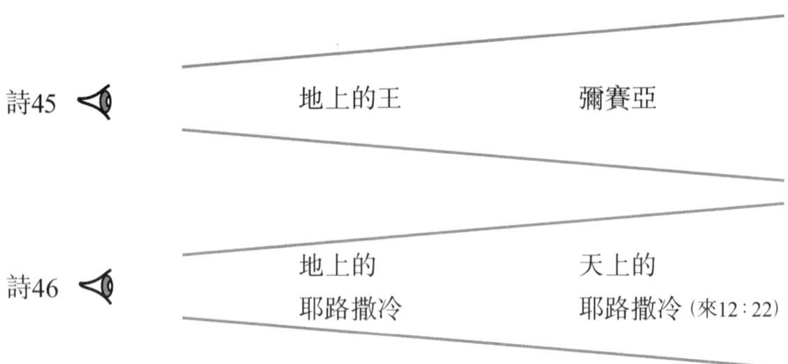

詩45篇描寫了一場王的婚禮。我們要怎樣理解這詩篇呢？首先，我們從字面解釋：詩45篇是形容一位地上的君王，他將成婚，這位君王滿有公義，按真理行事，很有榮耀，所以，詩人讚美他是一位很好的王：「我心裏湧出美辭；我論到我為王做的事，我的舌頭是快手筆。你比世人更美；在你嘴裏滿有恩惠；所以神賜福給你，直到永遠。」（詩45：1-2）

詩人形容這位君王大有榮耀：「為真理、謙卑、公義赫然坐車前往，無不得勝；你的右手必顯明可畏的事。」（詩45：4）

連神也很喜悅這位王：「你喜愛公義，恨惡罪惡；所以神——就是你的神——用喜樂油膏你，勝過膏你的同伴。」（詩45：7）

接著，詩人描述新娘（王后）穿著華衣美服，來到王的面前：「王女在宮裏極其榮華；她的衣服是用金線繡的。她要穿錦繡的衣服，被引到王前；隨從她的陪伴童女也要被帶到你面前。」（詩45：13-14）

之後詩人祝願新人開枝散葉，子孫滿堂：「你的子孫要接續你的列祖；你要立他們在全地作王。」（詩45：16）

從第一個層面字面意義理解詩45篇，這是一首王室婚禮之歌。不過，當我們深入閱讀時，就會發現當中一些內容，其最終、最豐富的應驗是沒有可能完全應驗在屬世的君王身上，例如：詩人說：「神啊，你的寶座是永永遠遠的；你的國權是正直的。」（詩45：6）

以色列的王是神在地上的代表，而這位王極為榮美，到了一個地步，差不多可以被稱為神。但是人始終是有限制的，寶座也不是永遠的，當詩人稱這位「地上的君王」為神，最終指向顯然不是地上的君王，而是彌賽亞耶穌基督。

〈希伯來書〉引用詩45篇，「論到子（耶穌）卻說：神啊，你的寶座是永永遠遠的；你的國權是正直的」（來1：8），證明耶穌基督不但是神的兒子，耶穌基督本身就是神！這位如此榮耀的君王，就是神的兒子耶穌基督，祂是不折不扣的神！

所以，**這些「王室之詩」是從地上的王展望這位屬靈的、天上的君王，就是彌賽亞耶穌基督，惟有耶穌基督的王權是直到永永遠遠的：**「我必叫你的名被萬代記念，所以萬民要永永遠遠稱謝你。」（詩45：17）

節期詩——登基詩

登基詩是王登基作王時所唱的詩。登基詩並不是一些「自由派」學者所說的異教慶典，這些詩歌說不定有節期的背景。以詩47篇為例：「神上升，有喊聲相送；耶和華上升，有角聲相送。」（詩47：5）

大衛將約櫃運進耶路撒冷時，他和以色列人舉行了一場典儀，這會不會是他們舉行的儀式呢？或者，會不會是以色列人「收藏節」所舉行的儀式？

讓我們詳細讀一讀詩24篇，此詩彷彿有好幾班人彼此對唱，教會崇拜時，不妨試一試全教會分組如此朗讀，肯定十分震撼！

（耶路撒冷城牆上萬頭攢動，眾人興奮地朝城外觀望。此為羣眾A組）

女聲（1人）：「誰能登耶和華的山？」

男聲（1人）：「誰能站在他的聖所？」

羣眾A組：「就是手潔心清，不向虛妄，起誓不懷詭詐的人。他必蒙耶和華賜福，又蒙救他的神使他成義。」

(利未人抬著約櫃,站在城門外。此為羣眾B組。)

羣眾B組:「眾城門哪,你們要抬起頭來!永久的門戶,你們要被舉起!那榮耀的王將要進來!」

羣眾A組:「榮耀的王是誰呢?」

羣眾B組,肯定地:「就是有力有能的耶和華,在戰場上有能的耶和華!」

羣眾B組,大聲呼籲:「眾城門哪,你們要抬起頭來!永久的門戶,你們要把頭抬起!那榮耀的王將要進來!」

羣眾A組:「榮耀的王是誰呢?」

羣眾B組,肯定地:「萬軍之耶和華,他是榮耀的王!」

讚美詩

詩8篇是一首「讚美詩」。

詩8篇5節「你叫他比天使微小一點,並賜他榮耀尊貴為冠冕。」這「他」所指是誰呢?按字義解釋,「他」當然是指人,神叫人比天使微小一點,可見神是很看重我們人類,雖然人沒有天使那樣聰明,但是,神將管理大地的權柄賦予了人。

〈希伯來書〉2章將詩8篇用在耶穌基督的身上,原本神派人管理大地,賜給人「榮耀尊貴」,但是,自從人犯罪之後,因為人的罪性,人不能達到詩8篇5節的榮美,人無法實現這件事。**第一個能夠活出〈詩篇〉8篇5節的人是誰呢?就是主耶穌,這個最完美的人就是主耶穌,**祂是第一個「比天使微小一點,並賜他榮耀尊貴為冠冕」的人。這位充滿榮耀尊貴的耶穌基督為我們成就了救恩,所以,耶穌基督能夠帶領我們這些「弟弟妹妹」(耶穌是「長兄」,我們是「弟妹」)進入榮耀裏,令我們也能夠經歷詩8篇的榮美。

〈希伯來書〉這樣解釋:「惟獨見那成為比天使小一點的耶穌(或譯:惟獨見耶穌暫時比天使小);因為受死的苦,就得了尊貴榮耀為冠冕,叫他因著神的恩,為人人嘗了死味。原來那為萬物所屬、為萬物所本的,要領許多的兒子進榮耀裏去,使救他們的元帥,因受苦難得以完全,本是合宜的。」(來2:9-10)

詩8篇含不同層面，首先描述人，原本神創造人是希望賜給人榮耀尊貴，但是，如果我們靠自己，是無法回復這種榮美，惟有第一個最完美的人耶穌基督才能做到，讓我們也能夠經歷到詩8篇所形容的榮美。

感恩詩

當耶路撒冷有聖會時，百姓帶來他們的禱告與呼求，他們重溫歷史，如出埃及，記念創造主同時是他們的救贖主。有些詩人蒙神解救後，想要在會中說出來，因此，個人讚美與團體讚美是分不開的（詩34：11-22；22：22, 25）。例如：詩34篇便是一首個人感恩詩：「你們要嘗嘗主恩的滋味，便知道他是美善；投靠他的人有福了！」（詩34：8）

詩107篇則是團體感恩詩，描述在不同的情況中，神怎樣拯救困苦的人：

1. 「他們在曠野荒地漂流，尋不見可住的城邑，又飢又渴，心裏發昏。於是，他們在苦難中哀求耶和華；他從他們的禍患中搭救他們，又領他們行走直路，使他們往可居住的城邑。」（詩107：4-7）
2. 「那些坐在黑暗中、死蔭裏的人被困苦和鐵鍊捆鎖，是因他們違背神的話語，藐視至高者的旨意。所以，他用勞苦治服他們的心；他們仆倒，無人扶助。於是，他們在苦難中哀求耶和華；他從他們的禍患中拯救他們。他從黑暗中和死蔭裏領他們出來，折斷他們的綁索。」（詩107：10-14）
3. 「愚妄人因自己的過犯和自己的罪孽便受苦楚。……於是，他們在苦難中哀求耶和華；他從他們的禍患中拯救他們。」（詩107：17, 19）
4. 「在海上坐船，在大水中經理事務的，他們看見耶和華的作為，並他在深水中的奇事。因他一吩咐，狂風就起來，海中的波浪也揚起。他們上到天空，下到海底；他們的心因患難便消化。他們搖搖晃晃，東倒西歪，好像醉酒的人；他們的智慧無法可施。於是，他們在苦難中哀求耶和華，他從他們的禍患中領出他們來。他使狂風止息，波浪就平靜。」（詩107：23-29）
5. 「他卻將窮乏人安置在高處，脫離苦難，使他的家屬多如羊羣。正直人看見

就歡喜;罪孽之輩必塞口無言。凡有智慧的,必在這些事上留心,也必思想耶和華的慈愛。」(詩107:41-43)

歷史詩

歷史詩講述神在歷史中的作為,詩105篇便全詩講述神在以色列人歷史中的作為。歷史詩非單純敘述以色列人的歷史,**歷史詩是一種詮釋,說明歷史的每一步都有神的參與和計劃:**約瑟被賣到埃及做奴隸,是神一早從雅各家「先打發一個人去」,是神的計劃一部分,為的是要在大饑荒中拯救雅各一家,從而保存以色列民族。

詩106篇呼應105篇,也是講述以色列人的歷史,不過是從人叛逆的角度去看,述敘以色列人的犯罪,大失敗。

神與我們有雙重關係:1. 創造;2. 救贖。神是我們的創造主,也是我們的救贖主,我們是「雙重」屬於神的。所以,除了講述神在人類歷史中的作為之外,歷史詩也回顧,描述〈創世記〉所記神的創造。讓我們讀一讀詩104篇:「披上亮光,如披外袍。」(詩104:2)

詩人用詩意的手法演繹〈創世記〉1章:神創造了光。「你用深水遮蓋地面,猶如衣裳;諸水高過山嶺。你的斥責一發,水便奔逃;你的雷聲一發,水便奔流。諸山升上,諸谷沉下,歸你為它所安定之地。」(詩104:6-8)

作者描寫神創造山和水,諸山和土地都是從水而出。「他使草生長,給六畜吃,使菜蔬發長,供給人用,使人從地裏能得食物,又得酒能悅人心,得油能潤人面,得糧能養人心。」(詩104:14-15)

〈詩篇〉不只描述神的創造,還說明在創造之中,有神細膩的愛。

懺悔詩

詩51篇是著名的「懺悔詩」。神透過先知拿單指責大衛與拔示巴發生性關係,犯了殺人和姦淫的罪,大衛就真誠悔改,然後,他寫了這首詩。

大衛對神說:「因為,我知道我的過犯;我的罪常在我面前。我向你犯罪,惟獨

得罪了你。」(詩51：3-4)

我們犯罪之後，當然要向我們所傷害的人認錯、道歉，甚至賠償，但是，〈詩篇〉告訴我們，**當我們犯罪，我們同時，也是最主要，得罪了神，因為我們違背了神的律法，令神的名受到羞辱，所以，我們一定要向神認罪、悔改，求神饒恕。**

哀歌

「哀歌」是古西亞地區流行的一種詩歌體裁，亦譯為「輓歌」。「哀歌」與中國古典文學楚辭的「招魂」最為相似。希伯來文學的「哀歌」最大不同之處是：那怕在極為極為絕望的景況中，如〈耶利米哀歌〉，也會有一線曙光：耶和華必拯救。

「懺悔詩」是作者本人對他人造成重大傷害，因而對神和對受傷害者表達深沉的認罪和悔改；「哀歌」則是作者受到他人造成的重大傷害，因而發出如怨如訴的哀嘆，並轉向神尋求申冤，求神主持公義(「咒詛詩」)。

那些尋求神的人自稱是「困苦人」(the poor，如：詩34：6)，這不是指社會的一個階層，也不是一黨人，乃是指那些需要幫助的人，他們稱自己是「義人」(如詩：34：15, 17, 19)，這不是指他們完全沒有罪，乃是指他們是信靠神的人(比較：亞伯拉罕；詩41：12「你因我純正」；詩7：8「求你按我的公義和我心中的純正，判斷我。」)故此，「義人」與「惡人」的分別是在於他們對神的態度。

困苦人帶什麼問題到神面前？疾病(詩6：2)、受人欺壓(詩17)、罪孽(詩32, 51)，這些都是互有連繫的，例如，看見詩人生病，敵人就起來控告說，他犯了罪！所以，他們的祈求和神有密切關係，他們求神醫治，証明他們無辜，証明他們投靠神不是傻事：「不要讓我羞愧」！他們經歷了神的拯救，因而充滿感謝讚美。

哀歌可分為個人哀歌，和團體哀歌。個人的哀求與團體的哀求息息相關，如詩123篇，當其時可能有人站起來作代表，如今天的見証會，詩116篇可能是節期的筵席上讀的。

詩13篇是個人的申訴：

「耶和華啊，你忘記我要到幾時呢？要到永遠嗎？你掩面不顧我要到幾時呢？我

心裏籌算，終日愁苦，要到幾時呢？我的仇敵升高壓制我，要到幾時呢？」(詩13:1-2)

詩44篇則是團體的申訴，可能以色列軍隊在戰場上失利，他們就求告神，問神為什麼他們會戰敗？同時，詩人也回想神曾經使他們戰勝，接著寫了詩44篇。

「神啊，你是我的王；求你出令使雅各（以色列）得勝。我們靠你要推倒我們的敵人，靠你的名要踐踏那起來攻擊我們的人。」(詩44:4-5)

「但如今你丟棄了我們，使我們受辱，不和我們的軍兵同去。你使我們向敵人轉身退後；那恨我們的人任意搶奪。」(詩44:9-10)

神鼓勵我們這樣向祂說話、祈禱，如果我們是帶著敬畏神的心，不妨將內心的掙扎帶到神那裏，向神傾訴，問神這些困苦要到幾時呢？例如：我們可以問：「為什麼我病了很久都未康復？」、「為什麼這個困難很久都未能解決？」、「為何人際關係會如此困難？」、「為何我的家人到現在仍未相信耶穌？」神絕對歡喜我們坦誠地向祂傾訴。

咒詛詩

咒詛詩是詩人受到重大傷害，向神發出懇求，求神主持公義，審判，懲罰敵人。(詩7, 35, 58, 59, 69, 83, 109, 137, 139)

以詩69篇為例，詩人大衛自認為是一個義人，他落在極大痛苦中，他的咒詛言詞鋒利，不留餘地，他求神懲罰那些逼害他的惡人，令他們絕子絕孫，全部死淨光，他們的房屋、帳棚再沒有人居住：「求你將你的惱恨倒在他們身上，叫你的烈怒追上他們。願他們的住處變為荒場；願他們的帳棚無人居住。」(詩69:24-25)

第28節是最重的咒詛，詩人希望敵人永遠落地獄、永遠沉淪，永世不得翻身：「願他們從生命冊上被塗抹，不得記錄在義人之中。」(詩69:28)

我們會驚叫，嘩！詩人竟然說出這樣狠的咒詛，太過份了！竟然叫別人永遠落地獄！

「咒詛詩」是〈詩篇〉中的難題，不同學者對這些咒詛詩有下述不同解釋：

1. 「這些是大衛的敵人説的話」。但這個説法是錯誤的，這篇詩的確是大衛寫的；
2. 「這是大衛説的話，但不是神所默示部分」。不過，我們相信「聖經都是神所默示的。」（提後3：16），全本《聖經》都是神所默示的；
3. 「舊約啟示比新約啟示層次較低，即舊約倫理標準較低，舊約強調律法和審判，新約強調恩典和救贖。」這個説法是錯的，舊約和新約是前後一致的；
4. 「咒詛詩中的敵人指魔鬼，不是人」。這個説法也錯，確實有人逼迫大衛；
5. 「這些是誇張地説話」，這些咒詛並不是真的，只是誇張地説話；
6. 「這些是真誠的咒詛」。我同意這説法，這些「咒詛詩」是「真誠的咒詛」。

但是，這樣豈不是很可怕嗎？難道這些詩篇「教導」我們去咒詛仇敵？〈詩篇〉之中最令人難以接受的部分，就是這些「真誠的咒詛」。為什麼這些咒詛詩也能夠成為神默示的一部分？也能夠納入《聖經》正典呢？

依我之見，「咒詛詩」有幾方面重要教訓：

1. **伸冤者永遠是神，不是人；人只是訴冤者。**我們發現在這些咒詛詩中，詩人永遠是向神訴説，詩人呼求「神啊」、「耶和華啊」，詩人祈求耶和華為他們伸冤，懲罰惡人，詩人將審判惡人，和伸冤的權柄交在耶和華神手中，而不是自己去審判，報仇伸冤；
2. **懲罰的目的是為了彰顯神的公義，而不是圖個人一時之快。**詩人咒詛那些作惡的人，求耶和華神懲罰惡人的原因是：惡人顛倒是非，抹殺公義，他們犯罪、持強凌弱，逼害義人，所以，詩人祈求耶和華神懲奸罰惡，彰顯公義；
3. **這些咒詛的呼求是基於敵人的罪惡，而不是基於個人恩怨。**例如：詩137篇，詩人叫人把巴比倫的嬰孩摔在石頭上，這是因為巴比倫人是這樣行惡，這樣對待被征服的國家，手段血腥殘暴，目無耶和華真神，詩人希望神追討巴比倫的罪惡，懲罰他們，讓巴比倫嚐到他們灌到他人喉嚨裏的苦杯；（參：賽13：16；鴻3：10）

4. **神重視我們的情緒。**神要我們嫉惡如仇，要有公義心和正義感，如果我們看見不公義的事情，而不感到憤怒，無動於衷，反而是不正常的，不是神所喜悅的；

 例如：2010年8月，在菲律賓發生的挾持人質事件，我們會感到很憤怒，由於菲律賓政府的無能、營救人質時的拙劣手法，導致原本可以生還的香港人質八人無辜死亡。

 又如：當我們看新聞知道有人犯了很可怕的罪：殺了人之後還要吃人肉；還有，近日埃及的騷亂中，有些暴徒乘機搶掠；或者，日本侵華一手造成的南京大屠殺和慰安婦；六·四天安門事件；赤柬的殺戮戰場，等等；我們會覺得很憤怒。

 我們要怎樣處理憤怒的情緒呢？神說：「你可以對我傾訴，你可以將這些憤怒對我說。」

 一些咒詛詩的作者是大衛，我們看看大衛的實際生活如何？掃羅是大衛其中一個仇敵，他害怕大衛威脅自己的王位，就不斷追殺大衛。**雖然大衛向掃羅發出咒詛，但是，在實際的生活中，他並沒有出手報復，**例如：掃羅曾經兩次落入大衛的手中，但是大衛沒有殺死掃羅，兩次都放過了掃羅（參：撒上24章），大衛並沒有以惡報惡。

 當我們向神傾訴之後，就要像大衛那樣，**將審判的權柄交託給神，我們自己卻絕對要以善勝惡，以和平手法爭取公義的伸張。**

5. **咒詛詩表明了神的屬性，就是神是極其恨惡罪惡的。**正如耶和華神自己說的，祂「萬不以有罪為無罪，必追討的罪，自父及子，直到三四代。」（出34：7）神是公義的神，正因如此，耶穌必須接受神的審判，才能代人付上罪的贖價。今天雖然我們要愛罪人，要向他們傳福音，不過，我們也要恨惡罪惡。我們愛罪人，但恨惡罪惡的程度如何？

信靠默想詩——智慧詩

「智慧詩」指示我們如何理解人生，面對人生。

詩73篇是典型的智慧詩。詩人講述自己不明白，難以理解人生很多事情，他感到「心懷不平」，看不過那些惡人壞事做盡，卻可以「善終」，沒有受苦。詩人認為自己敬畏神，卻經常被神管教，要受苦。

15節是全詩核心，詩人痛苦掙扎：「我若說，我要這樣講，這就是以奸詐待你的眾子。我思索怎能明白這事，眼看實係為難。」（詩73：15-16）

詩人十分困惑，不明白為什麼惡人可以享平安，義人反而要受苦。但是，當詩人「進了神的聖所，思想他們的結局」（詩73：17），他就明白了，現在惡人雖然好像很舒服，很風光，其實神「實在把他們安在滑地，使他們掉在沉淪之中。他們轉眼之間成了何等的荒涼！他們被驚恐滅盡了。」（詩73：18-19）

惡人如夢，人睡醒之後，夢便消失無蹤。於是，詩人明白，他要把目光看得更遠，現在惡人雖然暫時享福，但是他們要面對神將來的審判，面對永遠的沉淪。

詩人繼而想到自己為何這樣愚昧，只看到眼前的景況？現在他明白要看得更遠，要看到在神面前的全圖。

於是，詩人對耶和華神說：「我親近神是與我有益；我以主耶和華為我的避難所，好叫我述說你一切的作為。」（詩73：28）。

總結

〈詩篇〉讓我們看見**人生存最大的目的和喜樂是感謝讚美神，**只有神配得我們讚美，詩人很少純為物質而感謝神，他們往往因神的作為（律法、拯救、審判等），和神的屬性（公義、慈愛、信實等）而讚美祂。這讚美不單是個人的讚美，也是所有屬神的人合起來的讚美。讚美不單是一種情感，亦包括了意志：「我要天天歌頌你」！

祈禱

天父，你是一位奇妙的宇宙主宰，即使我們窮一生時間都無法完全認識你的奇妙。感謝你賜給我們〈詩篇〉這樣寶貴的話語。我們願意享受〈詩篇〉，讓〈詩篇〉提升我們對你的敬拜，擴闊我們對你的感情，擴闊我們與你的相交。你透過〈詩篇〉鼓勵我們向你坦白説話，求你幫助我們赤露敞開心思意念，與你素面相對，不在你的面前有所隱藏，以致你能觸動我們的心靈，幫助我們消化種種的際遇和感受，每一天更緊密地與你同行！

奉主耶穌基督的名，阿們。

生活應用

1. 〈詩篇〉描述各種不同的宗教情感：愛神、向神發怒、倚靠神、埋怨神等。它描繪人類的掙扎，十分寫實，神看詩人的真情流露為十分寶貴。你在神面前能否如此坦白？鼓勵你嘗試創作一首詩，表達你目前對神的情感。
2. 讚美感謝神是人生存的目的，有其個人層面及羣體層面。你認為有什麼具體行動可以讓「敬拜讚美」成為你個人及教會生活的核心？

第十四課（二）

雅歌

〈雅歌〉是一卷抒情詩集，描寫愛情之種種體會和經驗，原文題目是「歌中之歌」（“Song of Songs”），即最偉大、最美麗的詩歌之意。作者不詳，〈雅歌〉1章1節可指所羅門所寫的歌，或有關所羅門的歌。成書日期為主前十世紀末左右。

主題／大綱

因為愛情如死之堅強，嫉恨如陰間之殘忍；

所發的電光是火焰的電光，是耶和華的烈焰。

〈雅歌〉描寫男女之間貞潔之愛的美麗及其成長。這愛是崇高的，不只是性愛，更是男女雙方完全的接納，欣賞和愛慕。這種愛就像神與祂子民之間的愛情。

〈雅歌〉全卷書都沒有出現「神的律法」、「神的約」、「神的國」或「敬畏神」這些字眼，只有8章6節才出現了神的名字，表示愛情是神所賜的，愛情「所發的電光」就像神的烈焰那樣強烈。

A	戀愛（1：1-3：5）	第一幕：相戀（1：1-2：7）	愛情之戀慕
		第二幕：尋求（2：8-3：5）	愛情之呼喚
B	婚禮（3：6-5：1）	第三幕：成婚（3：6-5：1）	愛情之結合
C	婚姻（5：2-8：14）	第四幕：暫別（5：2-6：3）	愛情之考驗
		第五幕：吸引（6：4-8：4）	愛情之鞏固
		第六幕：重聚（8：5-14）	愛情之力量

〈雅歌〉的解釋方法

〈雅歌〉的內容是講述男女的相愛、婚姻之愛。為什麼講述男女之間相戀、愛慕的詩歌，書中又沒有提到神（除歌8:6外）、神的國、神的信實等，卻能夠列入《聖經》正典呢？為此，歷來出現過不同方法解釋〈雅歌〉。

1. 寓意解釋法（Allegorical interpretation）

寓意法認為，作者用明顯的象徵來暗示更深或隱藏的意義。例如：「你（女子）的唇好像一條朱紅線。」（歌4:3）

有人認為「朱紅線」代表耶穌在十字架上流血，因此，這句代表主耶穌。「願他用口與我親嘴；因你的愛情比酒更美。」（歌1:2）

第四世紀的教父亞他尼修（Athanatius）認為：這並非真的指男女之間的接吻，乃是古代以色列人對成為肉身之「道」的尋求，以色列人願「道」與他「親嘴」。

以我之見，我們不需要、也沒有必要用寓意法，或靈意法來解釋〈雅歌〉。

2. 戲劇解釋法（Dramatical interpretation）

有些跡象似乎顯示〈雅歌〉是戲劇，如「耶路撒冷的眾女子啊」（歌2:7；3:5；8:4）好像是合唱團的咏唱。在古希臘的戲劇中，合唱團通常用來表達作者的看法。但若是戲劇，有很多問題要解決，如：書中究竟有多少個主角：兩個抑或三個？

3. 神話解釋法（Mythological interpretation）

這是從上世紀三十年代起，在部分學者中流行的解釋法。如Marvin Pope（Anchor Bible）認為雅歌是巴比倫神明塔模斯（Tammuz，參：結8:14）神話解構後的產品。「神話解釋法」是錯誤和荒謬的，所以，我不接受。

4. 字面解釋法，或字義解釋法（Literal interpretation）

按字義解釋〈雅歌〉，見山是山，見水是水，由是，〈雅歌〉是歌頌人間男女間貞潔之愛的詩歌。這情歌（或情歌集）之所以放在正典中，沒有什麼不妥，因為神設立婚姻本是美好的，只是人類墮落後把性關係扭曲了，而〈雅歌〉就是把男女貞潔之愛放回正確的位置，說明男女貞潔之愛是美好的，而不是羞恥的事，故

〈雅歌〉是歌頌男女之愛的真實故事。

5. 預表解釋法（Typological interpretation）

這是類似寓意法的解釋方法，最大的分別是寓意法是非歷史性的，而預表法則是歷史性的。寓意法認為〈雅歌〉是虛構的故事，而預表法則認為〈雅歌〉所記載的是一件歷史事實。寓意法認為〈雅歌〉的真正意思有別於字面的意思，而**預表法則認為除字面之外〈雅歌〉有預表意思。**例如：馬丁路德及F. Delitzsch等，認為〈雅歌〉預表了基督與教會之愛。

以我之見，字義解釋法和預表解釋法二者可以結合使用。首先，按字義解釋法，**〈雅歌〉是歌頌神所設立的一男一女愛情，歌頌建立在婚姻基礎上的愛情，讓我們知道婚姻本是美好的。**同時，在舊約和新約裏，夫妻之間的愛也常用來做比喻：舊約《聖經》將神與子民之間的關係，喻為丈夫與妻子的關係；新約《聖經》則將基督與教會的關係，也喻為丈夫與妻子的關係。由此觀之，〈雅歌〉也有預表式的意義，這是預表解釋法。字義解釋法和預表解釋法可以結合起來理解〈雅歌〉。

現代應用

在現今社會裏，〈雅歌〉除了讓我們了解婚姻之愛是美好之外，能否給這一代青年人帶來正面信息呢？我想用第4章12節來說明〈雅歌〉的現代應用。

「我妹子，我新婦，乃是關鎖的園，禁閉的井，封閉的泉源。」（歌4：12）

〈雅歌〉運用了很多形象語言來表達男女之愛。在第4章12節，作者用（花）「園」來形容「佳偶」（新娘），邀請良人（新郎）進入「園」中享受。良人形容「新婦」是「關鎖的園」，表示他欣賞新娘的貞潔，新娘是花園，但不是隨便讓人闖入的花園，她是婚後才讓良人享受，才讓良人進入他的「園」，所以，新娘是「關鎖的園，禁閉的井，封閉的泉源」。佳偶會持守自己的貞潔，她不會在婚前發生性關係。

一次，一家教會邀請我向一羣初中生以「貞潔」為題講道。我就引用了這段經文跟他們講論這個問題。講道完畢之後，學生寫紙條向我提問。

一個學生問：「我已經犯了這些問題了，我不知道原來神賜給我如此美好的禮物、祕密（貞潔），原來我可以是一個『關鎖的園，禁閉的井』，我是可以"say no"（說不）的，但是，現在我已經在性關係方面失守了，怎麼辦？」

我回答，說：「神是信實的，如果我們肯承認自己的罪，神會赦免我們的罪，我們可以重新開始。」

我相信〈雅歌〉這卷古老的情歌集，對我們生活在二十一世紀的人仍然有用，其中的信息歷久彌新，幫助我們每一個人，無論是已婚的，或未婚的青年人，去認識「什麼是愛？」我相信〈雅歌〉有很多值得我們思想的信息。

祈禱

親愛的主，你賜給我們人間的愛、夫妻的愛，這都是貞潔、美麗的愛。在現今這個戀愛、性愛被扭曲，誤解的社會，求主幫助我們這一代，和下一代活出愛的真義，讓《聖經》裏如此寶貴的信息，成為時代的鏗鏘之聲。求你恩待現今很多在戀愛當中迷失的青少年人，知道他們人生的方向要怎樣行。我們為你寶貴的教導獻上衷心的感恩！奉主耶穌基督的名，阿們。

生活應用

〈雅歌〉所傳遞的是怎樣的性愛觀念？若你已婚，你享受和配偶閨房之樂嗎？若你未婚，你如何保守自己純潔？若取材作為中學生的「性教育」課程，可以如何表達？

第十五課（一）

箴言

有些人認為《聖經》主要是一部救恩史，記載神創造萬物和人類、人怎樣犯罪和墮落，神怎樣拯救人、最終我們會返回天家、享受新天新地。

若是這樣理解《聖經》，那麼，智慧書在《聖經》中就沒有位置了，智慧書沒有講述神怎樣救贖人類，也沒有講述耶穌基督成就救恩。

可是，為何智慧書能夠納入《聖經》？究竟在正典中智慧書佔據怎樣位置呢？

以我之見，智慧書和講述救恩史的書卷是一個很好的配搭，二類書卷都是講述創造之後所發生的問題。

有關救贖或救贖史的書卷記載神怎樣與人立約，帶領以色列人出埃及、進入迦南地；以色列人亡國七十年後，神帶領他們從巴比倫回歸故土；到了新約《聖經》時代，耶穌基督降生拯救人類。

智慧書則從另一個角度去理解人生，可分為樂觀和悲觀兩類，從正反兩面揣摩神的創造秩序。大自然是很有秩序的，舉首觀看宇宙，星體井然有序，它們懸掛於虛空之中，各按軌道運行，而不會互相碰撞。**人世間也有秩序，有道德律的存在，**冥冥之中有一些道理、法則存在，只要我們跟著做就沒有問題，如：勤力可以致富；懶惰就會敗家；又如「善有善報，惡有惡報」。〈箴言〉屬於樂觀的智慧書，肯定人世間有神所創造的秩序，**從積極、正向的角度探討人生。**智慧就是我們怎樣理解人生，懂得面對人生的順境逆境，好好過日子。

敬畏耶和華就是智慧的開端

「以色列王大衛兒子所羅門的箴言：要使人曉得智慧和訓誨，分辨通達的言語，使人處事領受智慧、仁義、公平、正直的訓誨，使愚人靈明，使少年人有知識和謀略，使智慧人聽見，增長學問，使聰明人得著智謀，使人明白箴言和譬喻，懂得智慧人的言詞和謎語。敬畏耶和華是知識的開端；愚妄人藐視智慧和訓誨。」(箴1：1-7)

在〈箴言〉中，我們常會看到「我兒、我兒」的稱呼，表示作者是年紀較長、富有人生閱歷的人，教導年幼的怎樣做人。**〈箴言〉教導我們怎樣過智慧的生活，**教導我們要敬畏耶和華，要有智慧過我們的人生。敬畏耶和華=認識至聖者(箴9：10)。「敬畏耶和華」就是按著耶和華的律法生活，是實踐性的。故此，真正認識神不僅僅是頭腦的認識而已，更是一個人牢記神的律法，腳踏實地，遵行神的律法過日子，懂得怎樣待人接物，怎樣在世上過成功、通達的人生，這樣的人才能夠說「我認識神」。

有時我們讀〈箴言〉，尤其中間部分，會認為聖經箴言與世俗箴言(不是基督教的箴言)沒有很大分別。舉一個例子：「多言多語難免有過；禁止嘴唇是有智慧。」(箴10：19)，意思是說，如果我們說話太多，就容易失言、犯錯。此句與中文成語「言多必失」甚相似。又如：「禍患追趕罪人；義人必得善報。」(箴13：21)也與我們的「善有善報、惡有惡報，若是未報，時候未到」差不多。

這樣，《聖經》的箴言與中國人或其他世俗的文化智慧有什麼分別呢？當我們閱讀《聖經》的箴言時，我們不應只看中間這些獨立的格言，乃必須看整卷〈箴言〉，尤其是從序言和結語辨出〈箴言〉的主題。

〈箴言〉是以敬畏耶和華作出發點，真智慧與耶和華緊密相連，例如：〈箴言〉8章22至31節論真智慧在創造以先已有。(注意，這裏不是談論基督，只是把智慧擬人化)。〈箴言〉表示，如果一個人離開神，不行神的路，就是一個蠢人。

首九章是整卷〈箴言〉的引言，而1章7節「敬畏耶和華是知識的開端」則是這長篇引言的靈魂。作者將「智慧」與「愚妄」(或愚蒙，智慧的反義詞)人格化為兩位女子，一位是良善的女子，代表智慧，另一位是淫婦，代表愚蠢、愚妄、愚昧。〈箴言〉最後以頌讚一個敬畏耶和華的才德女子作結束。

序言：智慧在呼喊

「我兒，惡人若引誘你，你不可隨從。他們若說：你與我們同去，我們要埋伏流人之血，要蹲伏害無罪之人；……我們必得各樣寶物，將所擄來的，裝滿房屋；……我兒，不要與他們同行一道，禁止你腳走他們的路。」(箴1:10-11, 13, 15)

在我們人生之中，特別一位年輕人初初踏入社會時，最容易犯罪的是哪兩大問題呢？〈箴言〉1章10至19節告訴我們，**年輕人最容易因為錢財而作惡，**第一關是金錢的引誘，因追求金錢甚至作惡、犯罪，所以，作者勸年輕人「不要與他們同行一道」。

從〈箴言〉1章20節開始，作者用擬人法描寫智慧：「智慧在街市上呼喊，在寬闊處發聲，在熱鬧街頭喊叫，在城門口，在城中發出言語，說：你們愚昧人喜愛愚昧，褻慢人喜歡褻慢，愚頑人恨惡知識，要到幾時呢？你們當因我的責備回轉。」(箴1:20-23)

作者用了整整第1章，提醒我們：不要因為貪財而犯罪、失敗。

嘉許智慧

第2章，作者提醒我們：遠離色情，混亂的男女關係，潔身自愛。

「智慧要救你脫離淫婦，就是那油嘴滑舌的外女。她離棄幼年的配偶，忘了神的盟約。……凡到她那裏去的，不得轉回，也得不著生命的路。」(箴2:16-17, 19)

由此可見，**年輕人最大的兩個試探，就是錢財的誘惑和情慾的試探，**所以：

「你要專心仰賴耶和華，不可倚靠自己的聰明。」(箴3:5)

「得智慧，得聰明的，這人便為有福。」(箴3:13)

接下來的第3章至4章，作者講述如果我們得到智慧，就會受益匪淺。

警告愚妄

第5章，作者警告我們，如果我們跟隨淫婦，就會面臨嚴重後果：「她的口比油更滑，至終卻苦似茵蔯，快如兩刃的刀。她的腳下入死地；她腳步踏住陰間。」（箴5：3-5）

作者又提醒我們：「你要喝自己池中的水，飲自己井裏的活水。」（箴5：15）意思是：如果你已經有妻子，就不要貪戀其他女人，你必須滿足於自己的妻子。

「惟獨歸你一人，不可與外人同用。要使你的泉源蒙福；要喜悅你幼年所娶的妻。」（箴5：17-18）

你只可以將你的愛情放在一個人，就是你的妻子身上，這就是智慧。這句箴言一語相關：一方面，勸男人不要淫亂，搞婚外情；另一方面，作者將智慧喻為一個好女子，你要得到她，以她為滿足。

〈箴言〉再三強調，除了自己的妻子之外，想也不想其他女人。

智慧在呼喊

「在耶和華造化的起頭，在太初創造萬物之先，就有了我（智慧）。從亙古，從太初，未有世界以前，我已被立。」（箴8：22-23）

第8章指出，智慧與神形影不離，智慧就是神的屬性。由是，作者再次呼籲年輕人選擇智慧。

我們可以說，由第1章至9章都是教導我們要敬畏神，而敬畏神就是真智慧的起源。

結語：「賢婦頌」

〈箴言〉以一篇詩歌「賢婦頌」作結束，這位賢德女子同時也象徵了智慧。〈箴言〉31章10節一開始就讚嘆：「才德的婦人誰能得著呢？她的價值遠勝過珍

珠。」(箴31:10)

這位賢婦十分勤奮，甚有領導能力：「她尋找羊羢和麻，甘心用手做工。她好像商船從遠方運糧來，未到黎明她就起來，把食物分給家中的人，將當做的工分派婢女。」(箴31:13-15)

她也很有計劃，能夠為家人好好籌算，不過，她並不是守財奴，相反：「她張手賙濟困苦人，伸手幫補窮乏之人。」(箴31:20)

她方方面面都顯示出卓越不凡的風範，家人都以她為榮：「她觀察家務，並不吃閒飯。她的兒女起來稱她有福；她的丈夫也稱讚她。」(箴31:27-28)

最後：「才德的女子很多，惟獨你超過一切。艷麗是虛假的，美容是虛浮的；惟敬畏耶和華的婦女必得稱讚。願她享受操作所得的；願她的工作在城門口榮耀她。」(箴31:29-31)

〈箴言〉首尾呼應，其引言和結語都是一位有智慧、賢德的婦人，作者藉此指出，我們每個人都要追求和得到賢德的女子，即追求和得到智慧；不要受淫婦影響，即不要跟隨愚妄。當我們閱讀的引言和結語之間的格言時，都當從這個方向去分析。

〈箴言〉的幾個釋經難題

1. 究竟〈箴言〉的句子(sentence-sayings)是一節節獨立，抑或是連貫、有關係的？這要視乎上下文，有些格言是獨立的，有些是與下文有關係的，要從上文下理去考慮各句格言。
2. 有些格言看似相互矛盾，我們應如何處理？

   例如：「不要照愚昧人的愚妄話回答他，恐怕你與他一樣。要照愚昧人的愚妄話回答他，免得他自以為有智慧。」(箴26:4-5)

   第4節叫我們不要學愚昧人說話，第5節卻叫我們像愚昧人那樣說話！實在叫人摸不著頭腦，究竟是什麼意思呢？

   我們要謹記〈箴言〉的性質：「〈箴言書〉沒有給我們一系列永恆的真理，而是一連串在合適的時候可以應用的原則。」(Tremper Longman) 有些箴言並不是絕對真理,不是在所有情況都可以應用。

〈箴言〉26章4至5節,是叫我們要有智慧分辨如何說話才是合宜的:愚昧人開口就得罪人,或是一天到晚怨天尤人,我們就不要與他們一般見識,學他們這樣說話,這是第4節的教導;也有些時候,有些人說話甚愚昧,我們就要很有智慧地按照這人說話的方式說話,讓對方聽到之後,明白自己這樣說話十分愚蠢,這是第5節的教導。

有一則外交軼事可以用來說明第5節。蔣廷黻任中華民國駐聯合國大使時,一次,蘇俄大使痛罵他是吸血鬼,殭屍等等。蔣廷黻等對方罵完,才從容地說:「我也可以用相同的字眼來回罵,不過,如果我這樣說話,國人將會驚奇,為何廷黻到了聯合國就變成了野蠻人。」從此以後,蘇俄大使再也不敢罵他。

另外,「矛盾」一詞背後的小故事也甚有趣:從前,有一個人賣矛又賣盾。這人舉起矛,說:「我的矛極其銳利,能夠刺透任何盾!」又舉起盾,說:「我的盾極其堅固,能夠抵擋任何矛!」有一個人問這人,說:「如果用你的矛刺你的盾會怎麼樣呢?」

蔣廷黻的答話是按照對方說話的方式說話,讓對方聽到之後,明白自己這樣說話其實是很愚蠢的——野蠻人才這樣說話,還自鳴得意,自以為有智慧;而「矛盾」故事裏這位旁觀者的提問,頗接近輔導常用的面質技巧,透過將對方的話反饋給她/他聽,令她/他看到自己的前後不一致,不協調;至於在什麼時候,什麼場合,如何說話,這是需要我們用智慧去判斷的。

3. 〈箴言〉所提及的福氣是否是應許呢?如果我們照著去做,是否一定會得到這些福氣呢?例如:「手懶的,要受貧窮;手勤的,卻要富足。」(箴10:4)

在任何情況之下,勤力的人是否一定會富足、富有呢?我們會發覺事實並非如此簡單。在現今香港的政治體制下,很多生活在貧窮線之下的窮人,無論他們如何勤奮工作,仍無法脫貧。所以,這節〈箴言〉是指一般情況,並非「絕對」如此。

有些箴言不是絕對的應許,若我們將這些經句看作是絕對的應許,就會很

麻煩，甚至會曲解《聖經》的原意。我們自己要有所判斷，找出個別箴言的重點。

再舉一個例子：「不可不管教孩童；你用杖打他，他必不至於死。你要用杖打他，就可以救他的靈魂免下陰間。」（箴23：13-14）

多年前，在美國曾有一位基督徒應用這節經文，他一味用體罰管教兒子，以為不會打死兒子，結果把兒子打死了，被政府起訴，真可悲！

這節箴言不是應許，其意思是：父母不可溺愛兒女，但要管教兒女。我們必須懂得適當地運用。

4. 有些箴言好像沒有道德教導，究竟是什麼意思呢？

例如：「買物的說：不好，不好；及至買去，他便自誇。」（箴20：14）

這句的意思是有些人購物時講價，埋怨：「這麼貴，這件貨那裏值這麼多，減價啦！」購物之後，就對他人說這件貨物是「物超所值」，吹噓自己識貨又識殺價，十分了得。

這句箴言反映了人生百態，生動而幽默地勾畫出人性，可以作為一面鏡子，讓我們照一照自己。

5. 有些箴言的出發點似乎是一種實用主義，又或者教人滑頭，例如：「賄賂在餽送的人眼中看為寶玉，隨處運動都得順利。」（箴17：8）

這句箴言是否教我們賄賂呢？**《聖經》很多經文嚴詞責備賄賂，**〈箴言〉15章27節便說：「貪戀財利的，擾害己家；恨惡賄賂的，必得存活。」那《聖經》豈不是前後矛盾？如果我們參考《聖經》當代譯本：「行賄者視賄賂為法寶，可以使他無往不利」，就會發現這句話所描寫的是「行賄者 / 餽送的人」的想法（「視 / 眼中看為」）——有些人行賄，送紅包、走後門，令自己很順利地得到一些利益，就認為賄賂是「法寶 / 寶玉」。由此觀之，此句和〈箴言〉20章14節一樣，是對人生百態的描寫，而並非鼓吹賄賂。這些箴言幫助我們深入明白人性，人生的一些狀態，並非叫我們照著做，以這些人為學習好榜樣。

也有一、兩節箴言我覺得很有趣，例如：「懶惰人說：道上有猛獅，街上有壯獅。」（箴26：13）

懶惰人不想出門，就推說街上有猛獅壯獅，街上怎可能會有獅子呢？藉口多到離譜。除非是精神病患者的幻覺，那當別而論。

「門在樞紐轉動，懶惰人在床上也是如此。」（箴26：14）

門通常是很緩慢地轉來轉去的，正如不願起床的懶人在床的左邊睡睡，又轉到右邊繼續睡，生動地形容了懶人的形象。

可見〈箴言〉十分有趣，**〈箴言〉作者觀察了很多人類社會的現象，也教導我們應該怎樣做人。**因此，〈箴言〉也是信徒與未信主的人一個很好的「接觸橋樑」，我們可以使用〈箴言〉與未信主的人有很多對話。

另外，〈箴言〉也幫助我們明白《聖經》所說的「亨通」，不是教我們滑頭、或「識做人，見風轉舵」，乃是教導我們：**如果我們凡事出發點和目的都是要敬畏神，待人接物時就會有這些「蛇般靈巧」，由是，〈箴言〉是從一個樂觀、積極的角度來探討人生。**

祈禱

天父，這是你所創造的世界，因為有你，我們喜歡活在這裏。求你賜給我們人生真智慧，引導我們更深明白你，以及你所創造的世界。又求你教我們如何按你的原則待人接物，作個聰明人。奉主耶穌基督的名求，阿們。

生活應用

1. 試一試比較香港時下社會文化對「成功人生」的看法，與〈箴言〉所說的「亨通」觀念，兩者有何異同？
2. 試一試從〈箴言〉角度檢討自己是否一個具智慧的人。

第十五課（二）

傳道書

〈傳道書〉作者開宗明義便說自己是在「日光之下」（傳1：3）探討人生，意思是：若非從神的特殊啟示，只從世人的角度去看，究竟這個世界有沒有意義呢？如果世界是神所創造的，那世上諸事有沒有意義在其中呢？人可否從飲酒享樂、讀書、追求知識中，尋得人生的價值和滿足嗎？如果人離開了神，人還能夠存在嗎？存在還有意義嗎？

〈傳道書〉最大解經難題是它似乎蘊含矛盾的信息。

有解經家認為〈傳道書〉很積極，作者「傳道者」是喜樂宣傳者（Preacher of joy），教導我們要「終身喜樂行善」，積極享受人生。

有學者認為傳道者是一個「迷惘的智者」（Confused wise man），他內心充滿矛盾，時而積極，鼓勵享受人生，時而悲觀，輕看歡笑、工作、智慧等。有時傳道者肯定傳統的樂觀智慧，但有時又推翻以色列的傳統信仰。

也有學者認為〈傳道書〉中存在兩種、三種、甚至九種不同的聲音。

以我之見，傳道者並沒有「人格分裂」，沒有多重聲音。他不是宣講喜樂者，也不完全是一個迷惘的智者。他基本上是一個敬畏神的人，其角度是人本主義（humanist），而不是無神主義（atheist）。他接受樂觀智慧（例：箴5：1-7），但同時也是一個探險者（explorer），他要經歷人生，他有困惑，有掙扎，直至他從種種人生體驗中，發現了沒有神的人生是毫無意義的，是「虛空的虛空」，因而証實了人需要敬畏神。**這亦是〈傳道書〉的重要性，因沒有任何一卷書用這角度透視人生！**

〈約伯記〉及〈傳道書〉均稱為「悲觀的智慧書」，這兩卷書從反面的角度來探討，質疑那些正面的規律：這個世界很混亂，很多事情非常不公平，很多事情令人迷茫，人生意義在那裏？但是，兩書最後的信息並不是全然悲觀的，它們都讓我們看到出路是返回神那裏。

無論是從樂觀的智慧，或從悲觀的智慧來看人生，最終都肯定有神——這位創造主——存在，肯定創造當中是有秩序的。由是，三卷智慧書是互相呼應的，就好像音樂的「對位」（counter point），有些旋律在上，有些旋律在下。〈箴言〉比較像情緒高漲、興奮的旋律；〈約伯記〉及〈傳道書〉則像比較低沈、哀怨的旋律，這兩個「旋律」相互配搭，引導我們理解人生。

虛空的虛空

「傳道者說：虛空的虛空，虛空的虛空，凡事都是虛空。」（傳1：2）

「虛空」其含意有：沒有意義、短暫的、騙人的、不可靠的。「虛空的虛空」，按照希伯來文的結構，指最最虛空，虛空中的最虛空，即「極其虛空」之意。

「人一切的勞碌，就是他在日光之下的勞碌，有什麼益處呢？一代過去，一代又來，地卻永遠長存。日頭出來，日頭落下，急歸所出之地。」（傳1：3-5）

傳道者認為，世上萬事都不過反來覆去，兜兜轉轉，「萬事令人厭煩，人不能說盡。眼看，看不飽；耳聽，聽不足。」（傳1：8）「一代過去，一代又來」（傳1：4），究竟人生有什麼意義呢？傳道者就此展開探索之旅，從多重層面探索人生的意義：如果人生沒有神，會如何呢？結果傳道者發現了：

第一個「無意義」，是「日光之下無新事」。（傳1：3-11）

「已有的事後必再有；已行的事後必再行。日光之下並無新事。」（傳1：9）

人生的虛空就是：天下萬事重複又重複，了無新意。

「我專心用智慧尋求、查究天下所做的一切事，乃知神叫世人所經練的是極重的

勞苦。我見日光之下所做的一切事，都是虛空，都是捕風。」(傳1:13-14)

〈傳道書〉中，經常出現「日光之下」這個詞語，意思是：若非從神特殊的啟示，乃從凡夫俗子的角度。而傳道者發現，如果從凡夫俗子的角度來看的話，人生是無意義的：「江河都往海裏流，海卻不滿；江河從何處流，仍歸還何處。」(傳1:7)

很多青少年，青年人都會思考：人生的意義在哪裏呢？思考之後，就會認為自己沒有價值，不過是汪洋中的一滴水，恰如〈傳道書〉所說，人生沒有意義，重重複複。

「已過的世代，無人記念；將來的世代，後來的人也不記念。」(傳1:11)

即使現在一間學校稱為「某某人紀念中學」，但是，隔了幾代之後，除了學校的名稱，大家都不知道「某某人」是誰了。說什麼「垂名青史」，一切努力和付出，都是捕風，是虛空，沒啥意義，這是第一個「無意義」。

第二個「無意義」，是「徒勞無功之尋找」。(傳1:12-2:26)

傳道者嘗試用學問滿足自己：尋求智慧、讀很多書，通曉哲學，或很多其他學問，是否能夠滿足呢？(傳1:16) 答案是：

「多有智慧，就多有愁煩；加增知識的，就加增憂傷。」(傳1:18)

有時我們知道得少，反而可能會更好，例如，現代新聞報道，讓我們瞬間知道萬里之外發生的災難，但往往只是加增憂傷，和愛莫能助的無力感。

那麼，享樂能否帶來滿足呢？

「我為自己動大工程，建造房屋，栽種葡萄園，修造園囿，在其中栽種各樣果木樹；……我又為自己積蓄金銀和君王的財寶，並各省的財寶；又得唱歌的男女和世人所喜愛的物，並許多的妃嬪。」(傳2:4-5, 8)

但是，傳道者發覺享樂也不能帶來滿足，因為「我就心裏說：『愚昧人所遇見的，我也必遇見，我為何更有智慧呢？』我心裏說，這也是虛空。」(傳2:15)

雖然，傳道者享盡世間榮華富貴，但是，最終他與「愚昧人所遇見的」一樣，都是要面對死亡，「智慧人和愚昧人一樣，永遠無人記念，因為日後都被忘記；可歎智慧人死亡，與愚昧人無異。」(傳2:16) 由此可見，享樂也是沒有意義的。

第三個「無意義」，是「萬事各有定時」。(傳3:1-22)

當傳道者觀看萬物時，他看見：「凡事都有定期，天下萬務都有定時。生有時，死有時；栽種有時，拔出所栽種的也有時。」(傳3:1-2)

人生的確有其節奏，有其定期，不過，問題是：「我見神叫世人勞苦，使他們在其中受經練。神造萬物，各按其時成為美好，又將永生 (原文是永遠——其實「永遠」譯得更貼切) 安置在世人心裏。然而，神從始至終的作為，人不能參透。」(傳3:10-11)

一方面，我們可以看到人生很多事情有其規律，有其「悲歡離合，陰晴圓缺」，神也容許這些事情發生，應該是有意義的。

另一方面，神將「永遠」放在我們的心中，因此，我們不會滿足於地上短暫的事物，我們渴想追求永恆的價值，很想找到有關永恆的答案，卻偏偏又沒有能力完全知道答案，就好像觀看一部電影，我們中途才進場，電影還未完結就要走了，我們根本無法完全知道從頭到尾，所有前因後果，——我們無法完全明白人生的一切，這就是我們的限制。

「我知道世人，莫強如終身喜樂行善；並且人人吃喝，在他一切勞碌中享福，這也是神的恩賜。」(傳3:12-13)

既然如此，我們能夠做到什麼呢？傳道者認為，**我們能夠做到的是：活在當下，用積極的態度面對人生，努力工作、敬業樂業，珍惜身邊的人，做對社會大眾有益的事。**

傳道者又說：「我知道神一切所做的都必永存；無所增添，無所減少。神這樣行，是要人在他面前存敬畏的心。」(傳3:14)

神的確將「永遠」放在我們心中，我們很想知道有關永恆的事情，但我們無法知道，因此，我們不要以為自己是神，什麼都知道，我們要承認，有關人生和永恆，有些事情是我們無法知道，和完全明白的，我們要敬畏神，順服在神的手下，過我們的人生。

第四個「無意義」，是「人生諸多不公平」。(傳4:1-16)

傳道者看到在世界上有很多很無奈、不公平的事情，例如：好人、義人會遭遇痛苦、不幸，所以，他認為很多事情都很虛空。

「我又轉念，見日光之下所行的一切欺壓。看哪，受欺壓的流淚，且無人安慰；欺壓他們的有勢力，也無人安慰他們。因此，我讚歎那早已死的死人，勝過那還活著的活人。並且我以為那未曾生的，就是未見過日光之下惡事的，比這兩等人更強。我又見人為一切的勞碌和各樣靈巧的工作就被鄰舍嫉妒。這也是虛空，也是捕風。」(傳4:1-4)

第五個「無意義」，是「假冒為善的宗教」。(傳5:1-7)

傳道者認為我們要認真思想和探索宗教。有時宗教變質成為「有口無心的東西」，有些人在神面前沒有想清楚就隨便許願。傳道者要探索怎樣才是真誠的信仰，他認為人應該真誠對待神。傳道者教訓我們：

「你到神的殿要謹慎腳步；因為近前聽，勝過愚昧人獻祭（或譯：勝過獻愚昧人的祭），他們本不知道所做的是惡。你在神面前不可冒失開口，也不可心急發言；因為神在天上，你在地下，所以你的言語要寡少。」(傳5:1-2)

「你向神許願，償還不可遲延，因他不喜悅愚昧人，所以你許的願應當償還。你許願不還，不如不許。」(傳5:4-5)

第六個「無意義」，是「財富不能填滿人心」。(傳5:8－6:12)

傳道者又思想，究竟富有是福？抑或貧窮是福呢？卻發覺有些問題百思不得其解。

「貪愛銀子的，不因得銀子知足；貪愛豐富的，也不因得利益知足。這也是虛空。貨物增添，吃的人也增添，物主得什麼益處呢？不過眼看而已！勞碌的人不拘吃多吃少，睡得香甜；富足人的豐滿卻不容他睡覺。」(傳5:10-12)

所以，他認為：「神賜人資財豐富，使他能以吃用，能取自己的分，在他勞碌中喜樂，這乃是神的恩賜。」(傳5:19) 我們要好好地在勞碌中喜樂，歡歡喜喜地享受神所賜給我們的正義之財。

第七個「無意義」，是「智慧始終有限」。(傳7：1－11：6)

從第7章至11章上半章，傳道者探索智慧有沒有用處呢？

傳道者曾經說過要尋找大智慧，卻發現那也不是完美的。不過，到了第7章，**他認為在短暫的人生中，智慧始終好過愚蠢，他也說了很多智慧的話，**例如：「智慧人的心在遭喪之家；愚昧人的心在快樂之家。聽智慧人的責備，強如聽愚昧人的歌唱。」(傳7：4-5) 智慧人居安思危，愚昧人尋歡作樂（參考新普及譯本：「智慧人常深思死亡，愚蠢人只想著喜樂」）。在如此有限的人生之中，智慧的確是有價值的，不過，最終無論是義人或惡人都要面對死亡(傳9：2-6)，所以智慧始終是很有限的。

第八個「無意義」，是「年華老去的無奈」。(傳11：7－12：8)

11章7節開始，傳道者談到人青春年華不再，漸漸老去：「光本是佳美的，眼見日光也是可悅的。人活多年，就當快樂多年；然而也當想到黑暗的日子。因為這日子必多，所要來的都是虛空。」(傳11：7-8)

當我們年青時，想去那裏都可以，旅行、爬山涉水、騎腳踏車，身手敏捷，樣樣都行，但有一天，我們年老了，就無法做這些事情了，這就是人的限制。於是，傳道人說：「少年人哪，你在幼年時當快樂。在幼年的日子，使你的心歡暢，行你心所願行的，看你眼所愛看的；卻要知道，為這一切的事，神必審問你。」(傳11：9)

年輕時，神賜給我們健壯的體魄，我們可以盡量發展潛能，爭取認識這個世界，享受人生，**不過我們要知道，有朝一日我們也要過去，而神會審問我們有沒有好好運用祂賜給我們的資源。**

從第12章2節開始，是一幅幅人至暮年的圖畫：「不要等到日頭、光明、月亮、星宿變為黑暗，雨後雲彩反回，看守房屋的發顫，有力的屈身，推磨的稀少就止息。」(傳12：2-3) 老人家身體發顫，沒有氣力，骨質疏鬆，開始駝背；「從窗戶往外看的都昏暗」(傳12：3)，老人家視力漸退，甚至患有白內障；

「街門關閉，推磨的響聲微小」(傳12：4)，可能形容老人家的牙齒開始沒有力，甚至一一脫落；

「雀鳥一叫，人就起來，」(傳12:4) 風吹草動都令老人家害怕；

「人怕高處，」(傳12:5) 老人家害怕高處行走，怕會摔倒；

「銀鍊折斷，金罐破裂，瓶子在泉旁損壞，水輪在井口破爛，塵土仍歸於地，靈仍歸於賜靈的神。」(傳12:6-7)

我們的生命就像有銀鍊吊著，或好像瓶子，當銀鍊一斷，或瓶子打破，我們的生命便告結束，塵歸塵，土歸土，人的靈歸於神。人生是很短暫的，我也覺得自己的骨頭沒有以前那樣有力，現在香港教會普遍「中年化」、「老年化」，我們都很明白這一點。

當人面對種種這樣的限制時，應該怎樣做呢？**傳道者提醒我們要趁著年幼時，敬畏和記念這位創造我們的神 (傳12:1)，不要等到年老時才信主。**

傳道者從人的角度審視人生，發現世間的智慧、財富、享樂，都不過是南柯一夢，轉眼成空，是「虛空的虛空，凡事都是虛空。」因此，傳道者最後得出結論：

「這些事都已聽見了，總意就是：敬畏神，謹守他的誡命，這是人所當盡的本分 (或譯：這是眾人的本分)。因為人所做的事，連一切隱藏的事，無論是善是惡，神都必審問。」(傳12:13-14)

如果沒有〈傳道書〉這卷書，我們就看不到人離開神，嘗試靠自己，從世人的角度出發去思考人生的問題，其中的掙扎。所以，在《聖經》正典之中，〈傳道書〉不是一切，乃是一個開始，引導我們思想如果離開了神、不倚靠神，我們的人生還有沒有意義呢？

傳道者的答案是：沒有意義，我們的人生只是虛空。惟有我們當回到神那裏，生命才會有意義。當我們將〈傳道書〉置於整本《聖經》的亮光之下，我們就確切知道，傳道者所說的是正確的，我們的人生置在神的手中時是有意義的。

「因為受造之物服在虛空之下，不是自己願意，乃是因那叫他如此的。但受造之物仍然指望脫離敗壞的轄制，得享神兒女自由的榮耀。我們知道一切受造之物一同歎息、勞苦，直到如今。不但如此，就是我們這有聖靈初結果子的，也是自己心裏歎

息，等候得著兒子的名分，乃是我們的身體得贖。」(羅8：20-23)

當我們未信主的時候，甚至現在我們雖然已經信了主，有時仍會覺得虛空，因為我們仍活在亞當犯罪的陰影之下，我們仍然未完全身體得贖，所以，現在我們仍然會犯罪，仍然有感到虛空之時。

幸好神賜了我們一道「天梯」——耶穌基督的救恩，讓我們可以從「日光之下」去到「日光之上」，讓我們更多認識神，明白神的心思意念，以及神在我們人生之中的計劃。祂應許賜給我們基督徒豐盛的生命，讓我們看到死後復活的盼望，以及今日我們不但可以享受人生，還可以怎樣盡力成為神的見證。

盼望我們善用智慧書的信息，令自己成為有真智慧的人。

祈禱

這位在日光之上的創造主，我們敬拜你。雖然有時我們感到人生很虛空，但是，當我們回到你那裏，聽到主你說，你來是要我們得生命，且得的更豐盛，我們就歡喜。我們深深渴望得著這種從虛空到豐盛的奇妙經歷，求主給我們有傳道者這種真誠的態度來探討人生，求神幫助我們最終肯定敬畏你就是我們人生最大的智慧。

我們俯伏、敬拜你這位全能者、智慧者，奉主耶穌基督的名，阿們。

生活應用

有時人遇到挫折或感受孤單時，容易出現輕生的念頭。〈傳道書〉的信息在哪方面認同他們（或你）的感受，又在哪方面指引出路？

第十五課（三）

約伯記

〈箴言〉、〈約伯記〉和〈傳道書〉三書統稱「智慧書」。智慧書呈現神與宇宙普世的關係（創造）；其他書卷則可見神與蒙揀選羣體的關係（救贖）。「智慧」與「救贖」關係緊密，兩者皆與創造有關，重點在於「秩序」（order），救贖是神主動把人帶回祂創造秩序的途徑。揀選和救贖的目的是為了賜福普世，乃至整個宇宙。

智慧可分「樂觀的智慧」和「悲觀的智慧」。〈箴言〉所表達的是「秩序」（order），屬於「樂觀的智慧」——從極積角度思考人生，肯定神的創造秩序及道德律則；〈約伯記〉和〈傳道書〉所表達的是「無序」（disorder），屬於「悲觀的智慧」——從消極角度探討人生，思考人的限制，最終歸回對神之敬畏。

〈約伯記〉討論義人受苦這個難解的謎團，指出神雖然容許義人受苦，但並不表示祂是不公義的；相反，**神是公義和慈愛的神，祂容許義人受苦，是為了成就崇高的目的，因此，當我們受苦時，仍要不斷信靠神。**

序言

第1章至2章，〈約伯記〉一開頭就**肯定道德律則的存在：如果人敬畏神，就蒙神賜福**。由是，約伯這位敬畏神的義人，蒙神大大賜福：「烏斯地有一個人名叫約伯；那人完全正直，敬畏神，遠離惡事。他生了七個兒子，三個女兒。他的家產有七千羊，三千駱駝，五百對牛，五百母驢，並有許多僕婢。這人在東方人中就為至大。」（伯1：1-3）

可是，在約伯不知情之下，（當然，約伯後來應該知道，如果此書是他所寫的），天上有一段對話，「耶和華問撒但說：『你曾用心察看我的僕人約伯沒有？地上再沒有人像他完全正直，敬畏神，遠離惡事。』撒但回答耶和華說：『約伯敬畏神，豈是無故呢？你豈不是四面圈上籬笆圍護他和他的家，並他一切所有的嗎？他手所做的都蒙你賜福；他的家產也在地上增多。你且伸手毀他一切所有的；他必當面棄掉你。』」（伯1：8-11）

撒但發出的挑戰是：神是不值得尊重的，是不值得人敬畏的，約伯不是因為神本身而敬畏神，乃是因為神賜給他的福氣、財富才敬畏神。

這對神一個很大的挑戰。於是，「耶和華對撒但說：『凡他所有的都在你手中；只是不可伸手加害於他。』於是撒但從耶和華面前退去。」（伯1：12）

神容許撒但試探約伯。結果，一天之內，約伯失去了很多牲畜（伯1：15），豈料禍不單至，「又有人來說：『你的兒女正在他們長兄的家裏吃飯喝酒，不料，有狂風從曠野颳來，擊打房屋的四角，房屋倒塌在少年人身上，他們就都死了；惟有我一人逃脫，來報信給你。』」（伯1：18-19）

約伯的第一個反應是敬拜神，他「撕裂外袍，剃了頭，伏在地上下拜，說：『我赤身出於母胎，也必赤身歸回；賞賜的是耶和華，收取的也是耶和華。耶和華的名是應當稱頌的。』在這一切事上，約伯並不犯罪，也不以神為愚妄（或譯：也不妄評神）。」（伯1：20-22）

人遭遇不幸，通常第一個反應是質問：為何我會遇到這樣的事？約伯十個兒女都死了，這件事對他來說是一個極度試探，但他仍然敬畏神，承認神的主權，沒有埋怨神，這是很不容易的。

第2章，神又與撒但對話。撒但認為，約伯失去的是「身外物」，如果神伸手攻擊約伯本身，他就一定會離棄神。人是自私的，當人自己不受傷害時才會敬畏神。

神允許了撒但。「於是撒但從耶和華面前退去，擊打約伯，使他從腳掌到頭頂長毒瘡。約伯就坐在爐灰中，拿瓦片刮身體。」（伯2：7-8）

我們會問：為何神會容許撒但這樣試探人呢？很多人會說：因為撒但這樣挑

戰神，所以神就容許約伯接受試探，最終證明約伯並非因神賜給他福氣和健康才敬畏神，乃是因為神本身而敬畏神，所以神得到平反，證明了神是配得人敬畏的。

可是，這樣神豈不是很自私，「利用」了約伯？

值得注意的是，在〈約伯記〉2章之後，甚至在結局，撒但再沒有出現，可見牠根本就不是主角！我們要看到在**整個過程當中，最重要的是神和約伯之間的關係，神給約伯有機會接受試煉，他落在如此巨大的試煉當中，而最終沒有離開神，從而突顯了約伯的崇高和正義，**他並不是為了物質享受，和個人利益而敬畏神，他是為了真理而活。還有，這經歷是約伯對神崇高信仰一個很重要的印證，透過這經歷，約伯在信仰上也不斷突破成長。

約伯與三友的對話

約伯的三個朋友前來安慰他，「他們就同他七天七夜坐在地上，一個人也不向他說句話，因為他極其痛苦。」（伯2：13）

第3章，約伯痛苦難當，「開口咒詛自己的生日，說：願我生的那日和說懷了男胎的那夜都滅沒」；又說：「我為何不出母胎而死？為何不出母腹絕氣？」（伯3：1-3, 11）

約伯認為，如果自己出世時夭折就好了，就不會有現在的痛苦。約伯並沒有怨天尤人，他只是咒詛自己，寧願自己沒有出世。

以利法不同意，「你的倚靠不是在你敬畏神嗎？……請你追想：無辜的人有誰滅亡？正直的人在何處剪除？按我所見，耕罪孽、種毒害的人都照樣收割。」（伯4：6-8）

種瓜得瓜，種豆得豆。**以利法希望約伯明白，沒有犯罪的人是不會這樣悲慘的。弦外之音：約伯一定有問題，或者犯了罪，神才會令他受苦，所以他應該回想自己的罪，**如果約伯承認自己的罪惡，他的苦難很快就會結束。以利法又說：

「神所懲治的人是有福的！所以你不可輕看全能者的管教。」（伯5：17）

約伯回答，說：「野驢有草豈能叫喚？牛有料豈能吼叫？」（伯6：5）意思是說，如果以利法有好東西給約伯，他怎會叫喚呢？換言之，以利法的話是錯的，**約伯堅持自己純正，**不能不「吼叫」。人無法提供滿意答案，約伯最終回到神那裏。

第7章，約伯感到很痛苦，對神說：「我厭棄性命，不願永活。你任憑我吧，因我的日子都是虛空。人算什麼，你竟看他為大，將他放在心上？每早鑒察他，時刻試驗他？你到何時才轉眼不看我，才任憑我咽下唾沫呢？」（伯7：16-19）

約伯這番話的意思是：「神啊，為何你如此重視我呢？為何你試驗我呢？我受不了！」**神希望看到我們真誠地表達自己內心的掙扎，而不是強撐著說：「沒事，沒事。」**所以，最後神批評約伯的三友，「就對提幔人以利法說：『我的怒氣向你和你兩個朋友發作，因為你們議論我不如我的僕人約伯說的是。』」（伯42：7）

第二個朋友比勒達說：「神豈能偏離公平？全能者豈能偏離公義？或者你的兒女得罪了他；他使他們受報應。你若殷勤地尋求神，向全能者懇求；你若清潔正直，他必定為你起來，使你公義的居所興旺。你起初雖然微小，終久必甚發達。」（伯8：3-7）

比勒達認為，約伯肯定有一些問題，例如：可能他的兒女得罪了神，一定是有原因的，約伯該好好想一想。

約伯繼續申訴，他說：「我雖有義，自己的口要定我為有罪；我雖完全，我口必顯我為彎曲。」（伯9：20）約伯認為，**人始終是人，他當然永遠無法達到神的標準，**難道比勒達要他完全達到神的標準才算為義嗎？這是不可能的，**約伯認為自己已經按照所知的行義。**

第11章，約伯的第三個朋友瑣法說：「惟願神說話；願他開口攻擊你，……所以當知道神追討你比你罪孽該得的還少。你考察就能測透神嗎？你豈能盡情測透全能者嗎？」（伯11：5-7）瑣法認為，神已經很恩待約伯，如果按照約伯的罪孽，神應該懲罰他更多。

約伯三友所說的也不是全錯，惡有惡報，善有善報，這本也是神設的道德律（參：申27-29章）他們的問題是沒有設身處地體諒約伯的感受；而且，過份緊張為神辯護，以至忘了神的主權，有時神會超過我們的信仰框框而行事，例如，神吩咐亞伯拉罕獻兒子以撒為祭。他們沒有聆聽約伯的傾訴，只是按照已知的信仰公式強解，結果不但安慰不到約伯，他們的信仰也在原地踏步，未能有所突破，有所成長。

我們的信仰應該是真情流露，如果我們不明白，就安於不明白的狀態，接納自己的情緒感受，慢慢探索，而無須強說自己明白。約伯值得我們欣賞之處是他不強解，他知道自己沒有犯罪，就誓死堅持自己是無辜的，很多時候他跟人對話，說著說著，就轉去跟神說話了。

「他（神）必殺我；我雖無指望，然而我在他面前還要辯明我所行的。」（伯13:15）

約伯認為，即使神要殺死他，他仍然堅持自己沒有做錯。他想，既然神是公義的，自己又沒有做錯，那出路在哪裏呢？**必是直接與神對話。**於是，約伯有了一種渴想：「我真要對全能者說話；我願與神理論。」（伯13:3）

神沉默不語。

當神隱藏不見時，約伯卻在信仰上出現了突破：

「現今，在天有我的見證，在上有我的中保。」（伯16:19）

「願人得與神辯白，如同人與朋友辯白一樣。」（伯16:21）

約伯問：有沒有人可以成為他的仲介、中保，或辯護律師，代他向神說話呢？

第19章，約伯說：「惟願我的言語現在寫上，都記錄在書上；用鐵筆鐫刻，用鉛灌在磐石上，直存到永遠。我知道我的救贖主活著，末了必站立在地上。」（伯19:23-25）

約伯強調自己真的是無辜的，他所做的事可寫在書上，公諸於世，**約伯知道、期望、或想望，有一位中保/救贖主來到，**幫自己說話，為他申訴，恢復他與神之間的關係。**在《聖經》漸進的啟示下，我們知道這位救贖主就是耶穌基督，祂成為了我們的辯護者和中保，使神與人可以直接對話。**

「樹若被砍下，還可指望發芽，嫩枝生長不息；其根雖然衰老在地裏，幹也死在土中，及至得了水氣，還要發芽，又長枝條，像新栽的樹一樣。」（伯14:7-9）

「但人死亡而消滅；他氣絕，竟在何處呢？」（伯14:10）

約伯信仰上的另一個突破，就是他開始盼望復活。在約伯如此有限的啟示之下，他想，人死後是否真的什麼也沒有呢？但是這樣是不合理的，因為他的問題仍然未得到解決，未得到平反，於是，他說：「人若死了豈能再活呢？我只要在我一切爭戰的日子，等我被釋放的時候來到。你呼叫，我便回答；你手所做的，你必羨慕。」（伯14:14-15）

約伯慢慢看到應該會有復活。約伯認為：「如果我一直受苦到死，在人前含冤不白，公義的神一定會為我伸張正義，會幾時解決這個問題呢？復活的時候。」

約伯是舊約《聖經》時代相當早期的人，**他在苦難當中，慢慢地領悟到死後會有復活。**於是，在第19章，約伯說：「我知道我的救贖主活著，末了必站立在地上。我這皮肉滅絕之後，我必在肉體之外得見神。我自己要見他，親眼要看他，並不像外人。」（伯19：25-27）

約伯堅持神是正義、公義的，又堅持自己是無罪的，惟一就是需要有人從中為他說話；約伯認為死後必定有復活，希望自己死後得到平反，他認為：「我知道，即使我到死時仍然未得到平反，但是我會復活的，當我復活時，我將會在肉體之外看見神，那時我就可以面對面與神對話，神會跟我說，我是對的。」

以我之見，〈約伯記〉是一本很偉大的書，在心靈的探討上，有很多苦難的問題是約伯無法解答的，**不過，當他真誠面對苦難之謎時，他對神的認識愈來愈漸漸深入，他對神的信心也相對的愈來愈增強。**

約伯思考智慧

第28章，有些聖經學者認為此章可能是作者或敘述者加上去的。以我之見，第28章是約伯自己說的話。**第28章解釋智慧——理解苦難之謎的智慧，故此，有解經家認為此章是全書的核心。**

「銀子有礦；煉金有方。鐵從地裏挖出；銅從石中鎔化。」（伯28：1-2）如果有人要找尋金銀財寶，就要去鑽地、挖掘，要挖很深的洞才能找到金銀銅鐵，但是，我們能否用相同的方法找智慧呢？

「智慧從何處來呢？聰明之處在哪裏呢？是向一切有生命的眼目隱藏，向空中的飛鳥掩蔽。」（伯28：20-21）我們不能用「挖金」的方法挖掘到智慧，因為智慧不是人用自己的方法能夠找到的。

那智慧在哪裏呢？

「神明白智慧的道路，曉得智慧的所在。因他鑒察直到地極，遍觀普天之下。」

「那時他（神）看見智慧，而且述說；他堅定，並且查究。他對人說：敬畏主就是智慧；遠離惡便是聰明。」（伯28：23-24, 27-28）

這是整卷〈約伯記〉給我們的「鎖匙」：智慧在神那裏，敬畏神就是智慧，這是真智慧，是真正可以解答苦難之謎的智慧。我們自己無法解決的苦難問題，惟有回到耶和華神那裏，才能夠得到解決。

約伯的「結案陳詞」

約伯最後說，如果自己有犯罪，會有什麼後果。他先察看自己的一言一行：

「我與眼睛立約，怎能戀戀瞻望處女呢？」（伯31：1）

約伯有沒有色迷迷地看女性呢？有沒有動淫念呢？沒有。

「我若不容貧寒人得其所願，或叫寡婦眼中失望，或獨自吃我一點食物，孤兒沒有與我同吃。」（伯31：16-17）

約伯有沒有對有需要的貧窮人視而不見？有沒有苦待寡婦和孤兒？沒有。

「我若以黃金為指望，……我若因財物豐裕，因我手多得資財而歡喜。」（伯31：24-25）

約伯有沒有貪財，垂涎鄰舍的牛羊呢？沒有。

在第31章最後的申訴中，約伯仍然堅持自己的純正，他表示，若曾經犯過上述罪行，「我若吃地的出產不給價值，或叫原主喪命；願這地長蒺藜代替麥子，長惡草代替大麥。約伯的話說完了。」（伯31：39-40）

以利戶之見

第32章，年輕的以利戶出場。後來耶和華神並沒有提及以利戶。以利戶指責約伯自以為義之時，語含人身攻擊，不啻落井下石：「他與作孽的結伴，和惡人同行。」（伯34：8）可是，吊詭的是，以利戶有意無意之中，為耶和華神的出現鋪了路。

何以見得？

以利戶的話是特別針對約伯的，以利戶認為，約伯一直堅持自己正確，這樣一來，神就是錯的，神對不起約伯。於是，以利戶駁斥約伯，**認為約伯要佩服耶和華神，因為神是無法測度的，**由是，以利戶不停口稱讚神的偉大，特別第37章，以利戶論神的偉大：

「神發出奇妙的雷聲；他行大事，我們不能測透。」（伯37：5）

「約伯啊，你要留心聽，要站立思想神奇妙的作為。神如何吩咐這些，如何使雲中的電光照耀，你知道嗎？」（伯37：14-15）

「現在有雲遮蔽，人不得見穹蒼的光亮；但風吹過，天又發晴。金光出於北方，在神那裏有可怕的威嚴。」（伯37：21-22）

「論到全能者，我們不能測度；他大有能力，有公平和大義，必不苦待人。所以，人敬畏祂；凡自以為心中有智慧的人，他都不顧念。」（伯37：23-24）

耶和華與約伯的對話

第38章，耶和華出現了，與約伯對話：「那時，耶和華從旋風中回答約伯說：誰用無知的言語使我的旨意暗昧不明？你要如勇士束腰；我問你，你可以指示我。」（伯38：1-3）

神告訴約伯，說：「當我創造天地和萬物的時候，約伯，你在哪裏呢？你是否知道很多有關創造的事情呢？當我創造天地的時候，你還未出生，你什麼都不知道，你所知道明白的事只有很少很少！現在你用這樣少的知識，就想完全明白神的作為，這是很難的！」

由第38章至39章，耶和華一直問約伯，約伯一直聆聽，在這聆聽中，他看見了自己的渺小。所以，在第40章，「耶和華又對約伯說：強辯的豈可與全能者爭論嗎？與神辯駁的可以回答這些吧！」（伯40：1-2）約伯回說：「我是卑賤的！我用什麼回答你呢？只好用手摀口。」（伯40：3-4）

耶和華又繼續講述祂所創造的萬物：河馬、鱷魚的氣力、兇猛（伯40：15-41：34），這一切，約伯又明白多少呢？於是，約伯深深察覺到自己完全不明白耶和華的創造，深深察覺到自己極其渺小。

「約伯回答耶和華說：我知道，你萬事都能做；你的旨意不能攔阻。誰用無知的言語使你的旨意隱藏呢？我所說的是我不明白的；這些事太奇妙，是我不知道的。……我從前風聞有你，現在親眼看見你。因此我厭惡自己，在塵土和爐灰中懊悔。」(伯42：1-3, 5-6)

耶和華其實並沒有回答約伯的質詢，約伯聆聽耶和華的質問之後，徹底瞭解神的偉大。當約伯看到神的偉大，和自己的渺小時，就大徹大悟：「神是一位好的神，神是一位真理的神，神又怎會對不起我呢？有很多事情是我不明白的，我太愚昧了，竟然這樣去質問神。」

約伯從與神的對話中，更深認識神的主權——「你的旨意不能攔阻」，祂有權暫時擱置祂所定的道德律，而不必向人解釋。**神是滿有慈愛、憐憫和和恩典的，就算祂不解釋，約伯仍然可以信任神會以公義、慈愛和智慧，管理他的際遇。他的心安然了。**

約伯對神瞭解更深，對神的信心也隨之突飛猛進，與神的關係更上一層樓，雖然以前他與神有「密友之情」(伯29：4)，但是，經過死蔭幽谷之後，現在他認為那只能算是「風聞有你」，時下才「親眼看見你」。

很多時候我們落在苦難當中，我們的出路不見得是明白所有事情，有時事情的錯綜複雜，超乎我們所能理解，或者，知道全部真像不見得一定就是對我們有利的。我們只需要知道，神知道，而且，神是掌權的，神一定會有祂的美意，祂讓我們所經歷的，不會超過我們所能承受的，就算人心懷惡意，神也能夠將咒詛變成祝福，這信念，這經歷就成為我們的安息。

結語

神吩咐約伯要為他的三個朋友祈禱，而約伯三友也要向神認罪，神對他們說：

「現在你們要取七隻公牛，七隻公羊，到我僕人約伯那裏去，為自己獻上燔祭，我的僕人約伯就為你們祈禱。我因悅納他，就不按你們的愚妄辦你們。你們議論我，不如我的僕人約伯說的是。」(伯42：8)

最有趣和特別的是，後來神怎樣對待約伯呢？**神再次賜福約伯，他又有十個兒女，神所賜給他的羊和駱駝的數量，全都是雙倍於最初他擁有的：**約伯原有七千隻羊、三千隻駱駝（伯1：2）；「耶和華後來賜福給約伯比先前更多。他有一萬四千羊，六千駱駝，一千對牛，一千母驢。」（伯42：12）

有些學者認為，神認為約伯不應該受苦，所以現在雙倍賜福給他。因此，**〈約伯記〉這卷悲觀智慧書，肯定了神的正義，和神所創造的規律。神透過約伯的經歷重申：這個世界是有秩序的，是有道德律則的，**雖然約伯曾經一度迷茫、痛苦不堪，但最終義人仍得著神的賜福。

祈禱

這位容讓約伯經歷痛苦的全能者，這位未必完全解答我們所有問題的宇宙主宰，我們要敬拜你。你的作為偉大，超乎我們所能想像。你無須向我們解釋你每一個作為，不過，你應許了必有恩惠慈愛隨著我們。所以，我們可以放心把一生交託給你，由你掌管，因為知道或順或逆，總有你的美意。願我們也能像約伯一樣，見証你就是智慧的源頭，從永遠到永遠，你是唯一值得尊敬信服的真神！

奉主耶穌基督名字禱告，阿們。

生活應用

1. 當你或親人面臨人生的苦難時，你內心有何感受？情緒有何變化？恐懼、徬徨、無助、懷疑、灰心、孤單、失望、憤怒、埋怨、後悔、內疚、質疑、忍耐、安息、放手、信靠、等待……？
2. 請分享你在苦難中的心路歷程。〈約伯記〉的信息對你有何啟迪？

福音書

馬太福音・
馬可福音・路加福音・約翰福音

教會史

使徒行傳

第十六課

馬太福音

梁美心

我會分三個部分講解〈馬太福音〉。第一部分，簡介〈馬太福音〉的一些基本資料；第二部分，以〈馬太福音〉的整體結構和佈局作為切入點，探索耶穌的身分。第三部分，收窄焦點，集中思想耶穌基督的兩段教訓。盼望我們能夠深入明白耶穌的教導，反省自己應當怎樣作主的門徒，以及門徒該有的生命素質。

基本資料

〈馬太福音〉的作者是使徒馬太。他有另一個名字，叫「利未」。馬太信主前的工作是稅吏，負責替羅馬政府收稅。在當時的猶太人社會，「稅吏」是受人鄙視的職業；因為猶太人受羅馬人的統治和欺壓，所以打「政府工」可以說是為虎作倀，協助當權者壓迫自己的同胞。但是，神的救恩臨到馬太，他就歡歡喜喜地回應耶穌的呼召，跟隨主成為祂的門徒。

公元70年，發生了一件大事，羅馬人摧毀了耶路撒冷。〈馬太福音〉很可能寫於約在公元60-70年期間，在耶路撒冷和聖殿被毀前。馬太主要是寫給懂得說希臘語的猶太人，或者有猶太背景的外邦人，主要寫作目的有兩個：

第一，**證明耶穌是彌賽亞。**〈馬太福音〉多處有引用舊約《聖經》，尤其關於耶穌是「大衛的子孫」，是「末後要來的大衛王」等經文。馬太引述這些經文，要證明耶穌不僅是一個普通人，乃是舊約《聖經》所預言、在末後要來的大衛王，即基督。

第二，**堅固讀者的信心。**透過說明耶穌的君王及彌賽亞身分，馬太希望讀者更加確定自己的信仰，扎根穩固。

基於〈馬太福音〉這兩個寫作目的，我期望透過與大家一起研讀這本福音書，能夠堅固我們的信仰。讓我們的心靈再次受到神的話激勵，確信我們所宣認的神——耶穌基督，並非只是一個普通人，也不只是一個曾被掛在木頭上，死了，埋在墳墓裏，卻沒有復活的主。**事實上，主耶穌基督已經從死裏復活，祂就是末後要來的大衛王！**

耶穌家譜

四本福音書中，只有兩本記載了耶穌基督的家譜：〈馬太福音〉和〈路加福音〉。在後者，耶穌的家譜位於第3章，在前者，耶穌的家譜是在第1章。四本福音書各有不同的重點。**〈馬太福音〉強調耶穌是君王，且具有大衛王這個身分。馬太開卷第一章就記載耶穌的家譜，**由於這本福音書位於新約《聖經》的開端，所以，耶穌的家譜不但展開馬太福音，也展開整本新約《聖經》。

對猶太人來說，族譜或家譜是非常重要的，因為他們能從譜系知道自己的祖先，確定自己是亞伯拉罕的後裔，有純正的血緣和民族性。換句話說，猶太人的家譜能表明自己是神的子民，是屬神羣體的一份子。

馬太開宗明義宣告：「亞伯拉罕的後裔，大衛的子孫，耶穌基督的家譜。」（太1：1）在希臘文《聖經》中，此三句次序與中文《聖經》剛好相反。換言之，〈馬太福音〉，乃至全新約《聖經》，第一句話就是「耶穌基督的家譜」。在以色列史中，亞伯拉罕和大衛都是重要人物：亞伯拉罕是以色列人先祖，是備受尊崇的「信心之父」；大衛是神所揀選治理以色列國的君王。由此看來，馬太一開始就想強調：耶穌基督確是神所應許、在末後要來臨的彌賽亞。

「這樣，從亞伯拉罕到大衛共有十四代；從大衛到遷至巴比倫的時候也有十四代；從遷至巴比倫的時候到基督又有十四代。」（太1：17）

馬太將家譜分為三部分，每一部分包括「十四代」，這樣的安排原因可能是：

十四等於「七乘二」，而在《聖經》傳統中「七」這數字含有完全和圓滿的象徵意思。此外，在古代一些字母有其相等的數字，所以人的名字可以轉化為數值，例如耶穌的希臘名字數值是「888」(對香港人而言，這是一個「幸運號碼」。)「十四」，是希伯來文「大衛」的數值。 由此看來，馬太刻意強調「十四」，很有可能要透過這個數字告訴讀者，耶穌基督確是「大衛的子孫」，是舊約《聖經》所應許末後要來的大衛王。值得一提的是，〈馬太福音〉稱呼耶穌為「大衛的子孫」，總共有九次之多，遠超過其他三本福音書：〈馬可福音〉三次；〈路加福音〉四次；〈約翰福音〉則沒有這個稱號。簡單來說，馬太顯然要在著作的開頭就強調耶穌基督是「大衛王」。

馬太所記載的耶穌家譜另有一個獨特之處，就是家譜包括了五個女人。第五個女人是耶穌的母親馬利亞(太1:16)，她是猶太人；餘下四人全是外邦人——她瑪、喇合、路得和「烏利亞的妻子」，即拔示巴。她們的背景：

1. 她瑪，亞瑪力人，雅各的兒子猶大的媳婦(太1:3；創38章)；
2. 喇合，迦南人，耶利哥城的妓女(太1:5；書2:1)；
3. 路得，摩押人，〈路得記〉的主角(太1:5；得1:4)；
4. 拔示巴，曾是烏利亞的妻子，丈夫死後嫁給大衛為妻，後來生了所羅門王(太1:6)。馬太沒有直接說明拔示巴的名字，只用「烏利亞的妻子」這片語來介紹她。根據《聖經》的記載，烏利亞是「赫人」(撒下11:3)，所以拔示巴很可能也是外邦人。

猶太人的家譜和中國人的家譜一樣，都以父系為軸線，通常只提男性名字，女性名字則附屬於父系之內。但是，在耶穌的家譜中竟然出現五個女人的名字，皆沒有顯赫的家族背景，而且其中四個是外邦人，迦南人喇合還是一個妓女。這些外邦女子在耶穌的家譜中享有一席之地，不禁令人嘖嘖稱奇，當中很可能隱含一個意思：**福音的普世性和包容性。**她們在〈馬太福音〉一開頭時出現，**遙遙呼應了該書的結語：耶穌基督要萬民——猶太人、外邦人、男的、女的——都作祂的門徒的「大使命」(太28:18-20)。**

雖然耶穌是猶太人，最初的門徒也全都是猶太人，但當福音逐漸擴展，就有許多外邦信徒，其中一位更成了新約《聖經》的作者——路加醫生。接著，福音傳到世界不同國家，也臨到中國，臨到我們。神的福音是普世性的。**主的心意是要萬民都認識祂，得著豐盛的生命，恢復起初神創造人時，所賦予人的尊嚴和神的形象。**每一個信徒都須明白福音的普世性，要學習兼容和接納不同種族、背景和社會階層的人；我們每一個人都要作胸懷普世的基督徒。

〈馬太福音〉的結構

〈馬太福音〉開頭是耶穌的家譜，結語則是耶穌頒佈的大使命，兩者之間記載了五大段耶穌的教導，每段結語相類似。馬太這匠心佈局使每個閱讀這本福音書的人都知道，**如果要跟從主耶穌，完成祂所頒佈的大使命，就必須立志作耶穌的門徒。**

	經文	主題／結語經文
1	5至7章 結語：7：28	登山寶訓——天國子民必須具備的素質 「耶穌講完了這些話，眾人都希奇他的教訓。」
2	第10章 結語：11：1	天國門徒——當背起自己的十字架，跟從耶穌 「耶穌吩咐完了十二個門徒，就離開那裏往各城去傳道教訓人。」
3	第13章 結語：13：53	天國的比喻——撒種的比喻，芥菜種的比喻，等七個比喻 「耶穌說完了這些比喻，就離開那裏。」
4	第18章 結語：19：1	天國的比喻——失羊的比喻，無憐憫心的僕人比喻等 「耶穌說完了這些話，就離開加利利，來到猶太的境界、約但河外。」
5	24至25章 結語：26：1	末世的先兆和比喻——十個童女的比喻，才幹的比喻等 「耶穌說完了這一切的話，就對門徒說。」

〈馬太福音〉共二十八章，轉捩點是在第13章，大約位於全本書的中間。在這一章，耶穌講道的對象漸漸由「羣眾」（太13：1-35）轉向「門徒」（太13：36-52）。起初，耶穌對廣大的羣眾宣講教訓，眾人反應不一：有些人冷淡對待，也**有一批人回應**

耶穌基督的呼召，成為主的門徒。

從第13章開始，耶穌開始轉移事工的焦點，祂展開在猶太人圈子以外的事工；此外，祂投入更多時間對門徒講道，並不表示祂不再向眾人傳道。不過，**耶穌在門徒身上投放更多心血，以致當祂死亡、復活和升天後，他們可以肩負起完成「大使命」的重任。**

從耶穌的教訓反思門徒的素質

耶穌五大段教訓中的第一和第五段所佔篇幅頗長，共五章經文，而第二、三、和四段教訓所佔篇幅較短，只各有一章。我們可以從篇幅的長短看到，**首尾二段耶穌的教訓是相當重要的。**讓我們透過研讀耶穌這兩大段教訓，思想門徒須具備的生命素質，以及要堅持的使命。

第一段，登山寶訓（太5-7章）

登山寶訓引言：1. 八福（太5：1-12）；2. 核心教訓（太5：13-7：12）；3. 登山寶訓結語（太7：13-28）。

在舊約時代，摩西「登上西乃山」領受神所頒佈的律法，然後向神的百姓宣告誡命和典章；所以，**在猶太人的觀念中，「山」是神賜下啟示的地方。**在新約時代，耶穌也「登山」向那些跟隨祂的人宣講重要的教訓。要留意的是，第5章至7章的核心教訓開始不久後一句（太5：17），及其結束的一句（即登山寶訓的結語開首部分），內容十分類似，**皆出現「律法和先知」的字眼。**這兩個句子好像括號一樣圍起其中的核心教訓，**反映出它的信息涉及新約與舊約的關係：**

1. 耶穌說：「莫想我來要廢掉律法和先知。我來不是要廢掉，乃是要成全。」（太5：17）
2. 耶穌說：「所以，無論何事，你們願意人怎樣待你們，你們也要怎樣待人，因為這就是律法和先知的道理。」（太7：12）

雖然「登山寶訓」是屬於新約時代的教導，但這並不表示過往神的啟示和律法就可以全部廢棄；相反，**耶穌表示要成全律法和先知的道理**（太5：17）。事實上，**新約是建基在舊約上的，**因此，我們必須在舊約《聖經》的基礎上，了解耶穌的教導。

主耶穌怎樣總結登山寶訓呢？祂強調「實踐」的重要性（太7：13-27）。這段經文出現多個對比，例如：

1. **兩類門（太7：13-14）：**「窄門」與「寬門」，你會選擇走那一道門呢？
2. **兩類果樹（太7：15-20）：**「這樣，凡好樹都結好果子，惟獨壞樹結壞果子。好樹不能結壞果子；壞樹不能結好果子。」（太7：17-18）兩類不同的果樹，結出不同的果子，不能混雜一起的。你只能選擇其中一類；
3. **兩類宣稱耶穌為主的人（太7：21-23）：**其中一類人稱呼耶穌「主啊，主啊」（太7：21），生活上卻不遵行耶穌的旨意；耶穌不會認他們為門徒；由此可以推論出另一類人，就是那些宣認耶穌為主，在生活上也切實遵行神旨意的人；耶穌會認他們為門徒；
4. **兩類建造房子的人（太7：24-27）：**他們分別把房子蓋在不同的根基上。一類人把房子蓋在穩固的「磐石」根基上，另一類人把房子蓋在「沙土」上。按照比喻的解釋，二者的分別是人聽了耶穌的教導後，有否遵行祂的話。

上述的對比都強調只有兩類情況，而且必須「二揀其一」：要麼走窄路、要麼走闊路；要麼結好果子，要麼結壞果子；要麼認耶穌為主，又切實遵行祂的旨意，要麼認耶穌為主，卻不遵行祂的旨意；要麼把房子的根基立在磐石上，要麼把根基立在沙土上。兩者並無重疊之處。

在登山寶訓的結語中，主耶穌提醒眾人：現在你已聽了很多教導，聽完了，又怎樣回應呢？正如摩西曾苦口婆心地勸告以色列人，將生死禍福陳明在他們面前，囑咐他們必須揀選生命，並要一生跟隨和事奉耶和華（申30章）。耶穌也斬釘截鐵宣告，那些聽見祂的話並遵行的人，根基就會穩固，風吹雨打也不必懼怕（太7：24-25）。相反，如果我們「左耳入、右耳出」，聽了耶穌的話卻不在生活中實踐出來，光說不練假把戲，危難臨到的時候，就顯出信仰的根基不穩（太7：27）。

在登山寶訓的結語中，有一些字眼重複出現，例如希臘動詞*poieō*。中文《聖經》視乎上下文，把它譯為「結」、「遵行」或「行」等：

1. 「這樣，凡好樹都結好果子，惟獨壞樹結壞果子。好樹不能結壞果子；壞樹不能結好果子。凡不結好果子的樹就砍下來，丟在火裏。」（太7：17-19）這段經文描述「結」果子，當中五個「結」字都譯自希臘動詞*poieō*。
2. 「凡稱呼我『主啊，主啊』的人不能都進天國；惟獨遵行我天父旨意的人才能進去。」（太7：21）。這節經文同樣用希臘動詞*poieō*，中文《聖經》則譯為「遵行」。
3. 「所以，凡聽見我這話就去行的，好比一個聰明人，把房子蓋在磐石上；……凡聽見我這話不去行的，好比一個無知的人，把房子蓋在沙土上。」（太7：24-26）在原文，兩個「行」字都是*poieō*。

大家想像一下，如果當時你在場聆聽主耶穌宣講登山寶訓，已經聽了約三章經文的教導，到了最後，耶穌重複使用同一個動詞，不斷呼籲聽眾要「結」果子、要「遵行」天父的旨意、要把教訓「行」出來。我相信在場的每一個人都心裏明白：只「聽」是不夠的，還要「行」出來。

今天，我們這羣信主的人也要提醒自己，聽了主的道後，也要讓神的教訓在我們的生命中扎根，要把真理「行」出來，「活」出來；否則，別人所看到的是我們只會口講，卻不做自己所說的。這樣的話，即使我們說得如何漂亮，也不會有感染力。我們經常說：用生命影響生命。生命怎樣影響生命呢？我們必須讓聖經真理成為自己生命穩固的根基，有諸於內，形諸於外。盼望我們一言一行能自然流露出主耶穌的樣式，如此就能感染人、影響人。因為我們的生活樣式若不符合主的教導，不符合神的旨意，我們所帶來的影響會是負面的影響。如果你有兒女、或者在造就門徒，你叫他們做一些事情，自己卻不努力做，就不會有說服力。正如雅各說：「只是你們要行道，不要單單聽道，自己欺哄自己。」（雅1：22）

總而言之，主耶穌登山教導門徒，宣講了許多寶貴的教訓，**結束時，祂強調我們要踐信於行。**

第五段，末世的先兆和比喻（太24-25章）

耶穌上了橄欖山，「在橄欖山上坐著，門徒暗暗地來說：『請告訴我們，什麼時

候有這些事？你降臨和世界的末了有什麼預兆呢？』」(太24:3)

於是，耶穌開口講論世界末日的先兆，諸如戰爭和天災：「民要攻打民，國要攻打國；多處必有饑荒、地震。」(太24:7) **耶穌也強調，祂再來的日子和時間，是沒有人能夠預料的。以前曾有不少人提出一些末日來臨的日期，次次都落空，**現在又有人預言2012年尾是世界末日，耶穌再來。但是，按照耶穌的話，無人能夠預料祂什麼時候回來——「但那日子，那時辰，沒有人知道，連天上的使者也不知道，子也不知道，惟獨父知道。」(太24:36)

「你們要儆醒，因為不知道你們的主是哪一天來到。」(太24:42)

「家主若知道幾更天有賊來，就必儆醒，不容人挖透房屋；這是你們所知道的。所以，**你們也要預備，**因為你們想不到的時候，人子就來了。」(太24:43-44)

「在想不到的日子，不知道的時辰，那僕人的主人要來。」(太24:50)

耶穌多次表示，將來祂回來的日子是沒有人能夠預測的，**所以，我們要時刻保持儆醒。**在第24章至25章，耶穌說了三個比喻，不斷告訴我們應當怎樣預備自己迎接祂的再來。讓我們看一看這三個比喻。

1. 善僕與惡僕的比喻(太24:45-51)

那些人是「善僕」呢？即使主人不在家，善僕不會偷懶、不會醉酒，也不會打同伴。

「惡僕」呢？惡僕會趁著主人不在時偷懶、醉酒，欺負同伴。(太24:48-50)

善僕與惡僕的比喻提醒我們，當主人不在的時候，要做「善僕」，不要做惡僕趁機偷懶。**我們是一羣事奉神的人，當主人不在的時候，耶穌仍未回來之時，我們要忠心作工，竭力完成召命。**

2. 十個童女的比喻(太25:1-13)

「那時，天國好比十個童女拿著燈出去迎接新郎。其中有五個是愚拙的，五個是聰明的。愚拙的拿著燈，卻不預備油；聰明的拿著燈，又預備油

在器皿裏。」(太25:1-4)

怎料,新郎比她們預期的時間遲了來到,當他終於來到時,愚拙的童女油燈的油用完了,「愚拙的對聰明的說:『請分點油給我們,因為我們的燈要滅了。』聰明的回答說:『恐怕不夠你我用的;不如你們自己到賣油的那裏去買吧。』她們去買的時候,新郎到了。那預備好了的,同他進去坐席,門就關了。」(太25:8-10)

最終,那五個愚拙的童女因為沒有預備足夠的油,被拒於門外,不能進去參與新郎的婚宴,因為預備「足夠」的油是每一個童女的責任,是不能「借」來的。

25章13節是主耶穌對門徒的訓勉:「所以,你們要儆醒;因為那日子,那時辰,你們不知道。」(太25:13)

十個童女的比喻中的「新郎」象徵耶穌基督,比喻提醒我們**要為末日來臨做好預備,迎接主的再來。**我們並不知道耶穌會在什麼時間再來,也許祂會如比喻中的情況一樣,較我們預期的時間遲了。**但是,祂一定會來!我們預備好了嗎?我們是否時刻儆醒呢?**

3. 才幹的比喻(太25:14-30)

十個童女的比喻提醒我們,要有充足的「預備」,迎接耶穌的再來;不過,這個比喻沒有說明怎樣預備。接著的才幹比喻進一步說明門徒應當「如何(How)」預備自己。

在才幹的比喻中,主人有數個僕人,臨行出遠門前,他給一個僕人五千銀子,一個僕人二千銀子,一個僕人一千銀子。過了一段時間,主人回來後,查問他的僕人如何運用那些銀子。**那領五千和二千銀子的兩個僕人,皆被主人稱讚為「又良善又忠心的僕人。」(太25:21, 23)因為他們把銀子拿去做買賣,按照主人的吩咐,運用主人給他們的銀子。**

但是,那個領了一千銀子的僕人,卻被主人責備為「又惡又懶的僕

人」（太25：26）。這個僕人沒有去做買賣，沒有把銀子拿去投資。其實他可以買「股票」或「基金」，**但他什麼也沒有做，**只「去掘開地，把主人的銀子埋藏了。」（太25：18）主人責備這個惡僕：「你明知我叫你把一千銀子拿去賺錢，但是你偏偏不用，把錢埋藏在地裏。你以為把一千銀子原封不動交回給我，我就不會憤怒嗎？不是這樣的！**我叫你運用，但是你不用，你就是一個又惡又懶的僕人！**」這個僕人的如意算盤是「保本」，卻沒有想到社會有「通脹」的。銀子埋在地裏，通脹後那一千銀子就「貶值」了，可能價值下跌到只有九百多銀子。若他聰明一點，應該把一千銀子轉換「人民幣」，這樣就不需要特別做什麼事情，銀子就會升值。可是，這個僕人竟然把銀子埋在地裏，沒有履行主人的吩咐。

「才幹的比喻」中心思想是：**神賜給了我們一些「銀子」，可能是恩賜、技能、機會、財富、學識，甚至時間和人際網絡，我們在等候耶穌再來的時候，必須忠心運用這些東西，履行使命。**其實我們所擁有的一切，包括此刻的生命氣息，全都是神所賜予的。如果我們不運用主所給的恩賜、才幹或資源，當主人（耶穌）回來的時候，我們就會被責備是「又惡又懶的僕人」。

也許有人說：「我擔心自己能力不足，運用恩賜不理想；若我賺不到錢，無法用二千元賺取另外二千元，或用五千元賺取另外五千元，怎麼辦呢？**如果我蝕了錢，會不會被主人責罵呢？」請大家放心，天國的生意穩賺不賠，關鍵是你有否忠心運用主給你的恩賜和才幹。主耶穌知道你的景況，會悅納你樂意事奉的心。**

盼望耶穌基督駕雲榮耀降臨地上的時候，我們每一個人都能蒙主稱讚為「又良善又忠心的僕人」！願我們的人生對得起主，忠心完成祂的託付。

總結

〈馬太福音〉所強調的信息是：耶穌基督是普世的救主，是舊約《聖經》所預言要來的彌賽亞，是榮耀的大君王！主耶穌的教導強調生命的改變，我們跟從主耶穌基督的人，要有穩固的信仰基礎，實踐主的教導，活出門徒應有的生命素質。我們的主會在人預料不到的時候，突然再臨地上。因此，我們務要保持儆醒，**認定我們是屬於主這個榮耀的身分；又要實踐主的教導，**忠心運用神所賜予的資源，努力完成大使命！

祈禱

主耶穌啊，我們敬拜讚美你，你是榮耀的大君王！你是彌賽亞、是救贖主！我們感謝你願意紆尊降卑，取了人的樣式，來到世間，拯救我們這些罪人，你洗淨我們的罪，使我們能夠與神重建個人關係，又賜給我們永生的盼望。主啊，你成就了極重無比的救恩！幫助我們這羣蒙恩的人，千萬不要忘記你的恩惠。

我們求主幫助，使我們能時刻儆醒，好好預備自己，迎接你榮耀的再來！我們感謝主，讚美你，敬拜你。我們同心獻上禱告，是奉靠耶穌基督得勝的名字，阿們。

生活應用

「主必再來」這一事實怎樣影響你的價值觀和人生取向？如果今天耶穌就再臨地上，你會有何反應？

第十七課

使徒行傳

梁美心

上周我與丈夫的家人一起去掃墓。他們全都是基督徒，外子是家裏第三代信徒，第二代牧師。我們抵達墓園後，外子看著先人的墓，感慨地説：「前人留下了屬靈的遺產，就是他們帶領自己的孩子信主，繼而影響兒孫也成為基督徒。」

我曾經往美國紐約旅行，去到一個叫「艾利斯島」（Ellis Island）的地方。十九世紀末至二十世紀中時，艾利斯島是許多美國移民抵埠的第一站。他們在這裏做身體檢查和辦理入境手續，所以，艾利斯島上儲存了許多美國早期移民的資料。島上提供多部電腦供人搜索自己的先祖，訪客只需輸入資料，就可嘗試查出自己的先祖在什麼時候來到美國，了解自己的家族歷史。

每一個生活在世上的人，都有自己的過去，有自己的歷史。也許有人説：香港人是「無根的一代」；**不過，作為基督徒，我們絕對是有根的，所謂的「根」，是指我們繼承了從創世伊始，到新約時代教會的建立，且直到現在，神的普世救贖計劃**。我們這一代基督徒——生活於二十一世紀的香港，宣認耶穌為救主、為基督的——**都傳承了神的救恩歷史，初期教會的故事也是你和我的故事**。所以，今天我們要透過研讀〈使徒行傳〉，展開一場「尋根」之旅。我們會回顧大約二千年前，初期教會成立的經過。當時的教會發展是否一帆風順？是否是一個十全十美、毫無瑕疵的羣體？為什麼初期教會可以快速的擴展？

作者：路加醫生

〈使徒行傳〉是一本非常獨特的書。若以篇幅長度計算，〈路加福音〉是新約《聖經》裏最長的一本書，〈使徒行傳〉則排第二。如果你讀完這兩本新約著作，就差不多讀了新約《聖經》的四份之一。**按照新約正典二十七本著作的編序，〈使徒行傳〉排第五，**緊接在四本福音書之後。福音書以傳記的形式，從四個不同的角度演繹耶穌基督的生平和事工。當你讀完它們後，就會讀到〈使徒行傳〉，看見初期教會的成長過程，福音怎樣從一小羣猶太人開始，跨越種族、地域和文化的疆界，直傳到地極。〈使徒行傳〉之後是保羅的書信，由此你能瞥見保羅在外邦羣體中的福音工作，了解「外邦人的使徒」在巴勒斯坦地以外所建立的教會實況。

〈使徒行傳〉約在公元六十至七十年間寫成，**作者是路加醫生，他是保羅的宣教同工**（西4：14；門24；提後4：11）。〈使徒行傳〉有四處用了第一人稱的眾數「我們」，英文通常稱這些經文為“We-passages”。這四個「我們」段落，分佈在第16章、20章、21章和27章。**很有可能在保羅的第二和三次宣教旅程期間，路加加入了保羅的宣教團隊。**「我們」的第一次出現，是在第16章：「在夜間有異象現與保羅，有一個馬其頓人站著求他，說：『請你過到馬其頓幫助我們。』保羅既看見這異象，我們隨即想要往馬其頓去，以為神召我們傳福音給那裏的人聽。」（徒16：9-10）

由於這段「我們」經文緊接在馬其頓的異象（徒16：9）之後，有學者認為路加在此時加入保羅的宣教隊伍，「我們」包括了路加在內。後來，在第17章，保羅離開了腓立比往帖撒羅尼迦，敘述就轉回第三人稱。「我們」第二次出現是在第20章5節，地點應該是腓立比（徒20：6），由此觀之，當初路加有可能在腓立比留了下來，協助建立當地初生的教會。

此外，保羅寫信給歌羅西教會時，提及「所親愛的醫生路加和底馬問你們安」（西4：14）。從這句問安語可以推論，當時路加與保羅在一起，而且他和歌羅西教會的人熟稔，因此保羅在信函中特別指出路加向教會問安。

〈使徒行傳〉的「我們」段落，反映這本著作中有關保羅的事工和遭遇，並不只是作者四處採訪得來的資料，乃是有作者親身的經歷。路加曾伴隨保羅四處奔波宣教，也曾留守一方服侍教會；無論前線或後方的事奉，路加都曾投身其中。

若耶穌是在公元三十年（或三十三年）被釘十字架，又若〈使徒行傳〉是在公元六十至七十年間寫成，這樣的話，耶穌離世、升天後約三十年，教會已從一小羣人迅速擴展開去，不但人數急增，族裔也突破了猶太人羣體，拓展到外邦人的社區，連地域也從亞洲躍進非洲和歐洲。正如〈使徒行傳〉的鑰節經文所言：「但聖靈降臨在你們身上，你們就必得著能力，並要在耶路撒冷、猶太全地，和撒瑪利亞，直到地極，作我的見證。」（徒1：8）而今天，我們得以知道初期教會的發展歷程，因為路加醫生忠實地將事件記錄在〈使徒行傳〉裏。

寫作對象

路加提筆寫書給什麼人讀呢？〈使徒行傳〉和〈路加福音〉的序言都提及同一個人，名叫「提阿非羅」：因為「提阿非羅」的意思是「神所愛的人」，所以有人認為他是虛構人物，但是，我認為提阿非羅並非路加虛構出來的角色，乃是一個**真實人物**。古代寫書是一件很昂貴的事，路加還要週遊各地搜集資料，所以需要有人贊助。提阿非羅大人很有可能是當時社會上一個有地位的人，在經濟上支持路加前往不同地方搜集資料，寫成這兩卷書。

雖然〈使徒行傳〉（和〈路加福音〉）的序言提及提阿非羅，但路加心目中的讀者應不僅他一人，乃有一個廣泛的對象。學者普遍認同，〈使徒行傳〉的讀者是**以外邦基督徒為主，尤其是「敬畏神的人」**（God-fearers）。在〈使徒行傳〉多個段落中，常有一些人被形容為敬畏神，例如：第10章的外邦人百夫長「哥尼流」和他「全家都敬畏神」（徒10：2, 22, 34-35），使徒彼得蒙聖靈引領來到哥尼流的家，說：「原來，各國中那敬畏主、行義的人都為主所悅納。」（徒10：35）另外，當保羅在會堂裏宣講福音時，聽眾包括「以色列人和一切敬畏神的人」（徒13：16）；他在腓立比的河邊遇到一個婦人，名叫「呂底亞」（Lydia），她來自推雅推喇城，「素來敬拜神」（徒16：14）。無論保羅在帖撒羅尼迦、雅典或哥林多傳道，都遇到一些路加形容為「敬畏神」的人。

這些「敬畏神的人」**是外邦人，在猶太人的會堂裏與他們一起敬拜神。**要注意的是，「敬畏神的人」與「進猶太教的人」（*pros□lytos*，徒2：10；13：43）有不同的身分。「進猶太教的人」是指甘願行割禮並徹底歸信猶太教的外邦人；**「敬畏神的人」雖是猶太教的慕道友，但他們沒有受割禮，並未正式「轉教」。他們對猶太人所信奉的神——耶和華，有一顆仰慕的心，或對猶太人的律法很有興趣，想知道更多；於是這些外邦人就恆常到猶太會堂，參與聚會，學習猶太教的道理。**

神的恩典和憐憫臨到這些尋求真道的外邦人，使他們明白和得著救恩。路加醫生相信耶穌以前，很可能也是一位敬畏神的人，常在會堂裏聽道，所以他對舊約《聖經》非常熟悉。

著書目的

〈使徒行傳〉展示初期教會發展的里程碑，說明教會在神的救恩歷史中的角色和地位。新約《聖經》開頭四本福音書，以傳記的形式回答「耶穌是誰？」這個問題，來到〈使徒行傳〉，方向就稍為轉了一點。這本著作不是以傳記形式寫成，它所要回答的問題是「誰是神的子民？」，所涉及的是「教會論」（Ecclesiology）的範疇。路加強調「神的子民」其定義準繩不是民族，所有宣認耶穌為基督的猶太人和外邦人都是屬神的羣體。

雖然耶穌所揀選的十二個使徒全都是猶太人，但是，隨著福音傳到羅馬帝國不同地方，愈來愈多外邦人加入教會。最初接受福音的外邦人可能主要是敬畏神的人。他們一直對猶太教有興趣，後來明白耶穌就是彌賽亞，所以就歸信祂。這些外邦人進入以猶太人為主流羣體的教會時，自然會問：「到底我是否神所揀選的子民呢？神與亞伯拉罕所立的約、神給大衛家的應許，與我們有沒有關係呢？」路加本身也是敬畏神的外邦人，這一點可以解釋為何路加對「外邦人是否神的子民？」這個課題有濃厚的興趣。

路加在〈使徒行傳〉的序言表示：「我已經作了前書」（徒1：1），「前書」應是指〈路加福音〉。因此，我們研讀〈使徒行傳〉或〈路加福音〉時，須謹記它們的故事有連續性，視它們為「同一本書」的上、下集。這樣的話，〈路加福音〉就是我們研讀〈使徒行傳〉時一本最重要，也可以說是最早期的「註釋書」。換言之，如果你在〈使徒行傳〉中有些地方看不明白，應該去看一看它的上集，從中尋找釋經的線索和亮光。

〈路加福音〉是一本傳記，主角是耶穌基督，但它的下集的焦點並不在傳記人物的身上。〈使徒行傳〉的焦點是：當傳記的主角耶穌離開世界後，祂所揀選的一羣門徒，在地上傳承祂所成就的救贖使命和計劃。〈使徒行傳〉開始時描述復活主向門徒顯現，並在他們眼前升到天上去，內容與〈路加福音〉的結尾頗為類似（路24：50-52）。如果將這兩本書結合一起來看，中間重疊的敘事就是主耶穌從死裏復活並升天。可以說，耶穌離開世間升到天上去，成了兩本書的一個關連之處。雖然路加在〈使徒行傳〉中花大量的篇幅述說初期教會的拓展，並福音怎樣傳到不同的地方，但是，路加所關心並要強調的，是初期教會的一切發展都是建基於、傳承著、倚靠著、高舉著、宣揚著，耶穌的死亡、復活和升天。

路加的記錄清楚呈現，初期教會從誕生的第一天開始，就經歷種種內憂外患：外有猶太人的攻擊，異教徒的逼迫；內有跨民族的相處張力，領袖對事工的看法不一，甚至有信徒犯罪。是什麼驅使初期教會堅持不懈，永不言棄？是什麼驅使保羅、驅使路加、驅使彼得去傳福音？縱使他們面對困難，甚至被抓去坐牢、被毆打，仍然堅持到底，寧死不屈？無他，他們清晰確定自己事奉的目的是要高舉那位從死裏復活並升天的主耶穌。所以，當我們讀〈使徒行傳〉的時候，必須牢記「主耶穌的受死、復活和升天」這個信仰的核心。

〈使徒行傳〉三部曲

在地理進程上，〈使徒行傳〉和〈路加福音〉的發展剛好相反。後者先把耶穌的誕生置於羅馬政權的歷史中（路2：1），然後記敘耶穌在猶大地、加利利和撒瑪利亞的事工，最後耶穌在耶路撒冷被釘在十字架上。〈使徒行傳〉1章8節所預告的地理進程卻是：福音從耶路撒冷開始，廣傳於猶大地，臨到撒瑪利亞，並最後

傳到地極(保羅被押送到羅馬)。整本〈使徒行傳〉可以分成三大部分:

1. 徒1:1-6:7,教會在耶路撒冷建立和成長;
2. 徒6:8-9:31,福音傳到猶大地及撒瑪利亞。因司提反殉道,門徒大受逼迫,離開耶路撒冷,於是福音臨到撒瑪利亞;
3. 徒9:32-28:31,神的福音臨到外邦人。這些經文記載了保羅的第一次、第二次和第三次宣教旅程,最後他在羅馬公開宣講神的國。

也許你會問:為什麼要提到撒瑪利亞呢?如果路加要強調福音或教會的普世性,為何他不直接記敘福音從耶路撒冷傳到外邦的羣體?若要明白福音臨到撒瑪利亞的神學意義,我們需要先了解一些歷史背景。

約公元前930年,以色列國分裂為南國和北國,南國的首都是耶路撒冷,含猶大和便雅憫兩個支派;北國的首都是撒瑪利亞,含其餘十個支派。公元前722年,北國先亡於亞述,十個支派散落異鄉,下落不明;百餘年後,約公元前587/586年,南國亡於巴比倫。**猶太人的末世期盼包括,當彌賽亞來臨的時候,以色列會復國,且南國和北國會統一。在〈使徒行傳〉中,耶路撒冷可代表南國,撒瑪利亞可代表北國。福音由耶路撒冷開始,傳到撒瑪利亞,有人信主,就象徵在末世裏以色列的合一。**從這個角度來看,我們就能明白為何路加沒有省略腓利在撒瑪利亞傳福音的事,反而刻意指出福音臨到「撒瑪利亞」。在耶穌基督裏,神的百姓須是合一的羣體。

既然路加著重「以色列的合一」這課題,可見在他的觀念中,縱使福音要臨到外邦的羣體,和耶穌的救恩開始一個新的時代,路加並不認為舊約時代和以往神的啟示是可以廢棄的。新約神的子民和舊約神的子民同屬一個救恩歷史。**〈路加福音〉和〈使徒行傳〉有許多舊約《聖經》的素材,**當中一些是直接的舊約引文,一些是間接的舊約旁引,一些是隱晦的舊約迴響。路加對救恩歷史的傳承觀念,有很清晰的洞見。他知道教會雖然包括外邦人,是跨民族性的,但是,這不表示舊約時代神對祂子民的應許就此一筆勾銷。隨著耶穌的降生、死亡、復活和升天,末世已經在今世開始,在耶穌所建立的羣體裏,舊約時代神對以色列的應許將會實現。

〈使徒行傳〉共二十八章，中央位置約在第15章。在這一章裏，路加記載了耶路撒冷會議。會議之前，是保羅的第一次宣教旅程；會議之後，是保羅的第二和第三次宣教旅程。**在初期教會的發展史中，耶路撒冷會議是一個重要的里程碑，因為它決定了外邦基督徒無須行割禮和嚴守摩西律法，也能蒙接納加入屬神的羣體。無論外邦或猶太的基督徒，得救完全是基於「主耶穌的恩」(徒15：11)。**

這場會議議決外邦信徒仍要遵守四件事：第一，禁戒偶像的污穢；第二，不可姦淫；第三，不可吃勒死的牲畜；第四，禁戒血。

學者對這四個禁令，有不同的見解。近代的一個看法，也是我個人的看法，**就是這些禁戒與外邦人拜偶像的陋習有關，為的是提醒外邦基督徒：「現在你們信了耶穌，就必須與過去拜偶像、異教的生活習慣一刀兩斷，絕不可繼續過那種敗壞的生活方式。」**

保羅的三次宣教旅程

路加一共記錄了**保羅三次宣教旅程。**

第一次宣教旅程(徒12：25-14：28)，保羅從「安提阿」出發，途經很多城市，例如：「路司得」、「彼西底的安提阿」和「別加」(徒13：1-3, 13-14)。這次宣教旅程，「稱呼馬可的約翰」是團隊的一位成員(徒15：37)，他是巴拿巴的表弟或外甥。但是，到了「別加」，馬可就離開宣教隊伍。保羅和巴拿巴繼續這趟旅程，最後他們返回安提阿。

第二次宣教旅程(徒15：36-18：22)，保羅出席完耶路撒冷會議後，與使徒們委派的代表一起來到安提阿，接著保羅就出外宣教。在這次宣教旅程中，保羅領受馬其頓異象，踏足歐洲傳揚福音。他到訪了許多城市，例如：特庇、路司得、特羅亞、腓立比、帖撒羅尼迦、雅典、哥林多和以弗所，接著回程往耶路撒冷和安提阿滙報事工進展(徒18：19-22)。

值得一提的是，**保羅在路司得遇見提摩太，他就加入保羅的宣教團隊(徒16：1-3)。保羅也在哥林多遇到亞居拉、百基拉夫婦(徒18：1-2)，他們也加入保羅的宣教團隊，一起往以弗所；後來他們留下來，保羅則繼續行程。**很可能保羅在哥林多時，提筆寫了〈帖撒羅尼迦前書〉。

第三次宣教旅程（徒18：23-19：20）較為特別，因為保羅大部分時間留在以弗所。這次保羅由安提阿出發，一路經過不同地方後，來到以弗所（徒19：1），大約在此逗留了兩年半，然後往其他地方傳道。接著，保羅前往耶路撒冷，在那裏被捉拿（徒21：17-40），押去「該撒利亞」（徒23：33-35），最後保羅被押送去羅馬帝國的首都羅馬城。

〈使徒行傳〉的神學思想

一、救恩歷史的傳承

路加在〈使徒行傳〉中敘述神的救贖在歷史中彰顯出來，並神如何透過所揀選的新約羣體，傳承耶穌在世時所成就的救贖使命。教會的誕生是在神的計劃中，不是歷史中巧合發生的事情。路加也強調：教會的建立不表示神廢棄了舊約時代的應許，反而應驗了先知的預言（賽49：6）。〈使徒行傳〉多次引用舊約經文，證明新約時代教會的建立、及福音臨到外邦，都合乎神的旨意。我們可以看一個例子：

在耶路撒冷會議上，使徒和長老們商議外邦基督徒是否須守摩西律法，方可加入教會。雅各就引用了〈阿摩司書〉9章11至12節（七十士譯本），說明神的心意是「叫餘剩的人，就是凡稱為我名下的外邦人，都尋求主。」（徒15：17）此節經文一槌定音，成了耶路撒冷會議的定案。外邦人是神所接納的羣體，而且舊約先知早已預言他們將會尋求神，蒙恩得救。

二、福音的普世性

根據〈使徒行傳〉1章1至9節的記載，耶穌升天之前，告訴門徒將會領受聖靈，並且會從祂得著能力，把福音從耶路撒冷開始直傳到地極。不過，在第1章至6章中，即使聖靈降臨後，門徒仍然留在耶路撒冷和附近地區，向猶太人傳福音。直到什麼時候，初期教會才有突破性的發展呢？到了第7章，**司提反被猶太人用石頭打死，門徒受逼迫，就離開耶路撒冷往異地去。**因著一些外在的壓力，這羣一直留守在耶路撒冷的門徒，終於踏足撒瑪利亞，開始實踐往普天下去傳福音的使命。

另一件突破性的事件是在第10章。彼得在中午祈禱時，看見一個異象，有一塊大布從天上降下來，「裏面有地上各樣四足的走獸、和昆蟲、並天上的飛鳥。」彼得聽見有聲音對他說：「彼得，起來，宰了吃！」彼得大吃一驚，基於宗教潔淨的規條，他再三遲疑。「第二次有聲音向他說：『神所潔淨的，你不可當作俗物。』」（徒10：12, 13, 15）。相同的異象，一連發生了三次。正當此時，**外邦人哥尼流派去找彼得的人到達約帕，邀請他前往哥尼流家，彼得就去了。**當他開口講道，尚未結束，聖靈就臨到哥尼流和他的家人身上。彼得看到這個外邦人的家庭，也蒙神接納。

人往往有慣性，習慣了的事情就不想改變。初期教會的發展似乎也呈現類似的情況。起初，使徒是遵照耶穌的吩咐，留在耶路撒冷，等候聖靈的降臨；但是，日子一天天過去，門徒似乎漸漸習慣了在聖城內傳福音，一直駐守在猶太人的圈子裏。不過，神能透過不同的事情，甚至逼迫、殉道、異象，令信徒啓程起行，將福音帶到非猶太人的羣體，巴勒斯坦以外的地區。到了最後，在〈使徒行傳〉結束之時，保羅將福音帶到了羅馬，象徵福音臨到了地極。

三、神的道大有能力

〈使徒行傳〉有五個撮要句，總結教會的發展階段：

徒6：7	耶路撒冷階段的尾聲	「神的道興旺起來；在耶路撒冷門徒數目加增的甚多，也有許多祭司信從了這道。」
徒9：31	撒馬利亞階段的尾聲	「那時，猶太加利利、撒瑪利亞各處的教會都得平安，被建立；凡事敬畏主，蒙聖靈的安慰，人數就增多了。」
徒12：24	哥尼流接受福音後、 保羅第一次宣教旅程前	「神的道日見興旺，愈發廣傳。」
徒16：5	保羅領受馬其頓異象前	「於是眾教會信心愈發堅固，人數天天加增。」
徒19：20	保羅第三次宣教旅程的尾聲	「主的道大大興旺，而且得勝，就是這樣。」

這五個撮要句子，讓我們看到初期教會縱使面對種種內憂外患，主的道依然能夠衝破一切的障礙，去到不同的地域，並且日益興旺。這樣奇妙的事情，誰能做得到呢？絕對不是靠一班人自己努力就可以做到。最關鍵的因素是：神的道大有能力，突破重重困難，廣傳開去。從初期教會的發展可見，使徒和門徒的責任是順服和配合聖靈的帶領，往各處傳揚福音；當他們開口宣講神的道時，人就受聖靈感動，悔改歸主。

初期教會並非完美無瑕，教會的發展也不是一帆風順、事事如意。相反，**初期教會面對不少的內憂外患，是在逆境中成長茁壯的。**我們常常以為初期教會的發展是一幅很美麗的圖畫，短時間內就從一個小羣發展成龐大的教會。幸好有〈使徒行傳〉，讓我們看見初期教會曾遭遇很多困難。**是什麼原因令這班基督徒可以堅持到底呢？是耶穌基督的呼召，耶穌的死、復活和升天的事實，使他們能排除萬難，貫徹始終履行使命。這就是〈使徒行傳〉的重要信息：使徒要完成耶穌基督所交付的使命，他們必須倚靠聖靈，傳揚神的福音；當他們忠心宣講的時候，神的道就日益興旺。**

四、聖靈的工作

〈使徒行傳〉常被稱為「聖靈行傳」，因為在初期教會的發展中，聖靈的主導角色十分明顯。在第1章，耶穌基督將要升天之前，吩咐門徒留在耶路撒冷，等候聖靈的降臨：「耶穌和他們聚集的時候，囑咐他們說：『不要離開耶路撒冷，要等候父所應許的，就是你們聽見我說過的。約翰是用水施洗，但不多幾日，你們要受聖靈的洗。』」(徒1:4-5；參：徒1:8)

在第2章，聖靈在五旬節時降臨，門徒「就都被聖靈充滿，按著聖靈所賜的口才說起別國的話來。」(徒2:4) 彼得引述〈約珥書〉2章28節，說：「神說：在末後的日子，我要將我的靈澆灌凡有血氣的。你們的兒女要說預言；你們的少年人要見異象；老年人要作異夢。」(徒2:17) 彼得引述這節舊約經文來形容當時的情況，**表示〈約珥書〉中有關聖靈降臨的應許，正在神所揀選的羣體(教會)裏開始實現。**

〈使徒行傳〉十分強調聖靈的臨在，**一個人有沒有聖靈，可以證明他是否基督徒，是否屬於神的羣體**。正如在第11章和15章，彼得分別表示，雖然哥尼流和他的家人是外邦人，但是聖靈降臨在他們身上，就顯出神接納外邦人加入教會。

你可能會問：**在〈使徒行傳〉中，聖靈降臨時往往有超自然的事情發生，最明顯的例子是基督徒會說「方言」，這是否表示今天我若領受了聖靈，也必然會說方言呢？**如果我不會說方言，是否表示我沒有聖靈在心裏呢？

這是一個頗具爭議性的問題，不同的教會傳統有不同的看法。我想先從一個較闊的角度來理解這個問題：當我們讀〈使徒行傳〉中有關初期教會的記載時，要發問：到底書中所描繪的現象，是否具「指示性／規範性」呢？若用英文來說，就是那些現象是否prescriptive？換一句話來說：究竟〈使徒行傳〉所敘述的初期教會事蹟，是否要建立一個「模式」，給後來歷世歷代所有的教會作典範，所有的教會都必須完全效法這個「樣板」？二十一世紀的華人教會是否必須具有初期教會的一切表徵，諸如「說方言」、甚至「凡物公用」？

教會成立初期時有實行「凡物公用」，但是，今天大家有沒有凡物公用？事實是：現在幾乎沒有教會實行「凡物公用」。這樣的話，我們看到至少有一件事，是初期教會有實踐，但現在沒有基督徒繼續照做的。所以，我個人的看法是，〈使徒行傳〉有關初期教會的描繪，並不是所有都是prescriptive，即具指示性或規範性；有一些經文是descriptive，具「描述或形容」性質，即描述初期教會在萌芽生長的時候，神的道透過一羣領受了聖靈的信徒，並在他們身上一些外顯的超自然表現，來彰顯出神的大能。

按我的理解：在現今的世代，方言並未完全止息；在我的朋友圈子中，也有人會說方言。但是，我不認為所有基督徒都必須懂得說方言，也不認為「說方言」是基督徒身分的必要表徵。在初期教會的時代，說方言和神蹟奇事是聖靈臨在的一些外顯徵象，讓人清楚看到神的道大有能力，也證明聖靈真的已經降臨了。

在初期教會的成長過程中，聖靈有什麼工作呢？其實，除了方言和神蹟奇事以外，一個明顯的工作就是聖靈引導使徒和門徒，往不同的羣體去宣講福音。例如聖靈引導腓利向埃塞俄比亞（埃提阿伯）的太監傳福音，福音隨之進入非洲；聖靈也引導彼得向哥尼流傳道，打開教會向外邦人傳福音的大門；聖靈亦感動安提阿教會差派巴拿巴和保羅，展開一次又一次的宣教旅程；聖靈也讓保羅看見馬其頓異象，引導他往馬其頓省宣講福音，於是福音就臨到歐洲。

結語

〈使徒行傳〉雖然發生在二千年前，但是，今天這故事仍然與我們息息相關，我們這羣生活在香港這個尖端科技社會裏的基督徒，我們的「根」可以追溯到初期教會，而初期教會的「根」又可以追溯到更早的以色列選民。從〈使徒行傳〉裏許多舊約引文可以看見先知的預言早已在教會羣體裏開始實現和應驗了。

舊約時代神的選民有許多軟弱，以色列人沒有顯彰出成功的見證，但是，神的救贖計劃沒有失敗，神的救恩歷史沒有中斷，在以利亞時代，神暗中保存了七千人，未曾跪拜巴力；以色列亡國後，神也興起了大衛的苗裔，就是主耶穌基督。

二千年前，一班為數不多的使徒，縱然面對種種艱難和挫折，飽經內憂外患，但他們堅持事奉主，倚靠聖靈的能力，在他們那個時代完成了耶穌所交託的福音使命。

作為二十一世紀的香港基督徒，雖然我們的處境與第一世紀不同，但是，我們也有神所交給我們獨特的呼召和使命。當我們忠心履行召命的時候，我們就在傳承著救恩歷史。

有份參與神的工作，是我們的福氣，是神給我們的恩典。若我們不肯挺身而出，肩負起神給我們的使命，我們就會錯失了參與神工作的祝福。若我們不肯投身，神可以揀選另一個人，代替我們的位置。願我們委身神的救贖計劃，在神所給我們的獨特處境中，忠心完成神所託付的使命。

祈禱

親愛的恩主，我們向你獻上衷心的感謝，我們讚美你！主耶穌，多謝你願意降卑來到世間，犧牲自己，死在十字架上，使我們能夠靠著耶穌的寶血，得稱為義，成為天父的兒女！主啊，求你幫助我們不要做忘恩負義的人，乃要時時銘記你賜給我們浩大的恩典。

求主幫助，讓我們能看見自己的「哥尼流異象」、「馬其頓異象」。主啊，我們明白現時所在的處境、和所遭遇的事情，背後都有你美好的旨意。求主幫助我們，好好珍惜你給我們服侍的機會，珍惜每天所遇見的每一個人。讓我們的生命散發基督的馨香，以致世人能夠看出我們是跟隨你的人。

主啊，我們明白，我們並不完美，有許多瑕疵，有待主你的琢磨。求你憐憫我們！在每天的生活中，我們也面對許多困難，但是，主你昔日怎樣幫助初期教會突破各樣困難；我們也相信，靠著你的恩典和大能，我們凡事都能做。

我們衷心敬拜你，向你獻上感謝和讚美！我們同心合意祈禱，奉耶穌基督得勝的名字。阿們。

生活應用

彼得順服聖靈的吩咐，走出自己的安樂窩，突破了根深柢固的潔淨觀，到訪外邦人哥尼流的家。你認為自己有那些地方要對聖靈開放，讓祂改變自己呢？

使徒之聲

保羅生平和書信・
大公書信及希伯來書

第十八課

保羅生平和書信

梁美心

主後386年，一天，奧古斯丁翻開《聖經》，讀到〈羅馬書〉13章13至14節，受聖靈感動，決定悔改和跟隨耶穌。馬丁·路德（Martin Luther）很喜愛保羅的著作，尤其是〈羅馬書〉和〈加拉太書〉。1513-15年間，他從〈羅馬書〉明白因信稱義的真理，就投身推動宗教改革，扭轉了當時教會的信仰觀。1738 年5月24日晚上，著名的教會領袖約翰·衛斯理（John Wesley）經過英國倫敦一間教會，聽到有人宣讀馬丁·路德所著的〈羅馬書〉註釋的序言。約翰·衛斯理內心感到有一股暖流，經歷到蒙恩得救的甘甜，生命因而改變。

在教會史裡，很多蒙神大大使用的重要人物，都是透過閱讀保羅的著作，或聽別人分享讀保羅著作的領受，就立志跟從神。**我們看到這位偉大的屬靈領袖，不但在第一世紀蒙神使用，他所寫的書信更讓歷世歷代基督徒，包括現今我們這一代信徒，受用匪淺。**今日，我們會看保羅的一些著作，希望保羅的生平、他的神學思想，會對我們的生命和事奉有一些提醒。我們將分兩個部分來探討：

第一部分，保羅其人。我們會聚焦於保羅這位蒙神大大使用的使徒。神怎樣預備和塑造保羅？他如何履行神所交付的獨特召命？盼望透過了解保羅其人，我們能更明白自己的使命。

第二部分，保羅重要的神學思想。保羅的神學思想十分豐富，時間所限，我們只走馬看花式地集中看一些重點。我的期望是：保羅的神學思想，激勵我們在信仰上竭力追求，並反省現今的生活與事奉。

保羅其人

新約《聖經》收集了十三封保羅書信。除了〈腓立比書〉和〈加拉太書〉中數節經文以外，很少保羅書信有提及他的成長背景或生平事跡。**有關保羅生平的資料，主要來自〈使徒行傳〉，尤其第22章和26章，而不是保羅的著作。**所以，當我們重構保羅的生平時，就必須參考〈使徒行傳〉的記載。

〈使徒行傳〉不是保羅的自傳，但作者路加醫生是保羅的同工，宣教旅伴。我會使用〈使徒行傳〉的相關內容，就是路加對保羅的描繪，來作為保羅生平重構的素材。不過，在開始重構之前，我們要先處理一個神學議題，就是〈使徒行傳〉的「保羅」與保羅書信的「保羅」表面上的差異。

十九世紀至二十世紀中，一些德國學者認為〈使徒行傳〉與「保羅書信」所反映出來的「保羅」，存有很大的差異，甚至到了不可協調的地步。舉兩個例子：

1. 據〈使徒行傳〉記載，保羅多次行神蹟奇事：保羅在居比路（塞浦路斯）使一個名叫「以呂馬」，會行邪術的人，眼睛瞎了（徒13：6-12）；另外，保羅在路司得使一個生來瘸腿的人，立時起來行走（徒14：8-10）；在馬耳他島上，保羅被毒蛇咬了，他不但沒有受傷，反而把那蛇扔掉了（徒28：1-5）。但是，保羅書信沒有提及上述的神蹟，信函內容主要是保羅對教會、和對事奉者的勸勉。
2. 在〈使徒行傳〉中，保羅對守律法的態度似乎較為正面：在第16章，保羅想帶同年輕的提摩太一起去宣教。因為提摩太的爸爸是希臘人，他沒有受割禮，於是，保羅就給提摩太行割禮（徒16：3）。此外，在第21章，保羅在耶路撒冷的時候，接受雅各的建議，帶同四個猶太基督徒到聖殿，按照律法的吩咐行潔淨禮（徒21：17-26）。但是，在保羅書信中，他教導信徒要憑著信心，不要靠遵守舊約律法，就可以得救；他寫信給加拉太省的教會時，斬釘截鐵地說：「我——保羅告訴你們，若受割禮，基督就與你們無益了。」（加5：2）

這樣看來，〈使徒行傳〉和「保羅書信」是否不能協調呢？其實，兩者的差異是可以協調的，並非如一些學者所言，有不能化解的衝突。

在寫給哥林多教會的信中，保羅說：「我在你們中間，用百般的忍耐，藉著神蹟、奇事、異能顯出使徒的憑據來。」（林後12：12）由此可見，保羅書信並不完全欠缺保羅行神蹟的描述，他曾在哥林多教會中，藉著神蹟、奇事和異能，證明自己的使徒身分。不過，保羅書信並沒有如〈使徒行傳〉一樣，將具體的神蹟一一陳明出來。保羅不常在信中提到自己行神蹟，**很可能因為他不想高舉這些超自然的經歷。**

另外，我們若明白**保羅的事奉原則，就會理解他對律法的態度，並無前後矛盾：**「我雖是自由的，無人轄管；然而我甘心作了眾人的僕人，為要多得人。向猶太人，我就作猶太人，為要得猶太人；向律法以下的人，我雖不在律法以下，還是作律法以下的人，為要得律法以下的人。……向什麼樣的人，我就作什麼樣的人。無論如何，總要救些人。」（林前9：19-22）

保羅的事奉原則是：**在不違反聖經真理的前提下，在不同的羣體和處境中，他盡量「入鄉隨俗」，以免成為別人信主的絆腳石。**所以，當保羅要帶提摩太出去宣教之前，他知道提摩太不受割禮的話，在猶太羣體會成為猶太人信主的絆腳石。於是，**雖然保羅知道受割禮不會使提摩太得救，但為了方便宣教的緣故，他就給提摩太行割禮。**

總括來說，雖然〈使徒行傳〉和「保羅書信」的「保羅」風格有所不同，**但是，二者並非不可協調。**再者，它們出於不同的作者，又有不同的寫作目的、不同的寫作處境。所以，二者在內容上有差異是合理的。與其視二者描述保羅上的差異為矛盾，倒不如視它們「相輔相成」，豐富我們對保羅這位蒙神重用的忠僕的認識。

神要用一個人時，祂會一步一步預備他成為合用的器皿。保羅與耶穌相遇之前，即他仍不是基督徒的時候，神就已經開始預備他將來能夠承擔使命。

有關保羅的成長背景，路加在〈使徒行傳〉中記錄了數段保羅自述：「我本是猶太人，生在基利家的大數，並不是無名小城的人。」（徒21：39）「我原是猶太人，生在基利家的大數，長在這城裏，在迦瑪列門下，按著我們祖宗嚴緊的律法受教，熱心

事奉神，像你們眾人今日一樣。」（徒22：3）「我從起初是按著我們教中最嚴緊的教門作了法利賽人。」（徒26：5）

在保羅的著作中，他曾兩次述說自己的成長：「我又在猶太教中，比我本國許多同歲的人更有長進，為我祖宗的遺傳更加熱心。」（加1：14）「我第八天受割禮；我是以色列族、便雅憫支派的人，是希伯來人所生的希伯來人。就律法說，我是法利賽人。」（腓3：5）

在一世紀，「保羅」是一個頗普通的名字，路加就曾提及另一個名叫「保羅」的人（徒13：7）。在拉丁語，「保羅」的意思是「細小」，不過，這並不表示保羅身材矮小。他的希伯來名字是「掃羅」（徒7：58），可能是基於保羅屬便雅憫支派——以色列的第一位君王掃羅出身這支派。

保羅生於基利家的「大數」，是羅馬帝國中享有豁免權，不用向中央政府納稅的少數城市之一。當時大數是一個繁榮的城市，有不少著名的學府。所以，保羅年幼時便受到良好的教育。他長大後往耶路撒冷求學，師承「迦瑪列一世」（Gamaliel I）。據路加記載，迦瑪列一世是法利賽人，也是猶太公會的成員（徒22：3），是一位著名的猶太教師。

在第一世紀，羅馬帝國大部分人口不是公民，保羅卻生來就擁有公民身分。**這個身分對保羅的宣教甚有幫助，**有幾次保羅差點被人打，或被人無理控告，但當他表示自己是羅馬公民時，就可以「免打」，甚至能夠向凱撒上訴：「保羅卻說：『我們是羅馬人，並沒有定罪，他們就在眾人面前打了我們⋯⋯』」（徒16：37-39）「千夫長說：『我用許多銀子才入了羅馬的民籍。』保羅說：『我生來就是。』」（徒22：28）「保羅說：『我站在凱撒的堂前，這就是我應當受審的地方⋯⋯」（徒25：10-12）

有關保羅的公民身分，有些人認為，可能保羅的祖先曾經對羅馬政府作出某些貢獻，因而獲羅馬政府頒予公民身分。不過，四世紀的拉丁教父耶柔米（Jerome）指出，保羅的父母曾經是羅馬人的戰俘，重獲自由時獲賜公民身分。無論保羅的羅馬公民身分，是來自他的祖先對羅馬政府的貢獻，抑或來自他的祖先是羅馬人釋放的奴隸，**我們都可以看到神透過保羅的家庭和教育背景，逐步**

預備他日後承擔神的召命——作「外邦人的使徒」。

弟兄姊妹，你的家庭背景是怎樣的呢？你的成長背景是怎樣的呢？有些人很不喜歡提到自己的過去，有些人甚至想逃避自己的過去，最好可以把「過去」從記憶中「刪除」！但是，每一個基督徒都必須正視自己的過去，接納自己的過去，明白神的恩手一直拖帶著我們，一步一步預備我們成為能夠被主使用的工人。

我是教神學的，有時聽到神學生在蒙召見證中談及他們的家庭背景，不少人在破碎家庭中長大，有些神學生自小父母就離了婚，有些甚至從未親眼見過爸爸。即使過去不愉快的經歷，我們已經蒙恩得救，信了主耶穌，且願意委身事奉那位愛我們的神。讓我們確信，**以往曾走過的路，無論是平坦或崎嶇，是順境或逆境，只要交在神的手裏，祂都可以將咒詛化成祝福，把苦澀轉變為甘甜，甚至成為我們事奉神的助力。**

保羅的自我觀

近代有不少保羅書信的研究，但是，較少人探索保羅的自我觀。箇中原因之一是有些人認為《聖經》中的十三封保羅書信中，有一些不是保羅所寫的，乃是保羅的徒弟所寫，或有人冒保羅的名寫作。如果我們認為保羅書信不是出於保羅本人之手，我們所關注的課題就是：他人如何刻劃、如何描繪保羅？而不是：**保羅怎樣看自己？即「保羅的自我觀」。**

我明白一些保羅書信的作者身分頗俱爭議，學者並未達成共識。我個人的立場是：**除非有充足證據可以推翻傳統看法，否則，仍持守《聖經》中十三封保羅書信是出自使徒保羅的手筆。**在這個前提下，我們會從保羅書信著手探究保羅的自我觀。保羅是耶穌基督的僕人，是外邦人的使徒，他事奉主三十多年，至死忠心，從沒有離棄他從起初所領受的呼召和異象。保羅怎樣理解自己的身分與召命呢？是什麼信念驅使保羅堅持到底，決不言棄？

讓我們一起看三段經文：

1. 林前3：5-11

「亞波羅算什麼？保羅算什麼？無非是執事，照主所賜給他們各人的，引導你們相信。我栽種了，亞波羅澆灌了，惟有神叫他生長。可見栽種的，算不得什麼，澆灌的，也算不得什麼；只在那叫他生長的神。栽種的和澆灌的，都是一樣，但將來各人要照自己的工夫得自己的賞賜。因為我們是與神同工的；你們是神所耕種的田地，所建造的房屋。我照神所給我的恩，好像一個聰明的工頭，立好了根基，有別人在上面建造；只是各人要謹慎怎樣在上面建造。因為那已經立好的根基就是耶穌基督，此外沒有人能立別的根基。」

這段經文來自保羅寫給哥林多教會的一封信函。哥林多教會的人追求世間的智慧，高舉辯才的能力，甚至照世間的標準來衡量和評價神的工人。保羅寫信提醒哥林多信徒，不要受這股歪風影響，乃要從神的眼光來看自己和世間的榮辱。

保羅又如何看自己呢？**保羅形容自己（和亞波羅）為神的「僕人」（*diakonos*），中文《聖經》譯為「執事」（林前3：5）。**意思是：受主人委託辦事的人。**保羅認為自己是僕人，蒙神委派做一些事情。**保羅很清楚自己的身分不是主人，他無意利用事工來建立自己的「屬靈王國」。哥林多人崇尚希臘羅馬文化，高舉世間的智慧和口才；如果保羅想獲得他們的欣賞，按理會稱自己是「哲學家」或「辯士」，但是，**保羅卻形容自己為「僕人」，一個卑微的角色。**

除了「僕人」的身分外，保羅也形容自己好像農夫「栽種」（林前3：6-8），又好像建屋的「工頭」（林前3：10）。**栽種和建屋都是體力幹活，在當時的社會，農夫和工頭都不是令人羡慕的高尚職業，**不屬於社會的上流階層。然而，保羅沒有順應哥林多人的價值觀，選取大家認為高尚的職業，他反而選取較低階層的職業來形容自己和亞波羅，毫不介意。由此可見，保羅對自己的身分有清晰的認識，有「健全的」自我觀，不會盲目跟隨當時的社會風氣。

保羅明白自己與其他神的僕人是「同工」，彼此配搭事奉。他不是一個人唱「獨腳戲」。保羅也清楚在事奉中**神的主權**——「我栽種了，亞波羅澆灌了，惟有神叫他生長。」(林前3:6) 哥林多教會是「神所耕種的田地，所建造的房屋。」(林前3:9)。無論我們如何努力事奉，最終惟有神能夠改變人的生命。**保羅認知自己的角色是：神的僕人，受委託完成主的吩咐。**因此，保羅不高舉自己，至死忠心，完成神所交託的工作。

2. 林後2：14-16

「感謝神，常率領我們在基督裏誇勝，並藉著我們在各處顯揚那因認識基督而有的香氣。因為我們在神面前，無論在得救的人身上，或滅亡的人身上，都有基督馨香之氣。在這等人，就作了死的香氣叫他死；在那等人，就作了活的香氣叫他活。這事誰能當得起呢？」

保羅形容自己(和其他信徒)的身分和事奉時，用了羅馬軍隊打勝仗後，回到城中巡遊的圖像；在另一封保羅書信中，也用戰爭圖像(弗6:13-18)。「常率領我們在基督裏誇勝」，不同《聖經》譯本表達略有不同：

「感謝神，祂常常在基督裏，使我們這些作俘虜的，列在凱旋的隊伍當中。」(新譯本)

保羅形容自己好像在戰場上打仗，基督戰勝了，保羅戰敗了，成了基督的「俘虜」(captive)。在當時社會，羅馬人在戰場上擊敗敵人後，將俘虜帶回，在大街上列隊巡遊，展示勝利。保羅不是形容自己打勝仗，乃表示他是敗方。我們會問：保羅在什麼時候被基督征服了呢？很有可能是指保羅在往大馬色(大馬士革)的路上，與主相遇的經歷(徒9:3-9)。從此時起，保羅降服在基督的權柄下，甘心放下個人的主權，作了基督的「俘虜」。自從保羅遇到復活主，他整個人生的方向徹底扭轉，他從一個竭力摧毀教會的人，變成一個竭力傳揚福音的宣教士。

雖然保羅是基督的「俘虜」，被祂征服了，但是，保羅卻能「列在凱旋的隊伍當中」(新譯本)。如果保羅被打敗了，怎麼可能會在「凱旋的隊伍」中呢？然而，這吊詭正正顯示出，保羅認定基督的勝利，並他對基督絕對的降服，是他能夠在屬靈爭戰中穩站於勝利一方的關鍵。對保羅而言，「基督已經得勝」是堅如磐石的信念，以致即使事奉遇到困難，也不會當逃兵，輕言後退或放棄事奉。

另外，保羅明白自己的事奉是關乎別人永遠的終局。保羅的人生散發出「基督馨香之氣」，「在得救的人身上」能帶來「叫人活」的果效，「在滅亡的人身上」則帶來「叫人死」的果效。保羅深知其領受的使命任重道遠，所以時常保持謙卑和順服的態度，在生活和事奉中高舉得勝的基督。

3. 西1：25-29

「我照神為你們所賜我的職分，作了教會的執事，要把神的道理傳得全備，這道理就是歷世歷代所隱藏的奧祕；但如今向他的聖徒顯明了。神願意叫他們知道，這奧祕在外邦人中有何等豐盛的榮耀，就是基督在你們心裏成了有榮耀的盼望。我們傳揚祂，是用諸般的智慧，勸戒各人，教導各人，要把各人在基督裏完完全全的引到神面前。我也為此勞苦，照著祂在我裏面運用的大能，盡心竭力。」

這段經文再次出現「執事」（西1：25），即「僕人」一詞，與〈哥林多前書〉3章5節的「執事」，同為一個希臘字*diakonos*。在〈歌羅西書〉1章23節，保羅也自稱「福音的執事（僕人）」。**保羅從沒有自稱「主人」，他一直稱自己是基督的僕人，忠心服侍這位主人。**

保羅知道自己從神領受了一個「職分」，所以，他有責任要履行。保羅的事奉不僅傳福音，領人歸信基督後，就算完成了任務。保羅乃要用各樣方法，包括「勸戒」和「教導」，幫助信徒更深認識神，經歷生命轉化。為了達到「要把各人在基督裏完完全全的引到神面前」的目的，保羅不辭「勞苦」，倚靠基督的大能，「盡心竭力」事奉（西1：28-29），直到將來他見主面的日子。

綜合以上三段經文，我們初步了解保羅怎樣看自己，並他從神所領受的異象。保羅有清晰的召命和事奉方向，又有堅固的信仰觀念，所以，**即使他受逼迫、被人打得幾乎要死，仍然能堅持不放棄事奉。**保羅是一個很有恩賜和才幹的人，但他從不自誇，不會因為自己很有學識，就趁機建立自己的「王國」。**保羅對自己的身分、職事和召命的認知，對基督已經得勝的確信，以及他對全權神的委身，成為他一生恆久事奉的巨大動力。**

保羅的神學思想

保羅一共有十三封書信收錄於《聖經》裏，按新約正典保羅書信的排序，先是九封致教會公函，接著是寫給個人的四封信。每組別的編序，大概是按照信函的篇幅由長至短，最長的一封信是〈羅馬書〉，有超過7000個希臘字；最短的是〈腓利門書〉，僅約335個希臘字。

從保羅的書信中，我們可以瞭解到他的神學思想。保羅的神學十分豐富，他在書信中按著教會或收信人的需要，探討不同的課題，其涉及的內容相當廣泛。過去曾有不少人嘗試將保羅的神學思想歸納為一個「中心」主題，例如「在基督裏的恩典」、「因信稱義」、「基督的復活」和「神的救贖」等。今天，我會與大家從「基督的救恩」這個大方向出發，探索保羅神學的要領。

保羅在大馬色的路上遇見復活主的那一刻，他被耶穌基督征服了。他恍然大悟，原來他努力要摧毀的教會就是神的選民，他所鄙視的那位掛在木頭上的耶穌，就是以色列人一直切切盼望的彌賽亞！保羅的人生方向徹底扭轉了，他立志要單單高舉釘十字架的耶穌基督——「因為我曾定了主意，在你們中間不知道別的，只知道耶穌基督並他釘十字架。」(林前2:2)

在〈羅馬書〉1章16節，保羅義正詞嚴表示：「我不以福音為恥；這福音本是神的大能，要救一切相信的，先是猶太人，後是希利尼人(希臘人)。」(羅1:16)「福音」的要領是耶穌基督在十字架上成就了救恩，保羅絕不以此為恥，相反，**他堅信神的救贖大能在「福音」中彰顯。**此外，在〈哥林多前書〉15章，保羅宣告耶穌的死亡與復活是「救恩成就」的關鍵，是我們對「身體復活」的盼望之基礎：「第一，就是基督照聖經所說，為我們的罪死了，而且埋葬了；又照聖經所說，第三天復活了。」（林前15：3-4）

簡單來說，無論在哥林多抑或其他羣體裏，保羅定意要宣講「福音」，其核心信息是：「耶穌基督並祂釘十字架」（林前2：2）。這個「中心」十分清晰。既然「基督的救恩」在保羅神學中佔有重要的地位，讓我們從不同的向度進一步探討這個神學主題。

第一個向度：稱義與復和

保羅認為，**基督的救恩帶來稱義與復和的果效**。每一個罪人，包括你和我，都能因相信耶穌基督而在聖潔的神面前得稱為義。有兩段經文十分寶貴：

「惟有不做工的，只信稱罪人為義的神，他的信就算為義。」（羅4：5）

「耶穌被交給人，是為我們的過犯；復活，是為叫我們稱義。」（羅4：25）

基督的救恩不單帶來「稱義」的果效，我們也能藉著「主耶穌基督得與神和好。」（羅5：11）雖然我們曾是神的仇敵，在祂的忿怒之下，但是，現今我們信了耶穌，就成為神的兒女。**我們已與神「復和」了。**在〈哥林多後書〉，保羅說明，那些已經與神和好的人，就從祂領受**「使人與神復和」的職事：**「一切都是出於神，他藉著基督使我們與他和好，又將勸人與他和好的職分賜給我們。」（林後5：18）因此，我們都有責任帶領人去到神面前，讓更多人體驗與神復和的美好。

在保羅書信中，「復和」不單指人與神的關係，也包括人與人之間的關係。所以，「復和」有縱向（vertical）和橫向（horizontal）兩個層面。如果你說：「我與神和好了」，但你的人際關係十分惡劣，或者你與家人關係破裂，就應該認真處理這些問題，求神幫助，學習愛那些曾經傷害你的人，以致在人際關係層面上也能經歷「復和」。

在〈以弗所書〉2章14節，保羅說：「因他使我們和睦，將兩下合而為一，拆毀了中間隔斷的牆。」這裏的「和睦」，不只是一個人與另一個人的復和，**也是一個民族與其他民族的復和。**猶太人與外邦人之間的「柏林圍牆」被基督拆毀了，本是老死不相往來的民族可以復和！保羅是猶太人，卻願意承擔「外邦人的使徒」的職事，將神的福音傳給異族人。其實，保羅願意承擔這個召命，本身已經見證了神能夠使不同民族的人復和。

保羅寫給腓利門的信，是另一個很好的「復和」例子。奴隸阿尼西母偷了主人腓利門的東西，逃跑到羅馬，在那裏遇到保羅，在他的帶領下信了主。現在，阿尼西母返回主人那裏，保羅就寫一封信給腓利門，**希望腓利門能夠接納阿尼西母——這是主人與奴隸的復和、不同社會階級的人的復和。在耶穌基督裏，不同種族、階級的人都要復和，見證主內一家。**

第二個向度：新約羣體的建立

基督的救恩帶來新約羣體——教會——的建立。在新約時代，教會是由信靠耶穌基督、蒙恩得拯救的人組成，跨越了種族、階級、地域和語言的疆界，在社會不同的角落裏發揮影響力，見證福音有改變人生命的大能。

如果你要發揮影響力，就不能光靠自己一個，必須和其他屬於這個羣體的人同心協力。正如先前「保羅的自我觀」所見，保羅和其他主的僕人是「同工」，在神的國裏，保羅與亞波羅扮演不同的角色，一個「澆灌」，另一個「栽種」，彼此配搭事奉。

在〈加拉太書〉6章，保羅說：「受割禮不受割禮都無關緊要，要緊的就是作新造的人。」（加6：15）接著又說：「凡照此理而行的，願平安、憐憫加給他們，和神的以色列民。」（加6：16）

這個「新造的人」，就是「神的以色列民」。保羅對神子民的身分重新下定義，「新造的人」的特徵不是受割禮，乃是基督的救恩；**因為「受割禮」不是加入教會的必要條件，所以教會可以由猶太人和外邦人共同組成，是不分族裔的。**保羅用「以色列」這個舊約詞彙，形容在基督裏的「新羣體」，反映他認為新約神的子民（新造的人）與舊約神的子民（以色列）之間具有延續性和非延續性的關係（continuity and discontinuity）。二者在救恩歷史的不同階段中，要活出神的百姓的身分、並要履行其召命。

〈羅馬書〉15章5至7節也讓我們看到，保羅的心願是建立一個跨民族的合一羣體：

「但願賜忍耐安慰的神叫你們彼此同心，效法基督耶穌，一心一口榮耀神——我們主耶穌基督的父！所以，你們要彼此接納，如同基督接納你們一樣，使榮耀歸與神。」（羅15：5-7）

這段經文的上下文講述猶太基督徒和外邦基督徒之間的關係，保羅勸勉他們「要彼此接納」，正如基督已經接納了他們一樣。他呼籲教會中的猶太人和外邦人，要彼此相愛，同心合意「榮耀神」，就是「我們主耶穌基督的父」。**保羅是外邦人的使徒，蒙神呼召要承擔一個跨文化、跨種族的職事，建立一個屬於神、多元而合一的羣體。**

第三個向度：恢復神造人的形象

人本是「照神的形象造」的（創1：26-27），但是，人類的始祖違背神的命令，因此「罪是從一人（亞當）入了世界……死就臨到眾人。」（羅5：12）不僅如此，**自從亞當和夏娃犯罪後，在人裏面的神的形象「敗壞」了**（corrupted）。然而，感謝神！「末後的亞當」耶穌基督帶來赦罪的恩典，正如保羅說：

「亞當乃是那以後要來之人的預像。只是過犯不如恩賜，若因一人的過犯，眾人都死了，何況神的恩典，與那因耶穌基督一人恩典中的賞賜，豈不更加倍地臨到眾人嗎？」（羅5：14-15）

「因一人（耶穌）的順從，眾人也成為義了。」（羅5：19）

當我們信耶穌的時候，聖靈更新我們的生命，幫助我們恢復起初神造人的形象。在〈歌羅西書〉中，保羅勉勵信徒要脱去舊人，穿上新人，更說：「這新人在知識上漸漸更新，正如造他主的形象。」（西 3：10）**由此可見，救恩的目的不僅是使人能在末日時上天堂、免永刑、享永生，也要使人在今世活出「新生的樣式」（羅6：4），履行人類被造時本當映照神的形象之責任。**

基督徒在地上生活，應當作 God's image-bearers，一言一行要映照出神的形象。**無論我們在教會、社會或家庭裏，是個人獨處抑或與人相處，都肩負一個重**

大的使命，就是流露主的樣式。什麼是映照神的形象呢？就是別人能夠透過你，透過我，看見一些神的屬性、神的美善。當然，有些神的屬性是我們人類無法擁有的，例如：神的無所不知、無所不能、無所不在。但是，在一定程度上，我們能夠映照出神的愛、美善、憐憫和恩慈等屬性——其實，這本是神造人時的心意。

我要強調，「映照神的形象」並不只是個人的層面，也包括你與人的相處、在家庭、在社會，也要按照神的心意生活，發揮「鹽」和「光」的功效。所以，**救恩是有今世和社會層面的意義。**

1947年，著名的神學家卡爾·亨利（Carl Henry）出版了《現代基要派不安的良心》（*The Uneasy Conscience of Modern Fundamentalism*）一書。他說："The Christian message has a salting effect upon the earth. It aims at a re-created society."（基督教的信息在地上具有「鹽」的功效，其目標是一個更新的社會。）**卡爾·亨利認為，福音派基督徒不應在教會的「安樂窩」裏徜徉，若是如此，我們就無法履行基督徒在社會中「作鹽、作光」的使命。**

二十世紀時，美國基督教保守派刻意遠離文化和政治的領域，固步自封，其中一個原因與末世觀有關。讓我先簡單講解三個「千禧年觀」：

1. **「後千禧年派」**。此派相信基督會在千禧年後再來，因而得名。此派基本上相信，明天會更好。如果大家努力改善社會，福音不斷廣傳開去，世界就會愈來愈美好。現今的世界正在邁向「千禧年」的階段，在最輝煌的一刻，耶穌基督就會再來。
2. **「前千禧年派」**。這是大部分華人教會的信仰立場，相信大家會較熟悉。此派認為基督再臨以後，千禧年才開始。在基督再來之前，按照《聖經》的預言，世界會有愈來愈多的天災和戰爭，社會道德每況愈下，即是說：世界的情況將會愈來愈差。
3. **「無千禧年派」**。此派是從屬靈的層面去理解千禧年，他們認為現在——「教會時代」——就是千禧年的階段。當教會時代結束時，基督就再來。

在卡爾·亨利所處的時代，倡議「自由神學」的人通常支持「後千禧年派」；

他們推動「社會福音」（social gospel），甚至以社會改革取替了十架福音的真義。另一方面，大部分保守派的基督徒都持「前千禧年派」的觀點。他們傾向對社會現況抱消極態度，更有人認為，既然社會狀況必然愈來愈惡劣，何必花時間和精力去改革社會呢？卡爾．亨利卻堅決認為：「不可！」即使持「前千禧年派」的觀點，卻不應採取極端的宿命心態，忽略了福音的今世意義。**一方面，基督徒有責任促進社會和文化的更新，另一方面，我們不可妥協了十架福音的重要性。**

以我之見，一個新造的人，若要映照出神造人本來的形象，應當在社會，在家庭，積極發揮正面的影響力。**我們必須reach out（外展），不應將福音局限於教會的圍牆內，因為基督的救恩有末世和今世的雙重意義。**

結語

二十一歲那年，我回應神的呼召，大學畢業後就開始全職事奉神。我沒有想太多有關金錢的問題，也沒有想到自己仍年輕，會否不夠成熟。當時我的領受是：既然神發出呼召，我就應該回應！起初，我在一間福音機構事奉，參與大學生的福音工作。神有恩典有憐憫，使用一個初出茅廬、又常軟弱犯錯的人，帶人信主，幫助他們在主裏成長。

過了一段時日，神帶領我進入婚姻，接著，我和丈夫一起到美國唸神學。進修期間，神讓我更清楚下半生要走的路，於是，讀完第一個學位後，我決定繼續唸下去。現在人到中年，我回到香港，在神學院教書。我不確定將來神會怎樣帶領我，盼望神願意使用我這個微小的人，協助培訓天國工人，鼓勵年青人回應呼召，起來承接福音的棒！

弟兄姊妹，**你是否知道自己的人生召命是什麼呢？**耶穌基督拯救了你，拯救了我，今天我們都活在神的恩典裏。神對我們每個人的心意不一樣，**祂將我們放在不同的環境中成長、生活和事奉，乃是要我們承擔起祂給我們每一個人獨特的召命。我鼓勵你，在你的處境中，以你的生命去「映照」神的形象。**

祈禱

愛我們的恩主，我們向你獻上讚美，獻上感謝。多謝你賜下極寶貴的恩典！你是得勝的主，你是掌管萬有的神，我們能夠面對挑戰，承擔召命，不是靠自己，乃是靠著主。我們的身分不是主人，乃是僕人，我們要建立的不是自己的王國，乃是要拓展神你的國度。縱使前面會有困難，但是，我們深信，靠主你的恩典，我們能夠跨越，因為我們所信的主耶穌基督是一位死而復活的神！主啊，幫助我們，使我們能夠承擔你所託付的召命。

祈禱是奉耶穌基督寶貴的名字，阿們。

生活應用

1. 保羅清楚自己的人生召命，他忠於召命，至死也「沒有違背那從天上來的異象」（徒26：19）。你知道自己的人生召命嗎？回顧過往的際遇，你能否看到神如何一步一步預備與塑造你，承擔祂託付給你的召命？
2. 耶穌的救恩扭轉了我們的處境，使我們從「本為可怒之子」（弗2：3）變成「在基督裏有盼望的人」（弗1：12）。在基督裏，我們是新造的人，保羅說：「這新人是照神的形象造的」。我們如何在日常生活中，不斷「脫去舊人，穿上新人」，映照出創造主的形象？

第十九課

大公書信及希伯來書

大公書信

在新約正典的編排裏，繼保羅書信之後，有八卷書信分別出自不同作者，這些書信適合任何時代的教會。這些書信大都成書遲於保羅書信，主要是致教會的公函，稱為「非保羅書信」、「大公書信」或「普通書信」(General Epistles)。

書卷	作者	成書日期	寫作地點	主題
希伯來書	不詳	不詳	不詳	耶穌基督的超越性
雅各書	雅各	主後55-65	耶路撒冷	踐信於行
彼得前書	彼得	主後64-68	羅馬	為主受苦
彼得後書	彼得	主後66-68	不詳	防備背道及異端
猶大書	猶大	主後80	不詳	為真道爭辯
約翰一書	約翰	主後90-95	以弗所	信徒相交與相愛
約翰二書	約翰	主後90-95	以弗所	信徒相愛的鑑戒
約翰三書	約翰	主後90-95	以弗所	信徒接待的服侍

大公書信見證耶穌基督的真實，輔証保羅書信裏的真理，描述新約教會裏外的情況，及討論基督徒的生活。大公書信其中一個主題是主再來，隨著新約教會內異端日增，教會外逼迫日廣，眾作者強調信徒應合一相愛、堅持信仰，和謹守生活的態度預備主再來。

當時教會不斷發展，主耶穌又未回來，救恩計劃尚未完成，教會面臨兩大挑戰：

第一類，外患——從教會外而來

主一直未回來（正如今天我們基督徒也在等候主的再來），**外患烈火一般逼人而來，所以，許多大公書信都提到基督徒要為主受苦，**「願頌讚歸與我們主耶穌基督的父神！他曾照自己的大憐憫，藉耶穌基督從死裏復活，重生了我們，叫我們有活潑的盼望，可以得著不能朽壞、不能玷污、不能衰殘、為你們存留在天上的基業。你們這因信蒙神能力保守的人，必能得著所預備、到末世要顯現的救恩。因此，你們是大有喜樂；但如今，在百般的試煉中暫時憂愁，叫你們的信心既被試驗，就比那被火試驗仍然能壞的金子更顯寶貴，可以在耶穌基督顯現的時候得著稱讚、榮耀、尊貴。」（彼前1：3-7）

彼得和眾使徒有如一位「嚮導」，告訴信徒：我們等待主耶穌基督回來，等待神的計劃完全成就，從今天直到主回來這段時間內會有火一樣的試驗：信徒被扔進鬥獸場，與獅子搏鬥，被人「觀賞」、被人用石頭打，等等，基督徒要為主受苦。但是我們不要怕，當我們經歷了火一樣的試驗，信心就會像精金一樣可貴。

第二類，內患——教會內部出現異端邪說，混淆視聽

「小子們哪，如今是末時了。你們曾聽見說，那敵基督的要來；現在已經有好些敵基督的出來了，從此我們就知道如今是末時了。他們從我們中間出去，卻不是屬我們的；若是屬我們的，就必仍舊與我們同在；他們出去，顯明都不是屬我們的。」（約壹2：18-19）

這些散播錯誤道理的人是出於「我們」的，他們本來是「我們」弟兄姊妹中的一員，現在他們卻「打著紅旗反紅旗」，所教導的是反對基督、「敵基督」這些歪道理。「敵基督者」教導什麼呢？

「親愛的弟兄啊，一切的靈，你們不可都信，總要試驗那些靈是出於神的不是，因為世上有許多假先知已經出來了。凡靈認耶穌基督是成了肉身來的，就是出於神的；

從此你們可以認出神的靈來。凡靈不認耶穌，就不是出於神，這是那敵基督者的靈。你們從前聽見他要來，現在已經在世上了。」(約壹4：1-3)

教會史讓我們看到，第二世紀有「諾斯底主義」(Gnosticism) 興起，不過，早在第一世紀諾斯底主義已見雛型。此異端認為：神不會完全成為一個人，耶穌只是一個普通人；而「基督」是神所膏立的。耶穌基督不過是一個「幻影」罷了，神來到世上並不是真的成為一個人，只是「好似」一個「人」。大公書信強力反駁這些謬誤。

希伯來書

大公書信中最重要的一卷書是〈希伯來書〉。信徒等候主耶穌回來，在這條「信仰馬拉松長跑」路上，遇到了許多試探、許多困難、許多引誘，要怎樣等待呢？〈希伯來書〉作者告訴讀者，基督超越一切，祂已經成就了完美救恩。基督徒應以信心持守信仰，直到基督再來，和眾聖徒同享圓滿救恩。

「這些人都是因信得了美好的證據，卻仍未得著所應許的；因為神給我們預備了更美的事，叫他們若不與我們同得，就不能完全。」(來11：39-40)

原來神定意要所有屬祂的人，一齊得到福音、得到救恩，祂才會回來，使所有屬祂的人享受祂永遠的同在。

「這些人都是因信得了美好的證據」。這些信心偉人，先賢先哲心懷信心，行完了他們人生路，但是，他們「仍未得著所應許的」，正如亞伯拉罕死的時候，仍然未得到全部應許地，神要他們等待，與我們「同得」(來11：40)。神不但要過去的、現在的，甚至是將來的，世世代代的信徒能夠一起得到這個福音，享受到神的救恩。

這好比爸爸媽媽有三個兒女，他們等待兒女一起吃飯，其中一個已經回家，可以開飯了嗎？還未可以，兩個已經回家了，可以開飯嗎？仍未可以，爸爸媽媽要等齊三個兒女才開飯。

「你們要追念往日，蒙了光照以後所忍受大爭戰的各樣苦難：一面被毀謗，遭患難，成了戲景，叫眾人觀看；一面陪伴那些受這樣苦難的人。因為你們體恤了那些被捆鎖的人，並且你們的家業被人搶去，也甘心忍受，知道自己有更美長存的家業。所以，你們不可丟棄勇敢的心；存這樣的心必得大賞賜。你們必須忍耐，使你們行完了神的旨意，就可以得著所應許的。」(來10:32-36)

在信仰路上，〈希伯來書〉的讀者起初行得十分穩健，為主受過苦，家業被人搶走，他們也陪伴、體恤那些受逼迫的信徒。但是「路遙知馬力、日久見人心」，初初跑得好，並不等於中期，後期也跑得好。

〈希伯來書〉成書之時，主耶穌遲遲未回來，對信徒的逼迫卻如火如荼，慢慢地，有些信徒開始忍受不住，想過安舒的日子。羅馬帝國政府准許信猶太教的人可以敬拜他們的神，會得到一些特權，有政治庇護。如果返回猶太教，只要守一些律法，就可以避免了很多的艱難和逼迫。所以，有些人寧願走回頭路。

有些不是猶太人的外邦信徒，他們認為為主受苦，被人搶去家業，太艱難了，花花世界對他們仍然大有吸引力，或者，他們的情慾令他們犯下種種罪惡。

正如我們初初信主時一片熱誠，要服侍主耶穌，願意為主放棄燦爛的事業前途。但是，當我們服侍主幾年、十多年，二十多年之後，就會逐漸覺得衝勁不夠了，會喜歡舒服。〈希伯來書〉作者勉勵讀者堅持跑畢全程。

神學思想

〈希伯來書〉處理一個很重要的問題：我們怎樣能夠親近神？這是一個與我們有切身關係的問題，是人類無論什麼時代都要面對的問題。〈希伯來書〉有其獨特貢獻，包括：

1. **對基督論的貢獻**——基督按麥基洗德的等次為大祭司，祂一次獻祭，永遠有效。祂不但為我們完全成就了救恩，更是一位最能夠體恤我們的大祭司！

2. 對救恩論的貢獻——救恩乃是真正的安息。信徒必須要堅忍、持守信心。如果主耶穌在信徒有生之年回來，主就會接你；如果死的時候主仍然未回來，那就要持守救恩、持守信仰至死為止。學如逆水行舟，不進則退。信主的人也相仿，「不進」，「則退」！作者警告：退了之後，可能無機會「翻身」！可能失落救恩！因此，救恩是須要持守的！

序言：基督的啟示超越先知

作者的寫作目的是勉勵信徒持守信仰，強調信徒要重視神末世的啟示（來1：1-4），今次神藉著耶穌基督親自向信徒說話（來2：3），若信徒充耳不聞，便要面對神的審判（來2：3）。作者不斷重申這思想（來4：1-13；12：25；13：7-9），他首先介紹耶穌基督的超越性，指出耶穌就是神自己。

「神既在古時藉著眾先知多次多方曉諭列祖，就在這末世藉著他兒子曉諭我們；又早已立他為承受萬有的，也曾藉著他創造諸世界。他是神榮耀所發的光輝，是神本體的真相，常用他權能的命令托住萬有。他洗淨了人的罪，就坐在高天至大者的右邊。他所承受的名，既比天使的名更尊貴，就遠超過天使。」（來1：1-4）

作者劈頭就說：你知道今天誰向你說話嗎？神曾經藉著眾多先知，在不同時間、用不同方法向你說話。有時我們以為「末世」是最終的世界末日，但是，作者說：不是的，現在就是「末世」了！主耶穌（第一次）降臨之後就是末世的開始，神的兒子向你說話，既然是神的兒子說話，就要小心聆聽！

神的兒子是誰呢？神的兒子是「承受萬有」、「創造諸世界」，意即：開始的是祂，創造的又是祂，最終享受和承受整個世界也是祂。

「祂是神榮耀所發的光輝，是神本體的真像。」（來1：3）**基督就是神自己，不過，祂不是另一位，乃是相同的另一位。**按照我們人的邏輯：「另一位」就不「相同」，「相同」就不是「另一位」，非此即彼！但是，基督就是相同的另一位，**基督就是神自己，祂的來頭不小，祂就是最終的啟示！**

這位神的兒子做了兩件重要的事：

1. 「祂洗淨了人的罪」，這是救恩的核心；
2. 「坐在高天至大者的右邊」，這個動作非常重要。會幕裏沒有椅子，祭司都是站著服侍神，沒有一個可以坐下的。今日神的兒子耶穌基督已經做好了所有事，完成了救恩，祂完全成功了，所以，祂可以坐下，且是坐在至高無上神的右邊，最具有權威的位置。

猶太人、或受猶太教影響的人十分看重天使，天使很重要，神和天使一起降臨，神藉著天使，將律法頒給摩西。但是，耶穌基督承受了萬有，祂比一切天使更偉大！我們很熟悉兩個天使的名字：加伯列（Gabriel）和米迦勒（Michael），**主耶穌的名字比他們更寶貴、更尊貴！**

基督超越天使

A. 舊約證據（來1：5-14）

第1章，作者引用了大量舊約《聖經》經文，證明基督不但超越天使，祂就是神的兒子，祂就是神自己！

作者引用〈詩篇〉45篇，說：「論到子卻說：神啊，你的寶座是永永遠遠的；你的國權是正直的。」（來1：8）

如果昔日大衛和他的後裔都可以被稱為「神」，因為他們如同神的代表，何況現在這位主耶穌基督呢。**主耶穌基督確實是神，與父神同等！**

如果耶穌基督如此偉大，祂是神的兒子，甚至祂本身就是神，祂當然配得接受天使的服侍。

第1章結束時，作者突然筆鋒一轉，說：「天使豈不都是服役的靈、奉差遣為那將要承受救恩的人效力嗎？」（來1：14）

本來我們一路看第1章，嘩！耶穌基督很偉大，祂超越了天使，祂是神的兒子，祂甚至是神，接著應該講天使都要服侍這位耶穌基督，但是，作者卻說：「**那些天使是服侍那些耶穌基督為他們成就了救恩的人（來1：14），也就是說天使是服**

侍「我們」！這就讓我們大感奇怪，天使是服侍神，服侍神的兒子的，為什麼要服侍我們這班軟弱的人呢？

B. 第一個警告：忽略神兒子啟示的危險（來2：1-4）

接者，作者筆鋒又一轉，出現了〈希伯來書〉的第一個警告（來2：1-4）。

「所以，我們當愈發鄭重所聽見的道理，恐怕我們隨流失去。那藉著天使所傳的話既是確定的；凡干犯悖逆的都受了該受的報應。我們若忽略這麼大的救恩，怎能逃罪呢？這救恩起先是主親自講的，後來是聽見的人給我們證實了。神又按自己的旨意，用神蹟、奇事和百般的異能，並聖靈的恩賜，同他們作見證。」（來2：1-4）

很多背道的人，或者，信了但後來不信的人，很少是一下子就不信耶穌（也有，有些人信主後遇到大挫折，就立刻不信了），不過，人離開神，往往不是公然的反叛，而是慢慢地冷淡下去，**如果我們不重視福音，就會像一艘沒有錨的船，漸漸被水流沖走，「隨流失去」（來2：1）！**今日我們信了耶穌很久，但是，我們有沒有繼續追求呢？有沒有比以前更加積極？如果不是，就是一個危險的信號！

C. 神兒子成肉身的意義（來2：5-18）

作者回過頭來解釋，為什麼天使會服侍我們呢？我們怎可能得到天使服侍，為我們效力呢？**我們有這樣的福氣，是因為耶穌基督成為我們當中的一員，我們與耶穌基督聯合，與耶穌基督成為一體，祂提攜我們，使我們成為一個尊貴的人，配得天使服侍。**

「我們所說將來的世界，神原沒有交給天使管轄。但有人在經上某處證明說：『人算什麼，你竟顧念他？世人算什麼，你竟眷顧他？你叫他比天使微小一點（或譯：你叫他暫時比天使小），賜他榮耀尊貴為冠冕，並將你手所造的都派他管理，叫萬物都服在他的腳下。』既叫萬物都服他，就沒有剩下一樣不服他的。只是如今我們還不見萬物都服他。惟獨見那成為比天使小一點的耶穌（或譯：惟獨見耶穌暫時比天使小）；因為受死的苦，就得了尊貴榮耀為冠冕，叫他因著神的恩，為人人嘗了死味。」（來2：5-9）

神最初創造人，將人置於萬物之首，叫萬物，包括「牛羊、……海裏的魚，凡經行海道的，都服在人的腳下。」(詩篇8：6-8) 人本是有榮光的，如今這美麗的目的怎樣達到呢？**神是藉著第一個人來達到的，這第一個人就是耶穌！**祂和我們有完全相同的人性，作者說：

「兒女既同有血肉之體，他（耶穌）也照樣親自成了血肉之體。」(來2：14)

由此可見，耶穌基督不是「幻影」，**耶穌的的確確是百份之百的神，但是，耶穌也是百份之百的人！**如果我們會感到饑餓，耶穌也會感到饑餓；如果我們感受到痛苦，耶穌也會感受到痛苦，祂成了第一個人，一個完完全全、完美無罪的人，一如神起初的創造那樣。

當這第一個人耶穌基督，按照著神的旨意受苦，行完祂的人生，完全成就了神的計劃，祂就配得管理萬物的權柄。接著，祂就提攜我們：

「原來那為萬物所屬、為萬物所本的，要領許多的兒子進榮耀裏去，使救他們的元帥，因受苦難得以完全，本是合宜的。因那使人成聖的、和那些得以成聖的，都是出於一。所以，他稱他們為弟兄也不以為恥。」(來2：10-11)

因為耶穌基督成就了救恩，我們與祂完全合一，耶穌基督與我們完全認同，到了一個地步：與我們「同出於一」，分也分不開。既然耶穌基督成了萬物的主宰，有權柄管理大地、管理萬物，我們也可以管理萬物了。

耶穌不但在靈性地位與人一樣，在肉身方面祂也與人認同，與人「同有」血肉之軀(來2：14-15；「同有」*koinōneō*, "have a share of"，字根有「團契」之意)。耶穌基督有血肉之體，就能夠死亡，也就能夠戰勝死亡、拯救我們脫離死亡。

耶穌基督透過「道成肉身」，完全與我們認同，是「要藉著死敗壞那掌死權的，就是魔鬼，並要釋放那些一生因怕死而為奴僕的人。」(來2：14-15)

如果有人問：人無罪會是怎樣的呢？人性最完美應該是怎樣呢？且看耶穌基督罷！我們看耶穌基督就會看到完美的人性是應該這樣，耶穌是第一個人成功了！

因此，耶穌能夠「領許多的兒子進榮耀裏去。」(來2：10) 同時，耶穌能夠為我們獻祭，「他並不救拔天使，乃是救拔亞伯拉罕的後裔。所以，他凡事該與他的弟兄相同，為要在神的事上成為慈悲忠信的大祭司，為百姓的罪獻上挽回祭。」(來2：16-17)

耶穌成了大祭司，且為我們的罪獻上了挽回祭，由是，作者勉勵讀者要持守這個救恩。

基督超越摩西

A. 與摩西的比較（來3：1-6）

耶穌基督道成肉身為要拯救我們，祂作成了救恩是叫我們能夠享受神的恩典。作者勉勵信徒：要一直信和享受這個救恩。

「但基督為兒子，治理神的家；我們若將可誇的盼望和膽量堅持到底，便是他的家了。」（來3：6）

我們要「堅持到底」才能夠享受救恩，耶穌已經完全成就了救恩，他也帶領我們進去（來2：10），不過，我們要一直堅持、一直持守信仰才可以。

B. 第二個警告：不信及不入安息的危險（來3：7-4：13）

「這樣看來，他們不能進入安息是因為不信的緣故了。」（來3：19）

作者發出第二個警告，3章7節至4章13節是一段相當難解的經文，我將這段經文簡化為四個階段，令大家可以容易明白：

1		2		3		4
創造的安息	→	**迦南的安息**	→	**詩95**	→	**神和基督救贖工作的安息**
安息日		摩西時期		大衛時期—— 大衛引用摩西時期作警告		新約時期—— 希伯來書作者引用大衛的警告

1. 創造的安息：

「其實造物之工，從創世以來已經成全了。論到第七日，有一處說：『到第七日，神就歇了祂一切的工。』」（來4：3-4）

第一個安息是起初神創造天地時的安息，這**是在第七日的安息；**

2. 迦南的安息：

「若是約書亞已叫他們享了安息，後來神就不再提別的日子了。這樣看來，必另有一安息日的安息為神的子民存留。」(來4：8-9)

迦南地（應許之地）是一個實物，用來預表另一個安息；

3. 詩95篇：

「聖靈有話說，」(來3：7)

第3章至4章多次引用大衛寫的〈詩篇〉95篇。大衛引用摩西時期的歷史提出警告，提醒當時的人要小心，不要不信神；

4. 神和基督救贖工作的安息：

最後的最高潮，真正的安息是：「神和基督救贖工作的安息」。

「聖靈有話說：你們今日若聽他的話，就不可硬著心，像在曠野惹他發怒、試探他的時候一樣。在那裏，你們的祖宗試我探我，並且觀看我的作為有四十年之久。所以，我厭煩那世代的人，說：他們心裏常常迷糊，竟不曉得我的作為！我就在怒中起誓說：他們斷不可進入我的安息。」(來3：7-11)

昔日以色列人到達加低斯巴尼亞，本來要進入迦南地，但是，十二個探子偵探回來，其中十個信心軟弱的探子「報惡信」(民13：32)以色列人聽了之後，不敢進迦南，神就懲罰他們：「你們不肯信，所以你們要在曠野流盪足足四十年，不得進入迦南地。」

大衛寫〈詩篇〉95篇，他所說的「今日」，是指當其時的「今日」，他對自己的同代人說：「我們的祖宗不得進入迦南地，不得享受安息，是因為他們不信神的應許。所以，現在我們這一代，『今日』我們要信服神，不可不相信我們的神。」

但是，〈希伯來書〉的作者說：「你想一想，在大衛的時期，以色列是不是進入了迦南地呢？他們是已經進入了迦南地，但是，他們並沒有得到安息，換言之，迦南地並不是最終的安息，迦南只是一個預表、表像（type）。」

「若是約書亞已叫他們享了安息，後來神就不再提別的日子了。」(來4：8)

約書亞帶領以色列人進入迦南地，**大衛已經進入了迦南地，他卻要百姓進入**

安息，即是說：大衛是在講另一個安息，這是什麼安息呢？

「這樣看來，必另有一安息日的安息為神的子民存留。」（來4：9）

此句《當代聖經》譯為：「既然上帝另定一個日子，祂必會為祂的子民，另外預備一個完全的『安息日』，使他們可以得到真正的安息。」

英文《聖經》NIV譯為：“There remains, then, a Sabbath-rest (*sabbatismos*) for the people of God.”（Heb 4：9）

Sabbatismos，“a Sabbath day's rest”是一個特別用字，在這段經文其他有關安息的字是“*katapausis*”。“Sabbath-rest”，不只是安息（rest）而已，乃是「安息日」的那個「安息」，意思是：有一個安息是神的「創造安息」所預表的那個「安息」，或者，是創造之後，神要給我們的那個安息，**不只是身體進入了迦南地，乃是真正的靈魂的安息，**人與神一起享受神自己。

「因為那進入安息的，乃是歇了自己的工，正如神歇了他的工一樣。」（來4：10）

這個安息的特徵是：我們可以完全「放手」，完全“let go”，完全不用靠我們自己，可以專心享受神。

這個安息正正就是救恩的真義：耶穌基督已經完完全全成就了救恩，不需要多加一點點，也不能減少一點點。

需不需要我們加上自己的「虔誠」，以致神說：好罷，你都很虔誠，我就接納你？不需要！完全不靠我們的表現（performance），不靠我們的成就（achievement），不靠我們的行為，只靠耶穌基督，我們可以完完全全歇了自己的工，自己的努力，坐享其成。（來4：10）

可是，矛盾出現了。

「所以，我們務必竭力進入那安息，免得有人學那不信從的樣子跌倒了。」（來4：11）

明明說安息就是「放手」，為何又說要「竭力」？

我用一個比方來解釋這吊詭（paradox），表面上的前後矛盾：假設我們在大海裏遇溺，有人拋了一個救生圈給我們，我們只要抓住救生圈就得救了，就算不懂得游泳也不會淹死。不過，拯救我們的船還要一路拖著救生圈，將我們拖返岸邊,**在這個過程當中,我們要「竭力」抓著這個救生圈。**

真正叫我們得救、真正叫我們浮起的,不是我們竭力游泳,乃是那個救生圈——主耶穌的救恩;不過我們也要「竭力抓著」這個救生圈。所以,今天我們仍然要「竭力進入那安息」,即是說:我們仍然未完全進入。

為什麼未完全進入呢?這就是第11章所說的,耶穌基督的救恩雖然已經完全做好了,不過,我們還要等齊其他信徒,要等主耶穌再來,然後才能享受圓滿的救恩,現在則是「已然——未然」(already-but-not-yet)階段。救恩已經完全成就了,不過,現在我們還是正在進入,要等齊所有人都相信,才全面享受。

基督超越亞倫

A. 與亞倫的比較

「我們既然有一位已經升入高天尊榮的大祭司,就是神的兒子耶穌,便當持定所承認的道。因我們的大祭司並非不能體恤我們的軟弱。他也曾凡事受過試探,與我們一樣,只是他沒有犯罪。」(來4:14-15)

在等待過程中,我們不用擔心,因為我們有一位大祭司,祂能夠體恤我們,這段經文有兩個含意:其一,**主耶穌沒有幹過任何壞事,**祂未曾想過壞的事,沒有說不好的話,沒有幹過傷天害理的事,主耶穌是光明正大的,中中正正的,一言一行皆合乎中道;其二,**耶穌沒有因私慾而犯罪,**換句話說,在耶穌基督的人性裏面是沒有罪性的。

我們人很難理解這一點,我們會認為:我們每個人都會想一些不好的事,每個人都會犯罪。但是,這是一個敗壞了的人性,**耶穌基督來到世上就是要將一個完美的人性賜給我們,而完美的人性是沒有罪性的!**

可是,這又出現了另一個難題:既然耶穌基督是沒有罪性的,祂當然不會像我們這樣飽受試探,祂當然不會跌倒。

「他也曾凡事受過試探。」(來4:15)

耶穌有沒有受過情慾的試探呢?耶穌有沒有受過其他的試探呢?

當然，現今的社會環境與古代不同，今天我們遇到的一些具體試探，耶穌未必都會遇到，例如：耶穌沒有受過「炒樓」的試探，**但是，炒樓的背後是金錢試探、物慾的試探，耶穌絕對有受過這種試探，換言之，耶穌有受過相同性質的試探。**

你會說：「我們有罪性，難怪我們會跌倒犯罪。耶穌沒有罪性，祂怎可以體恤我們呢？」

一位學者用了一個很好的比方來說明：有一個很重的啞鈴，你我這些四肢不勤的人剛舉起就放下，因為太重了；但是一個奧運金牌舉重選手舉起啞鈴，他要完成指定時間，所有指定動作，才能放下啞鈴。

請問：「誰能夠承受、忍受啞鈴的重量到盡呢？是你我立刻放棄的？抑或是支持到底而成功的運動員呢？誰忍受試探的程度更深呢？」

當然是那位奧運金牌運動員。試探一來到，我們就垮了，我們所能承受的「啞鈴重量」（試探）是很少的。但是耶穌一直堅持堅持堅持堅持堅持不放棄，所以，耶穌完全體會了啞鈴的重量。換句話說，主耶穌完全能夠體會我們所受的試探威力！祂能夠明白和體恤我們。所以，在這條信仰的馬拉松跑上，當我們感到承受不了試探，我們當轉向主耶穌，祂能夠明白，能夠體會我們。

第5章，作者論能夠成為大祭司的兩項條件：

1. **弟兄之中的一員：**

   「凡從人間挑選的大祭司，是奉派替人辦理屬神的事，為要獻上禮物和贖罪祭（或譯：要為罪獻上禮物和祭物）。他能體諒那愚蒙的和失迷的人，因為他自己也是被軟弱所困。故此，他理當為百姓和自己獻祭贖罪。」（來5：1-3）

   大祭司要承認自己是弱者，先為自己獻上禮物和贖罪祭，然後，再為百姓獻上禮物和贖罪祭。

2. **大祭司的尊榮是神給予的：**

   「這大祭司的尊榮，沒有人自取。惟要蒙神所召，像亞倫一樣。如此，基督也不是自取榮耀作大祭司，乃是在乎向他說『你是我的兒子，我今日生你』的那

一位。」(來5：4-5)

「至於那些祭司，原不是起誓立的，只有耶穌是起誓立的；因為那立他的對他說：『主起了誓，決不後悔，你是永遠為祭司。』既是起誓立的，耶穌就作了更美之約的中保。」(來7：21-22)

耶穌是神起誓立為大祭司的，祂符合了上述兩項條件。

「基督在肉體的時候，既大聲哀哭，流淚禱告，懇求那能救他免死的主，就因他的虔誠蒙了應允。他雖然為兒子，還是因所受的苦難學了順從。他既得以完全，就為凡順從他的人成了永遠得救的根源，並蒙神照著麥基洗德的等次稱祂為大祭司。」(來5：7-10)

耶穌基督能夠體恤我們的軟弱，因為祂也受過很多的苦難。今日當我們落在苦難，或試探之中，主是完全明白的。

「所以，我們應當離開基督道理的開端，竭力進到完全的地步，不必再立根基，就如那懊悔死行、信靠神、各樣洗禮、按手之禮、死人復活，以及永遠審判各等教訓。」(來6：1-2)

作者說：「潔淨禮、按手禮，死人復活等等，都是舊約的啟示和知識，不要停留在那裏，我們已經有了新約，有了耶穌基督的啟示，我們要繼續追求進深。」

B. 第三警戒：背道的危險(來5：11-6：12)

「論到那些已經蒙了光照、嘗過天恩的滋味、又於聖靈有分，並嘗過神善道的滋味、覺悟來世權能的人，若是離棄道理，就不能叫他們從新懊悔了。因為他們把神的兒子重釘十字架，明明的羞辱祂。……必被廢棄，近於咒詛，結局就是焚燒。」(來6：4-8)

這是第三個警戒，是一段非常難解的經文。這裏所說的人是否真正信主呢？如果從釋經(exegesis)角度去看，〈希伯來書〉6章4至5節所用的字都是指真正經歷過救恩好處的人，作者形容為「嘗過天恩的滋味」、「又於聖靈有分」(有分於聖靈，是有聖靈的工作)，「蒙了光照」(來6：4；10：32)。

如果他們「離棄道理，就不能叫他們從新懊悔了。因為他們把神的兒子重釘十字架。」(來6：6)

耶穌基督被釘十字架，祂是為我們的罪而被釘的，祂承擔我們當受的咒詛——罪的工價。所以，當我們信主，是將我們的罪完全交給主，完全釘上了十字架。

但是，如果我們接受了救恩之後，後來卻變成「不信」，本來是「真的信」，後來卻變成「真的不信」，我們就有了背道的罪。那麼，我們要怎樣得到挽回？難道找耶穌為我們再次被釘十字架，挽回我們這個背道的罪？

但是，耶穌會不會被釘兩次呢？不會！祂只被釘一次十字架，就已經足夠。換言之，如果我們真信了主，後來卻掉頭而去，那我們就再無回頭機會，就惟有永遠沉淪了。所以這個警告是非常嚴厲的！

作者再三提醒讀者不要懈怠。這種懈怠的情況相信是最近發生的（比較：來10：32-34昔日讀者們受過大逼迫）。如果他們丟棄了一顆受苦的心，漸漸懈怠起來，不繼續以信心和順服來回應救恩，他們便很危險了。

C. 神確實的應許

《聖經》有兩組經文：其一、從人的角度看救恩，強調人的責任，可說是「永遠相信、永遠得救」，例如：〈希伯來書〉6章4至8節；〈彼得後書〉2章20至22節，這組經文告訴我們：我們一定要繼續信，如果不信，就會失去救恩；

其二，從神的角度看救恩，強調神的主權，即是「一次得救、永遠得救」，例如：〈羅馬書〉8章28至30節；〈彼得前書〉1章5節。這組經文告訴我們：主耶穌是有能力的，無人能夠從耶穌手上把耶穌的羊奪去，我們是天父所賜給主耶穌的人，祂能夠保守我們、保護我們。耶穌基督說：

「我的羊聽我的聲音，我也認識他們，他們也跟著我。我又賜給他們永生；他們永不滅亡，誰也不能從我手裏把他們奪去。我父把羊賜給我，他比萬有都大，誰也不能從我父手裏把他們奪去。」（約10：27-29）

這兩個看似相互矛盾的真理，恰如「銀幣的兩面」，是「公仔」或「字」？兩者都是，同時並存，又是公仔又是字，主要針對不同的需要：

1. 針對我們這些膽小的信徒，經常擔心：「死啦，死啦！我信了耶穌，但不知道能否上天堂?」**主耶穌能夠保守我們永遠得救，神定意要救的人不會救不成功，真正的信心是能夠持守的，這是我們的安慰**(即Calvin所説的“perseverence of the saints”，參:來3:6, 14;10:14);

2. 另一方面，針對一些以為:「我信了耶穌，既然『一次得救、永遠得救』，以後我怎樣都可以了，就算不信也可以。」**對於這樣有恃無恐的人，這個警告是很嚴厲的!無論你怎樣真誠相信，到頭來你又真的不信，那就沒有了，失落了救恩。**

那些曾經相信，最後卻拒絕救恩的人，他們顯然從頭就不是真正屬於神的(參:約2:23-24;約壹2:19)，個別的例子如出賣耶穌的加略人猶大(路22:3)、底馬(提後4:10)。所以，在《聖經》裏，這兩部分的信息都有，我們要同時放在一起，兩者是在一種「張力」中同時並存，真理很多時就是這樣，看似相悖的真理同時並存。

D. 更美的祭司等次(來7:1-28)

作者繼續解釋耶穌基督是一位何等完美的大祭司。第7章論到耶穌不是按照舊約的體系任祭司，舊約祭司的等次是利未的等次，但是，耶穌的等次是麥基洗德的等次。

麥基洗德只在〈創世記〉14章，及〈詩篇〉110篇出現過，他是一位祭司:「這麥基洗德就是撒冷王，又是至高神的祭司，本是長遠為祭司的。他當亞伯拉罕殺敗諸王回來的時候，就迎接他，給他祝福。亞伯拉罕也將自己所得來的，取十分之一給他。他頭一個名翻出來就是仁義王，他又名撒冷王，就是平安王的意思。」(來7:1-2)

麥基洗德與眾不同之處是:「他無父，無母，無族譜，無生之始，無命之終，乃是與神的兒子相似。」(來7:3)

「無父，無母」的意思乃是:《聖經》記載裏沒有提及他的族譜，沒有提及其父母是誰，**麥基洗德彷彿預表了耶穌基督，因為耶穌基督不是從人而來，乃是從神而來，祂是神的兒子。**

〈創世記〉14章記載麥基洗德是「撒冷王」。亞伯拉罕打勝仗回來，尚且要向麥基洗德獻上十分之一，利未是從亞伯拉罕而來(來7:10)，也就是說麥基洗德更偉大。

利未從亞伯拉罕而來，而亞伯拉罕尚且要向麥基洗德奉獻十分之一，也就是說麥基洗德更偉大，「你們想一想，先祖亞伯拉罕將自己所擄來上等之物取十分之一給他（麥基洗德），這人是何等尊貴呢！」（來7：4）

換句話說，**神在利未的制度以外，另立了一個完全不同的體系，**一個特別的祭司，超乎地上的體系。

「他不像那些大祭司，每日必須先為自己的罪，後為百姓的罪獻祭；**因為他只一次將自己獻上，就把這事成全了。**律法本是立軟弱的人為大祭司；但在律法以後起誓的話，是立兒子為大祭司，乃是成全到永遠的。」（來7：27-28）

在〈希伯來書〉，「一次」這個字出現不止一次，意指：耶穌基督釘十字架只死「一次」，然後復活，就大功告成了，不需要做了再做，時至今日，我們不用再獻祭，不靠我們的功德，白白得了救恩。

E. 更美的約（來8：1-13）

「我們所講的事，其中第一要緊的，就是我們有這樣的大祭司，已經坐在天上至大者寶座的右邊，在聖所，就是真帳幕裏，作執事；這帳幕是主所支的，不是人所支的。」（來8：1-2）

作者解釋，耶穌基督這位大祭司來到了「真帳幕」（來8：2）。以前摩西搭起的帳幕不過是「仿制品」，是買樓花時看到的「模型model」，讓你看一看真的帳幕是怎樣的。現在耶穌是到了真帳幕為我們擔任「中保」。

接著，作者引用〈耶利米書〉，說：

「主又說：『那些日子以後，我與以色列家所立的約乃是這樣：我要將我的律法放在他們裏面，寫在他們心上；我要作他們的神；他們要作我的子民。』」（來8：10）

F. 更美的聖所和祭物（來9：1-10：18）

「但現在基督已經來到，作了將來美事的大祭司，經過那更大更全備的帳幕，不是人手所造，也不是屬乎這世界的；並且不用山羊和牛犢的血，乃用自己的血，**只一次**

進入聖所，成了永遠贖罪的事。」（來9：11-12）

作者論耶穌的獻祭如此美好，原因有三：

1. 地方不同：主耶穌是在天上的真帳幕裏；

2. 等次不同：主耶穌是按麥基洗德的等次，且超乎利未的等次；

3. 所獻的禮物不同：在地上的仿真帳幕中，你獻上牛羊作贖罪祭，牛羊只是牲畜，是被動獻上的，神尚且赦免你的罪；現在耶穌基督是神的兒子，且是自己主動，親自獻上的，兩者級數完全不同。**耶穌基督獻上自己作贖罪祭，這是神兒子的血，祂釘十字架所流的血足以完全洗乾淨我們的罪惡，耶穌基督的血徹底有效！所以，今日我們不需要再做什麼。**

「按著定命，人人都有一死，死後且有審判。像這樣，基督既然一次被獻，擔當了多人的罪，將來要向那等候他的人第二次顯現，並與罪無關，乃是為拯救他們。」（來9：27-28）

耶穌基督第一次來臨所成就的救恩已經完完全全做好了，將來祂的第二次來臨「與罪無關」，不再是處理贖罪的問題，乃是要與我們享受這個全面的救恩，由是，今天我們只要堅持救恩、持守信仰就足夠了。

基督為超越的道路

信心的例證

「信就是所望之事的實底，是未見之事的確據。古人在這信上得了美好的證據。」（來11：1-2）

「我們既有這許多的見證人，如同雲彩圍著我們，就當放下各樣的重擔，脫去容易纏累我們的罪，存心忍耐，奔那擺在我們前頭的路程，仰望為我們信心創始成終的耶穌（或譯：仰望那將真道創始成終的耶穌）。」（來12：1-2）

第11章有很多「啦啦隊」，作者將信心前輩如何信靠神的事實一一告訴我們，我們就像一個馬拉松長跑賽的跑手，眼睛只盯著終點，以及夾道的「啦啦隊」（見證人）。

現實中的啦啦隊是不用跑的，但是，第11章至12章的啦啦隊——信心偉人，諸如：亞伯拉罕、以撒、雅各、摩西、約書亞——已經成功跑完了他們的人生，就夾道搖旗吶喊，為我們加油打氣，鼓勵我們要盡力奔跑。而最佳的跑手——耶穌，不但是信心的完美典範，更為我們的信創始成終。所以，我們要「存心忍耐」，這個忍耐不是指等得很慘的忍耐，這個忍耐所指的是毅力、堅持，在很困難的環境當中，仍然堅持下去。

第五個警告：棄絕永生神的危險

「又要謹慎，恐怕有人失了神的恩；恐怕有毒根生出來擾亂你們，因此叫眾人沾染污穢；恐怕有淫亂的，有貪戀世俗如以掃的，他因一點食物把自己長子的名分賣了。後來想要承受父所祝的福，竟被棄絕，雖然號哭切求，卻得不著門路使他父親的心意回轉。這是你們知道的。」（來12：15-17）

作者又說：「所以我們既得了不能震動的國，就當感恩，照神所喜悅的，用虔誠、敬畏的心事奉神。因為我們的神乃是烈火。」（來12：28-29）

這是〈希伯來書〉的第五個警告，也是最嚴厲的警告。如果我們棄絕神，後果堪虞，我們的神乃是烈火！我們的神如此有威嚴，所以，我們要小心謹守我們的救恩。

結語（來13：1-25）

「耶穌基督昨日、今日、一直到永遠，是一樣的。」（來13：8）

這句重點並非耶穌基督的屬性不變，乃是我們的信仰中心耶穌基督是永遠不變的，如果在舊約，只要我們稍為犯罪，神的火就會吞滅你，或按照摩西的律法處死。今天，如果我們不堅持信仰，將來的沉淪是極其可怕的！

〈希伯來書〉的警告是十分嚴厲的，不過，作者也指出，耶穌基督是大祭司，祂已經完全成就了救恩，祂一定會幫助我們到底。我們有「定心丸」，一定能夠行完這條信仰的路。願主幫助我們有這份堅持，時刻儆醒：今日我有沒有學而不進？記住：不進則退。

祈禱

天父，感謝你賜下獨生兒子耶穌基督來到人間，在末世親自向我們說話，我們要敬聽，一如昔日先知所說：『僕人敬聽』！多謝你賜給我們你的話語，你的話道出你對我們的愛，每一句、每一字都如此寶貴！求你引導我們進入真理當中，明白你的內心如何。

主，求你叫我們重視你所成就的救恩，我們要竭力，穩穩抓住主耶穌的救恩，也要竭力進入你的安息，歇了我們的工，不再靠一己之力努力做好。

今天，我們全憑主耶穌基督赦罪的恩典而得力，且力上加力，所以，求主叫我們享受這個安息之餘，也繼續在這個時代為你的名，堅守你賜給我們的召命！求你使我們不斷進步，以致將來可以和所有屬於你的人一起享受這個完美的救恩！

奉主耶穌基督的名，阿們。

生活應用

1. 根據〈希伯來書〉，尤其第2章5至18節，人有何尊貴之處？如何才能得到這份尊貴，享受這份尊貴？
2. 〈希伯來書〉4章11節教導我們要「竭力」進入「安息」，意即我們必須盡力持守耶穌基督所成就的救恩。在個人層面，你如何調整心思意念，以體驗這看似矛盾，吊詭（paradoxical）的真理？身處香港社會文化中，哪方面需要「竭力」？哪方面需要進入「安息」？

新天新地

啟示錄•一封家書•
另一課：踐信於行篇

第二十課

啟示錄

不知你有無看過「印象派」畫展？如果貼近看那些印象派大師的得意傑作，他們的畫筆一點一點、一點一點，看不出來究竟畫了些什麼。印象派的畫要退後一點，起碼距離圖畫一米，甚至兩米的距離，才會看出來：哦，原來那是荷塘，有朵朵荷花盛開！哦，原來那個是教堂的正門！

讀〈啟示錄〉猶如看印象派的畫，要退遠一點，才能看得明白，不用理會畫中的「一點一點」，不強解這「一點一點」，如果你執著於解釋究竟這隻「青蛙」代表什麼，就會很頭痛，因為我們無法準確解釋這隻「青蛙」代表什麼。但是，當我們退遠一點來看，就會發覺，那怕福音派的解經家對「青蛙」有不同解釋，大家都同意〈啟示錄〉的主題是：「主必快來！」所以，〈啟示錄〉的一些細節，不能清楚解釋是不要緊的，最重要的是我們知道〈啟示錄〉整幅圖畫說什麼，也知道神要求我們做什麼。

〈啟示錄〉是一卷很特別的書，原因有二：

1. 〈啟示錄〉充滿了舊約，幾乎每節經文都有舊約背景，而影響〈啟示錄〉最多的，就最難解的幾卷書，如：〈但以理書〉、〈以西結書〉。如果我們不熟悉舊約，就不懂得怎樣解釋〈啟示錄〉，所以，如果想明白〈啟示錄〉，就要熟悉舊約《聖經》，特別要熟悉先知書；
2. 〈啟示錄〉是「三合一」，融合了三種不同的文體：a. 書信（Epistle）b. 先知文學（Prophecy）c. 啟示文學（Apocalypse）。除了〈啟示錄〉之外，整本《聖經》中沒有一卷書是集三種體裁於一身的；

A. 書信文體

「約翰寫信給亞西亞的七個教會。」(啟1:4)

這是典型的第一世紀尺牘，一開頭就說明誰是寫信人和受信人。

「願主耶穌的恩惠常與眾聖徒同在。阿們！」(啟22:21)

此句亦是典型的書信結語，通常是一句祝福的話。

我們常常以為約翰分別寫了七封信，致亞西亞（亞細亞）七個城市的教會；其實〈啟示錄〉是一封信寫給七家教會，〈啟示錄〉1章4節是引言，〈啟示錄〉22章21節則是結語。

書信一定有其處境，這封信一定有事想表達，約翰想告訴亞西亞教會的信徒，主耶穌很快就會回來（主耶穌的第二次來臨），信徒當如何做好準備迎見主。

B. 先知文學（Prophecy）

「念這書上預言的……」(啟1:3)

「預言」就是prophecy，先知預言有兩方面作用：

其一，宣告神的心意（forth-telling）。〈啟示錄〉不少信息是針砭時弊而寫的，我們必須了解當時的歷史、宗教等背景，才能充分明白其中的信息；

其二，預告神的作為（fore-telling）。〈啟示錄〉很大篇幅預告末日時會發生的事情。先知預言一定要在字面上得到應驗，否則，說的人就不是真先知(申18:20-22)。由是，先知預言比較傾向字面解釋。

先知預言的另外一個特色，是「重複應驗／多次應驗」（multiple fulfillment），或「逐步應驗」（sequential fulfillment）。所以，當我們解釋〈啟示錄〉時，也要留意有些預言會不會屬於這類漸進式（progressive）預言。

C. 啟示文學（Apocalypse）

「耶穌基督的啟示」（啟1:1）英譯是："apocalypse of Jesus Christ"。

〈啟示錄〉開宗明義就說：此書是「啟示」。這是第一世紀流行的一種文體，當時不但有約翰的「啟示錄」，還有其他沒有納入《聖經》正典的「啟示錄」，諸如：「彼得啟示錄」、「巴錄啟示錄」等。

當時大家舉目看見四周環境充滿苦難黑暗，困難重重，他們定睛於終局，追問：有沒有一位掌權者呢？這位掌權者會否執行最後的審判呢？啟示文學用很多具象徵的圖畫表達抽象的意念，所以，解釋這些「啟示」往往用象徵的解法。

整體而言，先知文學的角度是「由近而遠」：先知先看到現在（近）有何時弊？神的要求如何？接著，展望將來（遠）神會怎樣工作。啟示文學的角度正好相反，是「由遠而近」：作者先看到終局、末世（遠）是怎樣的？然後，回到現在（近），看看神怎樣在今世掌權、介入？一個從近而遠（先知的角度），另一個從遠而近（啟示文學），兩者看似衝突，實質上卻是相互配合，相輔相成。

由於〈啟示錄〉結合了書信、先知文學和啟示文學，三種文體，有時要按字面解經，有時又要象徵地解經，何時用何解經法，解經家各有不同意見，造成很多分歧，眾說紛紜。不過，就算細節上存有分歧，〈啟示錄〉的整體信息、主題是非常清晰的。如果大家掌握到這個鑰匙，就容易理解很多。

有關〈啟示錄〉的釋經法

歷來不同解經家對〈啟示錄〉持不同解釋，可分為四大類：

1. **「過去派」(Preterist View)**。此派學者認為〈啟示錄〉的內容已經在歷史中全部應驗。例如：他們認為，關於巴比倫的預言，主後70年耶路撒冷被毀時就應驗了（「巴比倫」代表耶路撒冷）；或者，主後476年羅馬帝國滅亡時應驗（「巴比倫」代表羅馬）。不過，今天多數人不接受「過去派」的看法，因為〈啟示錄〉很多預言似乎仍然未發生。
2. **「歷史派」(Historicist View)**。此派與「過去派」有點類似，「歷史派」學者將〈啟示錄〉所講的預言解釋為西方教會的發展史，例如：宗教改革運動、希特勒等等，這些事都已經在〈啟示錄〉所說的歷史中，一件一件應驗了，但是，我們很快會發覺這種解釋方法並不完全解得通，所以這種解法也不是最主流。

3. **「將來派」(Futurist View)**。〈啟示錄〉4章1節至22章5節講述很多終結的事，這派學者將這段經文解釋為最接近主再來之前，那段短短時期所發生的事，「時代論」(dispensationalism) 便屬於這種解釋方法。

   以我之見，這種解釋方法雖然有合理的地方，但也有其不足之處，因為將來派將4章1節之後所講的事情都看為最接近主再來、終結的時候，由是，這些事情似乎跟我們沒有什麼關係。

4. **「理想派」(Idealist View)**。此派認為根本不能用時間來看，〈啟示錄〉不光預言最接近主再來的階段，更用象徵的手法，講述從古到今、乃至將來，神與撒但之間的爭戰，這是每一個時代都面臨的事，不必局限於某段歷史時期。理想派有一個好處，就是讓我們看〈啟示錄〉對我們深具意義。整卷〈啟示錄〉的信息和異像對第一世紀、今天和將來的信徒同具有重要意義。

以我之見，結合「將來派」和「理想派」的釋經法最可取。希望不要被人說我是「騎牆派」！

寫作背景

約翰寫〈啟示錄〉時，正被流放到拔摩島上。拔摩島位於愛琴海，「小亞細亞」(今土耳其) 對開，小亞細亞是羅馬帝國的一部分。約翰託人送一封信給小亞細亞七個城市的教會，第一個是以弗所教會，然後是士每拿教會，他們輪流閱讀這封信。當送信人走遍七城，正好是一個圓圈。

學者相信〈啟示錄〉寫於第一世紀後期，此時教會正面臨一個重大的信仰危機，可以是一個威逼，也可以是一個利誘。羅馬皇帝該撒 (凱撒) 自封為「神」，尼祿王 (Emperor Nero)、多米田王 (Emperor Domitian) 等人，紛紛自稱是神，很多地方政府就拍皇帝馬屁，大搞「政教合一」，可能地方有一些慶典、或宗教儀式，他們就把「帝王崇拜」(emperor cult) 加進去。這時基督徒就面對一個困難，在這樣一個公開場合，眾人都把帝王當作神明來拜時，你怎麼辦呢？

今天在香港，如果你是基督徒，又身為政府官員，你要到新界主持一個儀式，開始時要「拜神」、「插香」，你可以據法維權，以宗教自由為理由，出席儀式，但不參與拜祭；若是某古寺獲定為古蹟的開幕儀式，發言時可強調該建築的歷史價值，若有蛇般的靈巧，對《聖經》和佛教高度熟悉，大可效法保羅在雅典亞略巴古所作的即席演講，借題發揮，直指向永生神。

但是，羅馬帝國可沒有宗教自由這回事，羅馬帝國的基督徒面對「帝王崇拜」時，並沒有太多選擇餘地，是生與死的抉擇。當時羅馬帝國東部有不成文的條例，如果你是猶太人，可以敬拜猶太人的神，而不必參予帝王崇拜，換言之：你可以退後不做基督徒，重做猶太教徒；若你不低頭，不妥協，不拜羅馬皇帝，就會面對重重艱難、逼迫，輕者可能失去權位，或經濟上的利益，重者可能要殉道。可能有人就想：不要緊的，我心裏不是拜皇帝就可以了，我只是表面做這個「動作」罷了。所以，可能有些基督徒會採取「妥協主義」，照做如儀，希望可以苟且偷生。

〈啟示錄〉中提及「尼哥拉一黨」(啟2:6, 15)「尼哥拉黨」就是類似這些「妥協派」，他們認為「帝王崇拜」與基督教是可以「合一」的，所有東西都可以「合一」的，有些人以為提倡一個沒有界線的所謂「大合一」，就永遠不會得罪人，就可以保住自己的小命。

由是，第一世紀後期的教會面臨強大的政治逼迫，基督徒要麼背道，要麼面對逼迫，為主殉道，要麼將信仰摻雜了，走「妥協路線」。約翰寫〈啟示錄〉這封書信，主要就是針對這件事。

耶穌基督透過約翰對七教會說：「你們要做得勝者！(啟2:7, 11, 17, 26；3:5, 12, 21；12:11等)你們要持守信仰！不要只看眼前的利益，主很快就會回來！當主回來的時候，如果你是妥協主義者，你將會受到神的審判，被神丟棄！後果嚴重！」

由此觀之，〈啟示錄〉的寫作目的不是為了滿足現代讀者對末世的好奇心，究竟「666」是什麼意思？又有「三年半」，有很多很多事情，究竟這些細節要怎樣解釋呢？〈啟示錄〉無意要給我們一個「末世時間表」用來計算：主幾時回來？〈啟示錄〉的寫作目的主要鼓勵我們要在時代的風口浪尖中站穩立場，至死忠心。

四大異象

〈啟示錄〉全書共有四個異象，均以「在靈裏」(in the spirit) 作開始(啟1：10；4：2；17：3；21：10)。四個異象以漸進方式，描寫神的計畫如何一步一步實現，至終完成。

四個異象之間有幾段「註解」，有些解經家稱之為「插曲」。這可能會造成誤會，大家會以為插曲只是「過門、稍息」，不是很重要。事實正好相反，這幾段插曲講述在神和基督的終結計劃中，事情為什麼會是這樣的，所以，這幾段「插曲」是非常重要，極具分量的註解，是剖析問題的手術刀，直搗問題的核心，尤其位於全書中間的第12章至14章，這是一段最長的註解，也是全卷書的最核心，作者一一解釋為什麼會有這麼多事情發生。

第一個異象：基督在教會掌權

基督的顯現

「耶穌基督的啟示，就是神賜給他，叫他將必要快成的事指示他的眾僕人。他就差遣使者曉諭他的僕人約翰。」(啟1：1)

使徒約翰介紹他的消息來源：從神而來，他是這些信息的記錄者。

「念這書上預言的和那些聽見又遵守其中所記載的，都是有福的，因為日期近了。」(啟1：3)

「念」是讀的意思，這封書信是要當眾宣讀的。約翰說：聽見和遵守的人有福了。在腥風血雨，充滿災難的〈啟示錄〉之中，竟然多次出現「有福」(blessed) 這個字。哪些人「有福」呢？不是那些懂得「計算」耶穌幾時回來的人，乃是「那些聽見又遵守的人」，他們是有福的。

「約翰寫信給亞西亞的七個教會。但願從那昔在、今在、以後永在的神，和他寶座前的七靈，並那誠實作見證的、從死裏首先復活、為世上君王元首的耶穌基督，有恩惠、平安歸與你們！」(啟1：4-5)

這裏很明顯看到三位一體的真神：1. 昔在今在以後永在的神；2. 聖靈（「他寶座前的七靈」，七是完美的意思，指聖靈是完美的）；3. 耶穌基督。

「以後永在」這一片語，《和合本聖經》不是譯得很準確，英譯本採取了從希臘文直譯："the One who is and who was and who is to come." 中文新漢語譯本同樣採用了直譯：「今在、昔在、來臨中的那一位」。

「今在、昔在、來臨中的那一位。」共出現了5次（啟1：4, 8；4：8；11：17；16：5；最後兩次只用「今在、昔在」），此句充份表達了〈啟示錄〉全書的神學主題：神是誰？祂是（who is）永遠掌權的那一位，從永遠到永遠都是這一位神；祂曾經（who was）成為人，祂將來還要再來（who is to come）！

由是，約翰提醒眾信徒：我們已經經歷了"who was"，祂曾經來到世上做人，現在我們期待的就是主耶穌回來（who is to come），我們要怎樣做好準備呢？

「我——約翰就是你們的弟兄，和你們在耶穌的患難、國度、忍耐裏一同有分，為神的道，並為給耶穌作的見證，曾在那名叫拔摩的海島上。」（啟1：9）

約翰被放逐到小小海島上，為主受苦，但是，他寫信給主內的弟兄說：「我們一同在神的國，現在是一個患難。」有些人認為大患難是指最終結的「七年大災難」，約翰說，不是，現在就在患難裏，「終局」已經開始了！末世已經開始了！每一位基督徒，請看清楚你自己的處境，我們已經身處於一個大患難當中。

「當主日，我被聖靈感動，聽見在我後面有大聲音如吹號，說：『你所看見的當寫在書上，達與以弗所、士每拿、別迦摩、推雅推喇、撒狄、非拉鐵非、老底嘉那七個教會。』」（啟1：10-11）

在第一個異象中（啟1：9-3：22），約翰體驗了類似舊約先知蒙召的經歷，他看見榮耀基督顯現（啟1：9-20）。這位人子就是向舊約眾先知所顯現的耶和華，祂死了又復活，現今掌管七教會。

耶穌基督說：「論到你所看見、在我右手中的七星和七個金燈臺的奧祕，那七星就是七個教會的使者，七燈臺就是七個教會。」（啟1：20）

約翰從這位榮耀的人子領受信息，向七教會發言。原來地上是呼應天上的，七燈臺代表七教會，七顆星，即七使者，掌管七教會。

給七教會的信息

「你要寫信給以弗所教會的使者。」(啟2:1)

「使者」可以譯為「信使」(messenger),也可以譯為「天使」(angel),所以,解經家也有爭論:究竟這些「使者」是說人,抑或是天使呢?我認為當解為天使,因為這裏是呼應「星」,故是說天上,他們是代表教會的使者。這些信息要說給使者聽,即說給全教會聽。

「燈臺中間有一位好像人子,身穿長衣,直垂到腳,胸間束著金帶。他的頭與髮皆白,如白羊毛,如雪;眼目如同火焰;腳好像在爐中鍛鍊光明的銅;聲音如同眾水的聲音。他右手拿著七星,從他口中出來一把兩刃的利劍;面貌如同烈日放光。」(啟1:13-16)

這位「人子」樣貌甚威嚴,我們不要把他畫出來,因為很可怕。不過,「頭與髮皆白」、「身穿長衣,直垂到腳,胸間束著金帶」、「聲音如同眾水的聲音」,這一切正正是舊約《聖經》,例如:〈以西結書〉、〈但以理書〉,對耶和華的描述,現在放到了耶穌基督身上!可見這位「人子」耶穌基督不是別人,正正是舊約一直講的創造主!是「父」,是神!

這位人子掌管七顆星,也掌管著七個教會。祂具有權柄,在世上執行終結的計劃之前,先整頓教會。人子按七教會不同的屬靈情況,或督責,或安慰,祂要求教會與祂同心,呼籲教會支取人子的恩典,在屬靈爭戰中作得勝者,以致將來可以享受救恩完備的賞賜。

耶穌基督批評每個教會的謬誤,要求他們悔改。「悔改」"return",也是舊約先知經常使用的字,意思是:你要回轉、回頭,返回神那裏。

每個教會做得好的地方,耶穌都會稱讚他們,最後耶穌給他們一個應許,如果他們能夠做得勝者,就會得到哪些賞賜。

以第一個教會以弗所教會為例,以弗所教會的好處、優點是很勤勞、勞碌,有很多傳福音的項目活動,做了很多事,因此,耶穌基督稱讚他們:

「我知道你的行為、勞碌、忍耐。」(啟2:2)

以弗所教會也甚有辨識力,懂得分辨真偽,耶穌基督說:「也知道你不能容忍惡人。你也曾試驗那自稱為使徒卻不是使徒的,看出他們是假的來。」(啟2:2)

但是，以弗所教會光忙於「做」（do），為「做」而做，卻失去了真正愛神的心，因此，耶穌責備以弗所教會：「然而有一件事我要責備你，就是你把起初的愛心離棄了。」（啟2：4）

主耶穌指出，這樣不行，並吩咐他們要悔改。主耶穌說：「所以，應當回想你是從哪裏墜落的，並要悔改，行起初所行的事。你若不悔改，我就臨到你那裏，把你的燈臺從原處挪去。」（啟2：5）

意思是：「你要回想何時開始冷淡？何時失落了這份愛心？何時神的工作開始變成只是一種責任？你在什麼地方跌倒，就在什麼地方爬起來。」

耶穌又說：「聖靈向眾教會所說的話……」（啟2：7），由此可見，主向以弗所教會所說的話，也是向普世眾教會說的。

這七家教會，一方面在字面上是解作七家教會，但同時也象徵普世所有教會，所以「字面解釋法」與「象徵解釋法」有時是可以並存的。

耶穌基督會賜下哪些賞賜呢？主耶穌應許：「得勝的，我必將神樂園中生命樹的果子賜給他吃。」（啟2：7）

樂園中的生命樹就是指最初神創造世界時，在伊甸園中設立的生命樹（創2：9），神應許以弗所教會吃生命樹的果子，意思是給他們生命，換句話說，這個賞賜就是永遠的生命（永生）！

「得勝的」的意思是：「你要除開那些會絆倒你、令你不能行得好的、令你不能與主一起同工的那些罪惡，然後你所得到的就是永遠的生命！」

七教會中，只有兩個教會是好的，並沒有受到責備，一個是「示每拿教會」，這是受逼迫的教會；另一個是「非拉鐵非教會」，他們很有傳福音熱誠，其餘五個教會都受到耶穌基督的管教和責備。

我要特別提一提「尼哥拉黨」。主耶穌責備別迦摩教會說：「然而，有幾件事我要責備你：因為在你那裏有人服從了巴蘭的教訓；這巴蘭曾教導巴勒將絆腳石放在以色列人面前，叫他們吃祭偶像之物，行姦淫的事。你那裏也有人照樣服從了尼哥拉一黨人的教訓。」（啟2：14-15）

在舊約，巴蘭引誘以色列人犯罪、拜偶像「巴力」，吃祭偶像之物，又犯姦淫，犯下嚴重錯誤，即是說：尼哥拉黨是「混合主義」，教唆基督徒妥協，導致基督徒犯罪。

今天我們也要思想、反省，有什麼事會令我們走妥協路線？

第二異象：基督在世界掌權

天廷的顯現

從第4章至16章是第二個異象，這是一個很長的異象，在三組災難發生之前，約翰先用了第4章至5章二章作「開場白」，讓我們看見原來世界上許多災難，有其天上的角度。沒有了天國視野，我們就只看見地上許多災難，令人無助無奈，無能為力。

「我立刻被聖靈感動，見有一個寶座安置在天上，又有一位坐在寶座上。……寶座的周圍又有二十四個座位；其上坐著二十四位長老。」（啟4：2,4）

約翰看到在天上有一個寶座，坐在寶座上的就是創造主。一般解經家都將「二十四位長老」解釋為：舊約十二位長老，新約十二位使徒，也就是代表所有信徒，此外又有很多天使晝夜敬拜神，又有一些活物在寶座周圍。

「第一個活物像獅子，第二個像牛犢，第三個臉面像人，第四個像飛鷹。」（啟4：7）

如果熟悉舊約《聖經》，就知道這景象在〈以西結書〉1章出現過。四活物代表整個受造界：獅子是「萬獸之王」，代表所有走獸；鷹在所有飛鳥中最強壯有力，代表所有飛禽；牛是牲畜中是最有力的，代表所有牲畜；還有人類。

總而之言，這四活物代表所有受造之物，二十四位長老代表人類，無論是被救贖的，或整個受造界，他們都向這位神獻上敬拜。那位坐寶座的創造主，右手裏拿著書卷，書卷用七個印封嚴了（啟5：1）。當時的書卷捲起之後，用燒溶了的蠟澆上，加印封起，之後書卷就不可以拆開，一經拆開，就不再封上。

「我（約翰）又看見一位大力的天使大聲宣傳說：『有誰配展開那書卷，揭開那七

印呢？』在天上、地上、地底下，沒有能展開、能觀看那書卷的。因為沒有配展開、配觀看那書卷的，我就大哭。」（啟5:2-4）

為什麼約翰會哭呢？後來當書卷展開後，是一連串災難，而這書卷是有關神在人類當中的計劃，包括神的救恩計劃，如果沒有人能夠展開這書卷，就沒有人能為義人申冤了，我們基督徒殉道的，沒有人為我們伸張正義。這個世界很多不公平的事，沒有人去解決。如果沒有人展開這書卷，神在這個世界的計劃就不能成就，我們就真的要大哭了。

「長老中有一位對我說：『不要哭！看哪，猶大支派中的獅子，大衛的根，他已得勝，能以展開那書卷，揭開那七印。』」（啟5:5）

如果我們要做得勝者，就要跟著這位羔羊——耶穌基督，因為羔羊已經得勝了！耶穌基督被釘死在十字架，又從死裏復活，所以，祂有權掌管歷史，有權展開這書卷，有權展開七印，成就神的歷史計劃。

於是，當耶穌基督拿著這書卷時，所有天使和受造之物都要俯伏敬拜祂！（啟5:7-14）耶穌基督掌管人類的歷史，祂執行神永遠的計劃，我們都應該敬拜祂！

七印、七號、七碗

當羔羊（耶穌）展開書卷之後，出現了三組災難，分別是七印、七號、七碗，至於這三組災難之間的關係如何，解經家各有不同理解，有些解經家認為這三組災難是平行的，即是說：第一印等於第一號、等於第一碗。有些解經家則認為，這三組災難是順次序發生的：由第一印到第七印，當第一組災難（七印）結束之後，第二組災難（七號）才開始發生；七號結束後，第三組災難（七碗）才展開。

以我之見，第七印、第七號、第七碗，同指向最終的結局，主耶穌再來，審判的時候，因為當羔羊揭開第七印的時候，是審判的時候；當天使吹第七號，又是審判的時候；當天使倒第七碗時，又是神傾注祂怒氣的時候。姑且勿論如何解釋，正如我們說看印象派的畫，最重要的是知道其意義在哪裏。

「我看見羔羊揭開七印中第一印的時候，就聽見四活物中的一個活物，聲音如雷，說：『你來！』」（啟6:1）

這些災難發生是羔羊所容許的、所掌管的。但是，我們也不可以將一切災難的責任歸咎於羔羊，有很多災難是人自己導致的，人要負起責任。不過，由羔羊揭開七印的意思是：如果沒有羔羊的容許，就這些災難就不能發生。

啟1：19和全書的關係：

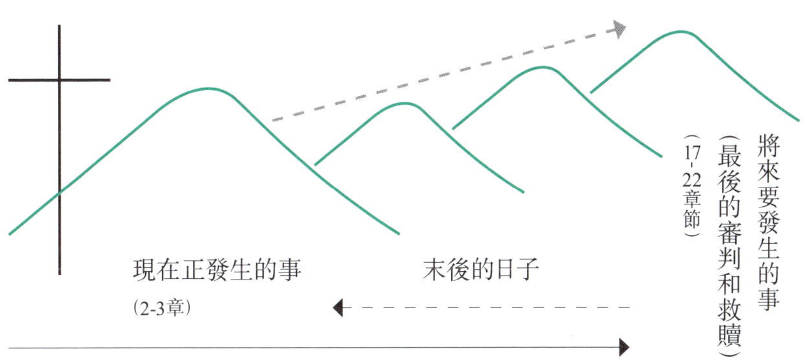

「七印」象徵天災人禍不斷發生，爭戰、饑荒、死亡屢見不鮮，不過，還不算太嚴重。到了「七號」的時候，災難就比之前嚴重多了，自然界中發生一些超自然災難。至「七碗」，災難更加嚴厲，那些超自然災難直接發生在人的身上。這三組災難好比2008年北京奧運會開幕禮那場擊鼓，起初鼓聲較小，後來，愈來愈密，至最後高潮時，大鼓小鼓齊響，驚天動地。初時的七印災難尚不嚴厲，之後七號和七碗的災難愈來愈嚴厲，顯示神加在人類身上的手愈來愈重。

七印

七印之中，頭四印為一組：第一印的「白馬」代表戰爭得勝。當時在帕提亞東部有一支軍隊，他們騎白馬，戰術很好，戰無不勝。第二印的「紅馬」仍代表戰爭；第三印的「黑馬」代表饑荒；第四印的「灰馬」代表死亡。這四匹馬代表了人類有史以來一直存在的戰爭和災難。

「揭開第五印的時候，我看見在祭壇底下，有為神的道、並為作見證被殺之人的靈魂，大聲喊著說：『聖潔真實的主啊，你不審判住在地上的人，給我們伸流血的冤，要等到幾時呢？』於是有白衣賜給他們各人；又有話對他們說，還要安息片時，等著一同作僕人的和他們的弟兄也像他們被殺，滿足了數目。」（啟6：9-11）

第五個印代表人類歷史中不斷有屬基督的人殉道。這裏的「被殺」，可按照字面解釋，有些人真的為主被殺，如第一世紀的「坡利甲」（Polycarp，或譯坡旅甲），被綁在火柱上燒死殉道；不過，「被殺」也有象徵的意義，指那些堅持基督的道，至死忠貞的信徒。第五印讓我們看到，一直有人殉道，但是，主會等到某個時候才執行審判。

第六印一揭開，日頭變黑、月亮變紅，山勢遷移、地大震動，然後，主耶穌就回來了！很多人十分懼怕，「向山和巖石說：『倒在我們身上吧！把我們藏起來，躲避坐寶座者的面目和羔羊的忿怒；因為他們忿怒的大日到了，誰能站得住呢？』」（啟6：16-17）

第六印是最後審判之前的準備，第七印就是審判。揭開第七印之前，羔羊執行審判的時候（神將審判的權柄交給了基督），出現了一條問題：「誰能站得住呢？」（啟6：17）於是，出現了第7章這段註解、插曲。

註解：地上受印者與天上羣眾

「我（約翰）聽見以色列人各支派中受印的數目有十四萬四千。」（啟7：4）

解經家對「十四萬四千」各有不同解釋。從地上的角度來看，這十四萬四千人代表以色列十二個支派，除了「但」支派之外，這支派沒有出現。「十四萬四千」是12×12×1000，對猶太人（以色列人）而言，「十二」代表完滿、豐富，「一千」代表多，所以「十四萬四千」是又豐富又完美又極多的意思，象徵古往今來數之不盡的屬神的人，「羔羊」（基督）有如此多屬祂的人！

「地與海並樹木，你們不可傷害，等我們印了我們神眾僕人的額。」（啟7：3）

這一羣人有一個特色，他們的額頭上印了神的印，證明他們是屬神，屬基督的人，他們受到神的保護。

「此後，我觀看，見有許多的人，沒有人能數過來，是從各國、各族、各民、各方來的，站在寶座和羔羊面前，身穿白衣，手拿棕樹枝，大聲喊著說：『願救恩歸與坐在寶

座上我們的神，也歸與羔羊！』」(啟7：9-10)

究竟這批人和7章4節所描述的是兩批，抑或是同一批人呢？以我之見，應是同一批人。這些猶太人代表真正屬主的人，他們是真以色列人。面對羔羊的審判時，他們能夠站立得住。

「我對他(長老)說：『我主，你知道。』他向我說：『這些人是從大患難中出來的，曾用羔羊的血把衣裳洗白淨了。所以，他們在神寶座前，晝夜在他殿中事奉他。坐寶座的要用帳幕覆庇他們。』」(啟7：14-15)

如前所述，我們現在這個時期已經是在患難當中，「用羔羊的血把衣裳洗白淨」，我們會得到耶穌基督的赦免。我們是屬於耶穌基督的，是不會變節的，忠貞的一羣人，由是，我們能夠得到永遠的福樂。

解釋了哪些人能夠站立得住之後，第七印就揭開了。

第七印

第七印一揭開，接著就有七枝號。「號」在舊約《聖經》代表儆醒，有敵人進攻，或有危險，或要儆醒，或要聚集眾人，就會吹號。在〈啟示錄〉，這七枝號中，頭四枝號是一些大自然災難：神的警告、神的提醒來到了。

神並非喜歡讓人受苦，這些巨大的大自然災難是有一個目的。

中國古人說，因禍得福。災難是神的恩典，神藉著這些災難讓人知道主很快就會回來，人要離開罪惡，不要再拜假神偶像，不要再沉醉在物慾之中。

曾有人問：「911事件」有沒有記在〈啟示錄〉裏面呢？我答：「有，也沒有。」〈啟示錄〉沒有寫下每一件將要發生的事件，但是，〈啟示錄〉告訴我們，世界不是明天會更好，乃是災難不斷，而這些災難具有一個共同目的：提醒人思想人生，思想神，並歸回到神那裏(參：啟9：20-21)。

頭四號神仍然手下留情，仍然有些恩典，這些災難所帶來的破壞程度仍未最嚴厲，只是「三分一」，並非全部。

「第五位天使吹號，我就看見一個星從天落到地上，有無底坑的鑰匙賜給它。它開了無底坑，便有煙從坑裏往上冒，好像大火爐的煙；日頭和天空都因這煙昏暗了。

有蝗蟲從煙中出來，飛到地上；有能力賜給牠們，好像地上蠍子的能力一樣。」（啟9：1-3）有蝗蟲從「無底坑」飛出來，牠們會傷害很多人。

然後，「第六位天使吹號，我就聽見有聲音從神面前金壇的四角出來，……說：『把那捆綁在伯拉大河（幼發拉底河）的四個使者釋放了。』那四個使者就被釋放；他們原是預備好了，到某年某月某日某時，要殺人的三分之一。」（啟9：13-15）

第六號和第六碗是很接近的，最後可能會有大軍殺來。

註解：小書卷與忠心見證人

「他（天使）對我說：『你拿著吃盡了，便叫你肚子發苦，然而在你口中要甜如蜜。』我從天使手中把小書卷接過來，吃盡了，在我口中果然甜如蜜，吃了以後，肚子覺得發苦了。」（啟10：9-10）

以我之見，這小書卷描述最接近主耶穌再來之時要發生的事情。

「有一根葦子賜給我，當作量度的杖；且有話說：『起來！將神的殿和祭壇，並在殿中禮拜的人都量一量。只是殿外的院子要留下不用量，因為這是給了外邦人的；他們要踐踏聖城四十二個月。我要使我那兩個見證人，穿著毛衣，傳道一千二百六十天。』他們就是那兩棵橄欖樹，兩個燈臺，立在世界之主面前的。」（啟11：1-4）

這段經文甚難解釋，神要約翰量度聖殿，和在殿中核心敬拜的，好知道有多少人，但是，聖殿外圍的院子要給外邦人。以我之見，這一段是象徵的表述，之前的「十四萬四千猶太人」代表真正屬神的人；第11章的「外邦人」代表不屬神的人，即是說：神容讓不屬神的人踐踏聖殿的外面，但是，神會保護聖殿的核心。

這些「外邦人」會踐踏多久呢？由11章開始，記錄了幾個數字：1. 四十二個月，即三年半；2. 「一載二載半載」，也就是三年半；3. 又有「一千二百六十日」，若以每個月三十日計算，等於四十二個月，仍是三年半。

這一段經文呼應〈但以理書〉的三年半（但12：7），象徵「黑暗時期」。「三年半」處猶太人歷史上的「馬加比時代」，當時有一個可怕的王安提亞古四世，他踐履聖殿，把豬獻在祭壇上，又禁止猶太人守律法、行割禮，所以，在猶太人歷史當中，「三年半」象徵那些不敬畏神的人蹂躪聖殿，和攻擊神的子民。正如一提起香港的「三年零八個月」，稍懂香港史的人就知道是指日本佔領香港的黑暗日子。〈啟示錄〉的三年半代表了在不同的時代，那些「敵基督」的勢力欺壓神的子民。

那兩個見證人象徵什麼呢？也有很多不同的解釋。我認為很可能是代表教會，因為這兩個見證人有摩西的能力，又有先知以利亞的能力，他們的祈禱十分厲害，足以令地上的人受苦。

「他們作完見證的時候，那從無底坑裏上來的獸必與他們交戰，並且得勝，把他們殺了。他們的屍首就倒在大城裏的街上；這城按著靈意叫所多瑪，又叫埃及，就是他們的主釘十字架之處（耶路撒冷）。」（啟11：7-9）

這段經文肯定不可能按照字面解釋，因為一座城怎可能同時叫所多瑪、埃及和耶路撒冷呢？即使在地理上也不可能，所以，這裏當用象徵的解法。

「從各民、各族、各方、各國中，有人觀看他們的屍首三天半，又不許把屍首放在墳墓裏。住在地上的人就為他們歡喜快樂，互相餽送禮物，因這兩位先知曾叫住在地上的人受痛苦。過了這三天半，有生氣從神那裏進入他們裏面，他們就站起來；看見他們的人甚是害怕。兩位先知聽見有大聲音從天上來，對他們說：『上到這裏來。』他們就駕著雲上了天，他們的仇敵也看見了。」（啟11：9-12）

兩位先知在眾目睽睽之下升上天。我認為這段經文是說，在仇敵勢力最猖狂的三年半期間，正是教會見證最有能力的時候！這是給我們一個很大的提醒！

聖殿的外圍，象徵基督教的外圍，飽受炮火，侵略。現在教會存在很多雜質，如按立同性戀牧師，令教會大大蒙羞，很多「打著紅旗反紅旗」的人滲入，各種異端不斷興起，魚目混珠，混淆視聽。

但是，神量度聖殿，神知道哪些是真正屬於祂的人。那兩個見證人象徵了有生命的教會，他們大有能力地為神作見證。當他們作完見證之後，那「戾龍」（獸）想對付他們，殺了他們，那獸「歡喜快樂」，想羞辱他們的屍體，殊不知神很奇妙地令這兩個見證人重有「生氣」，令他們復活，接他們到天上。這裏很有可能是講主基督接教會到天上。

註解：更大的爭戰

婦人與戾龍

「天上現出大異象來：有一個婦人身披日頭，腳踏月亮，頭戴十二星的冠冕。她懷了孕，在生產的艱難中疼痛呼叫。天上又現出異象來：有一條大紅龍，七頭十角；七頭上戴著七個冠冕。牠的尾巴拖拉著天上星辰的三分之一，摔在地上。龍就站在那將要生產的婦人面前，等她生產之後，要吞吃她的孩子。」（啟12：1-4）

那戾龍要對付「頭戴十二星的冠冕」的婦人，「婦人生了一個男孩子，是將來要用鐵杖轄管（轄管：原文是牧）萬國的；她的孩子被提到神寶座那裏去了。」（啟12：5）

第12章至14章是整卷〈啟示錄〉的核心。為什麼戾龍要殺死兩個見證人呢？原來真正的戰爭是在天上。這個婦人並非馬利亞，乃是指屬神的以色列，基督乃是從他而出。那條戾龍想吞吃耶穌，但是，神保守耶穌基督完成工作，升上天。

「在天上就有了爭戰。米迦勒（天使長）同他的使者與龍爭戰，龍也同牠的使者去爭戰，並沒有得勝，天上再沒有牠們的地方。大龍就是那古蛇，名叫魔鬼，又叫撒但，是迷惑普天下的。牠被摔在地上，牠的使者也一同被摔下去。」（啟12：7-9）

這給我們極大安慰，戾龍很想得到神的位置，但是神甚至不用動一動手指頭，天使長米迦勒就足以戰勝戾龍了！戾龍和牠的使者被摔到地上。

「只是地與海有禍了！因為魔鬼知道自己的時候不多，就氣忿忿地下到你們那裏去了。」（啟12：12）

魔鬼無法對抗神，也無法對付天使，就找神最愛的子民「出氣」。神暫時讓魔鬼和牠的爪牙在地上有一點勢力，但是最後牠們都會被打敗。

「龍見自己被摔在地上，就逼迫那生男孩子的婦人。」（啟12：13）

「於是有大鷹的兩個翅膀賜給婦人，叫她能飛到曠野，到自己的地方，躲避那蛇；她在那裏被養活一載二載半載（三年半）。」（啟12：14）

戾龍就去逼迫猶太人（神的子民），但是，神很奇妙地保守猶太人得救，賜給婦人大鷹的翅膀飛走。

「龍向婦人發怒，去與她其餘的兒女爭戰，這兒女就是那守神誡命、為耶穌作見證的。那時龍就站在海邊的沙上。」（啟12：17-18）。

戾龍心有不甘，牠無法對付猶太人，就去對付「其餘的兒女」(啟12:17)，指外邦的信徒、神的兒女。

海獸

「我又看見一個獸從海中上來，有十角七頭，在十角上戴著十個冠冕，七頭上有褻瀆的名號。」(啟13:1)

戾龍（魔鬼）想挑戰神的地位，牠就「扮神」，妄想模仿父神，接下來幾章有兩個「三位一體」(Trinity)。第1章5節提及聖父、聖子、聖靈三位一體真神。現在魔鬼也搞所謂的「三位一體」，第一位是「戾龍」；第二位是「海獸」，第三位是「地獸」。

這封信是寫給第一世紀的小亞細亞（今土耳其）教會，當信徒舉目望向愛琴海，那裏會有一隻海獸呢？羅馬城裏，他們就會立刻明白作者所指。

「海獸」的解釋：

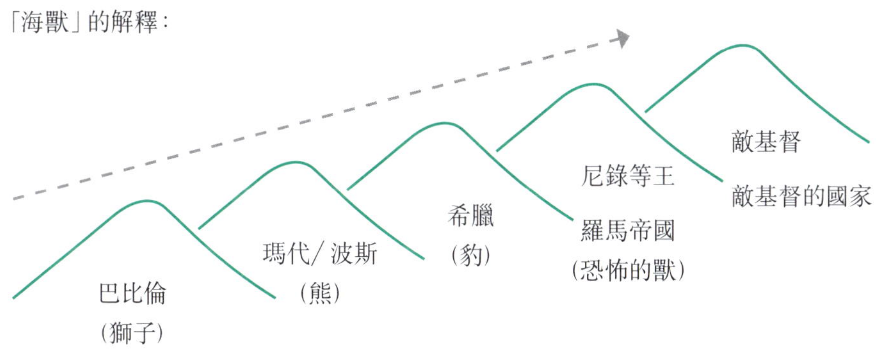

「我看見（海）獸的七頭中，有一個似乎受了死傷，那死傷卻醫好了。」(啟13:3)

海獸有一個特徵，牠好似傷了死了，但是又醫好了。三位一體真神中的耶穌基督是死了又復活的，現在這個假冒的「三位一體」第二位「海獸」，也是好像死了又復活的。

在第一世紀，海獸指誰呢？以我之見，海獸是指羅馬皇帝尼祿。尼祿自殺死了，但是，有人相傳尼祿會「再生」，他會從東面捲土重來。海獸代表那些「該撒」

（凱撒）羅馬皇帝，因為他們狂妄地想自稱為神。

先知的預言有可能重複應驗，所以，有關獸（海獸敵基督）的預言第一次應驗是第一世紀的羅馬皇帝尼祿。在人類歷史中，不斷有一些獨裁者自稱為神，他們都是海獸的化身，這是重複的應驗。

地獸

「我又看見另有一個獸從地中上來，有兩角如同羊羔，說話好像龍。牠在頭一個獸面前，施行頭一個獸所有的權柄，並且叫地和住在地上的人拜那死傷醫好的頭一個獸。」（啟13：11-12）

第三個是一隻「地獸」，地獸幫助海獸，為敵擋神的邪惡政權（敵基督）助力。地獸指地方宗教勢力，他們搞政教合一，鼓吹「帝王崇拜」。地獸逼人跪拜羅馬皇帝，在將來末世時則會推動「敵基督敬拜」。魔鬼、羅馬的帝王崇拜，地方的宗教勢力，成為三股敵擋神的力量。

「牠又叫眾人，無論大小、貧富、自主的、為奴的，都在右手上或是在額上受一個印記。除了那受印記、有了獸名或有獸名數目的，都不得做買賣。在這裏有智慧：凡有聰明的，可以算計獸的數目；因為這是人的數目，它的數目是六百六十六。」（啟13：16-18）

魔鬼又想模仿神，在屬牠的人身上加印記。第7章，「十四萬四千」屬神的人額上都有神的印記，這隻地獸也有樣學樣，要跟隨牠的人受印。

「它的數目是六百六十六。」我認為可能指魔鬼希望好像神那樣完美。在神眼中「七」是完美，但是，敵基督只能去到「六」，永遠無法到達「七」，永遠不能到達七百七十七（完全）。

有人計算過耶穌的希臘名字數值，是「八八八」，超過了完美的七七七，祂比完美更加完美！尼祿名字的數值是666，代表了「敵基督」，與耶穌的名字888相去甚遠。這些數目在一世紀猶太和基督教文獻廣為流行使用。

在約翰看見最終審判前，天使讓他看見整場屬靈戰爭的根源。戾龍不敵天軍，被摔地上，祂在有限的年日（三年半），傾盡所有力量，迷惑人類，逼害神的子民。牠與海獸和地獸任意而行，狼狽為奸。海獸代表敵擋神的政權，和最終的敵基督，牠假扮基督，似乎可以「死裏復活」；地獸則代表輔助海獸的宗教力量，據〈啟示錄〉16章13節解釋，牠是假先知，是敵擋神的。全人類都有獸的記號，伏在戾龍的勢力之下。

到了最終最終，末世時有敵基督的出現，這是前所未見，自稱為神的獨裁者、「敵基督」，牠是一個偽「三位一體」：戾龍、海獸、地獸。真與偽的三位一體，這兩股勢力相互對抗。在這場爭戰中，只有屬羔羊的十四萬四千，保持對主的忠貞，他們堅持不拜獸、不在信仰上作任何妥協、一直忍耐、至終能逃避神的審判，並享永遠福份。

七碗

「我聽見有大聲音從殿中出來，向那七位天使說：『你們去，把盛神大怒的七碗倒在地上。』」（啟16：1）

七號吹完之後，接著有「七碗」。「碗」其實是杯，有些杯比較闊，好像碗那樣。在舊約《聖經》，當神發怒的時候，就會傾倒祂憤怒的杯。換句話說，「七碗」是最後的大災難，再不是警告性的災難，乃是完全毀滅性的災難，七碗是神執行審判的時候！所以，七碗的災難十分嚴厲，直接倒落褻瀆神的人的身上。

「第一位天使便去，把碗倒在地上，就有惡而且毒的瘡生在那些有獸印記、拜獸像的人身上。」（啟16：2）

到了第七碗，最後的審判是在哪裏呢？

第三個異象：基督的得勝

巴比倫淪亡

有人形容〈啟示錄〉是 “a tale of two women”「淫婦與新婦的故事」；或者 “a tale of two cities”「雙城記」：巴比倫城或羅馬城，以及新耶路撒冷。這二人、二城是相呼應的。

第17章用啟示文學，第18章則用詩歌，形容一個「大淫婦」。

「拿著七碗的七位天使中，有一位前來對我說：『你到這裏來，我將坐在眾水上的大淫婦所要受的刑罰指給你看。』」（啟17：1）

巴比倫城座落在多條河流上，所以大淫婦乃是指巴比倫。不過，接下來又說這「大巴比倫」座落在七座山之上（啟17：9）。羅馬城便座落在七山之上，換言之：巴比倫亦指羅馬城。第17章最後一節說：「你所看見的那女人就是管轄地上眾王的大城。」（啟17：18）

第一世紀管轄眾城—首都，眾都市之首—就是羅馬城。所以大淫婦等於巴比倫（啟17：5），亦等於羅馬（啟17：9, 18），代表敵擋神最嚴峻的勢力。換句話說，這座城代表了一切敵基督的國，以及敵基督的勢力；這是呼應新耶路撒冷的新婦，新婦代表所有屬耶穌基督的羣體。

淫婦（巴比倫 / 羅馬）的結局十分悲慘可怕：「你所看見的那十角與獸必恨這淫婦，使她冷落赤身，又要吃她的肉，用火將她燒盡。」（啟17：16）

地上的君王「因怕她的痛苦，就遠遠地站著說：哀哉！哀哉！巴比倫大城，堅固的城啊，一時之間你的刑罰就來到了。」（啟18：10）

神的徹底審判是很可怕的！「有一位大力的天使舉起一塊石頭，好像大磨石，扔在海裏，說：巴比倫大城也必這樣猛力地被扔下去，決不能再見了。」（啟18：21）

當中有一節經文則是提醒我們這些屬主的人：「我又聽見從天上有聲音說：我的民哪，你們要從那城出來，免得與她一同有罪，受她所受的災殃。」（啟18：4）

今日〈啟示錄〉也提醒我們要從「羅馬」出來，不與不信的世界同流合污，不與敵基督的世界聯合，乃要潔身自愛，不可沾染，免得面對好像巴比倫城、羅馬城那樣的厄運，受神徹底的審判和刑罰。

最後勝利

第17章至18章講述七碗，這是神懲罰性的審判，一方面懲罰和毀滅敵基督的國，另一方面準備主耶穌的再回。

「我觀看，見天開了。有一匹白馬，騎在馬上的稱為誠信真實，他審判，爭戰，都按著公義。他的眼睛如火焰，他頭上戴著許多冠冕；又有寫著的名字，除了他自己沒有人知道。他穿著濺了血的衣服；他的名稱為神之道。」(啟19：11-13)

主耶穌基督回來了！祂的名字是萬王之王、萬主之主！

「我又看見一位天使從天降下，手裏拿著無底坑的鑰匙和一條大鍊子。他捉住那龍，就是古蛇，又叫魔鬼，也叫撒但，把牠捆綁一千年。」(啟20：1-2)

這「一千年」也頗難解釋，究竟是真的一千年？或者是象徵的意義呢？我們還是拭目以待吧。

一千年過後，那戾龍（撒但）會被釋放出來(啟20：7-10)。為什麼撒但可以得到釋放出來一段時間？這是呼應〈創世記〉，神按自己的形象造人，人是有自由意志的，人聽從了魔鬼撒但的試探，離開了神。

現在，在〈啟示錄〉，那些忠貞的，十四萬四千屬神的子民，他們跟從羔羊（基督），他們能否經得起考驗呢？神讓戾龍再次出來，祂要再試煉屬祂的人，而這一次，屬基督的人證明了他們徹底忠心屬於基督。

然後，兩股勢力在地上，歌革瑪各聚集對付神的子民，有可能在第16章所提及的「哈米吉多頓」開戰。「哈」代表山，「米吉多」地處交通樞紐，歷來為以色列兵家必爭之地。就在這塊以色列傳統戰場上，所有敵擋神的人與神的子民大戰（我認為會有「第三次世界大戰」），此時神會戲劇性地插手，執行最後的審判。神從天上降下火來，擊敗和消滅所有屬於魔鬼撒但的人，偽「三位一體」（戾龍、海獸和地獸）都被扔在硫磺的火湖裏，「他們必晝夜受痛苦，直到永永遠遠。」(啟20：10)

第21章，解決了戾龍的邪惡勢力之後，神的計劃就成就了。神執行最後的審判，取得最後的勝利，出現新天新地！

「我（約翰）又看見一個新天新地；因為先前的天地已經過去了，海也不再有了。我又看見聖城新耶路撒冷由神那裏從天而降，預備好了，就如新婦妝飾整齊，等候丈夫。我聽見有大聲音從寶座出來說：『看哪！神的帳幕在人間。他要與人同住，他們要作他的子民。神要親自與他們同在，作他們的神。神要擦去他們一切的眼淚；不再有死亡，也不再有悲哀、哭號、疼痛，因為以前的事都過去了。』」(啟21：1-4)

這段經文是呼應神創造人類最大的目的，乃是享受與祂同在的「安息」，與祂有和諧完美的關係，現在神終於成功了！

「祂又對我說：『都成了！』」(啟21：6)

神永遠的救贖計劃終於成功了，一切敵對勢力都被打敗，神取得最後的勝利。這一切正正是舊約律法所指向，眾先知所一直預言和盼望的。

第四個異象：基督的工作完成

新耶路撒冷

天使將新耶路撒冷指示約翰(啟21：9-10)。新耶路撒冷、新婦象徵所有屬神的子民，與神有真正的結合！

聖城新耶路撒冷有十二個門，代表所有舊約猶太人(以色列人)的信徒：「有高大的牆，有十二個門，門上有十二位天使，門上又寫著以色列十二個支派的名字。」(啟21：12)

新耶路撒冷的城牆又有十二根基，代表所有新約普天下的信徒：「城牆有十二根基，根基上有羔羊十二使徒的名字。」(啟21：14)

這是完美的舊約新約結合！

「城是四方的，長寬一樣。」(啟21：16)在舊約《聖經》，至聖所是四方的，20肘×20肘×20肘。新約的新耶路撒冷也是四方的，象徵這座城就是至聖所！至聖所就是神的所在！象徵神與祂的子民親密無間，永遠的聯合！這就是真正神的城。

「我未見城內有殿，因主神——全能者和羔羊為城的殿。」(啟21：22)

「殿」就是神居住的地方，但是，現在不用有殿了，因為父神和羔羊本身就是殿，羔羊(主耶穌基督)和屬神的人已經再不能分割了！

「那城內又不用日月光照；因有神的榮耀光照，又有羔羊為城的燈。」(啟21：23)

羔羊就是城的燈，祂的光會一直照耀，照亮我們。新耶路撒冷是舊約裏一切有關新耶路撒冷預言的圓滿成就。

新伊甸園

〈啟示錄〉最後是美麗的一章，此章呼應神起初的創造，〈創世記〉裏各有一棵「生命樹」和「分別善惡樹」，人類的始祖做了一個錯誤的選擇，違背神的吩咐，吃了分別善惡樹的果子，之後被神逐出伊甸園。現在，在〈啟示錄〉中，人重新享受生命樹。

「天使又指示我在城內街道當中一道生命水的河，明亮如水晶，從神和羔羊的寶座流出來。在河這邊與那邊有生命樹，結十二樣（或譯：回）果子。」（啟22：1-2）

神的生命豐豐富富地賜給所有相信祂，順服祂的人。不再像亞當、夏娃被逐，與神分離，神的僕人晝夜看到神，人永永遠遠與神一起，神要作他們的光。

「他的僕人都要事奉他，也要見他的面。他的名字必寫在他們的額上。不再有黑夜；他們也不用燈光、日光，因為主神要光照他們。他們要作王，直到永永遠遠。」（啟22：3-5）

神的子民永遠作王，實現了神最初給人類的權柄（創1：26）。

「天使又對我說：『這些話是真實可信的。』」（啟22：6）

這些話語是真實的，所有持守真理的人都得享受城裏的福份。

「聖靈和新婦都說：『來！』聽見的人也該說：『來！』口渴的人也當來；願意的，都可以白白取生命的水喝。」（啟22：17）

這句話讓我們想起以賽亞所作的宣告（賽55：1）。主耶穌會很快回來，他說：

「看哪，我必快來！凡遵守這書上預言的有福了！」（啟22：7）

「我——耶穌差遣我的使者為眾教會將這些事向你們證明。我是大衛的根，又是他的後裔。我是明亮的晨星。」（啟22：16）

「證明這事的說：『是了，我必快來！』阿們！主耶穌啊，我願你來！」（啟22：20）

「證明這事的」就是主耶穌，祂說：「我必快來！」願我們都說：「主啊，我願你來！」

祈禱

天父，我們很感謝你，從開始到終末，你都在這裏。你認識我們，你認識香港，乃至全世界的處境。多謝你由始至終都與我們同在和教導我們！你是偉大的神，你全知全能全在，我們要敬拜你！

我們的天父，我們的主耶穌基督，多謝你！你很快就會回來！我們願意每一個屬你的人都同心說：「主，願你快來！」願這「你快來」的角度成為我們的人生燈塔，又讓我們每一個人，乃至全香港的教會，乃至普世教會，都以這終末的角度生活和事奉你，以致我們能夠完成你給我們的召命。

我們深信，你創造人類的目的最終要成就，當我們體驗到你的深情厚愛，瞭解到你宏遠的計劃時，我們不禁俯伏在地，說：「人算什麼？我算什麼？你竟眷念我們，讓我們在你的國度裏有份，我們要獻上衷心的感謝！」願你的國度早日降臨，我們得以在永遠的新耶路撒冷裏，享受你永遠的生命和光明！

我們願意將一切榮耀都歸給你！奉主耶穌基督的名，阿們。

生活應用

1. 〈啟示錄〉挑戰第一世紀的信徒作「得勝者」（啟2：7, 11, 17, 26；3：5, 12, 21；12：11等）。信徒得勝的祕訣是什麼（啟12：11；19：11-16）？我們怎樣可以在廿一世紀的香港處境中作「得勝者」，及幫助眾弟兄姐妹一同成為「得勝者」？
2. 羔羊有權揭開七印（啟5：1-10），以及戾龍被摔到地上（啟12：7-18），兩者對人類歷史未來的發展有何影響？如何加深我們對世界災難的理解？我們可以怎樣化災難為祝福？

一封家書

親愛的孩子：

從創世伊始，我的愛一直沒有離開過你們。

我創造人的目的是要和人建立甜美合一的關係，可惜亞當夏娃不信任我，不聽從我的吩咐，結果需要付上犯罪的代價：死亡——再不能毫無隔閡地親近我。之後人類的歷史也不斷顯明，人若不倚靠我，是沒有辦法回到我身邊的。

但是，我已為你們預備了出路，我曾來到人間，成為和你們完全一樣的人，唯一的分別是我沒有罪，然後，我在十字架上為你們贖罪，三日後為你們復活，使你們因相信這一切而能得著生命，坦然無懼地來到我身邊，永遠活在我面前。

孩子，我深愛你，衷心希望你得著豐盛人生，幸福快樂，只要你恪守我的律例，謹遵我的典章，你就必然蒙福。從創世以來，我一直期望你全心、全情、全意、全力愛我——你的上帝；其次就是：愛鄰如己，這就是我的律例典章。孩子，今天我將生死禍福都陳明在你面前，希望你擇善固執。

我很快會再次來到人間，那時我會徹底殲滅惡者，而且，我要和你們在新天新地永遠享受神人合一的團契。你們好好預備我再來吧！記著，要廣傳這個好消息，帶領多人認識我，信而順服，至死忠心，作個得勝者！

深愛你的天父

另一課：踐信於行篇

不安的良心——卡爾·亨利對福音派重拾社會使命的貢獻

梁美心

我對卡爾·亨利（Carl F. H. Henry 1913-2003）的敬佩，始於在美國三一神學院修讀「現代美國基要派和福音派歷史」一科。寫該科論文時 ，我有機會閱讀亨利的眾多著作，並蒙圖書館允許，進入存放亨利遺物的臨時檔案室，閱讀他曾發表的演講詞、手寫或打字的文稿、及公務和私人信函，包括亨利與葛培里牧師（Billy Graham）和奧肯加博士（Harold J. Ockenga）往來的信件。亨利的早期作品《現代基要派不安的良心》，[1] 是美國福音派的經典著作，我閱後大受激勵，心裏熾熱，如同出席了一場奮興培靈會。

生平大事

1913年1月22日，卡爾·亨利生於美國紐約，父母是德國人。中學畢業後，亨利投身報章記者和編輯的工作。二十歲時歸信基督。1938-40年，在芝加哥惠頓學院修讀學士和碩士課程，其間認識年青的葛培里牧師。亨利離開惠頓學院後，先後取得北方浸信會神學院神學博士（1942）及波士頓大學哲學博士學位（1949）。

毋容置疑，亨利是二十世紀著名的系統神學家之一，其一套六冊《神、啓示和權威》（1976-83）曾是許多神學院的教科書。然而，他一生最大的抱負，是推動一個既高舉《聖經》權威，又具社會意識的福音派運動——時稱「新福音派」（new evangelicalism 或 neo-evangelicalism），以識別於採取分離主義而遠離政治和文化舞台的基要派（separatist fundamentalism）。

1942年，亨利協助成立「全國福音派聯會」（National Association of Evangelicals）（當時尚未區分基要派和福音派），並擔任該會的委員和雜誌編輯。五年後，亨利出版《現代基要派不安的良心》（1947），挑戰信徒走出教會的圍牆，重新肩負被遺忘了的社會責任。同年，亨利聯同查理·福樂（Charles Fuller）和奧肯加等福音派領袖，在加州建立福樂神學院。亨利任系統神學教授，而奧肯加因不願放下波士頓的牧職，遷往加州，擔任「缺席」院長七年。1962 年，福樂神學院修改信仰立場的憲章，亨利一直對此事耿耿於懷。

1956年，亨利著手發行《今日基督教》（*Christianity Today*）雜誌，要與自由派的《基督徒世紀》（*The Christian Century*）月刊分庭抗禮。從《今日基督教》的創刊號開始，亨利一直擔任主編；直到1968年，雜誌改走大眾化路線，他被迫辭去主編一職。

新福音派的異象逐漸獲得廣泛的認同，愈來愈多信徒響應而踏足社會和文化的前線。其中一位觸目的信徒，是1976年美國民主黨的總統候選人詹母斯·卡爾（Jimmy Carter），後來他當選成為美國總統。卡爾公開表示自己是「重生」的基督徒，因此《每週時事》（*Newsweek*）1976年10月25日一期的雜誌封面標題為"The Year of the Evangelical"（屬於福音派基督徒的一年）。

1978年10月，亨利與超過200位福音派領袖一起聯署《聖經無誤：芝加哥宣言》，重申聖經原稿絕無謬誤的教義。晚年的亨利繼續寫作和演講事工，除了於1986年出版自傳《一位神學家的懺悔錄》外，[2] 也在多本著作中檢討福音派的成功與失敗。

2003年12月7日，亨利於美國威斯康辛州的家中病逝，享年九十歲。

異象與抱負[3]

因為自由神學崛起，美國基督教保守派築起圍牆，強調神的國的「將來」層面，又以堅守屬靈貞潔和避免沾染世俗為理由，對新興思想和社會歪風不予回應，逐漸走上分離主義的路線。亨利所推動的現代福音派運動，是要打破保守派這道圍牆；基督徒兼具天上國民和地上國民的雙重身分，所以不應忽視他們在今世的社會使命，且社會關懷工作不僅是傳福音的渠道，它本身就具有價值與意義。亨利義正辭嚴發出警告：如果福音派遠離政治和文化的領域，滿足於駐守在舒適的教會圍牆內，除了讓人誤會基督徒漠視、甚至包庇社會的不公不義以外，更會把操控政治和文化的舵掌，拱手讓給自由派和不信的人，使他們有機會制定社會道德和善惡的準繩，後果堪虞！

亨利堅信，福音派履行其社會使命的關鍵，是建構一個以《聖經》為基礎的世界觀。它的範疇必須超越屬靈的事，涵蓋個人和社會道德的層面。亨利認為基要派狹隘化了「福音」的今世意義。在《聖經》中信仰和道德息息相關，而且基督教史見證了復興運動往往具有文化更新的果效。除了建構合乎《聖經》的世界觀外，亨利尤其著力推動福音派的合一、神學教育、並基督教教育（幼稚園至大學）、文字和傳媒工作——他認為傳媒界是重要的福音禾場。

亨利曾有一個宏願，就是在紐約曼克頓區成立一所基督教大學，培育新一代信徒去回應時代的挑戰，扭轉不良的文化風氣。雖然這計劃獲得葛培理牧師的支持，卻因種種原因而最終無法落實。晚年的亨利在評估福音派的得與失時，仍然認為福音派欠缺一所優質的高等學院，是它不能有效改變社會的一個主因。此外，亨利認為福樂神學院改變信仰立場，《今日基督教》放棄創刊時的神學批判路線，福音派將精力消耗於內訌而非同心抗敵，都是導致福音派勢力漸趨薄弱的主要原因。

結語

「亨利博士對嗎？」(Is Doctor Henry Right？)——這是1947年一份雜誌邀請讀者發表評論的提問。最後雜誌選出正反雙方的優秀意見，刊登出來。[4] 在二十世紀的下半葉，亨利的（新）福音派異象一直受到左右兩方的批評——自由派不滿其神學立場過於保守，基要派則斷言它必受世俗同化，失去信仰的純正。

無可否認，基要派的預測並非完全落空了。過去數十年，美國福音派信徒的數目雖大幅增長，質量上卻良莠不齊，且整個運動開始呈現萎縮現象。但是，這是否表示亨利錯了？他大半生的努力都枉費了嗎？我相信無人能否定亨利對現代福音派所作出的貢獻。倘若當初亨利埋沒「不安的良心」，不站出來呼籲信徒重拾社會使命，今天的美國基督教會是什麼模樣？

也許出於不滿基要派走分離路線，亨利早期偏重「進攻」策略，一面倒鼓勵信徒勇敢走出教會的安樂窩，卻甚少提到「防守」的重要。但不容忽視的是：當基督教致力改變世界的那一刻，世界也致力同化基督教信仰。二十一世紀的福音派信徒應當借古鑒今，若要在社會使命上向前邁進，必須採取攻守兼重的策略。

講論「保羅書信」時，我曾簡略提及亨利，2013年適逢他誕生一百周年，我希望藉此篇短文對這位帶動，和畢生致力推動美國福音派改革，履行社會使命的先鋒致敬，並期盼亨利的異象給香港信徒帶來啓迪。

最後，我願多謝突破機構和楊詠嫦博士允許我發表這篇短短文章。

1. Carl F. H. Henry, *The Uneasy Conscience of Modern Fundamentalism* (Grand Rapids：Eerdmans, 1947, repr., 2003).
2. Idem, *Confessions of a Theologian: An Autobiography* (Waco：Word, 1986).
3. Mavis M. Leung, "With What Is Evangelicalism to Penetrate the World? A Study of Carl Henry's Envisioned Evangelicalism," *Trinity Journal* 27.2 (2006)：227-244.
4. "Is Doctor Henry Right?" *United Evangelical Action* (1947 July 15)：5, 15-16.